2016年

CHINA INDUSTRY DEVELOPMENT REPORT 2016

中国工业发展报告

中国信息通信研究院 主编

人民邮电出版社
北京

图书在版编目（CIP）数据

2016年中国工业发展报告 / 中国信息通信研究院主编. -- 北京 : 人民邮电出版社, 2016.10
ISBN 978-7-115-43492-0

Ⅰ. ①2… Ⅱ. ①中… Ⅲ. ①工业发展－研究报告－中国－2016 Ⅳ. ①F424

中国版本图书馆CIP数据核字(2016)第212516号

内 容 提 要

本书分为四篇——综合篇、行业篇、区域篇、专题篇，以全局性视野，结合国内外工业发展环境，系统性地研究了 2015 年我国工业整体发展状况、工业及各行业发展特征，分析了当前工业发展主要面临的问题，并提出了“十三五”期间我国工业发展环境、发展目标和主要工作，以及整体与各重点行业之间协调发展的关系。

本书可供工业系统各行业管理部门的相关人员、各企业的相关人员，以及相关行业的研究人员学习参考。

◆ 主　　编　中国信息通信研究院
责任编辑　杨　凌
责任印制　彭志环

◆ 人民邮电出版社出版发行　　北京市丰台区成寿寺路 11 号
邮编　100164　　电子邮件　315@ptpress.com.cn
网址　http://www.ptpress.com.cn
三河市中晟雅豪印务有限公司印刷

◆ 开本：787×1092　1/16
印张：23.5　　2016 年 10 月第 1 版
字数：363 千字　　2016 年 10 月河北第 1 次印刷

审图号：GS（2016）2565 号

定价：168.00 元

读者服务热线：（010）81055488　印装质量热线：（010）81055316
反盗版热线：（010）81055315

本书主要编写单位

指导单位

工业和信息化部规划司

主编单位

中国信息通信研究院

参与编写单位（排名不分先后）

中国石油和化学工业联合会
中国钢铁工业协会
中国有色金属工业协会
中国建筑材料联合会
中国汽车工业协会
中国机械工业联合会
中国纺织工业联合会
中国轻工业联合会
中国医药企业管理协会
中国电子信息行业联合会

本书主要编写人员

特约撰稿人（排名不分先后）：

中国石油和化学工业联合会会长　李寿生

国务院参事、中国有色金属工业协会会长　陈全训

中国机械工业联合会会长　王瑞祥

中国建筑材料联合会副会长　陈国庆

主　　编：曹淑敏

副 主 编：张延川

编 写 组：（以下按姓氏笔画排序）

丁　虹　王庆超　王含春　王贺彬　王晓昕　王　峰　王　慧
王德春　牛爽欣　文彩霞　尹晓倩　石红卫　冯　旭　巩天啸
成　微　朱金周　朱　敏　伦　一　华　珊　刘建强　刘　洋
刘　琪　孙淮滨　杜　娟　李　杰　李邵华　李拥军　李明怡
李　贺　李晓佳　李海英　李培松　李媛恒　肖荣美　何光明
何　波　辛勇飞　张　洁　张　倩　张　群　范　敏　范德君
金永花　赵武壮　赵明霞　赵新敏　段德炳　祝　昉　姚　杰
贺　静　秦　业　徐文青　徐西峰　高素梅　黄韦达　彭征波
董温彦　谢聪敏　雷　滨　潘东晖

前　言

我国正处于工业化中期向后期过渡的关键阶段，加快建设“制造强国”已成为我国全面建成小康社会和实现“中国梦”的重要内容。当前，我国经济发展进入新常态，呈现速度换挡、结构调整、动力转换的新特征，与此同时，在国际产业布局调整和新一轮科技革命与产业变革的时代背景下，各国积极抢占新兴产业发展战略的制高点。20世纪90年代国际产业转移与我国90年代全面开放相契合，奠定了我国逐步成长为“制造大国”的基础。金融危机后，国际产业格局调整和科技创新浪潮与我国经济转型需求相契合，也为我国从“制造大国”向“制造强国”转变提供了契机。

2015年我国工业总体发展良好，虽然增长速度继续呈现“减速换挡”的态势，工业增速也多年来首次低于国民经济增速，工业占GDP比重继续下滑，但总体符合发展规律，与我国基本国情和工业发展阶段相符，工业仍是驱动我国经济发展的支柱产业、关键引擎。同时，在市场倒逼机制和《中国制造2025》战略政策的引导下，工业正逐步培育新的动能，创新能力不断提升、新兴产业发展迅速、区域布局逐步优化、企业转型升级加快、绿色发展初见成效等，为推动工业更加健康、可持续发展奠定了基础。

2016年是“十三五”开局之年。“十三五”期间我国工业面临的形势依然复杂多变，工业下行压力依然存在，工业增长在趋势性力量和周期性因素的叠加作用下会继续在4%～7%区间波动调整。“十三五”期间随着《中国制造2025》等战略的持续推进，以及供给侧结构性改革的不断突破，工业发展活力会不断得到释放，未来需要继续坚持创新驱动，加快传统产业升级、培育壮大高端制造、推动两化深度融合、促进企业提质增效，为工业经济平衡转型和产业迈向中高端水平打下坚实的基础。

县域经济发展是我国经济发展的重要细胞，工业强县（市）是推进供给侧结构性改革、落实《中国制造2025》、实现全面建成小康社会的战略选择，有助于培育发展充满活力、特色化、专业化的县域经济，提升承接城市功能转移和辐射带动乡村发展的能力。当前工业百强县（市）仍主要集中在东部，尤其是苏鲁浙领先优势显著，中西部县域发展增长速度快，但发展活力较弱，亟须加快转型升级。

本书对2015年工业、行业和区域发展特征进行了梳理，也对2015年发展环境、发展趋势和发展重点等进行了展望，并就“中国制造+互联网”“工业互联网”等热点进行了专题分析，继续对2016年全国工业百强县（市）进行了统计分析。本书首次立足于正在建设的“国家制造强国产业基础大数据平台”，开展了增长规律、区域布局（尤其是《中国制造2025》重点领域布局）等系列分析，这是本书的一大特色。构建了政府部门、行业协会和研究机构不同主体多方参与，从全国、战略区域到县（市）不同层次多角度分析，从宏观、环境、政策到行业不同环节相互印证的系统分析架构，期望成为政府、行业、企业间交流的平台，不同行业间沟通的桥梁，为政府决策、行业引导和企业发展提供一定的参考依据。

编　者

2016年8月

目　录

综合篇

第一章　2015 年全球工业发展总览……3

一、2015 年全球工业发展概览……3

（一）全球制造业增长继续放缓……3

（二）全球外国直接投资有所复苏……4

（三）世界贸易继续低位增长……5

（四）制造业技术创新愈发活跃……5

（五）各国加快抢占产业制高点……6

二、2016 年全球工业发展趋势……7

（一）全球制造业继续低速增长……7

（二）全球外国直接投资继续增长……8

（三）全球需求仍将持续疲软……8

（四）全球贸易低增长局面应将持续……9

（五）智能装备产业需求快速增长……9

三、全球工业发展趋势对我国的影响……10

（一）全球需求贸易疲软影响产品出口……10

（二）大宗商品价格低位加重工业通缩……11

（三）智能制造发展推动我国制造升级……11

第二章　2015 年我国工业发展全景……12

一、2015 年我国工业发展情况……12

（一）工业生产缓中趋稳……12

（二）质量效益稳中有进……18

（三）结构调整有序推进……20

（四）创新动力持续增强……22

（五）绿色发展初见成效……23

（六）两化融合深入发展……24

（七）“走出去”步伐加快……25

二、2015 年工业政策出台情况 …… 26
（一）发布《中国制造 2025》，实施制造强国战略 …… 26
（二）密集出台政策措施，推动稳增长调结构 …… 27
（三）落实创新驱动战略，助力企业创业创新 …… 28
（四）继续开展工业强基，加快工业转型升级 …… 29
（五）推动两化深度融合，以融合促工业创新 …… 30
（六）重视集群集聚发展，京津冀取得实质进展 …… 32
（七）依托“一带一路”，加快实施“走出去” …… 32
三、当前工业发展的突出问题 …… 39
（一）工业增长动能转换进程仍较慢 …… 39
（二）产能结构性过剩与结构性短缺并存 …… 43
（三）金融支持实体经济仍需加强 …… 44
（四）工业企业创新能力仍然不强 …… 45
（五）工业文化亟须培育和建立 …… 46
第三章 “十三五”及 2016 年我国工业发展展望 …… 48
一、面临的形势 …… 48
（一）世界经济格局仍然复杂多变 …… 48
（二）国内经济发展继续“新常态” …… 48
二、趋势展望 …… 49
（一）“十三五”发展趋势 …… 49
（二）2016 年发展预测 …… 51
第四章 “十三五”及 2016 年工业发展重点 …… 54
一、“十三五”工业发展重点 …… 54
（一）全面提升工业基础能力 …… 54
（二）持续推进传统产业升级 …… 54
（三）促进制造智能化、绿色化 …… 55
（四）深化制造与互联网融合 …… 55
（五）积极拓展网络经济空间 …… 56
（六）扎实推进“双创”建设 …… 57
二、2016 年工业发展重点 …… 58
（一）狠抓供给质量效率，保持工业平稳运行 …… 58
（二）分业施策调整存量，加快传统产业升级 …… 59

（三）坚持创新引领发展，培育壮大高端制造……60
（四）瞄准智能制造方向，推动两化深度融合……60
（五）大力扶持小微企业，推动企业提质增效……61
（六）加强统筹改革创新，营造良好的发展环境……62

第五章　加快促进工业健康发展……63

一、完善创新驱动、质量为先的体制机制……63
（一）完善创新体制机制建设……63
（二）树立质量为先的发展理念……64
（三）加快培育我国特色的工业文化……65
二、加快建立公平、公正、有效的市场环境……66
（一）全面开展国有企业改革……66
（二）优化民间资本投资环境……66
（三）改善外商投资环境……66
三、处理好投资在我国经济增长中的地位……67
（一）继续加大有效投资……67
（二）提高投资效率……68
四、加大财税金融支持工业转型发展的力度……68
（一）加大财政支持力度……68
（二）完善税收激励政策……68
（三）鼓励金融机构加大信贷支持……69
（四）积极发挥多层次资本市场的融资功能……69
（五）大力发展创业投资和股权投资基金……69
五、加快“中国制造”向“中国智造”转变……70
（一）提升生产性服务业水平……70
（二）加快发展智能制造产业……70
六、积极推动我国制造业的全球化布局……71

行 业 篇

第一章　石油和化工行业 2015 年发展回顾及“十三五”发展形势与建议……75

一、2015 年石油和化工行业发展回顾……75
（一）2015 年石油和化工行业发展情况……75
（二）石油和化工行业当前需要关注的重点问题……78

二、石油和化工行业“十三五”发展形势……79
（一）经济基本面良好和市场化改革为行业带来机遇……79
（二）行业进入新动力孕育和传统动力减弱并存的转型阶段……80
（三）市场需求增速下降，国际油价在较低价位震荡……80
（四）结构性矛盾凸显，科技创新瓶颈制约日益增强……81
（五）资源环境约束不断增强，安全生产社会诉求日益提高……82
（六）要素成本上升较快，国际竞争更趋激烈……82
（七）新业态和新技术的发展带来较大的不确定性……83
三、石油和化工行业“十三五”发展建议……84
（一）提高石油天然气保障能力……84
（二）优化石化产业结构……84
（三）促进传统化工行业提升优化……85
（四）大力发展战略性新兴产业……86
（五）深入实施创新驱动发展战略……87
（六）深入实施绿色可持续发展战略……87
（七）全面提高对外开放和国际化水平……88
第二章　钢铁行业2015年发展回顾及“十三五”发展形势与建议……89
一、2015年钢铁行业发展回顾……89
（一）2015年钢铁行业发展情况……89
（二）钢铁行业当前需要关注的重点问题……91
二、钢铁行业“十三五”发展形势……92
（一）我国钢生产和消费进入平台区……92
（二）行业由规模扩张向注重质量效益转变……93
（三）消费升级给钢铁工业发展带来重大影响……93
三、钢铁行业“十三五”发展建议……93
（一）着力化解产能过剩矛盾……93
（二）着力解决铁矿石供需平衡问题……95
（三）坚持绿色发展和可持续发展方向……95
（四）加快推进企业发展方式转变……96
第三章　有色金属行业2015年发展回顾及“十三五”发展形势与建议……98
一、2015年有色金属行业发展回顾……98
（一）2015年有色金属行业发展情况……98

（二）有色金属行业当前需要关注的重点问题 …… 101
二、有色金属行业“十三五”发展形势 …… 103
（一）有色金属出口面临“多重挤压” …… 103
（二）新一轮科技革命开创新机遇 …… 104
（三）行业增长较“十二五”有所放缓 …… 104
（四）新兴产业发展增加高端精深加工材料需求 …… 104
三、有色金属行业“十三五”发展建议 …… 104
（一）保持行业平稳健康发展 …… 104
（二）强化创新引领作用 …… 105
（三）推进有色金属扩大应用 …… 106
（四）提高资源保障能力 …… 107
（五）不断深化国际合作 …… 107
（六）推动绿色低碳可持续发展 …… 108
第四章　建材行业 2015 年发展回顾及“十三五”发展形势与建议 …… 109
一、2015 年建材行业发展回顾 …… 109
（一）2015 年建材行业发展情况 …… 109
（二）建材行业当前需要关注的重点问题 …… 113
二、建材行业“十三五”发展形势 …… 114
（一）供给侧结构性改革为行业扩大需求、提升行业发展注入活力 …… 115
（二）“新四化”建设为行业发展开辟巨大的市场空间 …… 115
（三）战略性新兴产业的快速发展为无机非金属新材料和非金属矿物深加工制品的发展提供了广阔的市场空间 …… 115
（四）建筑工业化和绿色建筑的发展为行业带来较大的市场空间 …… 115
（五）海洋强国战略的实施将带动建材产品在特种工程领域的应用 …… 116
（六）加快发展生产性服务业有助于建材行业逐步由生产制造型向生产服务型转变 …… 116
（七）经济全球化、“一带一路”拓展行业国际化发展的市场空间 …… 116
（八）资源、能源、环境约束日趋强化，对建材行业绿色发展提出更高要求 …… 116
三、建材行业“十三五”发展建议 …… 117
（一）优化产业结构 …… 117
（二）培育发展建材新兴产业 …… 118

（三）大力发展生产性服务业……118
（四）加快技术创新步伐……118
（五）推进绿色发展……119
（六）促进“两化”深度融合，提高建材智能制造水平……120
（七）提高国际化发展水平……121

第五章　机械行业2015年发展回顾及“十三五”发展形势与建议……123

一、2015年机械行业发展回顾……123
（一）2015年机械行业发展情况……123
（二）机械行业当前需要关注的重点问题……134
二、机械行业“十三五”发展形势……138
（一）国际形势复杂多变，博弈竞争更趋激烈……138
（二）国内需求潜力巨大，产业发展空间广阔……139
（三）发展方式面临转型，产业升级责任重大……139
三、机械行业“十三五”发展建议……139
（一）强基固本，奠定产业发展的坚实基础……139
（二）锤炼重器，提升重大技术装备水平……140
（三）助推智造，加快智能制造装备研制……140
（四）服务民生，推进产业结构优化升级……140
（五）绿色低碳，加快机械工业绿色转型……141

第六章　汽车行业2015年发展回顾及“十三五”发展形势与建议……142

一、2015年汽车行业发展回顾……142
（一）2015年汽车行业发展情况……142
（二）汽车行业当前需要关注的重点问题……152
二、汽车行业“十三五”发展形势……154
（一）国内市场需求依然旺盛……154
（二）汽车市场向中西部转移……155
（三）运输结构优化助推商用车发展……155
（四）行业竞争压力日益加剧……156
（五）新一轮科技革命和产业变革推动产业升级……156
（六）汽车管理改革，改善市场环境……156
（七）国企改革加速，做强优势企业……157
（八）《中国制造2025》发布，助推创新驱动……157

（九）合作多样化，把握新机遇 …… 158
（十）适应新常态，建设和谐汽车社会 …… 159
三、汽车行业“十三五”发展建议 …… 161
（一）大力发展国产品牌 …… 161
（二）推动低碳化、信息化、智能化发展 …… 161
（三）实施创新驱动 …… 162
（四）推进“两化”融合 …… 163
（五）坚持国际化发展 …… 163
（六）深化管理改革 …… 164
（七）打造国际水平供应链 …… 164
（八）跨产业协同发展 …… 165
第七章　纺织行业 2015 年发展回顾及“十三五”发展形势与建议 …… 166
一、2015 年纺织行业发展回顾 …… 166
（一）2015 年纺织行业发展情况 …… 166
（二）纺织行业当前需要关注的重点问题 …… 168
二、纺织行业“十三五”发展形势 …… 171
（一）内外市场仍有新空间 …… 171
（二）全球产业重构新格局 …… 171
（三）科技创新催生新变革 …… 172
（四）生态文明提出新要求 …… 173
三、纺织行业“十三五”发展建议 …… 173
（一）提升自主创新能力 …… 173
（二）优化调整产业结构 …… 174
（三）加强绿色发展 …… 174
（四）提升跨国资源配置能力 …… 174
（五）更好地发挥民生作用 …… 175
第八章　轻工业 2015 年发展回顾及“十三五”发展形势与建议 …… 176
一、2015 年轻工业发展回顾 …… 176
（一）2015 年轻工业发展情况 …… 176
（二）轻工业当前需要关注的重点问题 …… 180
二、轻工业“十三五”发展形势 …… 181
（一）消费升级为轻工业发展提供了巨大空间 …… 181

（二）科技创新和产业变革助力产业升级 ······ 182
（三）国家三大战略的实施提供了新的发展机遇 ······ 182
（四）轻工业转型升级任务紧迫 ······ 182
三、轻工业“十三五”发展建议 ······ 182
（一）保持平稳较快增长，推动迈向轻工强国 ······ 182
（二）强化创新引领作用，推进两化深度融合 ······ 182
（三）加快结构调整，优化产业布局 ······ 183
（四）加强质量品牌建设，确保消费安全 ······ 183
（五）加大节能环保力度，全面推广绿色制造 ······ 184
（六）实施工业强基工程，增强轻工基础能力 ······ 184
（七）统筹国内国际市场，提高企业“走出去”水平 ······ 184

第九章　医药行业 2015 年发展回顾及“十三五”发展形势与建议 ······ 185

一、2015 年医药行业发展回顾 ······ 185
（一）2015 年医药行业发展情况 ······ 185
（二）医药行业当前需要关注的重点问题 ······ 198
二、医药行业“十三五”发展形势 ······ 200
（一）医药工业战略地位凸显 ······ 200
（二）医改进一步深化 ······ 201
（三）注册监管制度改革加快 ······ 201
（四）产品准入政策调整 ······ 201
（五）环保监管加强 ······ 202
（六）“互联网+”概念影响医药行业 ······ 202
（七）合规营销渐成常态 ······ 202
（八）医疗服务业带动需求增长 ······ 203
（九）行业标准不断提升 ······ 203
（十）医院终端市场增长放缓 ······ 204
三、医药行业“十三五”发展建议 ······ 204
（一）增强产业创新能力 ······ 204
（二）提高质量安全水平 ······ 204
（三）提升供应保障能力 ······ 204
（四）推动绿色改造升级 ······ 205
（五）推进两化深度融合 ······ 205
（六）优化产业组织结构 ······ 205

（七）提高国际化发展水平 …… 205
（八）拓展新领域发展新业态 …… 205

第十章　电子信息行业 2015 年发展回顾及“十三五”发展形势与建议 …… 206

一、2015 年电子信息行业发展回顾 …… 206
（一）2015 年电子信息行业发展情况 …… 206
（二）电子信息行业当前需要关注的重点问题 …… 209
二、电子信息行业“十三五”发展形势 …… 210
（一）技术变革加快，为行业创造新的竞合空间 …… 210
（二）政策密集出台，给行业发展带来巨大机遇 …… 211
（三）经济社会转型，对行业发展提出更高的要求 …… 211
（四）国际竞争加剧，给行业发展带来诸多挑战 …… 212
三、电子信息行业“十三五”发展建议 …… 212
（一）加强重点领域产品攻关 …… 212
（二）增强技术体系化创新能力 …… 216
（三）形成合理优化的产业结构 …… 217
（四）促进产业深度融合互动发展 …… 217
（五）提升信息安全保障能力 …… 217
（六）提高产业绿色发展能力 …… 218
（七）全面提升国际化发展层次和国际话语权 …… 218

区 域 篇

第一章　我国工业布局总体情况 …… 221

一、布局现状 …… 221
（一）我国 41 大类工业行业在全国布局情况 …… 221
（二）我国 31 个省各省主导产业情况 …… 223
二、存在的问题 …… 225
（一）我国存在一定程度的产业结构趋同现象 …… 225
（二）当前我国工业产业转移效果仍不明显 …… 225
（三）作为多数省份的主导产业基本都是产能过剩行业 …… 225
（四）新兴产业仍有趋同趋势，亟须开展宏观指导 …… 225
三、相关建议 …… 226
（一）产业布局需宏观规划，新兴与传统行业应差异化指导 …… 226

（二）我国应形成宏观均衡、省市错位发展的产业格局……226
（三）重视产业集聚区在产业布局中的作用……226
（四）明确产业政策调控领域，引导产业结构调整……227
（五）加强产业基础大数据平台建设……227

第二章 长江经济带地区产业布局情况……228

一、布局现状……229
（一）依据资源优势形成产业合理布局……229
（二）产业集聚化推进沿江产业快速发展……232
（三）工业生产的专业化程度保持较高水平……233
二、存在的问题……234
（一）发展特色不明显，产业结构同质化……234
（二）产业关联度低，缺乏辐射优势……234
（三）布局规划滞后，协调联动不足……235
三、相关建议……235
（一）加大产业整合力度，避免重复建设……235
（二）立足特色优势，提升产业关联度……235
（三）大力发展外向型产业，构建开放型经济……236
（四）注重整体规划，坚持统一协调……236

第三章 京津冀产业布局情况……237

一、布局现状……237
（一）整体产业分布……237
（二）重点产业园区分布……239
（三）《中国制造 2025》重点领域分布……240
二、存在的问题……244
（一）北京市工业小而不精……244
（二）天津市主要产业分布过于集中……244
（三）河北省主要产业分布较为分散……244
（四）京津冀产业协作效果差……244
三、相关建议……245
（一）从京津冀整体出发布局产业……245
（二）聚焦高新技术产业的同时提升弱势环节……245
（三）促进产业分散与集中协调发展……245

第四章 《中国制造 2025》十大领域布局情况 …… 246

一、布局现状 …… 246
（一）四大板块重点领域分布情况 …… 246
（二）各领域分布情况 …… 247
二、存在的问题 …… 261
（一）各地规划存在盲目性和趋同性 …… 261
（二）各领域优势区域分布不平衡 …… 262
（三）各产业之间缺少联系和协同 …… 262
三、相关建议 …… 262
（一）落实国家战略，加强顶层设计 …… 262
（二）引导错位发展，注重区域协同 …… 263
（三）依托平台支撑，引导要素集聚 …… 263

第五章 2016 年中国工业百强县（市）发展报告 …… 264

一、总体框架 …… 264
（一）突出五大理念 …… 264
（二）壮大三大支柱 …… 265
（三）创新评价方法 …… 267
二、纵向比较 …… 268
（一）东部及资源型县域上升较快，辽宁下降幅度较大 …… 272
（二）东部撤县设区加快，东北县域工业发展形势严峻 …… 274
（三）苏鲁浙三省县域贡献大，中西部追赶步伐正加快 …… 275
（四）规模指标继续扩大，工业及利润增速显著放缓 …… 276
三、横向比较 …… 277
（一）基础条件影响力最强，县域仍处于规模发展阶段 …… 277
（二）分布以发达经济圈为主，长江经济带发展潜力大 …… 278
（三）工业强县（市）创新能力强，苏浙引领县域创新 …… 278
（四）资源型地区发展活力不足，制约地区可持续发展 …… 280
（五）主导产业仍以传统产业为主，新兴产业发展滞后 …… 281
四、板块分析 …… 282
（一）东部继续领跑工业百强，苏鲁浙领先优势显著 …… 282
（二）中西部增长快、活力弱，西部百强均为资源型城市 …… 283
（三）东北地区百强入围较少，运行绩效问题凸显 …… 284

五、政策建议 285
（一）数据先行，推动县域工业经济分享大数据红利 285
（二）创新驱动，加快补齐县域工业经济发展短板 285
（三）平台部署，推动建立各具特色的县域商业生态系统 286
（四）联动发展，加快推进县域工业融入区域经济圈 286
附录　2016年中国工业百强县（市） 287

专题篇

专题一　中国制造+互联网 295

专稿一　“互联网+”制造的态势、趋势及建议 295

一、我国“互联网+”制造的整体发展态势及特点 295
（一）新型研发组织方式集聚众智提升效率 295
（二）创新制造模式助力网络化智能化生产 296
（三）协同式供应链促进各环节高效无缝对接 296
（四）需求端泛在连接实现全流程用户参与 296
（五）融合型服务延伸企业价值创造链条 297
二、我国“互联网+”制造的区域、行业、企业发展格局及走向 297
（一）“3+4+N”的区域格局将逐渐形成 297
（二）多领域梯次渗透的融合态势将逐步显现 299
（三）跨界融合型企业主体加快成长 300
三、推进我国“互联网+”制造的相关建议 300
（一）政府指引：强化战略引导，营造制度环境 301
（二）企业主导：把握融合态势，确定转型策略 301
（三）行业助推：打造跨界平台，促进协同发展 301

专稿二　探索融合路径，加快推进“中国制造+互联网” 303

一、“五结合”是互联网与制造融合发展的突出特征 303
（一）“互联网思维与经营理念”相结合 303
（二）“创始人团队与长期战略”相结合 304
（三）“创业者心态与行业经验”相结合 304
（四）“生态系统建设与研发掌控”相结合 304
（五）“核心产品打造与梯度扩散”相结合 304

二、系统推进产品、理念、团队、组织和品牌融合 305
（一）以产品融合为载体，推动全面合作 305
（二）以理念融合为核心，推动思维转变 305
（三）以团队融合为保障，激发创新活力 306
（四）以组织融合为形式，打造生态系统 306
（五）以品牌融合为形象，打造一流品牌 306
三、加快探索推进深度融合的“政企合作”新方式 307
（一）学习运用互联网思维，提升政策效率 307
（二）聚焦核心技术和精品研发，创新质量和品牌培育 307
（三）发挥平台企业主体作用，创新融合服务平台建设运营 307
（四）创新公私合作（PPP）模式，优化政府资金使用 308

专题二 工业互联网 309

专稿三 美国工业互联网应用发展近况及启示 309

一、工业互联网发展的新特征 309
二、工业互联网应用的新情况 310
（一）智能工具：以人机互动提高生产过程的准确率 310
（二）运营管理：确保资源高效管理和优化配置调度 311
（三）智能产品远程服务：以互联网技术支撑产品全生命周期增值服务 312
（四）生产线综合运维：通过数据分析与实时控制技术实现生产系统的统筹维护与优化 312
（五）安全生产保障系统：以智能感知与传输技术保障人身与财产安全 313
三、推进我国工业互联网发展的建议 314
（一）以市场需求为牵引，由企业主导融合创新发展 314
（二）以重点领域为突破口，带动工业互联网应用加速渗透 314
（三）以环境打造为重点，培育健康有序的工业互联网发展生态 315

专稿四 制定工业互联网频率规划，服务《中国制造 2025》战略实施 316

一、工业互联网对通信网络提出了新要求 316
二、频率是发展工业互联网的重要资源 317
（一）无线网络应用于工业互联网具有明显优势 317
（二）无线网络应用于工业领域还需要解决一些问题 317

（三）现有的频率资源无法满足工业互联网的多样化需求……318
三、部分国家已考虑工业互联网频率使用问题……318
（一）业界已制定了工业无线技术的部分标准……318
（二）欧盟研究了工业无线技术的频率需求和候选频段……319
（三）国外运营商利用移动通信频率服务工业互联网……319
四、我国工业互联网频率规划和使用建议……319
（一）研究制定我国工业互联网频率规划……319
（二）规范工厂内 ISM 频率使用……320
（三）利用 5G 解决工业互联网通信部分需求……320
专稿五　加快工业数据平台布局，抢占智能制造生态制高点……321
一、工业数据平台的内涵和作用……321
（一）工业数据平台的本质是智能制造体系各层级数据的贯通聚合……321
（二）工业数据平台在智能制造生产中将发挥承上启下的关键作用……322
二、工业数据平台在国外的发展形势……323
（一）领先企业已开始布局工业数据平台并应用于产业实践……323
（二）基于工业数据平台的智能制造生态构建初见规模……324
三、我国工业数据平台的发展基础与现状……324
四、我国工业数据平台发展面临的问题与挑战……325
（一）国内工业数据平台产品仍存在较多问题……325
（二）我国产业界发展工业数据平台面临复杂挑战……326
五、对发展我国工业数据平台的建议……327
（一）引导工业企业关注工业数据平台，推动基于平台的智能化应用……327
（二）加强工业数据平台关键技术突破，鼓励综合性解决方案产业化……327
（三）以标准为牵引，推进工业数据平台标准统一……327
（四）以联合体为主体，推动工业数据平台自主技术研发与产业化……327
专稿六　推动工业互联网发展的法律政策建议……329
一、工业互联网开启新一轮产业革命……329
（一）工业互联网重构传统工业发展模式……329
（二）工业互联网面临的挑战和风险……330
（三）世界经济论坛的政策建议……330

二、推进工业互联网发展面临的四大挑战……331
（一）工业互联网的网络安全问题亟待解决……331
（二）工业互联网的数据安全亟需法律保障……332
（三）工业互联网对网络基础设施提出更高要求……332
（四）工业互联网要求创新传统工业时代管理制度……333
三、对我国的启示和建议……333
（一）加强对工业互联网法律支持的总体考虑……334
（二）推动工业互联网安全立法，强化网络安全监管的制度保障……334
（三）推进网络基础设施建设，提升对工业互联网发展的基础支撑能力……335
（四）制定工业大数据管理规则，加强数据安全保护……335

专题三　区域发展经验……336

专稿七　美国实施先进制造的新态势、新举措及启示……336

一、美国先进制造发展的新态势……336
（一）关键支撑技术持续快速系统创新，引领全球先进制造发展方向……336
（二）先进制造产业发展快速、创新密集，领导力和竞争力优势突出……337
（三）经济增长复苏、效益好转、就业和国际贸易状况改善，先进制造业的战略作用逐步显现……338
二、美国政府推动先进制造的新举措……338
（一）加强系统性、基础性、前瞻性布局……339
（二）持续系统推进战略更新和实施……339
（三）建立高效的推进机制……340
三、对不断推进制造强国建设的相关建议……341
（一）突出前瞻性……341
（二）突出基础性……341
（三）突出协同性……342
（四）突出持续性……342
（五）突出执行力……342

专稿八　日本产业布局调整特点、做法及启示……343

一、基本特点……343

二、主要做法……344
三、几点启示……345
专稿九 日本中部经济圈发展经验及启示……347
一、基本特征……347
二、主要经验……349
三、几点启示……350
附录 2015年工业领域大事记……352
后记……353

综 合 篇

第一章 2015 年全球工业发展总览

一、2015 年全球工业发展概览

（一）全球制造业增长继续放缓

2015 年全球经济增长继续放缓，世界银行 2016 年 6 月发布的《全球经济展望》指出，2015 年世界经济增长 2.4%，增速比上年放缓 0.4 个百分点[1]，发达国家与发展中和新兴经济体增长继续分化（见表 1）。在此背景下，全球制造业低速增长，2015 年第四季度全球制造业同比仅增长 1.9%，低于全球经济增速，其中发达国家增长 0.2%，发展中和新兴经济体增长 4.6%。全球制造业季度增速情况如图 1 所示。

表 1　　发达经济体与新兴经济体 2011—2015 年经济增长对比

时间		2011 年	2012 年	2013 年	2014 年	2015 年
美国	GDP 增速	1.60%	2.20%	1.50%	2.40%	2.40%
	CPI	3.20%	2.10%	1.50%	1.60%	0.10%
日本	GDP 增速	–0.50%	1.70%	1.40%	0%	0.50%
	CPI	–0.30%	0%	0.40%	2.70%	0.80%
欧元区	GDP 增速	1.60%	–0.90%	–0.30%	0.90%	1.60%
	CPI	2.70%	2.50%	1.40%	0.40%	0%
中国	GDP 增速	9.50%	7.70%	7.70%	7.40%	6.90%
	CPI	5.40%	2.60%	2.60%	2.00%	1.40%
巴西	GDP 增速	2.70%	0.90%	2.30%	0.10%	–3.80%
	CPI	6.50%	5.80%	6.20%	6.41%	10.67%
俄罗斯[2]	GDP 增速	4.30%	3.40%	1.30%	0.60%	–3.70%
	CPI	6.10%	6.60%	6.50%	11.40%	12.40%

数据来源：各国统计局网站。

发达国家制造业增长虽然缓慢，但仍是驱动全球制造业发展的核心力量。

[1] 在 2016 年 6 月的《全球经济展望》中，世界银行将 2016 年全球增长预期从 1 月预测的 2.9%下调到 2.4%，下调的理由是发达经济体增长放缓、大宗商品价格持续低迷、全球贸易疲软和资本流动日渐放缓。

[2] 俄罗斯 2015 年 CPI 为俄罗斯财政部预测值。

目前需求低增长、疲弱的商品和能源价格，是影响制造业增长的主要因素，以发达国家为代表的石油进口国受低油价影响制造业成本降低，而以俄罗斯为代表的石油出口国却使经济深陷衰退泥潭。从分行业来看，化工、计算机通信和其他电子设备制造以及木制品行业是发达国家和新兴经济体当前增长都较好的行业。

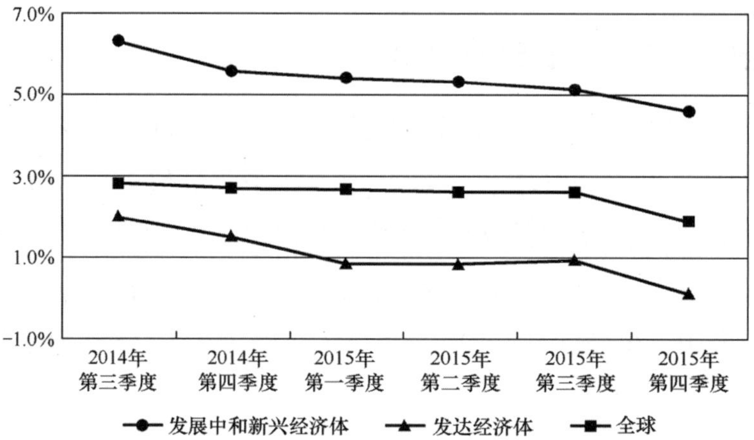

图 1　全球制造业季度增速（数据来源：联合国工业发展组织）

（二）全球外国直接投资有所复苏[3]

2015 年全球外国直接投资流量有所恢复。2015 年全球外国直接投资（外资）流量同比大幅提升 36%，达 1.7 万亿美元，是 2007 年以来的最高水平，而 2014 年则为同比下降 16%。2015 年外国直接投资复苏的主要原因是跨境并购活动活跃，净交易额超过 6437 亿美元，同比骤升 61%，其中，制造业领域的跨境并购交易金额激增 132%，达 3390 亿美元，拉动全球外资强势复苏。

从区域来看，发达国家外资流入量显著反弹，发展中国家保持增长。2015 年发达经济体外资同比激增 90%，达 9360 亿美元，占全球外资流量的 55%，一定程度上将全球外资增长格局重新扳回到传统的“北强”局面。其他国家跨国企业针对美国公司的并购交易，是此番发达经济体外资流入量增加的主要动力。2015 年发展中经济体流量同比增 5%，达 7410 亿美元，创历史最高水平，其中，亚洲发展中地区仍为全球最大的外资吸收地区，超过欧盟和北美，流入非洲、

[3] 资料来源：联合国贸易和发展会议 2016 年 1 月发布的《全球投资趋势监测报告》。

拉丁美洲（不含离岸金融中心）以及转型经济体的外国直接投资均显著下滑，降幅分别为 31%、11%和 54%。

从行业来看，全球直接投资主要集中在服务行业，其次是制造行业，初级产品行业占比不足一成。

（三）世界贸易继续低位增长

金融危机前，全球贸易增长是经济增长的两倍，但危机后，全球贸易增长则变为与全球经济增长基本一致，尤其是 2011 年以来，全球贸易量增速大幅下滑，截至 2015 年，已经从 2010 年 14%的水平降至 2015 年的 2.8%，虽然较 2014 年回升了 0.3 个百分点，但继续维持低于 3%的低速增长，全球贸易量连续 5 年低于 3%低速增长。2010—2015 年世界贸易量增速情况如图 2 所示。2015 年，在外需不足及大宗商品价格大幅下跌等因素的影响下，不仅大宗商品出口国贸易出口增速放缓，制成品出口国的贸易出口形势也十分严峻。全球贸易量增长的放缓，是世界经济疲软和各国贸易保护战略的结果。

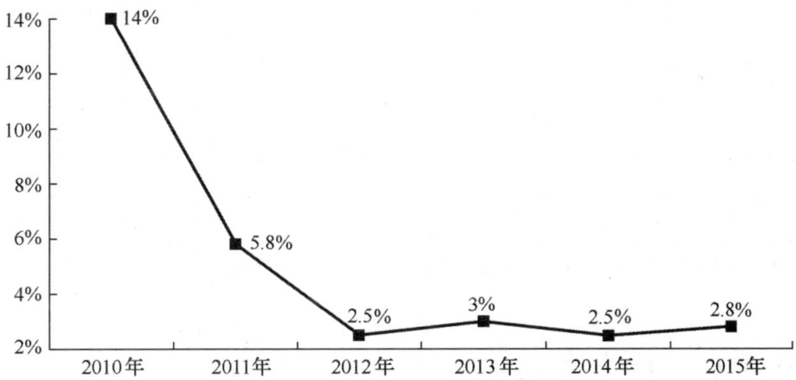

图 2　2010—2015 年世界贸易量增速（数据来源：世界贸易组织）

（四）制造业技术创新愈发活跃

金融危机后，世界各国都普遍意识到制造业在经济中的重要性，制造技术加速发展。根据麻省理工科技评论每年公布的十大突破技术情况（见表 2），21 世纪以来信息技术和生物技术都是技术突破的重点领域，但自 2012 年开始制造技术进一步受到重视。光场摄影、3D 制造、超级电网、巴克斯特 · 蓝领机器人、农业无人机、敏捷机器人等制造技术影响深远，信息技术和制造技术不断突破融合，“智能化”是近年来制造技术发展的重要特征。基于信息物理系统的智能装备、智能工厂等智能制造正在引领制造方式变革；网络众包、协同设计、大规模个性化定制、精准供应链管理、全生命周期管理、电子商务等正在重塑产业价值链体系；可穿戴智能产品、智能家电、智能汽车等智能终端产品不断拓展制造业新领域。

表 2　2011—2015 年麻省理工科技评论公布的十大突破技术

时间	信息技术	生物技术	能源技术	材料技术	纳米技术	制造技术	其他技术
2001 年	8	2					
2003 年	4	3	1		1	1	
2004 年	6	3			1		
2005 年	6	2				1	1
2006 年	3	4		1	2		
2007 年	5	2		1	2		
2008 年	6	1	1	1	1		
2009 年	5	2	1	1	1		
2010 年	5	2	2	1			
2011 年	6	3		1			
2012 年	2	2	2	1		1	2
2013 年	5	1	1			3	
2014 年	5	2		1		2	
2015 年	4	4			1		1

数据来源：根据麻省理工科技评论公布的历年十大突破技术整理。

（五）各国加快抢占产业制高点

2015 年各国先进制造业发展日新月异，已进入实质性推进阶段。美国正着力打造世界领先的先进制造研发中心。近年来围绕制造业前沿技术，美国不断加大制造技术研发，启动了材料基因组计划、国家机器人技术计划等一批重大跨部门计划。美国联邦政府对制造业研发的投入 3 年内增长了 35%，从 2011 年的 14 亿美元增长到 2014 年的 19 亿美元。自 2012 年奥巴马政府提出建设制造业创新网络，截至 2015 年年底，已经宣布建立的制造业创新研究所达 9 家（已经建立 5 家，另 4 家正在建立），它们聚焦的重点领域包括：增材制造（3D 打印）、新一代电力电子、数字制造、智能制造、柔性混合电子、高级合成材料、轻型和现代金属制造等。奥巴马政府最初提出的构想是建设15家制造业创新研究所，现在计划已扩展至45家。德国“工业4.0”进展迅速。2015年上半年德国发布《工业4.0实施战略》，明确了关键技术路线、参考架构、标准化领域及相关安全问题；从近几年的汉诺威工博会来看，德国企业在“工业4.0”产品和解决方案的研发方面进展迅速，产品已经投入商用。日本加快机器人产业发展。2015年1月日本公布《机器人新战略》，提出扩大机器人应用领域，加快新一代机器人技术研发，并于5月成立产官学一体化的“机器人革命倡议协议会”（会员达320多家）推动新机器人战略；6月，由大学和民间企业组织成立“工业价值链倡议”（IVI）；10月设立“IoT推进组织”（IoT Acceleration Consortium）。

二、2016年全球工业发展趋势

（一）全球制造业继续低速增长

2015年全球各大研究机构不断下调对全球经济的中长期判断，对全球经济信心有所下降，总体判断，2016年全球经济增长基本与2015年持平，增速预计为3%左右，继续呈现不均衡增长态势。

发达国家制造业将继续复苏。从美国来看，美联储2015年12月宣布加息[4]，结束了7年的零利率，政策环境发生转变将给短期经济增长带来新的不确定性，影响美国制造业增长。从欧元区来看，欧洲宽松的货币政策和债务风险的逐步化解，给欧元区经济增长一个稳定的政策环境，PMI、就业、消费者信心等指标小幅改善，欧元区2016年制造业持续弱复苏趋势。总体而言，发达经济体2016年制造业增速仍将持续低位，而货币政策取向的差异将导致美国制造业增长有向下调整压力，欧元区和日本制造业将保持弱复苏。

发展中和新兴经济体制造业增速继续下滑。2015年新兴市场国家经济情况不乐观，且出现明显分化。以金砖五国为例，我国和印度虽然面临转型之痛，但是依然保持着较高的经济增速，而俄罗斯、巴西和南非都是资源出口大国，

[4] 2015年12月16日美联储最终决定提高联邦基金利率水平25个基点，将联邦基金利率目标区间由0～0.25%提高到0.25%～0.50%的水平。

经济进入衰退期。当前新兴市场国家增长放缓是全球经济周期、经济结构调整等因素影响的共同结果，产业结构调整和经济制度改革是 2016 年面临的重要问题。与此同时，全球制造业向发达国家回流、大宗商品价格持续低位，总体判断，发展中和新兴经济体制造业增速继续下滑，内部分化趋势将更加明显，俄罗斯、巴西等国的工业增长失速风险依然很大。

（二）全球外国直接投资继续增长

目前，国际直接投资尚未恢复到 2008 年国际金融危机前的水平，2015 年全球并购活动开始增加，国际直接投资出现企稳趋势，但受全球经济增长势头不稳、全球金融市场持续动荡、总需求低迷以及一些主要新兴经济体经济增长放缓的影响，较难有大幅扩张。全球绿地投资的停滞和发展中国家投资放缓表明，目前外资回暖势头仍十分脆弱。

随着发达国家经济温和反弹，全球宏观经济环境将有所改善，欧元区、日本等仍然维持持续量化宽松政策给全球市场不断注入流动性，有望进一步增强投资者信心，并推动跨国企业增加投资。新兴经济体货币进一步贬值，以及跨国企业为调整全球生产经营布局而进行的并购交易，有利于促进全球外资流量增长。

总体判断，2016 年全球外国直接投资仍将继续增长，增速将出现一定程度的下降。

（三）全球需求仍将持续疲软

全球消费信心不足。尼尔森最新研究显示，2015 年第四季度全球消费者信心指数[5]97 点，相比第三季度下降两点，从主要经济体来看，仅中国、英国该指数高于 100 点，分别为 107 点、101 点，美国为 100 点，德国为 98 点，日本为 79 点，相较于前几季度，除中国外这几个国家的消费者信心指数都有所回落。

作为反映需求的最直接指标，全球物价仍将低迷。首先，美联储加息预期将抑制全球需求扩张，新兴和发展中经济体增长放缓也将进一步抑制发展中和新兴经济体的需求扩张，以美国、欧元区、日本为首的发达经济体仍然面临通

[5] 尼尔森消费者信心指数衡量了当地就业前景、个人财政以及直接支出意向。消费者信心指数高于 100 点则为消费意向积极，反之则为消极。

货紧缩风险，而巴西、俄罗斯等部分新兴国家仍将处于滞胀阶段。

大宗商品价格仍将处于低位。由于 2015 年大宗商品价格的持续走低使得部分商品供给端剧烈调整，供给急剧减少，使得 2016 年上半年大宗商品价格有所回升。但随着大宗商品价格回升，导致企业利润回升，供给端扩张，而需求端并未呈现实质性回暖趋势，下半年可能继续下行态势。2016 年总体呈现前升后降的“倒 V”字形态势，石油、钢铁、有色金属总体继续维持过剩状态。2001—2015 年大宗商品价格指数变化趋势如图 3 所示。

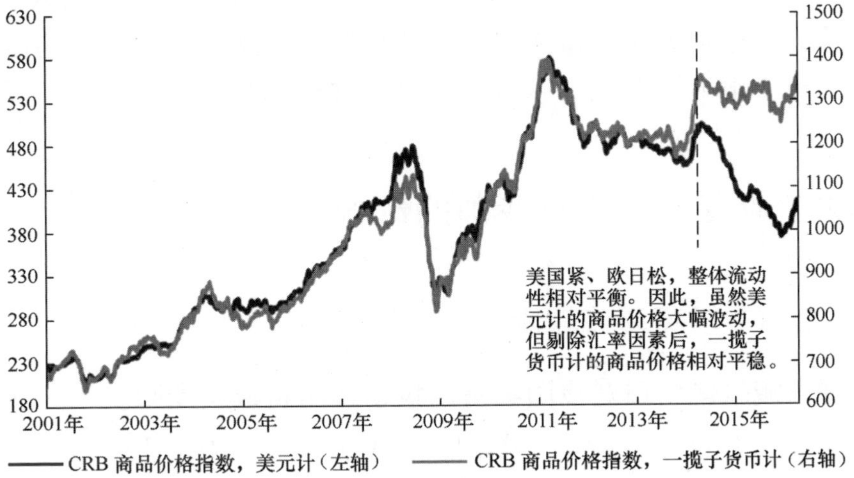

图 3　大宗商品价格指数变化趋势

（四）全球贸易低增长局面应将持续

需求疲软、贸易摩擦增多等因素将继续抑制 2016 年全球贸易增长，尤其是商品贸易增长，服务贸易增长趋势可能加强。美国等 12 个国家签署的跨太平洋战略经济伙伴关系协定（TPP）意味着区域贸易谈判和新型国际贸易规则谈判取得重要进展，但由于该协定最早于 2017 年生效，因此对 2016 年全球贸易增长的正面效果极其有限。

（五）智能装备产业需求快速增长

美国的《先进制造业国家战略计划》、德国的“工业 4.0 计划”、日本的《制造业白皮书》、中国的《中国制造 2025》，世界主要经济体制造业战略均将“智能制造”作为制造业发展的重要方向。目前，3D 打印、机器人、大数据等新兴技术产业化已经初步探索成熟，也出现了一批智能制造领域发展良好的领先企业；与此同时，2016年各国制造业升级、产业结构调整需求愈发旺盛，消费需求也逐渐清晰并扩大，从供给端到需求端均为下一阶段智能制造发展奠定了基础。2016年开始，制造业智能化趋势将有所加快。

全球机器人需求继续保持快速增长。2015年全球机器人贸易市场规模已达95亿美元，如包括相关软件、外围设备和系统工程在内，该市场规模则高达290亿美元。国际机器人联盟（IFR）报告显示，2016年全球工业机器人本体销量将达19.2万台，其中，工业机器人同比增长预计约为15%，专用服务机器人销量前两位预计依然是国防机器人和挤牛奶机器人，这两种机器人约占服务机器人销量的一半，用于个人/家用的服务机器人预计会售出800万台。

三、全球工业发展趋势对我国的影响

（一）全球需求贸易疲软影响产品出口

全球需求疲软使出口对我国经济的拉动作用将继续受限。一方面，我国前五大出口国/地区依次是：欧盟、美国、日本、东盟、中国香港地区。首先，欧盟本身经济增长存在较大不确定性，加上英国脱欧的影响，对我国对欧出口产生较大冲击；其次，美国实体经济复苏仍需时日，加上其制造回流影响，对美出口也不容乐观；最后，日本、东盟、香港地区经济总体的疲软也影响我国外需增长。另一方面，我国对外贸易中主要优势产品已经不能充分适应国际需求结构变化，这也在一定程度上限制了我国产品出口。

区域经济合作趋势将继续影响全球贸易环境，进而影响我国出口。通常在世界经济处于扩张期，主要发达国家就会积极倡导自由贸易，大力推动全球化，但当世界经济处于低迷不振时，主要发达国家则推动贸易保护、区域经济合作。2015年10月，美国主导的由12个亚太经济体参加的TPP谈判最终达成协议，不仅在市场开放和贸易投资自由化、便利化上达到了前所未有的水平，而且在环境保护、劳工标准、竞争中立、电子商务、金融等服务业开放等领域设立了新标准，对未来国际经贸规则体系的演进具有引领示范作用。TPP协议的达成及其示范作用，将深刻影响我国在全球贸易中的位置以及国际话语权的提升，各国“以自我为中心”的贸易政策，各种区域经济合作的深化，使我国面临的外贸环境变得极其复杂。

（二）大宗商品价格低位加重工业通缩

2016年上半年大宗商品价格的回升，使得我国工业领域价格降幅快速收窄，利润大幅改善，实现由负转正，可见输入性成本下降是导致2015年我国CPI同比连续6个月维持在2%以下、工业领域价格降幅不断扩大的重要因素。2016年大宗商品价格短暂调整后的持续下行，将可能使我国通缩加重，据我国人民银行研究局测算，如果年均油价下跌10%，我国年均CPI涨幅会下降0.2～0.3个百分点，工业领域的输入性通缩风险则会加剧。另一方面，在经济换挡减速、需求扩张放缓、产能普遍过剩的背景下，国际市场供应增多和价格大幅下跌也给我国能源资源开采加工等上游行业带来更大的竞争压力，生产者价格的持续回落将进一步加剧企业经营困难，去产能、降成本压力增大。

但与此同时，我国也是世界能源进口大国，大宗商品供求格局变化和价格回落，有利于我国降低能源资源进口成本，扩大了我国的贸易顺差，提高了净出口对经济增长的贡献率，总体上也有利于保障能源资源供应安全和降低工业发展成本。另外，大宗商品价格进入低位调整时期，也为我国推动资源价格改革提供窗口期。

（三）智能制造发展推动我国制造升级

目前，智能制造是全球制造业发展的主要趋势。近年来，我国信息产业、两化融合取得了长足发展，实现智能升级的基础良好，为我国在智能制造产业实现突破提供机遇。首先，我国信息基础设施改善程度已大幅提升，在电子通信领域，我国也已形成较完整的产业集群，我国企业已从传统的设备提供商向系统解决方案提供商转变，在全球电子信息产业具备较强的竞争力。其次，我国巨大的国内市场为企业智能生产提供了庞大的用户基础，有利于孕育和形成新商业模式。仍需关注的是，近年来发达国家纷纷加大对新技术、新产品、新产业的研发投入力度，抢占未来产业发展和国际竞争的制高点，更加重视发展制造业。而我国在科技创新、新兴产业发展与发达国家存在较大差距，若不能有效实现新技术及其产业化的跨越式发展，则存在与发达国家进一步拉大差距的风险。

第二章　2015年我国工业发展全景

一、2015年我国工业发展情况

（一）工业生产缓中趋稳

工业增长继续“减速换挡”。2015年，我国规模以上工业增加值同比增长6.1%，比2014年（8.3%）大幅回落2.2个百分点，低于GDP增速0.8个百分点，低于服务业2.2个百分点。分经济类型来看，国有控股企业增长1.4%；集体企业增长1.2%，股份制企业增长7.3%，外商及港澳台商投资企业增长3.7%；私营企业增长8.6%。分门类来看，采矿业增长2.7%，制造业增长7.0%，电力、热力、燃气及水生产和供应业增长1.4%，均较上年不同程度下滑。这些都表明我国工业仍然延续着2014年的“减速换挡”过程，且放缓速度并未减缓，当前工业增速探底的过程尚未结束。我国经济处于转型升级和结构调整期，是当前工业下行的主要原因。从2015年规模以上工业月度增速来看，全年呈现底部波动调整态势，总体在5.5%～7%之间波动。

2015年规模以上工业增速首次低于GDP增速，观察2000年以来工业和GDP增长情况，通常在经济上升周期，工业高于GDP且增速差有明显加大趋势，但在经济下行周期，工业高于GDP的增速差则明显减小，这与工业在我国国民经济中始终处于支柱地位有关，工业一直以来是我国经济增长的关键引擎。当前我国经济处于一个长周期下行调整期，自2012年以来工业与GDP增速差不断减小，甚至低于GDP增速，既有经济处于下行周期的原因，又有我国处于经济结构调整期的原因。

2000—2015年规模以上工业增加值和GDP增速情况如图4所示，2011—2015年月度规模以上工业增速情况如图5所示。

工业占GDP比重较快下滑。2015年全部工业增加值达228 974亿元，工业占GDP比重降至33.8%（注：根据2016年7月5日《国家统计局核算司负责人就研发支出核算方法改革答记者问》有关内容，实施研发支出核算方法改革后，工业增加值占GDP比重提高0.5个百分点，由33.8%修订为34.3%），比2014

年降低 2.03 个百分点，整个“十二五”工业占 GDP 比重表现明显下降特征。根据国际上发达国家工业化进程经验，总体符合我国处于工业化中期向工业化后期转变的特征，但同时工业占 GDP 比重的较快下滑，也反映了当前实体经济下行压力大，经济存在一定程度的空心化风险。2005—2015 年全部工业增加值变化情况（当年价）如图 6 所示。

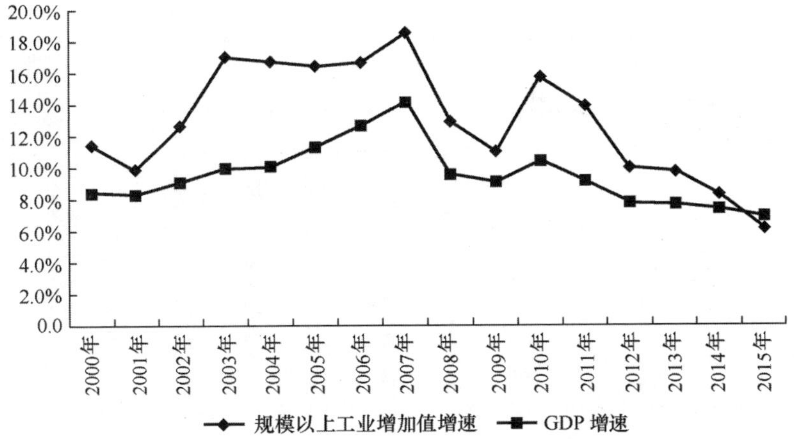

图 4　2000—2015 年规模以上工业增加值和 GDP 增速

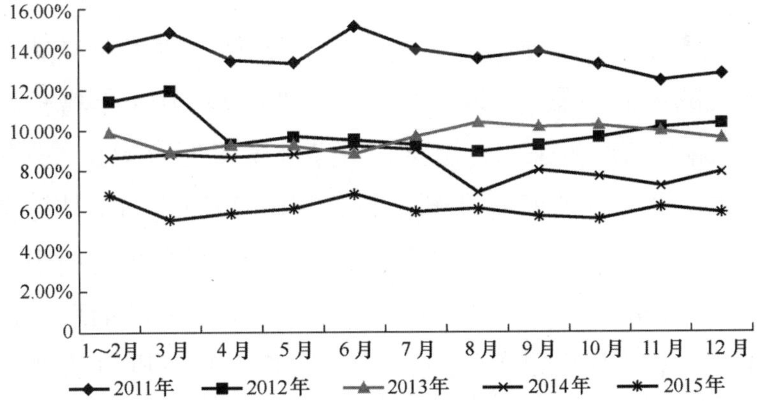

图 5　2011—2015 年月度规模以上工业增速

上、中、下游行业均呈现一定程度的疲软态势。从细分行业来看，对比 2014 年和 2015 年月度增速可以看出，原材料行业与上年相比总体保持小幅下滑态势，有色金属冶炼和压延加工业、化学原料和化学制品制造业相对增长良好，总体保持在 10%左右的增速。消费品工业总体较为疲软，农副食品加工业下滑幅度较大，食品加工业小幅下滑，2015 年下半年增长态势明显优于上半年，纺织业在部分月份呈现一定的回暖趋势，增速一度达到 8%左右。装备制造业增长明显转差，表现在通用设备制造业、专用设备制造业、汽车制造业和铁路、船舶、航空航天和其他运输设备制造业四大行业的快速下滑，2015 年专用设备制造业、汽车制造业一度出现负增长，电气机械和器材制造业增长相对良好，但相比上年也出现一定程度的下滑。电子制造业在总体疲软背景下表现较为良好。

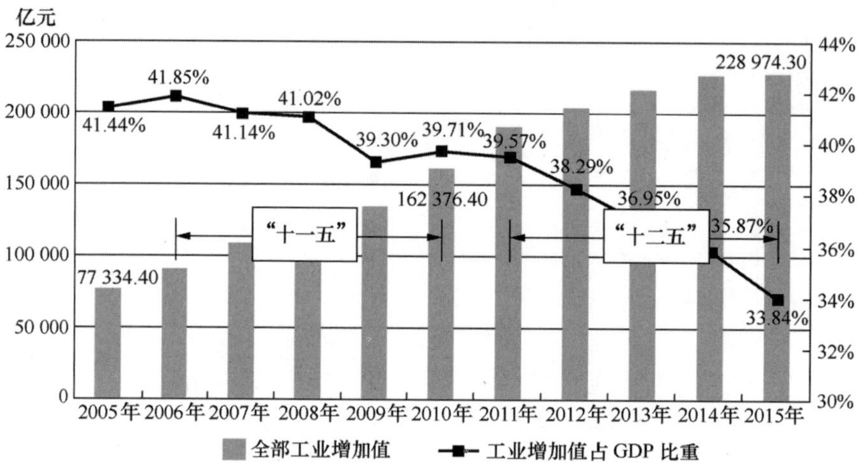

图 6　2005—2015 年全部工业增加值变化（当年价）

主要产品产量增速继续分化。在统计的 567 种主要工业产品实物产量中，2015 年同比增长的产品数量为 286 种，占 50.4%，较 2014 年增长产品数量占比下降明显。从上游产品产量来看，粗钢、原煤呈现年度负增长，分别下降 2.2%、3.3%，这与当前煤炭、钢铁产能过剩相关。其中 2015 年 12 月与房地产行业密切相关的粗钢、钢材、生铁、平板玻璃、水泥等产品同期分别同比下降 5.2%、3.4%、7.1%、11.3%和 3.7%。从中下游装备、电子产品产量来看，金属切削机床、发电机组、微型计算机设备继续维持负增长，发电机组负增长幅度继续扩大至−29.8%。汽车、移动通信手持机、集成电路较快增长，同比分别增长 16.3%、12.4%和 13.1%，汽车和集成电路产量增速继续提升，具体见表 3。

表 3　“十二五”期间重点工业产品产量

		2011 年		2012 年		2013 年		2014 年		2015 年	
产品名称	单位	产量	同比增长	产量	同比增长	产量	同比增长	产量	同比增长	产量	同比增长
原煤	亿吨	35.2	8.7%	36.5	3.8%	36.8	0.8%	38.7	−2.5%	37.5	−3.3%
原油	亿吨	2.04	0.3%	2.07	2.3%	2.09	1.8%	21 142.9	0.7%	21 455.6	1.5%

续表

		2011 年		2012 年		2013 年		2014 年		2015 年	
产品名称	单位	产量	同比增长	产量	同比增长	产量	同比增长	产量	同比增长	产量	同比增长
天然气	亿立方米	1030.6	8.7%	1072.2	4.4%	1170.5	9.4%	1301.6	7.7%	1346.1	3.4%
发电量	亿千瓦时	47 000.7	11.7%	49 377.7	4.8%	53 975.9	7.5%	56 495.8	4%	58 105.8	0.3%
粗钢	万吨	68 388.3	7.3%	71 716	4.7%	77 904.1	7.6%	82 269.8	1.2%	80 382.5	–2.2%
十种有色金属	万吨	3434	10%	3672.2	6.9%	4054.9	9.7%	4380.1	7.4%	5155.8	6.8%
水泥	亿吨	20.9	10.8%	22.1	5.3%	24.2	9.3%	24.8	2.3%	8975.7	0.8%
汽车	万辆	1841.6	0.8%	1927.7	4.7%	2211.7	14.7%	2372.5	7.3%	602.4	3.3%
集成电路	亿块	719.6	10.3%	823.1	14.4%	866.5	11.2%	1015.5	12.4%	1087.2	7.1%
移动通信手持机	万台	113 257.6	13.5%	118 154.3	4.3%	145 561	23.2%	162 719.8	6.8%	181 261.4	7.8%
微型计算机设备	万台	32 036.7	30.3%	35 411	10.5%	33 661	5.8%	35 079.6	–0.8%	31 418.7	–10.4%
智能手机	万台									139 943.1	11.3%
工业机器人	台（套）									32 996	21.7%
智能电视	万台									8383.5	14.9%

数据来源：国家统计局。

工业投资较快下滑。2015 年全国固定资产投资同比增长 10%，全年呈一路下滑态势，比上年回落 5.7 个百分点；全年工业投资增速同比为 7.7%，比上年（12.9%）回落 5.2 个百分点，占全国固定资产投资的 43.8%。其中，采矿业投资下降 8.8%，比上年增速下降 9.5 个百分点，一年以来呈现持续负增长；制造业投资增长 8.1%，比 2014 年回落 5.4 个百分点；电力、热力、燃气及水生产和供应业投资增长 16.6%，比上年回落 0.5 个百分点。民间投资过快下滑表明工业领域市场形势严峻。2015 年工业民间投资同比增长 9.3%，比上年回落 8.8 个百分点。2004—2015 年我国工业、制造业投资增速变化情况如

图 7 所示。

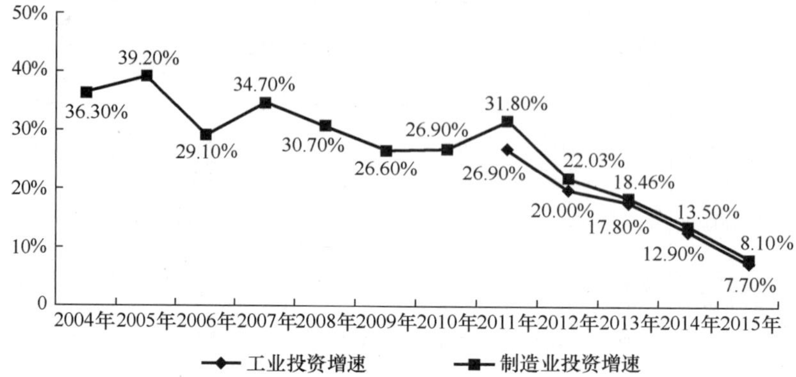

图 7　2004—2015 年我国工业、制造业投资增速变化

外需面临较大压力。2015 年全年规模以上工业出口交货值同比下降 1.8%，外需下滑压力巨大，一方面，受国外需求仍然疲软、国外再工业化发展和东南亚及相关国家货币竞相贬值影响；另一方面，国内企业产品未能及时适应比较优势转变和外部市场需求。例如，技术进步导致对我国部分重要出口产品的需求下降。据市场研究公司 TrendForce 统计，2015 年全球手机出货量增长 10%，笔记本电脑则下滑 5%，显示智能手机对笔记本电脑已产生明显的替代效应，与此相对应的是，2015 年我国手机出口增长 7%，电脑及办公机械出口则下降 14%[6]，而后者正是我国出口最多的三大类产品之一。需要注意的是，虽然我国出口下降较快，但与其他国家和地区相比，据世界贸易组织统计，除新加坡、中国香港这两个转口大港外，有 22 个经济体在 2014 年的出口超过 2000 亿美元，它们在 2015 年前 10 个月的出口全部出现收缩，其中 16 个经济体的降幅达到了 10%以上，而我国的降幅最小，只有 2.5%。

内需保持稳定增长，消费对经济增长的基础性作用进一步增强。2015 年全年社会消费品零售总额同比增长 10.7%，较 2014 年（增长 12%）回落 1.3 个百分点。2015 年月度消费增速呈现 U 型发展态势，自下半年起基本保持小幅回暖。从重要消费品来看，食品、服装、家电等日用品消费增长较快，石油制品、汽车两大消费增速放缓甚至出现负增长，受 1.6 升以下汽车购置税减半影响，10 月、11 月、12 月汽车消费增长较快，具体见表 4。在投资放缓和出口受阻的背景下，

[6] 电脑及办公机械出口为 2015 年 1～11 月数据。

2015 年全年最终消费支出对 GDP 的贡献率达到 66.4%，比上年提高了 15.4 个百分点，已成为拉动我国经济增长的重要力量。当前我国就业市场和物价水平整体保持稳定，居民收入水平也稳步提升，2015 年城镇新增就业 1312 万人，CPI 同比上涨 1.4%，全国居民人均可支配收入实际增长 7.4%，稳定的就业和收入增长支撑消费保持平稳增长。

表 4　“十二五”期间主要工业产品消费零售额同比增速

消费零售额同比增速	2011 年	2012 年	2013 年	2014 年	2015 年
粮油、食品、饮料、烟酒类	29.1%（粮油类）	19.9%（粮油类）	13.90%	11.10%	14.60%
服装、鞋帽、针/纺织品类	25.1%（服装类）	17.7%（服装类）	11.60%	10.90%	9.80%
化妆品类	18.70%	17.00%	13.30%	10.00%	8.80%
金银珠宝类	42.10%	16.00%	25.80%	25.80%	7.30%
日用品类	24.10%	17.50%	14.10%	11.60%	12.30%
家用电器和音像器材类	21.60%	7.20%	14.50%	9.10%	11.40%
中西药品类	21.50%	23.00%	17.70%	15.00%	14.20%
文化办公用品类	27.60%	17.70%	11.80%	11.60%	15.20%
家具类	32.80%	27%	21.00%	13.90%	16.10%
通信器材类	27.50%	28.90%	20.40%	32.70%	29.30%
建筑及装潢材料类	30.10%	24.60%	22.10%	13.90%	18.70%
汽车类	14.60%	7.30%	10.40%	7.70%	5.30%
石油及制品类			9.90%	6.60%	–6.60%

注：2011 年、2012 年粮油、食品、饮料、烟酒类和服装、鞋帽、针/纺织品类消费增速仅分别包含粮油类和服装类。

数据来源：国家统计局。

工业领域通缩程度持续加大。2015 年，工业生产者出厂价格同比下降 5.2%，工业生产者购进价格同比下降 6.1%；相比 2014 年工业生产者出厂价格同比下降 1.9%，工业生产者购进价格同比下降 2.2%，分别大幅扩大 3.3 和 3.9 个百分点。截至 2015 年 12 月我国 PPI 已连续 46 个月负增长，反映工业领域市场需求疲弱。从 2015 年月度数据来看，2015 年下半年以来降幅明显加深，特别是生产资料 PPI 降幅远远大于生活资料，采掘工业和原材料工业 PPI 降幅远远大于加工工业，原材料购进价格指数降幅大于 PPI，其中黑色金属材料类、燃料动力类、有色金属材料类、化工原料类降幅较深。这既有国内化解过剩产能的影响，也有国际大宗商品价格持续下行的影响，工业领域价格持续下行，严重影响企业效益和生产积极性。2012 年以来工业生产者出厂价格指数变化情况如图 8 所示。

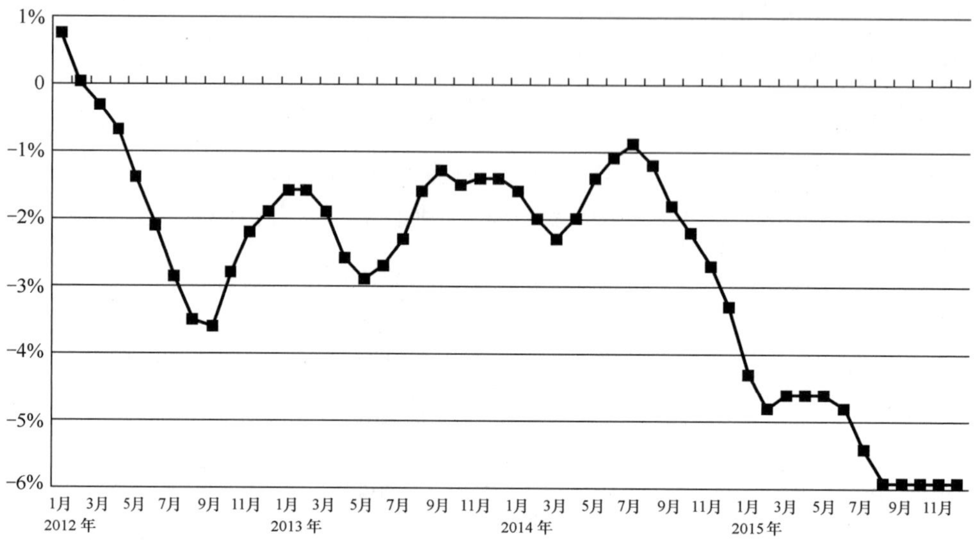

图 8　2012 年以来工业生产者出厂价格指数变化（数据来源：国家统计局）

（二）质量效益稳中有进

工业企业经营压力较大。2015 年全年规模以上工业企业实现利润 63 554 亿元，同比下降 2.3%，比 2014 年（增长 3.3%）降低 5.6 个百分点，为 1999 年以来首次年度负增长。2015 年实现主营业务收入 1 103 300.7 亿元，同比增长 0.8%，比 2014 年（增长 7.0%）下降 6.2 个百分点。工业疲软从投资端到产出端再到市场端均面临压力，形成不良循环。2015 年规模以上工业企业利润总额增速持续低于主营业务收入增速，且近 5 个月差距都在 3 个百分点左右，企业生产陷入“增收不增利”的困境，严重影响企业生产的积极性。总体而言，工业企业经营压力比 2014 年明显加大，这主要与当前经济处于低位周期、需求不振有关。“十二五”以来规模以上工业企业主营业务收入和利润增幅情况如图 9 所示。

符合产业转型升级方向的产业利润增长情况较佳。2013—2015 年，全国规模以上工业中，装备制造业共实现利润总额 66 683 亿元，年均增长 10.8%，增速高出规模以上工业 6.6 个百分点；消费品制造业实现利润总额 50 943 亿元，年均增长 8.8%，高出规模以上工业 4.6 个百分点。随着居民生活水平的逐渐提高和家庭汽车消费的不断增加，汽车制造业成为 41 个工业大类行业中创造利润最多的行业，三年共实现利润总额 17 170 亿元，年均利润增速达 14.4%。而 2015 年以来的利润负增长主要受原材料行业利润快速萎缩的影响，2015 年采矿业利润下降幅度达 58.2%。但制造业和电力、热力、燃气及水生产与供应业仍然保持了 2.8%和 13.5%的增速，其中，高技术制造业、装备制造业、消费品制造业利润仍然保持了同比 8.9%、4%、7%的增速。

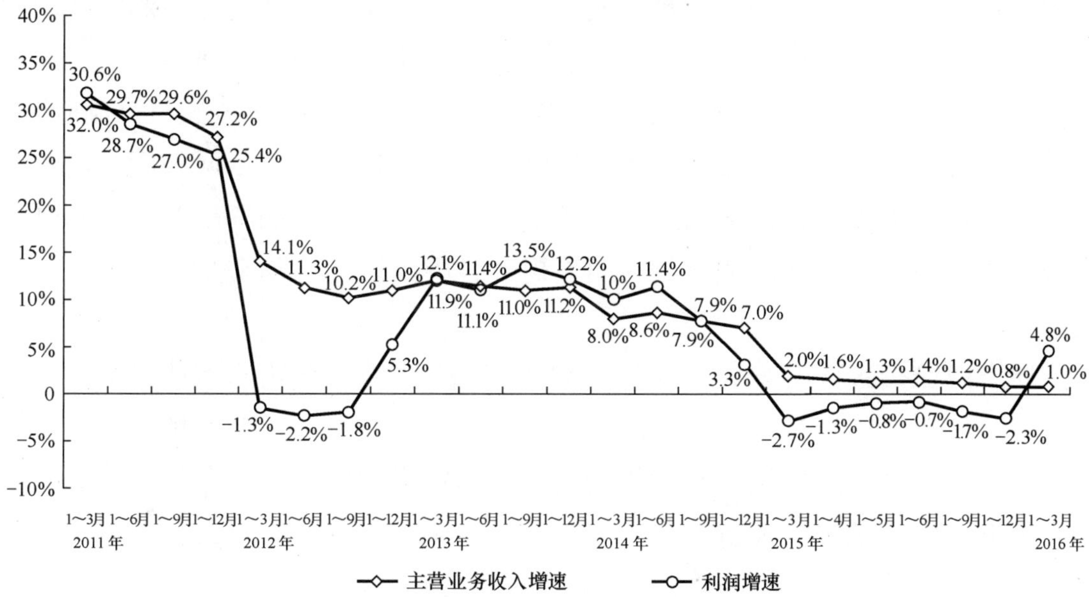

图 9 “十二五”以来规模以上工业企业主营业务收入和利润增幅

重要工业产品质量良好[7]。国家质检总局全年共抽查 24 505 家企业生产的 25 345 批次产品，国家产品质量监督抽查合格率为 91.1%。从近 5 年的抽查情况来看，产品抽查合格率分别为 87.5%、89.8%、88.9%、92.3%和 91.1%，整体呈现波动上升态势，虽然 2015 年比 2014 年下降了 1.2 个百分点，但国家监督抽查合格率继 2013 年之后再次达到 90%以上。其中，日用及纺织品抽查合格率为 87.0%，比 2014 年下降了 1.2 个百分点；轻工产品为 88.7%，比 2014 年提高了 2.7 个百分点；机械及安防产品为 94.2%，比 2014 年提高了 2.4 个百分点；电子电器为 79.3%，比 2014 年下降了 7.3 个百分点；电工及材料为 90.1%，比 2014 年下降了 1.7 个百分点；建筑装饰装修材料为 92.2%，比 2014 年提高了 1 个百分点。

[7] 数据和资料来源：国家质检总局。

国产优质工业品牌不断涌现。2015 年工业和信息化部继续开展工业企业品牌培育试点示范工作，指导 1500 家企业建立完善品牌管理体系，在 500 家企业实现体系有效运行，遴选核定 100 家左右示范企业，宣传推广标杆企业典型经验，提升企业品牌培育能力。深化推进产业集群区域品牌建设，推荐遴选 20 个区域品牌建设试点单位，重点培育 5 个区域品牌建设示范单位，科学评价区域品牌运行水平，推广区域品牌建设成功经验。从具体行业来看，例如机械行业的一批长期依赖进口的关键基础件、核心零部件质量品牌不断提升，高压绝缘套管、变压器出线装置、优质冷轧矽钢片、大型电站锻件、燃气轮机高温叶片、大型核电静密封装置、挖掘机配套高压阀、高端轴承、LNG 低温高压铸造球阀等工业品质量显著提升，国产品牌市场认知度提高；再例如汽车领域，插电式混合动力乘用车产品性能和可靠性明显提升，中高端纯电动乘用车接近国际先进水平。

质量效益指数稳定增长。中国工程院发布的《2015 年中国制造强国发展指数报告》显示，与 2012 年相比，中国制造强国综合指数近两年有所提高，排名第四。我国制造业的质量效益指数虽然与发达国家相比仍然存在着倍数级的差距，但近两年呈稳定增长趋势。

（三）结构调整有序推进

产业结构持续呈现积极变化。对比细分行业年度数据，高技术产业增长快，占工业比重不断上升，而高耗能产业占比则有所下降。六大高耗能行业增加值比上年增长 6.3%，占规模以上工业增加值的比重为 27.8%。装备制造业增加值增长 6.8%，占规模以上工业增加值的比重为 31.8%，比 2014 年（30.4%）提升 1.4 个百分点。高技术制造业增加值增长 10.2%，占规模以上工业增加值的比重为 11.8%，比 2014 年（10.6%）提高 1.2 个百分点。在我国经济增速换挡期，以电子及通信设备制造和医药制造为代表的高技术制造业总体呈现稳中有进的发展态势，为优化我国工业产业结构奠定了基础，高技术产业全年实现主营业务收入 13.7 万亿元，比 2012 年增长 33.9%，年均增长 10.2%，比规模以上工业年均增速高 3.9 个百分点。

淘汰落后进程加快。当前部分行业产能严重过剩矛盾尚未根本扭转，一些能耗、环保、产品质量、安全不达标的产能尚未依法依规退出。“十二五”期间，淘汰落后产能力度不断加大，炼铁、炼钢、电解铝、水泥、平板玻璃等行业超预期完成淘汰目标。

高技术产业、规模以上工业增加值增速如图 10 所示。

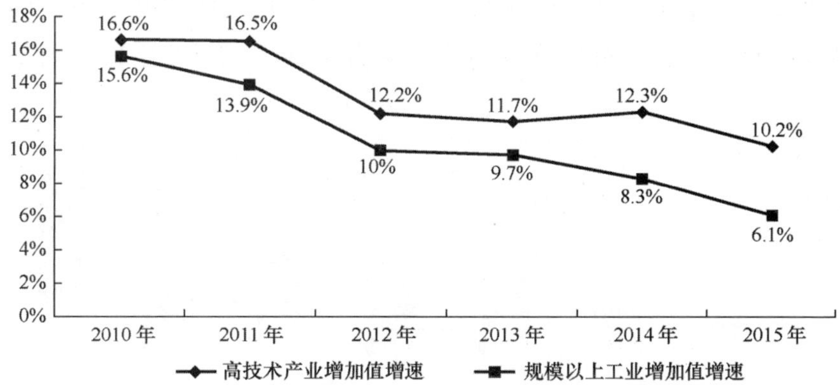

图 10　高技术产业、规模以上工业增加值增速（数据来源：中国统计公报）

区域工业经济协调性增强，但南北分化明显。一方面，东中西部之间经济协调性在继续增强，2015 年中、西部地区规模以上工业增加值比上年分别增长 7.6%和 7.8%，分别快于东部地区 0.9 个和 1.1 个百分点。与此同时，近年来受全球经济持续疲软、大宗商品价格持续走低、国内投资大幅下滑、污染控制力度不断加大等因素的影响，区域经济增长开始呈现南北分化的态势。2015 年这种趋势更加明显，东北、华北以及西北地区经济增长速度继续放缓；而华东、中南以及西南地区经济增速呈现企稳态势。2015 年，南部一些产业基础好、结构多元化、调整步伐快、开放程度高的地区，工业生产仍然保持良好的发展势头，江苏、广东、福建等南部工业增速在 7%以上，而重庆、贵州两地工业增速均实现了 10%及以上的超高速增长；而北部一些产业结构相对单一、产能过剩行业比较集中的地区，工业增速放缓较快，回落幅度较大，辽宁、山西等重化工业主导、资源型省份减速明显，工业生产分别下降 4.8%和 2.8%。

投资结构不断优化为结构调整蓄力。大力发展高技术产业是产业结构优化升级的重要举措。“十二五”以来，我国高新技术产业快速发展，产业投资规模迅速扩大。2014 年，我国高技术产业固定资产投资规模达到 17 451.72 亿元，比 2010 年投资水平增长 151%。重大项目积极推进，2014 年，高技术产业施工项目达到 18 403 个，其中，新开工项目数达到 12 309 个，分别比 2010 年增长 72%、69%。从行业投资结构来看，电子及通信设备制造业行业投资主体地位没有改变，2010 年以来，行业投资额占比基本保持在 48%左右；医药制造业、医疗仪器设备及仪器仪表制造业投资比重略有上升，2014 年比重达到 43%，比 2010 年上升 3 个百分点。高技术产业分行业固定资产投资额如图 11 所示。

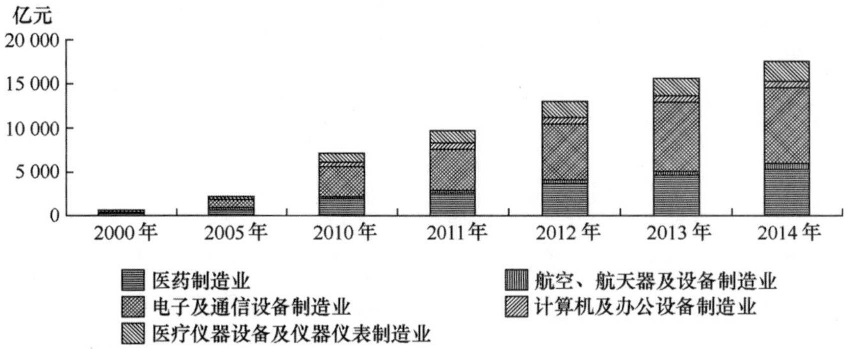

图 11　高技术产业分行业固定资产投资额（数据来源：中国高技术产业统计年鉴）

出口结构不断优化适应国外需求。一是出口产品结构优化。据海关统计，2015 年，我国出口机电产品 8.15 万亿元，增长 1.2%，占出口总值的 57.7%，较上年提升 1.7 个百分点。同期，纺织品、服装、箱包、鞋类、玩具、家具、塑料制品七大类劳动密集型产品出口总值为 2.93 万亿元，下降 1.7%，占出口总值的 20.7%；手机出口增长 8.8%，医疗仪器及器械出口增长 7.2%。二是贸易方式有所优化，2015 年我国一般贸易进出口值为 13.29 万亿元，比上年下降 6.5%，占进出口总值的 54%，所占比重较上年提升 0.3 个百分点；其中出口增长 2.2%，加工贸易进出口则下降 10.6%。此外， 2015 年我国跨境电子商务出口增速超过 30%，市场采购贸易增幅超过 70%，带动了大量中小企业出口，成为新的外贸增长点。

（四）创新动力持续增强

创新投入力度不断加大。2015 年我国研发投入明显加大，企业创新活力增强，科技创新成为驱动工业增长和转型升级的强有力支撑。2015 年，全国研发经费投入总量为 1.4 万亿元，比 2012 年增长 38.1%，年均增长 11.4%，研发经费投入强度（研发经费与 GDP 之比）达到 2.10%，我国研发经费继 2010 年超过德国之后，2013 年又超过日本，目前我国已成为仅次于美国的世界第二大研发经费投入国家。创新已成为企业转型的重要方式。企业创新活力增强。2015 年，我国规模以上工业企业研发经费支出首次突破万亿元，达 10 150.9 亿元，截至 2015 年年底，我国累计认定的国家级企业（集团）技术中心为 1187 家，建在企业的国家重点实验室为 177 个，占国家重点实验室的 36.8%，建在企业的国家工程（技术）研究中心为 144 个，占国家工程（技术）研究中心的 41.6%。2015 年，国家新兴产业创投计划累计资金总规模 556.8 亿元，比 2012 年增长 92%。工业企业新产品开发成为企业新的增长点。2014 年规模以上工业企业实现新产品销售收入 14.3 万亿元，比 2012 年增长 29.3%，年均增长 13.7%；新产品销售收入占主营业务收入的比重为 12.9%，比 2012 年提高 1 个百分点。2012—2014 年新产品销售收入对主营业务收入增量的贡献为 18.2%。

工业领域技术有所突破。自主研制的首款新一代喷气式干线客机 C919 下线，标志着我国成为世界上少数几个掌握研发制造大型客机能力的国家；具有完全自主知识产权、时速 350 公里的“中国标准”动车组，在北京中国铁道科学研究院环形试验基地展开试验工作，这标志着中国标准动车组研制工作取得重要阶段性成果。与此同时，自主研发了“海马号”4500 米作业级无人遥控潜水器、“天宫一号”模拟体验舱、“天河二号”超级计算机、400 马力无级变速拖拉机等高精尖产品。

（五）绿色发展初见成效

节能减排成效显著。截至 2015 年年底，重要节能减排指标超额完成“十二五”规划目标，单位国内生产总值能源消耗较 2010 年降低 28.0%，规模以上企业单位工业增加值能耗累计下降 28%。单位国内生产总值二氧化碳排放降低 19.4%，单位工业增加值用水量相比 2010 年年底降低 34.9%，非化石能源一次能源消费比重达到 17.9%。与此同时，“十二五”期间，我国主要污染物 COD、氨氮、二氧化硫、氮氧化物排放量分别累计降低 12.9%、13.0%、18.0%和 18.6%[8]，全部超额完成主要污染物减排“十二五”规划目标。

高耗能行业能源消费降低。2010—2014 年，建材工业能源消费总量占全国能源消费的比重由 9.01%下降到 8.59%，钢铁工业由 18.54%下降到 16.28%，六

[8] 环保部《2015 年中国环境状况公报》。

大高能耗行业整体由 52.88%下降到 51.38%[9]。高能耗行业在经济、能源结构中的整体性下降，使结构因素在能耗强度下降中发挥了重要作用。

节能环保产业发展较快。2015 年，节能环保产业总产值达到 4.5 万亿元，较 2010 年增长 1.28 倍，年均增速达 17.9%，远高于工业增速。节能环保产业增加值占国内生产总值的比重为 2%[10]左右，成为国民经济新的增长点。节能环保装备和产品质量、性能提高，节能环保产业已经拥有一批较为成熟的常规节能环保技术和装备，节能环保服务较快发展。环保投资稳步提升，2013 年环保投资额达到 9037.2 亿元，较 2000 年增长了 8.51 倍。

（六）两化融合深入发展

两化融合取得积极成效。2015 年年底，我国两化融合发展水平指数达到 72.68，数字化研发设计工具普及率达 56.7%，关键管理环节全面信息化比例达 31.2%，主要行业关键工艺流程数控化率超 70%。两化融合管理体系逐步完善，贯标企业超过 2000 家，一批试点企业在精益管理、风险管控、供应链协同等方面的竞争优势初步显现。突出培育新业态新模式，推动出台“互联网+”以及支持云计算、大数据发展的指导性文件，制定“互联网+”三年行动计划，支持网络协同制造、个性化定制、众包众创等加快融合创新。工业互联网构建基础取得阶段性研究成果。

重点行业智能制造开始起步。2015 年工业和信息化部启动智能制造专项和试点示范专项行动，支持新模式应用等 93 个项目，确定了 46 个试点示范项目。指导组建了智能制造产业联盟，积极开展中德智能制造合作。机械领域，自动生产线、数字化车间、现代物流等已在长三角、珠三角等地区形成一定规模。传统工程机械制造企业和农业机械制造企业已开展了“互联网+”的尝试，以开拓新的市场。我国汽车企业已开展智能网联汽车工程化和产业化方面的工作，在汽车智能化上，如复杂交通环境感知、行驶目标识别、车辆控制算法等技术取得了阶段性成果。在国家自然科学基金委和科技部项目的支持下，一汽集团、东风汽车、长安汽车在面向可实用化的智能汽车技术方面，开展了大量的基础研究和原理样机试制、实车路试，部分技术正在进行产业化。

---

[9] 中国能源统计年鉴 2015。
[10] 我国节能环保产业的特征、现状及发展趋势。

传统制造企业开始着手推动商业模式、组织形式等变革。在商业模式变革方面，海尔、美的等传统家电制造企业积极改变行业传统的以出售硬件终端赚取成本差价的商业模式，通过构建智能云平台，发挥数据、交互、服务等方面的优势进而获得收益。新时达、武汉奋进等企业开始积极探索工业机器人领域服务模式的创新，以将工业机器人的相关服务成为一种独立的商品形态。在组织形态创新方面，海尔、华为、美的等企业已率先通过建立开放型小微经营体、协同化自决策机制股权激励型合伙制等方式，推进企业组织模式去中心化变革，以充分调动各类参与主体的积极性和创造性，加快深度合作和迭代式创新，迎接互联网时代的挑战。

（七）“走出去”步伐加快

制造业对外投资加快。当前，我国制造业利用外资不断下降，2014 年实际利用外资中，制造业的占比仅有 33.41%，比 2004 年的 70.95%下降 37.54 个百分点。但我国制造企业“走出去”步伐不断加快，十八大以来，我国实施新一轮全方位对外开放战略，大力推进“一带一路”建设，对外直接投资屡创历史新高，2014 年，对外直接投资为 1231 亿美元，连续 3 年位居全球第三位，占世界的比重也逐年上升，由 2012 年的 6.8%提高到 2014 年的 9.1%。我国与全球化智库数据显示，2014 年，我国企业投资海外制造业占总对外投资案例数大约为 33%，同比增长 14%；投资案例数为 160 起，其中，我国投资美国的制造业占总投资数量的 41%，同比增长 24%，主要原因在于我国制造业成本迅速上升。

“抱团走出去”促进企业海外投资。传统的单打独斗、分兵出击等投资方式正在发生转变，“抱团走出去”越来越受到企业青睐，例如，我国五矿集团携手国新国际和中信金属投资建设的拉斯邦巴斯铜矿项目成为秘鲁投建的最大矿产项目。部分小微企业也采取“抱团”方式走出去，最具代表性的是我国苏纺纺机联盟（SUTEX），由江苏省纺机协会牵头，无锡丝普兰喷气织机制造有限公司、常州市宏大电气有限公司、无锡新联印染机械有限公司、博路威机械江苏有限公司、江苏省纺织工业（集团）进出口有限公司 5 家纺机企业共同发起，是纺机行业“抱团走出去”的代表，充分利用产品差异，实现优势互补，在印度、越南、印尼、巴基斯坦、孟加拉国等国塑造了知名度。

海外并购加快制造企业获取技术、品牌市场。2015年，中国企业共实施的海外并购项目593个，累计交易金额达401亿美元（包括境外融资）[11]。我国制造企业海外并购活跃，在汽车及零部件、机械、电子、航空、轻工等领域通过收购或参股国外知名企业的方式不断获取关键技术、品牌和市场。如中国化工收购全球五大轮胎生产商倍耐力近60%的股份，将获得先进的优质轮胎技术和乘用胎高端品牌；光明集团收购以色列最大的食品公司Tnuva 77.7%的股权，双方将开展产品创新、技术研发、牧业科技合作等方面的合作，光明集团不仅完成了其在中东地区的首次布局，还将借助Tnuva的海外市场向全球乳制品市场再迈进一步。

二、2015年工业政策出台情况

2015年，我国工业领域出台了包括《中国制造2025》在内的多项重点政策（见表5）。针对工业发展面临的新常态及存在的突出问题，以工业和信息化部为主，在制造强国、创新驱动、转型升级、产业规划与发展、两化融合、区域协同、集群化发展、企业减负、"走出去"、军民融合、节能减排、淘汰落后产能及行业规范等领域，国家密集制定出台了相应的政策措施。通过突出抓好《中国制造2025》、工业稳增长调结构增效益系列重大措施、"互联网+"行动等重点工作，我国工业运行实现了缓中趋稳、稳中有进，转型升级迈出坚实一步。

（一）发布《中国制造2025》，实施制造强国战略

2015年5月8日，面向全球竞争制高点，我国提出了实施制造强国战略的第一个十年行动纲领——《中国制造2025》，其核心是加快推进制造业创新发展、提质增效，实现从制造大国向制造强国转变。总体来看[12]，《中国制造2025》明确了中国制造业"由大到强"的发展路径，不仅仅是一般意义上的中长期发展规划，而是兼顾当前和长远的一个行动计划。既立足当前，面向制造业转型升级、提质增效，提出了九大战略任务、五项重点工程和若干重大政策举措；又着眼长远，着眼应对新一轮科技革命和产业变革、抢占未来竞争制高点，围绕

[11] 商务部2016年1月初步估算结果。
[12] 工业和信息化部官网 http://www.miit.gov.cn/。

先进制造和高端装备制造，前瞻部署了重点突破的十大战略领域，描绘了未来三十年建设制造强国的宏伟蓝图和梯次推进的路线图。

为了贯彻落实《中国制造 2025》，工业和信息化部推动组建国家制造强国领导小组和战略咨询委员会，指导发布重点领域技术路线图，有序制定“X”实施方案，路线图围绕经济社会发展和国家安全重大需求，选择十大战略产业实现重点突破，对十大重点领域未来十年的发展趋势、发展重点和目标等进行了研究，提出了十大重点领域创新的方向和路径，力争到 2025 年达到国际领先地位或国际先进水平。

智能制造作为《中国制造 2025》的主攻方向，为加快推进智能制造发展，发挥标准的规范和引领作用，工业和信息化部、国家标准化管理委员会共同组织制定了《国家智能制造标准体系建设指南》，明确了建设智能制造标准体系的总体要求、建设思路、建设内容和组织实施方式，建立了智能制造标准体系参考模型，提出了智能制造标准体系框架，框架包括 5 类基础共性标准和 5 类关键技术标准以及包括《中国制造 2025》中十大应用领域在内的不同行业的应用标准，以此指导智能制造标准化工作的开展。

同时，地方和企业也积极响应，纷纷出台系列推进方案和配套措施，例如中德（沈阳）高端装备制造产业园作为国务院批复的首个以中德高端装备制造产业合作为主题的战略平台，是“中国制造 2025”与德国“工业 4.0”战略对接合作的重要载体。依托加快推进中德装备园建设，对打造东北地区新的经济增长点、探索中国制造向中高端迈进的新路径、创新与发达国家合作的新模式、构建中德两国高层次合作的新平台具有重要意义。《中国制造 2025》的发布实施，将成为提升我国综合国力、保障国家安全、实现“两个一百年”奋斗目标的强有力支撑。

（二）密集出台政策措施，推动稳增长调结构

面对工业持续下滑局面，以工业和信息化部为主持续出台了实施工业稳增长调结构增效益系列政策措施。在增加投资方面，狠抓技术改造，推动完善了固定资产加速折旧政策；在原有生物药品、仪器仪表制造等 6 个行业基础上，扩大固定资产加速折旧优惠范围，对轻工、纺织、机械、汽车 4 个领域重点行业的企业，允许缩短折旧年限或采取加速折旧方法。2015 年 1～11 月，全国技

术改造投资实现8.5万亿元，同比增长14.7%，增速快于全部工业投资6.6个百分点。为减轻企业负担，清理规范涉企收费，工业和信息化部出台了包括《关于进一步做好涉企收费清理整治相关工作的通知》《关于进一步清理和规范进出口环节收费的通知》《关于开展全国清理规范涉企收费 减轻企业负担专项督查的通知》等系列政策措施，积极落实重大技术装备进口税收优惠政策，清理整治涉企乱收费、乱摊派问题，减轻进出口企业负担，促进外贸稳定增长。2015年预计为企业减负超1100亿元，免税累计近2000亿元。为扩大汽车市场需求，推出1.6升部分产能及以下排量乘用车减半征收购置税政策，汽车销售止跌回升。全年累计淘汰炼铁1300万吨、炼钢1700万吨、电解铝30万吨、水泥3800万吨、平板玻璃1100万重量箱以上，化解造船过剩产能1500万载重吨。工业运行实现缓中趋稳，稳中有进。

（三）落实创新驱动战略，助力企业创业创新

十八届三中全会明确提出的实施“创新驱动发展”战略，已成为我国提高社会生产力和综合国力的战略支撑。2015年3月，国务院发布了《关于深化体制机制改革 加快实施创新驱动发展战略的若干意见》，提出了打破制约创新的行业垄断和市场分割、改进新技术新产品新商业模式的准入管理、健全产业技术政策和管理制度、形成要素价格倒逼创新机制等措施，有利于加快破除制约创新的思想障碍和制度藩篱，激发全社会的创新活力和创造潜能，营造大众创业、万众创新的良好体制机制和政策环境，加快创新型国家建设和经济转型升级的步伐。

为改革完善相关体制机制，构建普惠性政策扶持体系，推动资金链引导创业创新链、创业创新链支持产业链、产业链带动就业链，国务院于2015年6月发布了《关于大力推进大众创业 万众创新若干政策措施的意见》（以下简称《意见》）。《意见》阐述了推进大众创业、万众创新的总体思路，从创新体制机制、优化财税政策、搞活金融市场、扩大创业投资、发展创业服务、建设创业创新平台、激发创造活力、拓展城乡创业渠道8个领域提出了具体政策措施。

在这样的背景下，工业和信息化部、发改委等也陆续出台了系列鼓励创新创业的政策措施。为做强中国装备，提高重大技术装备创新水平，加快推进重

大技术装备研制和首台（套）推广应用，工信部出台了两版《首台（套）重大技术装备推广应用指导目录》。为发挥产业技术研发应用对创新驱动的引领和支撑作用，完善企业主导产业技术研发创新的体制机制，增强自主创新能力，实现中国制造向中国创造转变，工信部组织修订了《产业关键共性技术发展指南(2015 年)》。为进一步完善重点产业技术基础体系，保障产业创新发展和质量品牌提升，工信部制定了《产业技术基础公共服务平台建设管理暂行办法》。为加快落实创新驱动发展战略，激发大众创业、万众创新潜力，提升发展质量和效益，发改委组织实施了新兴产业重大工程包，提出在 2015—2017 年，重点开展信息消费、新型健康技术惠民、海洋工程装备、高技术服务业培育发展、高性能集成电路及产业创新能力六大工程建设。为鼓励地区创新创业发展，出台了针对国家级新区的《关于推动国家级新区深化重点领域体制机制创新的通知》及推动东北老工业基地发展方式由主要依靠要素驱动向更多依靠创新驱动转变的《关于促进东北老工业基地创新创业发展 打造竞争新优势的实施意见》。此外，为缓解中小企业融资难、融资贵问题，激发企业创业创新活力，2015 年 9 月，国务院常务会议决定，中央财政出资 150 亿元发挥杠杆作用，通过社会出资人优先分红、国家出资收益适当让利等市场化办法，吸引地方政府和企业共同参与，建立总规模 600 亿元的国家中小企业发展基金，12 月 2 日，国家中小企业发展基金理事会正式成立，12 月 25 日，国家中小企业发展基金首支实体基金在广东深圳完成设立。

这些政策措施都有力地推动了我国创业创新的蓬勃发展，激发了企业的创新活力，为支撑制造业由大变强、促进经济结构调整、保持经济中高速增长等发挥了积极作用。

（四）继续开展工业强基，加快工业转型升级

为持续提升关键基础材料、核心基础零部件（元器件）、先进基础工艺和产业技术基础（以下简称“四基”）等工业基础能力，加快促进工业转型升级，在 2014 年专项行动的基础上，工信部出台了《2015 年工业强基专项行动实施方案》（以下简称《方案》）及《2015 年工业转型升级强基工程》（以下简称《工程》）。《方案》提出研究编制工业“四基”发展目录，引导未来 2～3 年要素聚集；开展工业强基示范应用，鼓励整机、系统和基础企业合作研发和协同攻关，推动

整机和系统采用自主产品和技术；创建和认证一批产业技术基础公共服务平台，推动建立产业技术创新服务体系；组织实施工业强基示范工程，围绕重点领域发展亟需，突破“四基”工程化、产业化瓶颈；开展工业质量品牌推进行动计划，促进工业质量品牌基础能力提升。《工程》则是围绕重大工程和重点领域急需，提出实现“四基”工程化、产业化突破，夯实工业发展基础，提升工业发展的质量和效益。一批关键共性技术和产品实现示范应用。认定75家国家技术创新示范企业和25家部重点实验室。

围绕重大技术装备和重大工程，促进制造业创新发展、提质增效，工信部整合了原有相关专项，制定了《2015 年工业转型升级重点项目指南》，提出了2015年工业转型升级的重点任务、具体方向和指标要求。转型升级资金重点针对智能制造和“互联网+”行动支撑保障能力、绿色制造、中药材提升和保障、工业强基四大重点领域和中小企业服务体系重点专项，共实施20项任务73个方向。加快推动我国制造业转型升级、由大变强，发改委发布了《关于实施增强制造业核心竞争力重大工程包的通知》，提出率先在轨道交通装备、高端船舶和海洋工程装备、工业机器人、新能源（电动）汽车、现代农业机械、高端医疗器械和药品等重点领域，突破一批重大关键技术实现产业化，建立一批具有持续创新发展能力的产业联盟，形成一批具有国际影响力的领军企业，打造一批中国制造的知名品牌，创建一批国际公认的中国标准，使这些领域的核心竞争力得到显著增强，并带动基础材料、基础工艺、基础零部件水平提高和制造业整体素质提升。

此外，围绕具体产业转型升级，工信部发布了《2015年原材料工业转型发展工作要点》《关于推进化肥行业转型发展的指导意见》等文件。围绕区域产业转型升级，发改委发布了《关于建设长江经济带国家级转型升级示范开发区的实施意见》，旨在引导长江经济带产业转型升级和分工协作，促进产业转移和生产要素跨区域合理流动和优化配置，推动经济提质增效升级。

（五）推动两化深度融合，以融合促工业创新

围绕两化融合管理体系，为推动各地方组织开展了企业两化融合评估诊断和对标引导工作，在总结江苏、宁夏等12个省（自治区、直辖市）试点工作的

基础上，工业和信息化部发布了《全面开展企业两化融合评估诊断和对标引导工作》，在全国全面开展企业两化融合评估诊断和对标引导工作。2015 年贯标企业超过 2000 家。

围绕“互联网+”工业，2015 年 7 月，国务院发布了《关于积极推进“互联网+”行动的指导意见》（以下简称《意见》），“互联网+”协同制造作为重点行动，提出由工业和信息化部、发展改革委、科技部共同牵头，推动互联网与制造业融合，提升制造业数字化、网络化、智能化水平，加强产业链协作，发展基于互联网的协同制造新模式，在重点领域推进智能制造、大规模个性化定制、网络化协同制造和服务型制造，打造一批网络化协同制造公共服务平台，加快形成制造业网络化产业生态体系。“互联网+”作为推进信息化与工业化深度融合的现实路径[13]，工业和信息化部在此后出台了“互联网+”三年行动计划，提出以加快新一代信息通信技术和工业深度融合为主线，实施“互联网+”制造业和“互联网+”小微企业两项任务为重点，发挥好高速宽带网络基础设施和信息技术产业两个支撑作用，推进互联网和制造业融合深度发展，全面支撑制造强国和网络强国建设。随着行动计划的持续落实，必将形成一套完整的两化融合管理体系标准，显著提高我国制造业的数字化、网络化、智能化水平。此外，工业和信息化部推动出台了支持云计算、大数据发展的指导性文件，促进我国云计算、大数据产业创新发展，加快建设数据强国，有利于培育新业态、新模式。

智能制造作为我国今后一段时期推进两化深度融合的主攻方向，为推进智能制造发展，工业和信息化部发布了《关于开展 2015 年智能制造试点示范专项行动的通知》，启动了《2015 年智能制造试点示范专项行动实施方案》（以下简称《实施方案》）。《实施方案》明确了专项行动的总体思路和目标，提出以企业为主体、市场为导向、应用为切入点，持续推进试点示范。计划通过试点示范，实现关键智能部件、装备和系统自主化能力大幅提升，产品、生产过程、管理、服务等智能化水平显著提高，智能制造标准化体系初步建立，智能制造体系和公共服务平台初步成形。2015 年共计发布航天产品智慧云制造试点示范、智能控制系统试点示范等 46 家智能制造试点示范项目。

[13] http://www.miit.gov.cn/n973401/n4569947/n4569985/c4592275/content.html。

（六）重视集群集聚发展，京津冀取得实质进展

党中央、国务院高度重视区域合作工作，为促进各地区协调发展、协同发展、共同发展，多次作出重大决策部署。2015 年发布了《长江中游城市群发展规划》《京津冀协同发展规划纲要》《环渤海地区合作发展纲要》《关于进一步加强区域合作工作的指导意见》等规划及政策意见，旨在加强区域合作、促进协调发展，不断拓展区域合作领域，为区域协同发展创造了良好的政策环境。

2015 年 4 月，中央审议通过了《京津冀协同发展规划纲要》，京津冀协同发展上升为重大国家战略。2015 年 8 月工业和信息化部发布了《京津冀及周边地区工业资源综合利用产业协同发展行动计划》。在这些政策的扶持下，由工业和信息化部、北京市政府、天津市政府、河北省政府共同成功举办了“2015 京津冀产业转移系列对接活动”，实现签约项目 151 个，协议投资额达 4500 亿元。总投资 758 亿元的 10 个新一代信息技术项目、投资 20 亿元的京冀通航产业园项目、投资 356 亿元的 10 个汽车（配件）制造项目、投资 55 亿元的京冀综合产业协作示范园项目纷纷签约，三地产业分工合作、优化布局、创新升级、协同发展加快推进。

为了产业集群转型升级，促进集群集聚发展，工信部首次就促进产业集群发展方面出台了《关于进一步促进产业集群发展的指导意见》（以下简称《意见》）。《意见》从加强规划引导、提升龙头企业带动作用、加强区域品牌建设、提高产业集群信息化水平、提升创新能力、提升公共服务能力、加强指导和政策支持 7 个方面共提出 20 条意见，提出了进一步促进产业集群发展的指导意见。《意见》突出智慧集群建设、突出创新和转型升级、突出合作交流、突出加强公共服务、突出规划引导和政策支持，顺应中小企业发展需求，有利于促进中小企业发展和落实《中国制造 2025》的要求，是推动大众创业、万众创新的一项具体措施。

（七）依托“一带一路”，加快实施“走出去”

2015 年 3 月，国家发展改革委、外交部、商务部联合发布了《推动共建丝绸之路经济带和 21 世纪海上丝绸之路的愿景与行动》(以下简称《愿景与行动》)。

《愿景与行动》从时代背景、共建原则、框架思路、合作重点、合作机制等方面阐述了“一带一路”的主张与内涵，提出了共建“一带一路”的方向和任务。“一带一路”战略对于装备制造和国际产能合作是重大的战略机遇。首先，促进现有合作机制进一步向更大的范围、更深的层次扩展，比如对东南亚的投资、在非洲的投资，可以有力提升和带动重大的装备制造业和产能的“走出去”。其次，“一带一路”划定的东南亚到印度洋到非洲海上丝绸之路经济带的区域范围，具有良好的投资前景、资源优势、劳动力资源，市场前景广阔。此外，“一带一路”以发展中国家为主，有利于我国的产品、企业、技术与其加大合作力度，投资办厂，钢铁、电力、有色、玻璃、水泥、基础设施建设的原材料，都有广阔的合作前景和走出去的空间。抓住这些机遇，有利于提升我国现有的装备制造水平，机制转换、方式转变的速度也会大大加快。

为推进国际产能和装备制造合作，实现我国经济提质增效升级，2015年5月，国务院发布了《关于推进国际产能和装备制造合作的指导意见》，明确了到2020年推进国际产能和装备制造合作的主要目标。重点是将与我国装备和产能契合度高、合作愿望强烈、合作条件和基础好的发展中国家作为推进国际产能和装备制造合作的重点国别，并积极开拓发达国家市场；重点将钢铁、有色、建材、铁路、电力、化工、轻纺、汽车、通信、工程机械、航空航天、船舶和海洋工程12个行业作为推进国际产能和装备制造合作的重点领域；明确企业的主体地位，坚持以市场为导向，按照商业原则和国际惯例，充分发挥企业的市场主体作用，从拓展对外合作方式、创新商业运作模式、提高境外经营能力和水平、规范企业境外经营行为4个方面提出了一系列政策措施。此外，在完善财税、金融、保险等支持政策方面提出了一系列措施，在加快中国标准国际化推广、强化行业协会和中介机构作用、加快人才队伍建设等方面明确了一系列服务保障措施，并就加强风险防范和安全保障做出了具体部署。《关于推进国际产能和装备制造合作的指导意见》是当前和今后一个时期推进国际产能和装备制造合作的指导性文件。

2015年工业领域重点政策见表5。

表 5　　2015 年工业领域重点政策列表

政策分类	政策名称	发布时间	签发部委	文件批号
制造强国	2015 年智能制造试点示范专项行动实施方案	2015 年 3 月 9 日	工业和信息化部	工信部装〔2015〕72 号
	《中国制造 2025》	2015 年 5 月 8 日	国务院	国发〔2015〕28 号
	关于成立国家制造强国建设领导小组的通知	2015 年 6 月 16 日	国务院办公厅	国办发〔2015〕48 号
	《中国制造 2025》重点领域技术路线图（2015 年版）	2015 年 9 月 29 日	中国工程院	
	关于中德（沈阳）高端装备制造产业园建设方案的批复	2015 年 12 月 17 日	国务院	国函〔2015〕218 号
	国家智能制造标准体系建设指南	2015 年 12 月 29 日	工业和信息化部、国家标准委	
创新驱动	首台（套）重大技术装备推广应用指导目录(2015 年版)	2015 年 2 月 2 日	工业和信息化部	工信部装〔2015〕63 号
	关于深化体制机制改革 加快实施创新驱动发展战略的若干意见	2015 年 3 月 13 日	中共中央、国务院	
	关于实施新兴产业重大工程包的通知	2015 年 6 月 8 日	发改委	发改高技〔2015〕1303 号
	关于大力推进大众创业、万众创新若干政策措施的意见	2015 年 6 月 11 日	国务院	国发〔2015〕32 号
	关于促进东北老工业基地创新创业发展 打造竞争新优势的实施意见	2015 年 6 月 26 日	发改委	发改振兴〔2015〕1488 号
	关于推动国家级新区深化重点领域体制机制创新的通知	2015 年 7 月 7 日	发改委	发改地区〔2015〕1573 号
	工业和信息化部贯彻落实《深入实施国家知识产权战略行动计划（2014—2020 年)》实施方案	2015 年 7 月 31 日	工业和信息化部	
	首台（套）重大技术装备推广应用指导目录（2015 年第二版）	2015 年 10 月 29 日	工业和信息化部	工信部装〔2015〕360 号
	产业关键共性技术发展指南（2015 年）	2015 年 11 月 12 日	工业和信息化部	
	产业技术基础公共服务平台建设管理暂行办法	2015 年 12 月 14 日	工业和信息化部	工信部科〔2015〕458 号
转型升级	2015 年原材料工业转型发展工作要点	2015 年 2 月 13 日	工业和信息化部	工信厅原函〔2015〕106 号

续表

政策分类	政策名称	发布时间	签发部委	文件批号
转型升级	2015 年工业强基专项行动实施方案	2015 年 3 月 6 日	工业和信息化部	工信部规〔2015〕66 号
	2015 年工业转型升级强基工程	2015 年 5 月 14 日	工业和信息化部、财政部	工信厅联规函〔2015〕340 号
	关于建设长江经济带国家级转型升级示范开发区的实施意见	2015 年 6 月 9 日	发改委	发改外资〔2015〕1294 号
	关于实施增强制造业核心竞争力重大工程包的通知	2015 年 7 月 13 日	发改委	发改产业〔2015〕1602 号
	关于推进化肥行业转型发展的指导意见	2015 年 7 月 20 日	工业和信息化部	工信部原〔2015〕251 号
	2015 年工业转型升级重点项目指南	2015 年 7 月 24 日	工业和信息化部	信部规〔2015〕252 号
	老工业基地产业转型技术技能人才双元培育改革试点方案	2015 年 9 月 18 日	发改委、教育部、人力资源社会保障部、国家开发银行	发改振兴〔2015〕2103 号
产业规划与发展意见	国家增材制造产业发展推进计划（2015—2016 年）	2015 年 2 月 11 日	工业和信息化部、发改委、财政部	工信部联装〔2015〕53 号
	中药材保护和发展规划（2015—2020 年）	2015 年 4 月 27 日	工业和信息化部、中医药局、发展改革委等	
	关于促进先进光伏技术产品应用和产业升级的意见	2015 年 6 月 9 日	国家能源局、工业和信息化部、国家认监委	国能新能〔2015〕194 号
	促进绿色建材生产和应用行动方案	2015 年 8 月 31 日	工业和信息化部、住房城乡建设部	工信部联原〔2015〕309 号
	关于促进旅游装备制造业发展的实施意见	2015 年 9 月 30 日	工业和信息化部、发展改革委、交通运输部等	工信部联装〔2015〕331 号
两化融合	关于促进云计算创新发展培育信息产业新业态的意见	2015 年 1 月 30 日	国务院	国发〔2015〕5 号
	促进大数据发展行动纲要	2015 年 1 月 30 日	国务院	国发〔2015〕50 号
	原材料工业两化深度融合推进计划（2015—2018 年）	2015 年 1 月 21 日	工业和信息化部	工信部原〔2015〕25 号
	全面开展企业两化融合评估诊断和对标引导工作	2015 年 3 月 2 日	工业和信息化部	工信函〔2015〕32 号
	继续开展互联网与工业融合创新试点工作	2015 年 3 月 31 日	工业和信息化部	工信函〔2015〕50 号

续表

政策分类	政策名称	发布时间	签发部委	文件批号
两化融合	关于积极推进“互联网+”行动的指导意见	2015 年 7 月 4 日	国务院	国发〔2015〕40 号
	工业和信息化部关于贯彻落实《国务院关于积极推进“互联网+”行动的指导意见》的行动计划（2015—2018 年）	2015 年 11 月 25 日	工业和信息化部	工信部信软〔2015〕440 号
区域协同	长江中游城市群发展规划	2015 年 4 月 13 日	国务院	国函〔2015〕62 号
	京津冀协同发展规划纲要	2015 年 4 月 30 日		
	京津冀及周边地区工业资源综合利用产业协同发展行动计划（2015—2017 年）	2015 年 8 月 31 日	工业和信息化部	工信部节〔2015〕229 号
	环渤海地区合作发展纲要	2015 年 10 月 12 日	国务院	国函〔2015〕146 号
	关于进一步加强区域合作工作的指导意见	2015 年 12 月 28 日	发改委	发改地区〔2015〕3107 号
集群集聚	国家小型微型企业创业示范基地建设管理办法	2015 年 4 月 13 日	工业和信息化部	工信部企业〔2015〕110 号
	关于开展产城融合示范区建设有关工作的通知	2015 年 7 月 6 日	发改委	发改办地区〔2015〕1710 号
	关于进一步促进产业集群发展的指导意见	2015 年 7 月 10 日	工业和信息化部	工信部企业〔2015〕236 号
	国家应急产业示范基地管理办法（试行）	2015 年 7 月 13 日	工业和信息化部、发展改革委、科技部	
	促进化工园区规范发展指导意见	2015 年 12 月 10 日	工业和信息化部	工信部原〔2015〕433 号
减轻企业负担	关于做好 2015 年减轻企业负担工作的通知	2015 年 3 月 3 日	国务院减轻企业负担部际联席会议	工信部运行函〔2015〕114 号
	关于进一步做好涉企收费清理整治相关工作的通知	2015 年 5 月 5 日	国务院减轻企业负担部际联席会议	工信部运行〔2015〕149 号
	关于进一步清理和规范进出口环节收费的通知	2015 年 8 月 28 日	国家发展改革委、财政部、工业和信息化部等	发改价格〔2015〕1963 号
	关于开展全国清理规范涉企收费 减轻企业负担专项督查的通知	2015 年 10 月 23 日	国务院减轻企业负担部际联席会议	工信部运行函〔2015〕513 号
“走出去”	推动共建丝绸之路经济带和 21 世纪海上丝绸之路的愿景与行动	2015 年 3 月 28 日	发改委、外交部、商务部	

续表

政策分类	政策名称	发布时间	签发部委	文件批号
“走出去”	关于推进国际产能和装备制造合作的指导意见	2015年5月13日	国务院	国发〔2015〕30号
	标准联通“一带一路”行动计划（2015—2017年）	2015年10月22日	发改委	
军民融合	军民融合深度发展2015专项行动实施方案	2015年4月16日	工业和信息化部	工信部军民〔2015〕77号
	军用技术转民用推广目录（2015年度）	2015年10月25日	工业和信息化部、国防科工局	工信厅军民函〔2015〕133号
节能减排	钢铁、石油和化工、建材、有色金属、轻工行业企业能源管理中心建设实施方案	2015年1月11日	工业和信息化部	工信部节〔2015〕13号
	工业领域煤炭清洁高效利用行动计划	2015年2月2日	工业和信息化部、财政部	工信部联节〔2015〕45号
	2015年工业节能监察重点工作计划	2015年2月10日	工业和信息化部	工信部节函〔2015〕89号
	2015年工业绿色发展专项行动实施方案	2015年2月27日	工业和信息化部	工信部节〔2015〕61号
	高耗水工艺、技术和装备淘汰目录（第一批）	2015年5月4日	工业和信息化部、水利部、全国节约用水办公室	工信部公告2015年31号
	国家资源再生利用重大示范工程建设	2015年5月6日	工业和信息化部	工信厅节函〔2015〕322号
	工业清洁生产审核规范	2015年5月7日	工业和信息化部	工信部节〔2015〕154号
	工业清洁生产实施效果评估规范	2015年5月7日	工业和信息化部	工信部节〔2015〕154号
	汽车有害物质和可回收利用率管理要求	2015年6月1日	工业和信息化部	工信部公告〔2015〕38号
	电解铝企业电耗核查手册	2015年6月18日	工业和信息化部	工信厅〔2015〕65号
	配电变压器能效提升计划（2015—2017年）	2015年8月10日	工业和信息化部、质检总局、发改委	工信部联节〔2015〕269号
	关于开展循环经济示范城市（县）建设的通知	2015年9月22日	发改委、财政部、住建部	发改环资〔2015〕2154号
	高能耗行业能效“领跑者”制度实施细则	2015年11月16日	工业和信息化部、发改委和质检总局	工信部联节〔2015〕407号
化解产能过剩	部分产能严重过剩行业产能置换实施办法	2015年4月20日	工业和信息化部	工信部产业〔2015〕127号
	水泥窑协同处置生活垃圾试点工作	2015年4月23日	工业和信息化部、住建部、发改委等	工信厅联节〔2015〕28号

续表

政策分类	政策名称	发布时间	签发部委	文件批号
化解产能过剩	关于做好淘汰落后和过剩产能相关工作的通知	2015年12月21日	工业和信息化部	工信厅产业函〔2015〕900号
行业规范条件	水泥行业规范条件（2015年本）	2015年1月30日	工业和信息化部	工信部公告
	铅锌行业规范条件(2015年)	2015年3月16日	工业和信息化部	工信部公告
	汽车动力蓄电池行业规范条件	2015年3月24日	工业和信息化部	工信部公告
	光伏制造行业规范条件(2015年本)	2015年3月25日	工业和信息化部	工信部公告
	钢铁行业规范企业管理办法	2015年5月19日	工业和信息化部	工信部公告
	钢铁行业规范条件（2015年修订）	2015年5月19日	工业和信息化部	工信部公告
	再生化学纤维（涤纶）行业规范条件	2015年7月1日	工业和信息化部	工信部公告
	高强度紧固件行业规范条件	2015年7月21日	工业和信息化部	工信部公告
	热处理行业规范条件公告	2015年7月23日	工业和信息化部	工信部公告
	锂离子电池行业规范条件	2015年8月31日	工业和信息化部	工信部公告
	耐火材料行业规范公告管理办法	2015年9月21日	工业和信息化部	工信部公告
	电镀行业规范条件	2015年10月19日	工业和信息化部	工信部公告
	废塑料综合利用行业规范条件	2015年12月4日	工业和信息化部	工信部公告
	铁合金、电解金属锰行业规范条件	2015年12月10日	工业和信息化部	工信部公告
财税金融	首台（套）重大技术装备保险补偿机制试点工作	2015年2月2日	财政部、工业和信息化部、保监会	财建〔2015〕19号
	2016—2020年新能源汽车推广应用财政支持政策	2015年4月22日	财政部、科技部、工业和信息化部等	财建〔2015〕134号
	东北振兴重大项目和跨省区合作项目前期工作专项补助资金管理暂行办法	2015年5月19日	发改委	发改振兴〔2015〕1102号
	关于进一步完善固定资产加速折旧企业所得税政策的通知	2015年9月17日	财政部、国税总局	财税〔2015〕106号
	关于保险业支持重大工程建设有关事项的指导意见	2015年9月24日	发改委、保监会	发改投资〔2015〕2179号

续表

政策分类	政策名称	发布时间	签发部委	文件批号
财税金融	设立国家中小企业发展基金	2015 年 9 月		
	1.6 升及以下排量乘用车车辆购置税减半	2015 年 9 月		
	关于调整重大技术装备进口税收政策有关目录及规定的通知	2015 年 12 月 1 日	财政部、发改委、工业和信息化部等	财关税〔2015〕51 号
其他	关于鼓励和引导社会资本参与重大水利工程建设运营的实施意见	2015 年 3 月 17 日	发改委、财政部、水利部	发改农经〔2015〕488 号
	民用爆炸物品安全生产许可实施办法	2015 年 5 月 19 日	工业和信息化部	工信部公告 2015 年 30 号
	关于促进进出口稳定增长的若干意见	2015 年 7 月 22 日	国务院办公厅	国办发〔2015〕55 号

三、当前工业发展的突出问题

（一）工业增长动能转换进程仍较慢

2010 年，我国制造业产出占世界的比重为 19.8%，超过美国成为全球制造业第一大国，但客观来看，我国工业体系是按照“工业革命 2.0”时代的模式建立起来的，随着国内资源环境压力不断加大，全球技术创新不断加快，传统优势的不断弱化，限制了我国从制造大国向制造强国的转变。

一是传统优势有所减弱，新比较优势尚未建立。

第一，新的国际产业转移格局已不能支撑传统制造业发展模式。过去我国制造业快速发展与发达国家的“去工业化”正好重叠，为我国制造业迅速壮大提供了动力，但金融危机后主要发达国家推行“再工业化”战略，使得制造业尤其是高端制造业竞争更加激烈，新的全球产业链调整趋势已不能为我国提供宽广的市场动能。第二，我国的传统比较优势已基本丧失。低成本是我国长久以来在国际上最大的比较优势，但据波士顿咨询公司（BCG）数据，我国目前已经接近美国的制造成本，差距已经缩小到 5%以内，尤其是物流和能源成本，美国显著低于我国，而与新兴经济体相比，目前大部分东南亚国家的人力成本仅不到我国的 50%。全球经济研究和政府企业咨询机构牛津经济研究院研究结果显示，目前我国制造业的劳动力成本已经趋近于美国（如图 12 所示），而两国之间单位劳动力的生产率仍然相差悬殊（如图 13 所示）。

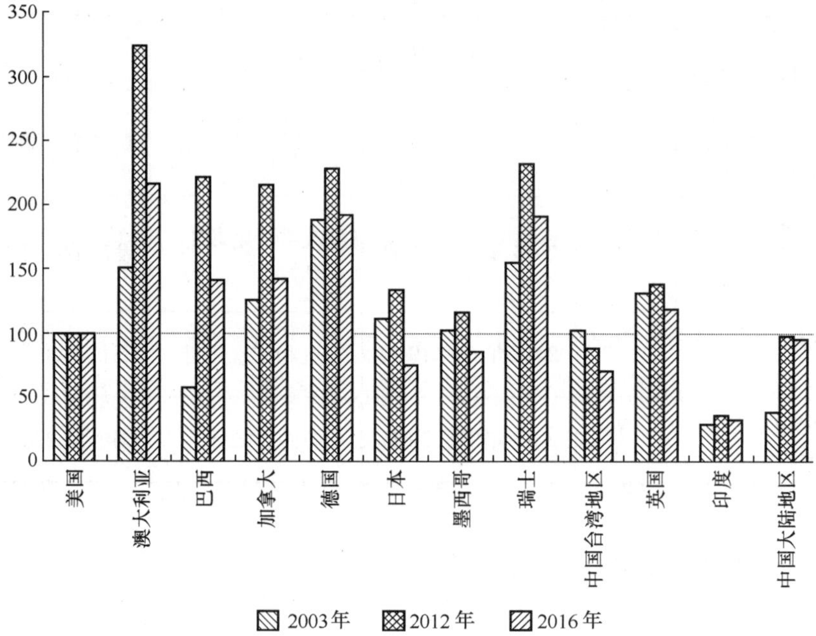

图 12　各国/地区单位劳动力成本比较（美国制造业单位劳动力成本=100）

（数据来源：牛津经济研究院）

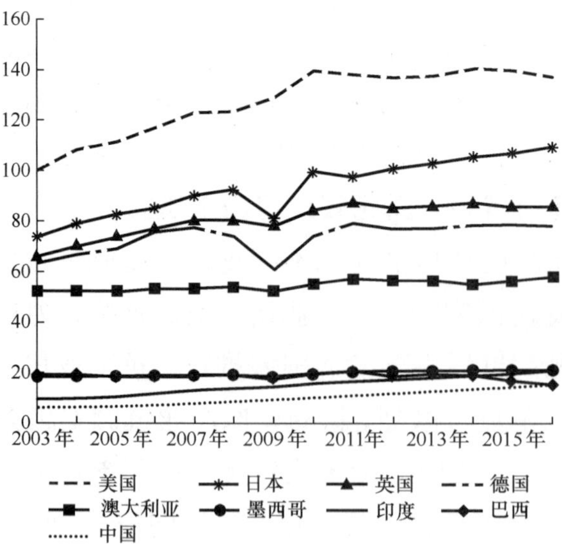

图 13　各国单位劳动力生产效率（2003 年美国单位劳动生产效率=100）

（数据来源：牛津经济研究院，世界大型企业联合会，联合国工业发展组织）

我国尚未走上创新驱动的良性发展道路。改革开放以来，我国积极吸引外商直接投资，外资带来了大量中低端技术，促进了我国技术进步。由于当前我国制造业的一些传统比较优势正在丧失，一些跨国企业开始从我国回流到本土，或转战东南亚等地寻找更加低廉的劳动力市场，外资流入我国速度开始放缓，技术引进步伐也相应放慢。目前我国已经掌握了中低端技术，需要更多的高端技术，而欧美国家一般都严格封锁高端技术，我国无法引进，迫切需要我国坚定不移地走自主创新之路。而我国技术创新、知识型人力资源、现代化基础设施等高级要素比较优势建立还需较长时间。

二是传统产业增长乏力，新兴产业基础薄弱。

我国处于产业结构调整期，最明显的特征即是传统占比较大的产业增长缓慢，甚至负增长，而一些新兴产业增势较好，但其体量较小，尚未成为带动工业增长的支柱产业。从 2015 年主要工业行业月度增加值增速情况（见表 6）来看，采矿业大幅下滑，与之相关的黑色金属冶炼和压延加工业、非金属矿物制品业、金属制品业等 2015 年均表现出明显的下行压力，而原材料行业约占工业的 35%；占工业总量约 8%的通用设备制造业、专用设备制造业仅增长不足 3%；占工业总量约 10%的计算机、通信和其他电子设备制造业， 2015 年下滑也较快。与此同时，工业中包括节能环保产业、新一代信息技术、生物产业、高端装备制造业、新能源产业、新材料产业、新能源汽车在内的战略性新兴产业同比增长超过 10%，其中工业机器人、新能源汽车保持数倍增长，但其体量依然较小，基本低于 10%，且产业链尚未形成，产业化程度仍待提升，尚不能形成支撑工业增长的重要动能。

表 6　　2015 年主要行业增加值月度增速

主要行业增加值增速	2015 年										
	1～2 月	3 月	4 月	5 月	6 月	7 月	8 月	9 月	10 月	11 月	12 月
农副食品加工业	5.4%	3.8%	2.3%	5.1%	7.2%	7.5%	7.1%	6.7%	5.9%	5.5%	4.2%
食品制造业	7.1%	5.3%	5.9%	7.2%	7.9%	7%	6.9%	9%	8%	9.6%	8.5%
纺织业	7.2%	5.6%	6.6%	8%	8.1%	8%	7.6%	6.5%	5.6%	6.4%	7.6%
化学原料和化学制品制造业	9.4%	9.7%	10.6%	8.8%	9.5%	8.8%	10.3%	9.6%	9.5%	8.5%	9.1%
医药制造业	10.5%	11.4%	11.4%	8.6%	8.5%	10.3%	10.3%	10.7%	10%	8.8%	8.6%
橡胶和塑料制品业	8.7%	7.7%	7.2%	8.6%	9.4%	10.3%	9.9%	9%	7.2%	4.8%	5.3%
非金属矿物制品业	10.4%	3%	4.2%	5.1%	7%	6.6%	7.7%	8%	4.9%	5.2%	6.6%

续表

主要行业增加值增速	2015年										
	1~2月	3月	4月	5月	6月	7月	8月	9月	10月	11月	12月
黑色金属冶炼和压延加工业	3.5%	5.5%	6.1%	5.7%	6.6%	4.1%	5.4%	6.1%	5.6%	7%	5.2%
有色金属冶炼和压延加工业	12.7%	9.6%	8.2%	8.5%	11.7%	13%	11.7%	11.9%	12.1%	11.8%	11.7%
金属制品业	9.7%	8.2%	7.3%	7.2%	8.4%	7.7%	6%	5.8%	6.7%	7.2%	6.2%
通用设备制造业	4.8%	2.4%	2.6%	2.7%	4%	4%	3.8%	2.2%	1.7%	2.5%	1.2%
专用设备制造业	3.1%	-0.2%	2.4%	3.1%	4.9%	4.8%	5.2%	3.8%	4.6%	2.2%	3.2%
汽车制造业	8.4%	6.3%	5%	4.4%	7.9%	-0.5%	0.2%	2.7%	7.3%	13%	12%
铁路、船舶、航空航天和其他运输设备制造业	10.5%	15.5%	9.2%	5.1%	8%	7.7%	5.1%	4.5%	0.7%	2.6%	3.8%
电气机械和器材制造业	7.8%	6.9%	6.5%	6.5%	7.9%	7.5%	6.9%	7.9%	7.3%	6.4%	7.7%
计算机、通信和其他电子设备制造业	11.8%	12.3%	10.2%	9.9%	9.2%	9.4%	11.1%	10.5%	11.7%	11.1%	7.6%
电力、热力生产和供应业	3.1%	-2.6%	0.7%	1.4%	1.4%	-0.9%	1.5%	-0.1%	-1.4%	1.2%	-1.7%

数据来源：国家统计局。

三是投资出口驱动减弱，消费动能仍未充分释放。

长期以来，高投资一直是我国经济高速增长的重要驱动力，特别是从2002年开始，投资增速一度超过30%，但随着我国经济发展，投资逐渐出现回落，尤其是2013年以来，随着钢铁等重点工业产品的需求陆续接近或达到峰值，房地产多项建设指标出现历史性转折变化，出口增速回归常态，部分传统领域产能过剩的问题逐步显露，投资增速持续下滑至2015年的10%左右，其中工业投资下滑至7.7%，投资对我国经济的驱动力持续减弱，且结合日本、韩国等成功追赶型经济体的经验来看，在技术水平没有取得革命性突破之前，投资难以回到过去的高速增长区间。其次，2012年以来，我国经济增长的另一大重要驱动力——出口，其增速也逐年下滑，2012—2014年分别为7.9%、7.8%和6%，2015年陷入负增长，从产品来看，在2014年出口超过百亿美元的27个大类出口产品中，只有 6 类产品的增速在 2015 年有所提升，其余 21 类的增速均出现下滑甚至陷入负增长。我国出口驱动力减弱，有国际形势影响，但更多的是我国近年来劳动力、土地成本的快速上升使得纺织服装、玩具箱包等传统劳动密集型产品的出口竞争力开始减弱。在此背景下，消费动能仍未充分释放。2015 年消费增速超过投资增速，为 2000 年之后的首次，表明我国经济增长的动力机制发生重大转变，由出口和投资驱动逐步向消费转变，但我国目前受国内商品质量、消费环境、消费习惯以及收入水平等制约，尚未进入消费型社会。

无论是从要素、产业还是增长动力角度，我国都处在旧优势弱化、新优势有待崛起的结构调整期，这是当前我国工业发展需要面对和解决的最核心问题。

（二）产能结构性过剩与结构性短缺并存

由于我国长期以来形成的追赶型增长模式，为适应国际产业转移趋势和国内经济发展阶段，产能过剩问题严重，部分领域产品不能满足市场需求，这是特定发展阶段和历史背景下的必然，也是当前结构调整背景下需要解决的突出问题。

首先，传统产能过剩问题日益严重。当前我国进入工业化中后期，经济结构出现了很多转折性变化，工业领域存在严重的产能过剩问题。钢铁、煤炭、建材、水泥、发电等都存在产能利用率明显不足的问题，钢铁生产出现 2000 年以来首次负增长，水泥产量出现 1990 年以来首次负增长，发电量和用电量出现了 1978 年以来首次零增长；从利润角度来说，2015 年我国 41 个工业产业整体利润为负增长，而亏损主要来自煤炭、黑色金属开采、油气、钢铁、有色、建材六大行业，扣除这六个行业工业整体利润仍为正增长。中央也深刻认识到产能过剩的问题，出台了煤炭、钢铁两个行业的“去产能”意见，但在经济下行压力持续加大的背景下，目前各省“去产能”进程有所滞后，产能过剩问题仍将持续困扰工业发展。

其次，部分领域产品不能满足市场需求。受制于创新能力低、技术制约和企业信用问题，一些市场需求大且符合市场发展趋势的产品生产能力不足。一是部分高技术产品仍需进口。在汽车、工程车、发电设备、机器人等高技术领域，虽然有一些零部件细分市场国产化率不断提升，但在一些技术门槛较高的细分零部件领域却面临同一个问题——关键零部件多数依赖进口。二是存在国内大量消费向国外转移现象。由于国内销售的商品与消费者需求不匹配，根本原因是国内商品质量和设计都不能满足消费者需求，近两年国内大量消费转向国外市场，而对象不仅有奢侈品，更多的是指甲刀、手表、电饭锅、眼药水、面膜、马桶盖等日用消费品。日益火热的“海淘”和“境外游”市场，在一定程度上表明国内质量较高的优质产品远远不能满足国内市场需求。

最后，新兴产业须防范盲目扩张。正因为我国在关键技术能力上的缺失，使得一个新兴产业兴起时，很容易被置于产业链的较低端，而国内政府和企业出于不同目的抢占这些市场，很容易造成新的产能过剩，之前光伏等产业过剩就是代表。以现在火热的机器人产业为例，机器人产业的整个产业链分为三层，上游是核心零部件，主要是减速机和控制系统；中游是机器人本体，即机器人的身体；下游则是系统集成商，依赖上游和中游的核心设备做集成品。而我国90%的机器人企业都处在下游这个环节，90%的企业为中小企业，产品主要以简单运动的中低端机器人为主。为了抢占机器人市场，从政府到企业都一起推动产业发展，据不完全统计，各地已建成和计划建设的机器人产业园或产业基地多达数十个，相关制造企业总数从 2015 年年初的 200 余家到如今的上千家，而在 A 股上市公司中，所谓“机器人概念股”则超过 50 家。在以中小企业为主，同质化、低端化竞争激烈，政府不断推动的背景下，机器人产业可能陷入产能过剩的困境。

（三）金融支持实体经济仍需加强

工业企业尤其是中小企业存在融资难、融资贵问题。中小企业协会的数据显示，截至 2015 年，我国在工商部门注册的中小企业数量超过 1500 万家，其中近 90%的中小企业融资需求无法得到有效满足，而占我国企业总量 90%的小型企业从银行贷款份额仅占 15%。我国中小企业发展促进中心、中小企业国际合作协会《2015 年全国企业负担调查评价报告》指出，融资问题是企业反映的焦点问题之一，66%的企业反映“融资成本高”，比例比上年提高了 6 个百分点。中小企业融资难、融资贵是多数国家都会不同程度面临的问题，加上我国房地产市场对工业的挤出效应和产能过剩行业的沉淀效应，使得这一问题在我国尤为严重。

金融支持工业力度仍需加强。当前间接融资仍是我国企业融资的主要方式，金融体系以大银行服务大企业为主，2015 年年末债券和股票融资存量在社会融资规模中占比仅为 13.9%，不仅低于美国、英国等直接融资相对发达的国家，也低于印度等新兴经济体。目前我国企业面临的融资难、融资贵问题，既有企业自身资信状况达不到商业银行放贷标准的原因，也有商业银行信贷服务和风险管理能力与我国企业生态的变化趋势仍不匹配的原因。例如，在“大众创新、万众创业”的背景下，创新主体呈现多样化、融资需求呈现个性化，而我国金融体系和服务能力尚不能满足新需求特征，限制了创新创业政策作用的发挥。近年来，金融对实体经济的支持力度不断加大，已取得一定进展，截至 2015 年年底，由中国人民银行牵头成立的中征应收账款融资服务平台，共促成融资 2.8 万笔，融资总额达 1.4 万亿元，其中中小企业融资占比 80%，探索解决了部分融资问题，但 1.4 万亿元对于庞大的融资需求而言仍是杯水车薪，未来仍需在支持方式和支持力度上进一步提升。

部分领域企业债务风险集聚。企业债务风险是当前经济下行压力和长期存在的融资问题的集中体现。随着产融结合的深化，不良资产风险已不再局限于银行体系，非银行金融机构的不良资产和非金融企业的不良资产越来越多。在 2015 年以来企业经营业绩不断下滑的背景下，2016 年以来，已有山东山水水泥集团、云峰集团、广西有色、南京雨润、东北特钢、中煤华昱等多个债券违约案例出现。部分领域企业负债比不断攀升，以山西煤炭行业为例，2016 年第一季度末，山西七大煤企负债总额已超过 1.19 万亿元，与山西省 2015 年全省生产总值 1.28 万亿元几乎相当，总体资产负债率达 80%。当前债务压力主要集聚在产能过剩行业和最敏感的中小企业，处理不当可能拖累整个工业。

（四）工业企业创新能力仍然不强

产业共性技术研发不足。美国国家制造业创新网络是针对共性技术建立网络化创新载体，而我国则是更多地投入到应用技术和商业化领域。由于共性技术研发投入大、周期长，研发者不能独占产业共性技术成果及其带来的全部收益，因此导致企业受利益驱动，将有限的企业资金投资于见效快、收益高的项目，而对共性技术研究缺少投入，这种情况决定了企业难以成为产业共性技术的创新主体。共性技术缺乏也导致我国在高端装备、关键设备和关键元器件等方面创新效果不佳。

我国创新活动存在碎片化问题。近年来全球竞争由产品竞争转入产业链竞争，技术创新的模式也由过去的单项技术突破转为多项技术的集成创新。而我国长期以来科技计划、创新资源投入相对分散，又多以单项技术为主设立，存在着体量小、学科单一、综合度低等问题，这些项目分散下达到多个承担单位，每个项目承担单位彼此独立，只完成技术研发任务，不考虑成果能否与产业链其他环节的技术匹配衔接，进而转化为实际产品，一定程度上造成了各领域科技资源碎片化，资源配置的短缺与重复现象并存，难以形成创新链。

技术转化能力仍需强化。我国产学研协同合作尚不深入。我国产学研合作主要停留在技术转让、合作开发等较低层次的合作上，层次不高；共建研发机构及技术联盟等高层次的合作还比较少，深度不够；对行业发展的关键技术、共性技术关心少，动力不足；高校和科研院所改革力度不够、分配机制不完善等现象普遍存在，合作活力不强。

知识产权保护不力制约创新活动。运用知识产权的机制不健全使得创新主体的活力没有得到充分释放，尤其是中小企业知识产权运用的行业指导和应对风险的援助机制有待加强，侵权假冒频发使得整体创新环境差。与此同时，一些跨国公司利用拥有的专利优势，滥用市场支配地位，破坏公平竞争的市场环境。改善知识产权保护环境仍然是激发工业创新发展活力的关键要素之一。

（五）工业文化亟须培育和建立

我国制造业凭借“物美价廉”在国际市场上创造了“中国制造”的奇迹，但粗暴山寨、抄袭模仿也使我国产品背上了“廉价低质”的名声，当前我国制造廉价低质的形象没有根本改变，我国企业追逐短期利益现象仍然存在。而这种现象的背后是我国工业文化的匮乏，社会普遍缺少工匠精神，例如“德国制造”的精神文化是“专注”“标准”“精确”“完美”“秩序”，而我国尚未建立相应的工业文化。工业革命发生在西方社会，而我国是在战争中被动开放市场加快工业化步伐的，是在外力的推动下快速完成从农业化向工业化转型的，转型中对工业化中至关重要的工业文化没能足够重视。西方工业社会的重要推动力就是它的工业文明，而我国目前尚未形成严格意义上的工业文化。

首先，我国制造业工人主要是外来务工人员，稳定性差，较难有精益求精的工匠精神，且当前技术工人社会地位较低，不能吸引数量较多、素质更好的工人投身制造业。其次，企业追逐短期利益，更多愿意投入房地产、互联网、股市等赚钱较快的领域，也不利于制造业发展和文化形成。最后，随着我国制造告别低成本、规模化竞争，以及消费群体结构的变化，企业、消费者、商业营销形成的“物美价廉”主导的消费习惯诉求有待转型，对制造企业来说，应走出“以规模换成本、以成本换价格”的竞争模式，树立以科技、质量、品牌赢得消费者的发展理念。我国制造业转型发展的道路和前途，将越来越取决于我们能否逐渐形成现代工业文明的社会心理和实业基础。

第三章 “十三五”及 2016 年我国工业发展展望

一、面临的形势

（一）世界经济格局仍然复杂多变

当前，世界经济正处于深度转型调整阶段，我国面临的外界经济形势仍将复杂多变。**一是全球经济持续低速增长**。全球经济的结构性调整仍在不断深化，新经济增长点的培育仍有待时日，世界经济将在较长一段时间内保持低速增长态势。**二是全球要素市场面临新格局**。发达国家持续推进“再工业化”“工业 4.0”等战略，吸引高端制造业回流，与此同时，以东南亚、南亚国家和地区为主的发展中国家利用劳动、土地、环境资源和汇率，利用比较优势空间吸引中低端制造业向他们转移，对我国的替代效应显著增强，我国面临“双重”挤压。**三是国际贸易规则酝酿新变化**。随着美国推出“两洋战略”，实施 TPP（跨太平洋伙伴关系协议）和 TTIP（跨大西洋贸易与投资伙伴协议），国际区域性经贸合作向纵深推进，全球投资和贸易的规则酝酿新变化，将引发世界经贸格局的新一轮调整，全球化进程面临新的挑战。**四是各国产业创新步伐加快**。制造业与互联网融合发展继续加快，主要工业国家将继续加快推进战略执行，应对制造业革新浪潮，抢占全球新一轮产业竞争制高点。

（二）国内经济发展继续“新常态”

“十三五”期间，我国经济基本面总体良好。**一是 GDP 增速处于中高速区间**。“十三五”规划纲要指出，“十三五”时期我国年均经济增长率将在 6.5%以上，东部增长总体趋稳，中、西部和东北增长继续底部调整。**二是供给侧改革是“十三五”的重点政策方向**。“十三五”在适度扩大总需求的同时，继续着力推进供给侧结构性改革，依托“去产能、去库存、去杠杆、降成本、补短板”，增强供给结构对需求变化的适应性和灵活性，推动我国社会生产力水平实现整体跃升。“十三五”时期化解产能过剩任务仍然十分艰巨，产业发展和结构调整应着重调整存量、做优增量。**三是发展方式从规模速度型转向质量效率型。**“十三五”期间，我国经济发展的主要动力继续从要素投入转向创新驱动。“十二五”期间我国已形成一定的创新基础，在新一轮科技革命和产业变革中，科技创新和产业创新应用都不成熟，全球产业格局尚未完全确立，各国面临相同领域发明创造和产业创新的共同主攻方向，这意味着我国在科技创新和产业创新上与发达国家进入同一创新起跑线，“十三五”成为落实创新驱动发展战略的重要窗口期。**四是新型城镇化蕴藏着巨大的内需潜力。**“十三五”时期，城镇化正处在转型升级的历史关节点，仍处在较快发展的阶段，“城镇化红利”仍是扩大内需的突出优势。**五是进一步全面深化改革和扩大开放。**“十三五”时期，在对内深化改革方面，以进一步简政放权为主的政府职能转变改革，以国有企业为主体推进的混合所有制改革，以深化营改增、消费税、资源税改革为主的财税体制改革，以进一步推动人民币国际化、存贷款利率市场化为主体的金融市场改革，都将继续给所有的市场经济主体创造一个良好宽松的营商环境。在对外进一步扩大开放方面，国际产能合作和“一带一路”战略作为新常态下实施的“走出去”战略，旨在将国内发展与对外开放联动起来。

二、趋势展望

（一）“十三五”发展趋势

“十三五”是我国全面建成小康社会、跨越“中等收入陷阱”的关键五年，也是国民经济转型升级的关键五年，工业经济增长方式、产业结构调整将进入新的阶段。

1．工业依然是保障国民经济长期可持续增长的最重要载体

从近年数据来看，2013 年，第三产业在国民经济中的比重首次超过第二产业，但工业仍然是国民经济中生产效率最高、承载创新资源最多、最能创造高质量就业岗位、决定国家产业安全和国防安全的最重要的部门[14]。从国际经验来看，主要工业化国家在工业化中后期，工业占 GDP 比重变化相对平稳，并未出现大幅下降的现象，例如 20 世纪 80 年代中期完成工业化的日本，1975 年工业

[14] “十三五”中国工业发展的新形势与政策调整，吕铁，贺俊。

占 GDP 比重为 39.41%，1985 年这一比重为 38.23%，仅相差 1.18 个百分点。20 世纪 90 年代左右完成工业化的韩国，1980—1990 年工业占 GDP 比重从 34.17% 变为 38.18%，反而上升了约 4 个百分点，此后，工业占比一直保持在 36.38%～39.23%之间，并未出现明显的下降趋势。然而，在后工业化时期，由于一些工业化国家如美国、日本等实行“去工业化”战略，工业占 GDP 比重一度呈现出比较明显的下降趋势，但此时其工业结构相对优化，对其他产业的扩散效应也相应增大。同时，工业增加值占 GDP 比重的峰值一般在人均 GDP 达到 10 000 国际元左右时出现，且峰值基本在 40%以上。而相应的我国“十三五”时期总体处于工业化中后期，尚未全面进入后工业阶段，按照国际经验，“十三五”期间工业占 GDP 比重呈现缓速下行趋势，工业引领经济结构调整和转型升级，仍是国民经济的支柱产业。

2. 工业继续在中速增长区间（4%～7%）波动调整

进入“新常态”以来，随着转型升级力度的加大，工业经济增长速度下行压力不断加大，规模以上工业增加值增速从高于 GDP 增速转换至低于 GDP 增速，这一趋势在“十三五”期间将持续。从产业结构调整角度来看，“十三五”期间，主要表现在两个方面：传统产业升级和新兴产业培育。目前来看，我国传统产业升级将持续更长时间，已无法保持之前周期快速增长态势，总体增速较低，新兴产业虽然增速较高，但在“十三五”期间仍不能成为工业发展的支柱产业。从增长动力来看，一是“十三五”期间投资将持续稳定在个位数增长。产能过剩问题将困扰整个“十三五”，限制传统产业投资，而新兴产业投资保持较快增长的同时也受技术和模式制约，难以持续高速增长，在财政资金限制和部分基建领域建设已基本进入世界前列的影响下，基建投资增速将有所下降，总体判断，“十三五”期间工业投资将保持个位数增长。二是内需将总体保持在 10%左右的增速。在经济下行压力下，居民收入出现下滑，2016 年第一季度，居民可支配收入仅增长 6.5%，低于 GDP 增速，是 2013 年该数据公布以来首次低于 GDP 增速，居民收入是影响消费的最重要变量。在居民收入下滑、消费环境未明显改善、分配制度改革仍在持续等影响下，“十三五”期间国内消费将保持 10%左右的增速。三是出口持续低位增长。“十三五”期间，全球贸易环境复杂、贸易低速增长、经济增长不确定性大，再加上我国仍处于比较优势重构期，总体出口增长不乐观。总体而言，从支撑工业增长的产业结构、需求动力来看，

“十三五”时期工业增长处于中速增长期。

3. 智能制造是“十三五”时期的重要增长点

当前，新一轮科技革命引发制造业发展方式深刻变革，工业互联网、互联网金融、网络购物等新业态、新模式愈发成熟，互联网与制造业融合是“十三五”的重要趋势。顺应趋势，我国于 2015 年 5 月印发了《中国制造 2025》国家战略，它是“十三五”工业发展的重要纲领，其指出要以培育制造业创新能力为主题，以提质增效为中心，以加快新一代信息技术与制造业深度融合为主线，以推进智能制造为主攻方向，以满足经济社会发展和国防建设对重大技术装备的需求为目标，加快工业转型发展。由此判断，“十三五”期间智能制造发展将极其迅速，是这五年重要的新增长点。

4. 绿色发展是工业转型升级的基本方向

在气候、环境的制约下，绿色发展已成为全球发展重要的战略选择，绿色也成为新的国际贸易壁垒。而我国作为全球碳排放总量第一大国，承受了巨大的碳减排压力，同时随着资源环境约束日益强化，高能耗、高消耗、高污染排放的发展模式已不能持续，倒逼我国加快绿色低碳发展。与此同时，近年来国内环境事件频发，社会各界对于加强环境治理、改善生态环境的呼声越来越高。这些都要求我国制造业必须主动顺应形势，走绿色低碳发展道路，绿色发展是“十三五”乃至更长时期衡量我国制造业发展质量的重要指标。

（二）2016 年发展预测

综合考虑各方面因素，2016 年工业发展主要指标预测如下。

1. 规模以上工业增加值增长预期为 5.9%左右

2016 年是我国“十三五”规划的元年，我国经济仍处于深度结构调整期，工业仍将维持低位调整。从有利因素来看，一是我国仍处于工业化中后期，工业始终是国民经济的支柱产业，工业发展面临的中长期市场需求仍然较大；二是金融服务实体经济、促进民间投资和国企等重大领域改革等将为工业发展积累的积极因素；三是《中国制造 2025》和“互联网+”行动计划给新兴产业发展、传统产业转型带来机遇，支撑工业发展。从面临的挑战来看，一是工业供需结构不平衡可能较长期存在，工业品出厂价格仍将处于负增长通道，在供给过剩和需求疲软相互交织影响、两端持续挤压下，工业面临的下行压力不断增大；二是受经济下行压力加重、工业处于“三期”叠加期等多重因素影响，短期工业企业的生产经营困难程度仍然较大；三是2016年我国“去产能”任务艰巨，对工业短期形成向下压力。综合经济环境变化和关键数据指标定量研究，考虑到“稳增长、调结构、增效益”和“去产能、去库存”需要，初步预计2016年规模以上工业增加值增长5.9%左右。

2. 工业城镇固定资产投资预期增长位于5.5%～6%区间

经济继续稳中求进仍会是经济发展的总基调，在外需形势复杂和消费增长受限的背景下，民间投资疲软总体带动工业投资疲软，预计2016年投资较2015年继续下滑。一方面，2015年批复了一大批铁路、机场、港口等项目，2016年通过加快推广PPP模式、地方政府债务扩容、专项金融债、城投债发行加速等将增加基础设施投资资金来源，2016年基建投资将保持高速增长，与此同时，在房地产去库存的带动下，2016年房地产投资销售持续加快，在一定程度上拉动工业投资。但另一方面，国际经济形势复杂多变影响外需、产能过剩行业调控力度加大、企业盈利基础薄弱、融资难仍然没有得到有效解决等因素将在很大程度上抑制投资增长，尤其是2016年以来民间投资的大幅下滑，严重影响了工业投资增速。综合考虑，2016年我国工业城镇投资增速较2015年继续下滑，预计同比增长5.5%～6%。

3. 全国规模以上工业企业实现利润由负转正

2015年我国工业总体处于利润负增长状态，受企业盈利模式简单、成本高企、需求疲软等影响，总体利润仍处于萎缩状态，行业利润分化加剧。但2016年原材料价格的短期改善和国家降成本政策实行，将推动工业企业利润有所好转。第一，国家为企业减负的结构政策和降息降准等影响继续加深，降息、减税、清费等政策对企业降本增效产生一定的积极作用，2015年规模以上工业企业利息支出比2014年下降2.3%；利息支出占年末负债合计的比重为2.15%，比2014年下降0.17个百分点。第二，部分高技术行业企业利润增长较快，2015年利润下滑主要在于采矿业利润下降严重，制造业利润小幅正增长，符合转型升级方向的行业利润仍保持较快增长。第三，2016年工业出厂价格指数虽然仍处于萎缩状态，但降幅逐渐收窄，与此同时，大宗商品价格出现回升，也使得采矿业利润降幅收窄。但不得不注意到，当前工业需求继续疲软，企业成本依然高企，投资收益低，工业利润企稳回升基础薄弱。综合考虑，2016年我国规模以上工业企业利润将保持小幅正增长。

4. 工业出口交货值仍将处于负增长

从影响我国工业出口的外部需求来看，国际货币基金组织、世界银行以及国内研究机构均认为2016年全球需求好于2015年，但随着TPP的通过，将对我国贸易环境产生重大影响，我国主要贸易国美、欧、日的经济复苏对我国出口拉动有限，英国脱欧事件也在一定程度上影响了我国对欧出口；与此同时，新兴经济增长风险不断加大，需求有所放缓。从我国工业出口结构来看，我国工业品出口也仍处于结构调整期，出口比较优势正在转换，也会导致工业出口的正常下滑。综合考虑，2016年我国工业出口交货值仍可能负增长。

5. 重点行业增长可能继续分化

在2016年结构调整加快的背景下，各行业面临的环境较为复杂，在国内逐步去产能化、需求疲软等背景下，重点行业增长总体下调，增长分化明显。传统重化工行业增长仍可能下滑。受煤炭、钢铁、建材等行业产能过剩，企业成本上升和环保压力影响，2016年重化工行业增长仍然受限。机械行业增长小幅好转。2015年机械行业较2014年大幅下滑，机械行业增长首次低于全部工业，受需求不足、产品结构较为低端、转型升级困难影响，增长总体仍将低位运行，但有小幅好转，其中汽车行业在政策的影响下，将有小幅提升。新兴产业增长加快。在结构调整、产业升级倒逼机制下，同时受《中国制造2025》和“互联网+”的影响，新兴产业将保持高速增长。

第四章 “十三五”及 2016 年工业发展重点[15]

一、“十三五”工业发展重点

“十三五”时期是我国制造业提质增效、由大变强的关键期。“十三五”期间，要坚持把落实制造强国战略作为主要任务，深入落实《中国制造 2025》，紧密围绕结构深度调整，振兴实体经济。要加快发展新型制造业，推动传统产业改造升级，全面提升工业基础能力，加强质量品牌建设，优化现代产业新体系，促进制造业由大变强。

（一）全面提升工业基础能力

实施工业强基工程。围绕《中国制造 2025》的十大重点领域需要重点发展的 80 种关键基础材料、185 项核心基础零部件、105 项先进基础工艺和 63 项产业技术基础，拟定重点行业“四基”发展方向和实施路线图，统筹相关资源，集中使用、滚动支持，从根本上解决“四基”能力薄弱问题。

建设国家制造业创新中心。根据制造强国战略部署，围绕重点行业转型升级和新一代信息技术、智能制造、增材制造、新材料、生物医药等制造业领域的重大共性需求，加快创建形成以创新中心为核心、以公共服务平台和工程数据中心为重要支撑的国家制造业创新网络，计划到 2020 年，重点形成 15 家左右国家制造业创新中心，力争到 2025 年，形成 40 家左右国家制造业创新中心。

（二）持续推进传统产业升级

持续推进企业技术改造。通过实施新一轮制造业重大技术改造升级工程，加大技改资金规模，完善政策体系，支持企业瞄准国际同行业标杆全面提高产品技术、工艺装备、能效环保等水平，实现重点领域向中高端的群体性突破。改革技术改造专项资金支持形式，更多采用后补助、贴息等方式，提高资金使

[15] 主要根据 2016 年全国工业和信息化工作会议及其他公开的 2016 年相关工作计划资料总结。

用效率。

积极稳妥化解产能过剩。贯彻落实中央决策部署，综合运用市场机制、经济手段和法治办法，加大政策引导力度，做好与节能降耗、污染防治等工作的衔接，依法淘汰落后产能，有序退出过剩产能。设立工业企业结构调整转型奖补资金，保证各项政策特别是财政的奖补资金执行到位，妥善处理好职工安置和资产处置工作。

优化产业空间布局。把《中国制造 2025》的落实与“一带一路”、京津冀协同发展和长江经济带等空间布局政策相衔接，引导“一带一路”、京津冀和长江经济带相关省市进一步突出重点，做强做优特色产业，实现差异化、错位发展。

加强质量品牌建设。围绕“增品种、提品质、创品牌”，抓紧组织实施改善消费品供给专项行动，满足国内需求升级需要；以食品、药品等为重点，加快国内质量安全标准与国际标准并轨。大力倡导和培育精益求精的工匠精神。

（三）促进制造智能化、绿色化

强化高端引领。集中资源，着力突破大型飞机、航空发动机及燃气轮机、节能与新能源汽车、海洋工程装备及高技术船舶等一批高端装备，实现工程化和产业化，引领制造业高端发展。

加快发展智能制造。以实现重大产品和成套装备的智能化为突破口，以推广普及智能工厂为切入点，加快提升制造业产品、装备及生产、管理、服务的智能化水平。

全面推进绿色制造。围绕产品全生命周期，以重大工程、项目为牵引，通过构建绿色制造体系，推动绿色产品、绿色工厂、绿色园区和绿色供应链的全面发展。

积极发展服务型制造。引导企业围绕创新设计、供应链管理、网络化协同制造、全生命周期服务、总集成总承包服务、融资租赁业务、智能服务新模式等，延伸服务链条、促进服务增值，实现生产型制造向生产服务型制造转变。

（四）深化制造与互联网融合

夯实融合发展基础，激发制造业发展新动能。支持鼓励制造企业与互联网企业开展多种形式的跨界合作、融合发展，积极培育网络化协同制造、个性化定制、服务型制造等网络化生产新模式，增强制造企业的创新活力和转型动力。积极搭建支撑制造业转型升级的各类互联网平台，汇聚整合制造企业、互联网企业等“双创”力量和资源，带动技术产品、组织管理、经营机制等创新。

增强支撑制造业与互联网融合发展的基础技术、解决方案、安全保障等能力。加快自动控制与感知关键技术、核心工业软硬件、工业互联网、工业云与智能服务平台等制造新基础建设。实施融合发展系统解决方案能力提升工程，面向重点行业、智能制造单元、智能生产线、智能车间、智能工厂建设，培育一批面向重点行业的系统解决方案供应商，组织开展行业应用试点示范，形成一批融合发展行业的优秀解决方案。实施工业控制系统安全保障能力提升工程，健全完善工业信息安全管理等政策法规和标准体系，开展安全保障试点示范，破解制造业与互联网融合面临的安全保障问题。

利用“互联网+”助力中小企业创新发展。以工业互联网和软硬件产品为支撑，发展智能装备，推动智能制造。实施中小企业信息化推进工程，打造开放共享的资源平台，推动互联网和信息技术在中小企业的深化应用。推动小微企业创业创新，利用互联网和大数据强化政府公共服务，推动和完善社会化服务。

（五）积极拓展网络经济空间

加快构建新一代国家信息基础设施。完善新一代高速光纤网络，构建先进泛在的无线宽带网。加快信息网络新技术的应用，形成万物互联、人机交互、天地一体的网络空间。面向“互联网+”，加快构建工业互联网、能源互联网、车联网等新型网络体系，有序推进网络、数据中心等互联网协议第六版（IPv6）部署与升级演进。

加快建立现代信息技术产业体系。推动实施信息产业行动计划，重点发展三个领域的关键技术：支撑《中国制造 2025》的关键共性技术、引领“互联网+”的重大变革性技术、保障信息安全和产业发展的核心基础和前沿通用技术。加快核心芯片、云计算、大数据、5G、操作系统、人工智能等关键技术的研发和产业化。促进软件与硬件、产品与服务、终端与网络的深度交融。

深入实施“互联网+”行动计划。大力推进“中国制造+互联网”，加快工业互联网创新发展。大力发展互联网平台经济，鼓励搭建资源开放共享平台。以互联网推动创业创新要素平台化、集聚化和生态化，培育低门槛、广覆盖、有活力的大众创业、万众创新生态系统，打造“双创”生态。加快促进互联网融合产业发展，促进互联网深度广泛应用，带动生产方式和组织方式的变革，形成网络化、智能化、服务化、协同化的产业发展新形态。

完善促进互联网发展的协同推进体系。加强互联网法治建设，加快电信法、电子商务法、网络安全法等立法。切实加强互联网行业管理，在夯实互联网基础管理的基础上，更加注重以信息化技术和互联网平台为支撑的新型监管方式，形成反应迅速、顺畅有力、协同配合的管理体系。

健全网络安全保障体系。在中央网络安全和信息化领导小组的领导下，突出抓关键信息基础设施和互联网企业安全防控、数据资源和用户信息安全防护、网络与信息安全技术能力建设、重要信息系统安全。加快提升互联网安全保障能力，强化重要信息系统和数据资源的安全保护，积极发展网络信息安全产业，提高网络空间治理能力。

（六）扎实推进“双创”建设

打造两个平台，开展“双创”专项行动。构建基于互联网的大型制造企业“双创”平台和为中小企业服务的第三方“双创”服务平台，营造大中小企业协同共进的“双创”新生态，促进跨行业、跨领域的企业交流合作，推动融合创新和联合创业。在智能制造、绿色制造等工程中开展“双创”专项行动，加快培育新型生产方式和产业模式，全面提升企业研发、设计、生产、管理和服务协同能力及智能化水平，加快培育新产品新业态，打造新的经济增长点。

进一步优化要素配置，释放制造业创业创新活力。实施负面清单管理模式，破除限制新技术、新产品、新商业模式发展的不合理准入障碍，减少企业创业创新成本。提升金融支持实体经济的质量和实效，培育壮大创业投资和资本市场，引导社会资本向制造业汇聚。全面梳理和评估现有产业政策、监管政策和财税金融政策等对创业创新的影响，及时修订或废止不适应甚至阻碍创业创新的政策措施，确保新出台的重要政策真正有利于产业创新发展。

发挥“双创”优化存量和催生增量的积极效用，提升制造业创新发展能力。瞄准国家重大战略需求和未来产业发展制高点，发挥“双创”在核心关键技术攻关和科技成果产业化中的主导作用，提高关键环节和重点领域的创新能力。

充分发挥各类产业联盟、开放式创业创新平台对建设制造业创新网络的支撑作用，通过市场机制集聚和使用全球创新资源，集中突破一批重大共性技术。

充分发挥企业创新主体地位和“双创”主导作用，形成一批具有国际竞争力的创新型制造企业。加快建立市场化的创新方向选择机制和鼓励创新的风险分担、利益分享机制，切实发挥企业和企业家在创新决策、研发投入和成果转化中的主体作用。更好地发挥大企业在“双创”中的龙头带动作用，加快企业向产业链协同竞争转变。完善中小企业创新服务体系，大力扶持创业孵化、系统集成、知识产权及第三方检验检测认证等专业服务发展，鼓励企业用好互联网基础设施和创新要素，发现和培育一批单项冠军和“小巨人”企业。

提高政策精准度，营造公平宽松的创业创新环境。针对不同行业特点和企业需求，研究制定精细化的创业创新支持政策，并提高不同政策措施的协同性，重点解决创新产品进入市场的“最后一公里”问题。依法查处知识产权违法侵权行为，切实保护企业的创新积极性与创新的合理收益。通过人才引进、集中培育和成果奖励等多种形式，发现和集聚引领技术发展的领军人才，培养技艺精湛的高技能人才，着力解决创业创新人才紧缺问题。

二、2016年工业发展重点

立足制造强国战略全局，坚持稳增长与调结构、扩内需、促改革、强管理、减负担相结合，着力推进供给侧结构性改革，推动落实《中国制造2025》，推进两化深度融合，提升供给体系的质量、效率和层次，实现工业平稳增长和提质增效。

（一）狠抓供给质量效率，保持工业平稳运行

启动新一轮重大技术改造升级工程，加大财税金融等政策支持，更多地采用后补助、股权投资等方式，以政府投资带动社会资本，提高投资的有效性。实施城市危险化学品企业和钢铁企业搬迁改造、有色金属企业退城入园等重大工程。积极发挥国家集成电路产业投资基金、先进制造业投资基金等的撬动作

用，引导社会资本等要素投向，谋划推出一批重大项目。选择一批城市和大型企业开展产融结合试点。

开展改善消费品供给专项行动，促进轻工、纺织、食品、医药、智能硬件等产业创新发展。实施服务型制造三年行动计划，大力发展工业设计、融资租赁、节能服务、信息技术服务等生产性服务业。开展质量品牌提升行动，以食品、工业消费品为重点，推广质量标杆经验。开展绿色建材生产和应用行动，促进绿色建材、钢结构和铝型材扩大使用。实施能效、水效“领跑者”计划。启动农业机械装备、船舶配套自主化、重大应急装备和产品等专项行动，实施第七代超深水钻井平台、船用低速机创新等工程专项，开展光伏储能一体化应用示范。

深入开展“大运行、大平台、大服务、大提升”工作，健全工业运行重点联系城市工作机制，密切跟踪重点行业、地区情况，做好监测分析、运行协调和企业服务。指导地方加大财政引导和支持力度，形成中央和地方的合力，协同推进重大工程项目。

（二）分业施策调整存量，加快传统产业升级

制定实施机械、汽车、轻工、纺织、电子、建材等重点行业分业施策专项方案，支持困难行业加快去产能、去库存、降成本，实现产品升级、转型转产、扭亏增盈。在清洁生产、节能降耗、污染治理、循环利用等重要环节，实施一批重大改造项目和示范工程。

抓紧制定实施推动钢铁行业重组、处置“僵尸企业”工作方案，坚持“多兼并少破产”，妥善安置好职工，引导“僵尸企业”平稳退出。进一步优化企业兼并重组市场环境，积极推进破局性、战略性兼并重组。

多措并举化解产能过剩。通过严格环保、能耗、技术等标准，利用工业企业结构调整专项奖补资金，加大特困行业过剩产能化解力度。开展钢铁、水泥、平板玻璃等行业化解过剩产能试点。严控新增产能，依法依规查处顶风审批扩张产能。突出抓好淘汰落后产能专项行动、联合执法专项行动和违规项目清理专项行动等重点任务的落实。

落实“一带一路”战略和京津冀协同发展产业升级转移规划，发布长江经济带创新驱动产业转型升级方案，制定重点区域产业转移指南。实施京津冀化

工企业搬迁专项。继续开展产业转移对接活动。加强对国家新型工业化产业示范基地的指导和管理。支持建设国际合作工业园、中外中小企业合作区。

（三）坚持创新引领发展，培育壮大高端制造

扎实推进《中国制造2025》“1+X”体系，开展城市试点示范，逐步向重点地区、园区推广。完善重大产业工程布局协调机制，加快建设制造强国基础大数据平台和任务落实信息化管理平台。

实施国家制造业创新中心建设工程。支持企业、科研院所、高校组成创新共同体，分领域启动创新中心试点。开展关键共性技术研究和产业化应用示范。年内争取建成2～3家国家制造业创新中心。

实施工业强基工程。聚焦重点领域实施突破行动和应用计划，组织示范项目，集中解决30～50项标志性产品和技术。发布2016年版工业“四基”发展目录，依托国家新型工业化产业示范基地，布局一批产业技术基础平台和服务支撑中心。

实施高端装备创新工程。组织抓好国家科技重大专项，抓紧实施航空发动机及燃气轮机重大专项。尽快启动新能源汽车等国家重点专项。适应科技计划管理改革需要，支持专业机构承担重大专项和重点研发计划管理任务。

积极拓展高端装备及新材料应用市场。2016年继续组织实施首台（套）重大技术装备保险补偿机制试点工作，启动170个保费补贴工作项目，修订《首台（套）重大技术装备推广指导目录》，进一步扩大首台（套）重大技术装备保险保费覆盖面，推动组建若干重大装备租赁公司。研究建立新材料、关键零部件首批次应用保险保费补偿机制。

强化标准制定和知识产权保护。整体推进两化融合、5G、移动互联网、大数据等重点领域标准化工作，组织实施《装备制造业标准化和质量提升计划》。开展产业知识产权协同运用推进行动。

（四）瞄准智能制造方向，推动两化深度融合

实施智能制造工程。支持高档数控机床与工业机器人、增材制造、智能传感与控制、智能检测与装配、智能物流与仓储五大关键装备创新应用。搭建智能制造综合标准化技术体系，启动40个标准试验验证项目。推进智能制造产业联盟建设。

继续实施智能制造试点示范行动，确定60个以上新模式试点示范项目。启动一批智能化改造项目。在有色、稀土、纺织、家电、食品等行业分类推广智能矿山、智能工厂和数字化车间，开展智慧化工园区试点。

深化"互联网+"制造业创新发展。指导编制互联网与制造业融合发展路线图。开展"互联网+"制造业试点示范。有序推进工业互联网发展，研究制订总体方案、标准体系框架及推进策略。深入推广两化融合管理体系。研制标准体系总体框架和路线图，制定发布两化融合管理体系指导意见，新增300家通过体系评定的企业。

增强关键技术研发和支撑能力。落实国家集成电路产业发展推进纲要，研究制定传感器发展行动计划。加快5G关键技术产学研用联合攻关，重点布局车联网、智能交通等新兴领域。积极落实国家大数据战略，建设一批大数据综合试验区和产业集聚区。

编制智能制造"十三五"发展规划，研究我国未来五年智能制造发展的思路和目标、推进重点和路径，以指导地方、行业有序实现制造业的数字化、网络化、智能化。

提升工业信息安全保障能力。研究制定工业信息安全政策、标准，开展工控系统安全检查和风险评估。在石化、装备制造等行业开展工业控制系统网络安全试点。

（五）大力扶持小微企业，推动企业提质增效

着力改善政策环境。发挥国务院促进中小企业发展工作领导小组办公室协调机制的作用，全面梳理、评估各项惠企政策落实情况并向社会公开。推动国家中小企业发展基金尽快投入运营，支持种子期、初创期成长型中小企业加快发展。

加大融资支持力度。继续深化与金融机构的合作，推动建立中小企业信用担保体系和银担风险分担机制。开展应收账款质押融资和互联网金融助力小微企业发展试点。

开展"互联网+"小微企业专项行动。继续实施中小企业信息化推进工程，建设一批智慧型小微企业创业创新基地，支持构建"创客我国"创业创新服务平台。实施大企业支持大众创业、万众创新示范推广工程。加大创新资源供给，

推进“芯火”计划，鼓励高校和科研院所设立技术转化机构。

加快中小企业创新转型发展。运用技改资金支持中小企业“专精特新”项目。继续推进重点城市创新转型试点。开展制造业单项冠军企业培育提升行动，培育一批“小巨人”企业。

深入推动减轻企业负担。全面实施涉企收费目录清单管理，督促各地各部门 2016 年年底前公布行政审批、中介服务收费、执法检查、行政罚款等各类项目清单。

开展企业管理提升专项行动。制定出台引导企业创新管理提质增效的指导意见。推进非公有制企业建立现代企业制度试点。开展工业文化建设的理论研究和试点示范。

（六）加强统筹改革创新，营造良好的发展环境

持续推进简政放权、放管结合、优化服务，进一步转变政府职能，提高行政效能。推行权力清单、负面清单、责任清单，实行行政审批“一个窗口”受理制度，简化优化公共服务流程。

精心编制工业领域“十三五”规划，推动重点领域立法，坚持依法行政，突出抓好中小企业促进法、稀有金属管理条例等的制/修订及宣贯。

务实推进国际产能和装备制造合作。抓紧建立重点项目库，支持企业以“一带一路”沿线国家、境外产业园区为重点，有序参与重点领域投资合作。充分发挥多边双边交流合作机制的作用，深化智能制造、中小企业、核与航天、工业互联网等领域合作。

创新行业管理方式。实施更加精准的产业政策，围绕创新驱动、激活存量和绿色发展，聚焦补齐短板、鼓励竞争，推动产业政策加快向普惠性、功能性、结构性转变。强化行业规范管理，加强行业自律。

第五章　加快促进工业健康发展

“十三五”时期是全面建成小康社会的决胜阶段，必须加快提升我国的工业创新能力、金融服务能力、企业发展活力、体制机制环境，促进工业经济健康发展，制定政策需处理好长期政策与短期政策、宏观政策与微观政策、供给管理与需求管理之间的关系。

一、完善创新驱动、质量为先的体制机制

（一）完善创新体制机制建设

一是以市场化为导向，深化科研体制改革。加强科技规划的顶层设计和统筹协调，建立科学、系统的科研体系，解决科研“碎片化”无法形成体系问题，集中力量突破重大科技领域。提高引进消化吸收再创新、集成创新以及原始创新能力，建立健全引进技术有效吸收和再创新良性机制，突破制约工业发展的产业共性技术和关键技术。加快转变政府科技管理职能，进一步强化企业的技术创新主体建设，对于重大科技项目的设置、实施和管理，坚持公平公正公开的原则，要遵循企业主体，市场导向，提高企业在立项论证阶段的参与程度。支持建设的科技基础设施、工程研究中心、制造业创新中心等技术创新平台，加大向企业的开放力度，探索有效的模式，健全创新资源的共享机制，实现创新资源共享。鼓励科研院所和高等院校为企业技术创新提供支持和服务，促进技术、人才等创新要素向企业研发机构流动和集聚。

二是加快产业创新体系建设，提升科技成果转化能力。加强政府引导及政策扶持，鼓励行业骨干企业与高等院校、科研院所、上下游企业、行业协会等建立以利益为纽带、网络化协同合作的产业创新联盟。围绕《中国制造 2025》提出的新一代信息技术、高档数控机床和机器人、航空航天装备、海洋工程装备及高技术船舶、先进轨道交通装备、节能与新能源汽车、电力装备、新材料、生物医药及高性能医疗器械、农业机械装备十大领域发展需求，按照“联合开

发、优势互补、利益共享、风险共担”的原则，依托现有国家级科研院所整合各类创新资源，构建产业协同创新体系，促进资金、技术、设备等要素的有效对接，实现创新资源、成果开放共享和高效利用，带动行业技术水平和产业链创新能力的提升。

三是完善企业知识产权保护机制。国家商务部要联合知识产权局、工商行政管理总局等部门，整合相关资源，培育工业企业知识产权运用能力，鼓励支持创新型骨干企业开展专利布局与运营，尤其要引导和鼓励我国企业积极在“一带一路”国家申请专利、注册商标，开展知识产权布局。借鉴日韩等国“专利集中战略”，鼓励设立专利经营公司，选择专利集中战略，积累重点产业核心基础专利，快速增强我国企业的专利储备，提高专利管理和运用效率。改善工业知识产权保护环境，通过包括反垄断调查在内的手段构建我国的专利攻防体系。

四是完善激励创新的市场机制。建立国有企业创新导向的考核机制，明确劳动力、土地、资源、能源等要素市场化改革方向，推进基础性行业和垄断型行业的改革，加快创新驱动“倒逼”机制的建立，激发大型国有企业的创新动力。打破行业垄断和市场分割，改善民营企业市场竞争环境，鼓励其通过技术创新增加附加值获得利润。加大对中小企业技术创新的财政和金融支持，加强中小企业技术改造力度，加快中小企业创业基础和创新服务平台建设，促进其健康发展，激发其技术创新活力。优化创新驱动发展环境。完善支持创新的税收政策体系，真正落实并逐步扩大研发费用加计扣除、研发设备加速折旧等优惠政策；强化政府采购对企业创新的支持，明确政府采购创新型中小企业和自主品牌的比例，建立相关政策的跟踪、评价和监督机制。

（二）树立质量为先的发展理念

德国、日本等制造强国早期也曾受到廉价低质的困扰，德国通过“法律、标准、质量认证”三位一体的质量管理体系，对制造企业评价排名的标准不是按营业额大小，而是按技术水准、细分市场占有率等，这些都促进了德国制造质量蜕变；日本在20世纪60年代实施“质量救国”战略，促使日本制造打开了欧美和全球市场。以此为鉴，我们应从国家层面牢固树立质量立国意识，以标准为先导强化质量管理，并在全社会引导树立质量诚信文化。

一是完善质量法律法规体系。完善法律法规体系，是夯实质量和品牌提升的基础工作中极为重要的一环，要努力将提升产品质量通过法律的形式予以固化，形成强烈的制度导向。首先，要加快推动《质量促进法》的出台，巩固质量社会共治体系与机制，合理配置政府、企业、消费者、社会组织和质量技术服务机构的质量促进权限，处理好政府与市场、政府与社会的关系，为加快推进质量治理创新、促进质量持续改进、将经济社会发展推向“质量时代”提供良好的制度环境和法律保障，构建形成质量责任法、质量监管法、质量促进法3个层面的法律体系；其次，要建立科学系统的法律法规体系，针对重要领域，如消费品、农产品、药品、婴幼儿用品、化妆品等，出台相应的专项法律，形成基础法律和专项法律互为强化机制；最后，要加快《标准化法》《计量法》等的修订。部分标准法律执行年限较长，很多的法律规章制度已经不能适应现在经济社会发展的现实情况，亟须进行修订以适应新时期的发展需要。

二是要强化国家质量技术基础建设的投入。国家质量技术基础是一个国际通行的提法，它由标准、计量、检验检测和认证认可等共同构成。近年来，联合国贸发组织、世界贸易组织、国际标准化组织、世界银行等对此都十分关注，美、英、德、日等发达国家以及俄、韩等新兴国家在制定国家发展战略中突出强调标准、计量等国家质量技术基础的建设。2016年我国国家质量技术基础已取得一定的发展，但仍存在供给不足、质量不高、创新不强、开放共享不够等制约性的问题。考虑设立专项资金支持国家质量技术基础建设，主要用于加强计量基础设施和能力、标准化基础能力建设以及检验检测认证体系建设，尽快把国家质量技术基础的短板补齐。

（三）加快培育我国特色的工业文化

一个国家、一个地区工业文化的发展水平，与其工业化发展水平是相辅相成的。没有先进的工业文化，就没有可持续发展的高水平工业化，因此我国要尽快培育我国特色的工业文化。一是要从战略高度上充分认识工业文化的作用，加大新闻宣传力度，推动全社会提高对工业文化重要性的认识，切实改变重硬轻软的现象。二是要进一步挖掘和提炼优秀的传统工业文化，吸收世界先进工业文化的精髓，并加以创新和改造，不断丰富我国工业文化的内涵。三是要强化理论研究，针对当前工业文化发展中的突出问题和重点方向，进行深入研究，指导工业文化发展实践。四是要加强工业文化资源的开发和利用，特别是要做好工业物质和非物质遗产的保护和利用工作。五是要大力推进工业企业文化建设，做到“讲社会责任，讲社会效益，讲守法经营，讲公平竞争，讲诚信手法”。六是要加快发展工业文化产业，促进工业设计、工业美术，以及创意产业发展。

二、加快建立公平、公正、有效的市场环境

（一）全面开展国有企业改革

当前我国国有企业的市场主体地位尚未真正确立，现代企业制度还不健全，国有资本运行效率较低，存在企业办社会职能等问题，这些因素是影响我国建立完善市场机制的重要方面，因此要全面开展国有企业改革。要切实落实《中共中央、国务院关于深化国有企业改革的指导意见》，按照其分类改革发展思路，针对处于竞争领域的商业性国企，要实行公司制股份制改革，积极引入其他国有资本或各类非国有资本实现股权多元化，要完善现代企业制度，针对公益类国企，通过购买服务、特许经营、委托代理等方式，鼓励非国有企业参与经营。

（二）优化民间资本投资环境

一是完善相关法律法规。针对市场环境需求，及时修订《反垄断法》。二是在全国层面全面推行负面清单制度，以清单方式明确列出禁止和限制投资经营的行业、领域、业务等，清单以外的，各类市场主体皆可依法平等进入。三是针对实践中出现的各种情况，出台相应的配套政策，摸清实际落实过程中民营资本投资的隐形壁垒，加快破除民间资本进入电力、电信、交通、市政等领域的不合理限制。四是继续推动各级政府简政放权，推动“三证合一”，宣贯政府在市场经济中的地位，加强对各地落实政策的督查工作，明确政府在管理经济中的权限，使政府成为公平市场环境的守护者和服务者。五是完善节能节地节水、环境、技术、安全等市场准入标准。

（三）改善外商投资环境

一是要进一步对外开放市场，改善投资环境，保护知识产权，吸引更多的

外国跨国公司到我国来发展高端制造业，搞研发中心，带动我国技术水平和创新能力的提高。二是要全面放松对外投资管制和外汇管制，优化对外投资服务，让有实力的中国企业能到国际上去购买技术及品牌、招揽人才、开拓市场。三是要在继续推进 WTO 谈判的基础上，加快建立包括周边所有国家、涵盖“一带一路”、辐射五大洲的自由贸易区网络，为我国企业开展国际贸易和对外投资创造一个自由、便利、公平的国际环境。四是要借助亚洲基础设施投资银行、金砖银行、丝路基金、中非发展基金等金融机构，帮助我国的工程承包企业到国外去建设基础设施，带动附加值较高的成套设备的出口。

三、处理好投资在我国经济增长中的地位

虽然当前我国处在由投资驱动向消费驱动的转变过程中，但与发达国家相比，我国人均所拥有的资本存量水平还比较低，目前大致相当于美国的 1/5。考虑到我国工业化进程尚未完成，城镇化水平和质量还有较大的提升空间，在产业转型升级、新型城镇化和重大民生工程等领域还有不少投资潜力。要持续提高劳动生产率、促进经济增长和改善人民生活水平，仍有必要继续增加投资。

（一）继续加大有效投资

当前是发挥政府资金和社会资本协同效应、扩大有效投资的有利时机。一方面，资金成本较低。市场利率水平持续回落，政府通过发行长期、低息债券筹集资金，不会挤出私人部门的投资；另一方面，政府总体债务水平并不高。政府债务总规模与 GDP 比重仍不高，政府仍有能力通过有效利用投资撬动经济发展。要抓住时机，加大有效投资。一是要进一步挖掘传统领域增加有效投资潜力。尽管房地产投资新开工、竣工和施工面积已逐步进入负增长区间，但棚户区改造、养老、文化、休闲和旅游地产需求空间还比较大。尽管传统基础设施投资回报率下降，但与提高城市管理水平、消费升级和民生改善相适应的信息、停车场、地下管廊、中西部铁路等基础设施还存在不少短板。二是要加大对《中国制造 2025》提出的十大重点领域的战略性投资，以抢占新兴产业

战略高点，追赶发达国家新产业发展步伐。三是“一带一路”等重大战略的实施，也需要发挥重大工程的支撑作用，进一步带动国内相关产业和基础设施方面的投资需求。

（二）提高投资效率

在保持一定的投资增速的同时，实现经济的可持续增长，关键是提高投资效率。过剩产能和僵尸企业退出缓慢，不仅拖累了好企业，而且还占用了信贷资金，增加了金融风险暴露的可能，间接影响了有效投资。需要尽快明确银行呆坏账处置和遣散人员的后续安置办法，扩大财政支持力度，加快过剩产能削减和僵尸企业清理速度。继续推进要素市场化改革，进一步减少行政性干预，降低价格、税收、土地等方面的扭曲，让要素能够顺利配置到更为高效的领域，避免增加新的无效投资。

四、加大财税金融支持工业转型发展的力度

（一）加大财政支持力度

在整合现有政策资源和资金渠道的基础上，设立制造强国专项资金，建立稳定的财政投入增长机制，增加中央财政投入，创新支持方式，着力支持重大关键技术研发、重大产业创新发展、重大创新成果产业化、重大应用示范、创新能力建设等。加大政府引导和支持力度，加快智能制造、工业节能等推广应用。加强财政政策绩效考评，创新财政资金管理机制，提高资金使用效率。

（二）完善税收激励政策

一是研究推出税收减免政策。在全面落实现行各项促进科技投入和科技成果转化、支持战略性新兴产业发展等方面的税收政策的基础上，结合税制改革方向和税种特征，针对《中国制造 2025》重点支持的十大领域发展特点，研究完善鼓励创新、引导投资和消费的税收支持政策。二是适度调整最低工资增长速度，降低企业五险一金缴纳比例，同时提高国有企业上交国有资本收益金比例，专项用于充实社保基金，加强保护企业权益立法建设，形成减轻企业负

担的长效机制。

（三）鼓励金融机构加大信贷支持

引导金融机构建立适应新兴产业特点的信贷管理和贷款评审制度。积极推进知识产权质押融资、产业链融资等金融产品创新。加快建立包括财政出资和社会资金投入在内的多层次担保体系，加强小微企业增信服务，提升政府对小微企业的增信作用，创设小微企业信贷风险补偿基金。积极发展中小金融机构和新型金融服务，综合运用风险补偿等财政优惠政策，尤其是促进金融机构加大支持《中国制造 2025》十大领域发展的力度。要强化市场监管，加强社会信用环境和征信体系建设[16]，规范小微企业信息披露，搭建小微企业综合信息共享平台，整合发布注册登记、生产经营、纳税缴费、节能环保等信息。

（四）积极发挥多层次资本市场的融资功能

进一步完善创业板市场制度，支持符合条件的企业上市融资。推进场外证券交易市场的建设，满足处于不同发展阶段创业企业的需求。完善不同层次市场之间的转板机制，逐步实现各层次市场间的有机衔接。大力发展债券市场，扩大中小企业集合债券和集合票据发行规模，积极探索开发低信用等级高收益债券和私募可转债等金融产品，稳步推进企业债券、公司债券、短期融资券和中期票据发展，拓宽企业债务融资渠道。

（五）大力发展创业投资和股权投资基金

建立和完善促进创业投资和股权投资行业健康发展的配套政策体系与监管体系。在风险可控的范围内为保险公司、社保基金、企业年金管理机构和其他机构投资者参与新兴产业创业投资和股权投资基金创造条件。发挥政府新兴产业创业投资资金的引导作用，扩大政府新兴产业创业投资规模，充分运用市场机制，带动社会资金投向战略性新兴产业中处于创业早中期阶段的创新型企业。鼓励民间资本投资战略性新兴产业。

---

[16] 围绕银行最为在意的“风险”问题，征信中心从 2016 年 4 月开始通过应收账款融资服务平台进行企业商业信用信息采集，企业应付账款履约信息将成为采集的关键信息，为银行等金融机构的授信提供参照。

五、加快“中国制造”向“中国智造”转变

“智能化”是未来工业发展的重要趋势，要以“互联网+”为重点促进工业转型升级，推动“我国制造”向“我国智造”转变。

（一）提升生产性服务业水平

应把提高生产性服务业占比作为“十三五”规划的约束性目标，尽快制定“十三五”现代生产性服务业的专项规划，并提出优化生产性服务业结构，以及提升生产性服务业发展水平的重大任务。以“互联网+”推动制造业升级，形成信息技术改造传统工业、提升战略性新兴产业和先进制造业的战略规划，推动物联网、大数据、云计算技术在工业领域的广泛应用。需要优化生产性服务业结构，运用大数据提升信息、研发、设计、物流、销售等生产性服务业发展水平，引导企业进一步打破“大而全”“小而全”的格局，在以生产性服务业为重点改造传统产业上取得明显突破，初步完成工业由生产制造型向生产服务型的转变。

（二）加快发展智能制造产业

按照“市场主导、创新突破、引领产业”的发展思路，前瞻布局核心智能制造技术、着力提升智能部件产业化水平、重点突破智能制造装备集成及工业软件创新。一是要构建并发展智能制造业基础理论体系。组织专家深入研究智能制造基础理论及技术新趋势，重点研究未来智能制造所需理论框架与关键共性技术，完善智能制造基础技术、技术规范与标准制订。二是要提高智能制造自主创新能力，统筹优化现有资源，继续加快实施各相关专项，切实构建以企业为主体的产业技术研发体系，提高企业集成和原始创新能力，推动具有核心自主知识产权的成果应用和产业化。三是要推进智能基础部件产业化。围绕重大智能制造成套装备研发以及智能制造技术的推广应用，实现典型智能测控装置和部件产业化。

六、积极推动我国制造业的全球化布局

充分利用新兴经济体国家的低成本优势拓展我国制造业的发展空间，把握21世纪海上丝绸之路和丝绸之路经济带建设的重要契机，加快推动以高铁为代表的高端制造业向东盟、中亚地区“走出去”，使我国制造业在我国与东盟、中亚基础设施互联互通中发挥重大作用。加快我国制造业向金砖国家“走出去”，向非洲地区“走出去”，强化基础设施领域的投资与合作。支持国内先进制造业到欧美发达国家实施高水平的并购重组，通过并购获得重要品牌和技术专利，实现经营管理人才国际化，获得本土化营销网络，实质性提升我国产业技术水平和在全球价值链中的地位。建立我国制造业的全球产业链，实施跨国公司战略，建立跨国生产和营销网络，形成我国企业在全球范围内进行市场整合和配置资源要素的能力，提升我国企业的国际化经营能力。

行 业 篇

第一章　石油和化工行业2015年发展回顾及“十三五”发展形势与建议

一、2015年石油和化工行业发展回顾

（一）2015年石油和化工行业发展情况

1. 行业总体运行情况良好

根据国家统计局数据，2015年，石油和化工行业规模以上企业29 765家，全行业增加值同比增长8.5%，比2014年提升0.2个百分点。完成固定资产投资2.23万亿元，下降4.1%，占全国工业投资总额的10.2%；资产总计12.07万亿元，增幅3.6%，占全国规模工业总资产的12.1%。进出口贸易总额5262.8亿美元，下降22.1%，占全国进出口贸易总额的13.3%，其中出口贸易总额1820.5亿美元，降幅7.5%，占全国出口贸易总额的8.0%。

2015年石油和化工行业主要经济指标完成情况见表1。

表1　　2015年石油和化工行业主要经济指标完成情况

指标名称	石油和化工行业		占全国工业比重
	数值	同比	
工业增加值	—	8.5%	—
主营业务收入（亿元）	131 435	–6.1%	11.9%
利润总额（亿元）	6485	–18.2%	10.2%
固定资产投资（亿元）	22 340	–4.1%	10.2%
进出口总额（亿美元）	5262.8	–22.1%	13.3%
出口额（亿美元）	1820.5	–7.5%	8.0%
进口额（亿美元）	3442.4	–28.1%	20.5%

数据来源：国家统计局、海关总署、中国石油和化学工业联合会。

2. 东部和中、西部发展差距扩大

2015年，东部11省市石油和化工行业完成利润总额4486.4亿元，同比下降5.1%，占全国行业利润总额的69.2%。中部8省利润总额899.3亿元，下降

41.4%，占比 13.9%。西部 12 省区市利润总额 1099.1 亿元，降幅 34.1%，占比 16.9%。2015 年东部与中、西部效益差距呈现扩大趋势。

2015 年，东部地区实现主营收入 8.69 万亿元，同比下降 5.2%，占全国行业收入比重 66.2%。中部地区主营业务收入 2.34 万亿元，降幅 6.8%，占比 17.8%。西部地区主营业务收入 2.11 万亿元，下降 8.9%，占比 16.0%。东部地区收入占比较 2014 年上升 0.3 个百分点。

2015 年，全国区域行业投资总额 2.19 万亿元，同比下降 1.4%。其中，东部地区投资约 1.09 万亿元，同比下降 2.6%，占全国地区行业投资总额的 49.7%；中部地区投资 5626.9 亿元，增幅 4.7%，占比 25.7%；西部地区投资 5379.9 亿元，降幅 4.7%，占比 24.6%。2015 年以来，中部地区投资保持增长态势，西部地区降幅较大。

2015 年区域石油和化工行业经济指标完成情况见表 2。

表 2　2015 年区域石油和化工行业经济指标完成情况

项目	利润总额（亿元）	主营业务收入（亿元）	固定资产投资（亿元）
东部地区	4486.4	86 945.8	10 857.1
同比	–5.1%	–5.2%	–2.6%
中部地区	899.3	23 431.3	5626.9
同比	–41.4%	–6.8%	4.7%
西部地区	1099.1	21 057.8	5379.9
同比	–34.1%	–8.9%	–4.7%

3. 生产增长结构持续优化

2015 年，化学工业增幅 9.3%，炼油业增长 8.5%，油气开采业增长 1.3%。特别是化学工业中，合成材料、专用化学品、精细化学品等附加值较高的行业引领增长。全年合成材料制造业增加值增幅达 11.6%，专用化学品制造业增长 11.1%，涂（颜）料制造业增长 9.5%，增速明显高于其他行业。

从主要化学品产量的增长情况来看，合成材料、精细化学品等保持较快增长，基础化学原料增速明显放缓。2015 年，无机化学原料产量增幅只有 1.9%，但精细化学品增速达到 7.6%，合成材料增幅为 8.2%，其中合成树脂增速更是逾 10%。

2015 年三大板块业务主要经济指标完成情况见表 3。

表 3　　2015 年三大板块业务主要经济指标完成情况

项　目	油气开采	石油加工	化学工业
增加值增速	1.3%	8.5%	9.3%
主营业务收入（亿元）	9460.4	29 392.3	88 418
同比	–30.7%	–16.6%	1.9%
利润总额（亿元）	850	765.6	4603.4
同比	–73.6%	891.4%	6.3%
投资总额（亿元）	3424.9	1981.6	15 728.7
同比	–14.9%	–19.8%	1.1%
进出口总额（亿美元）	1558.0	488.0	3121.3
同比	–38.6%	–23.1%	–10.5%

4. 整体效益回升企稳

2015 年，尽管受上游拖累，石油和化工行业效益降幅较大，但总体上呈现出回升企稳态势。全年全行业利润同比降幅 18.2%，比年初收窄逾 40 个百分点。从利润走势来看，上半年回升势头较快，下半年企稳态势进一步巩固。其中，油气开采业利润降幅 73.6%，炼油业利润增长 8.9 倍（2014 年基数较低），化学工业利润增幅 6.3%。全行业收入同比下降 6.1%，比年初收窄两个百分点，全年走势基本平稳。石油和化工行业主营业务收入利润率为 4.93%，比 2015 年年初上升 2.46 个百分点，盈利能力总体上也呈现回升趋势。

5. 企业加快转型升级

从化工各行业重点企业来看，加快企业转型升级，实现创新发展，已成为行业和企业的共识。多数企业根据自身特点，制定了提质增效、新产品研发、展开差异化竞争的中长期规划。特别是中西部地区的企业，找准自身定位，把握和研究市场变化，在创新供给、实现高起点、跨越式发展方面卓有成效。如新疆天业集团研发投入占到收入的 3%左右，在当前行业之中属较高的，其研究开发的主要新产品有完全生物降解塑料地膜、大口径 PVC 管材、PVC 单壁波纹管、PVC-M 管、地表水高抗堵滴灌带等，中策橡胶、赛轮金宇等企业也都把创新摆在重要位置。四川金象、华昌化工、骏化集团、华鲁恒升、红太阳等企业不断加大产品结构调整和转型升级力度，企业提质增效都取得显著成效。

6. 行业能源效率明显提升

重点产品能耗继续下降。2015 年前三季度，我国吨油气产量综合能耗同比下降 3.4%，吨原油加工量综合能耗下降 1.0%，吨乙烯产量综合能耗下降 0.1%，吨烧碱产量综合能耗下降 2.0%，电石和合成氨分别下降 1.1%和 1.0%。

行业能效明显提升。前三季度，石油和化工行业总能耗增长 1.6%，同比回落近 5 个百分点，为三年来同期最低增幅。但同期油气总产量则增长了 2.7%，原油加工量增长 4.5%，主要化学品总量增长 4.9%。化学工业万元收入耗标煤同比下降 1.1%。

（二）石油和化工行业当前需要关注的重点问题

1. 结构性产能过剩突出

产能过剩问题既是产业发展的内在矛盾，也是行业经济运行中的现实压力。目前，炼油业和化工行业产能总体过剩，特别是化工行业结构性过剩更为突出。近年来，去产能化虽取得了一定成效，但氯碱、化肥、轮胎、基础化学原料制造等行业过剩问题依然十分严重，企业之间的竞争异常激烈。由于市场供需失衡，价格一跌再跌，一些大宗化工产品价格长期低迷。市场监测显示，2015 年，PVC 通用树脂市场年均价格跌幅逾 12%；尿素价格在连续两年大跌后，受成本支撑，均价仅比 2014 年略有上升；烧碱价格降幅 6%；电石价格降幅 12%；甲醇价格降幅更是高达 20%。相关数据和调查显示，氮肥、氯碱等出现行业性亏损；无机盐、甲醇、轮胎制造等行业利润连续两三年下降。产能过剩行业，企业经营普遍困难。

2. 行业成本高位运行

2015 年以来，石化企业用工成本、融资成本、物流成本、环保成本、用电成本等呈上升趋势，虽然原材料等成本下降，但不足以阻挡总成本上升。在效益下滑较大的背景下，企业经营备感压力。数据显示，2015 年，全行业 100 元主营收入成本为 84.09 元，自一季度以来，累计主营收入成本一直在 84 元上方波动，处于历史的最高位。其中，化学工业 100 元主营收入成本达 87 元，高出全国规模工业平均 100 元主营收入成本 1.32 元；油气开采业单位成本增速最快，每 100 元主营收入成本达到 74.49 元，同比大幅增加 18.36 元。2015 年，全行业财务费用同比增长 3.4%，其中油气开采和化学工业增幅分别为 9.6%和 6.2%；而同期全国规模工业财务费用增幅仅为 1.1%。石油和化工行业的融资成本明显高于全国规模工业平均水平。

3. 行业税负有所加重

2015 年，全行业税金总额同比增长 5.0%，占全国规模工业税金总额的 20.7%，与全行业收入下降 6.1%、利润降幅 18.2%形成明显反差。其中，炼油业税费总额同比增长达到 42.7%，占全国规模工业税负总额的 12.2%，是同期炼油业利润总额的近 8 倍。化工行业税金总额同比增长约 5.1%，收入增长却不足 2%；而同期全国规模工业税金总额增长只有 3.1%。炼油和化工行业高速增长的税负使行业的再生产能力和竞争力都受到很大影响。

4. 行业投资持续疲软

2015 年，石油和化工行业固定资产投资增幅持续回落，出现了历史上的首次下降（–4.1%）。其中，石油和天然气开采业投资增长乏力，增速大幅波动，降幅 14.9%；炼油业投资降幅近 20%；化学工业投资不断放缓，增幅滑落至 1.1%，创历史最低纪录。投资仍是当前经济稳增长的主要支撑力量，投资持续疲软，将对未来行业经济回升、结构调整产生严重影响。

二、石油和化工行业“十三五”发展形势

“十三五”时期，石油和化工行业发展面临的环境严峻复杂，有利条件和制约因素相互交织，增长潜力和下行压力同时并存，新的增长动力日益积累与金融危机惯性影响相互作用，多种矛盾聚合发展，不确定因素进一步增多。行业发展进入“新常态”，增速由高速向中速转换，增长动力由要素投入驱动向创新驱动转换，发展方式由粗放式规模扩张向集约式绿色低碳转换。

（一）经济基本面良好和市场化改革为行业带来机遇

从国内来看，我国仍处在可以大有作为的重要战略机遇期，经济韧性好、潜力足、回旋空间大，将较长时期保持向好，发展前景十分广阔。随着新型工业化、信息化、城镇化和农业现代化加快推进，以及全面深化改革和扩大开放政策的实施，特别是《中国制造 2025》、“一带一路”等重大战略的全面实施，我国经济将继续保持中高速平稳增长，仍将是世界经济增长的重要引擎。预计我国城镇化率将从 2015 年的约 56.1%提高到 2020 年的 60%以上，2020 年我国

居民人均收入将比 2010 年翻一番，社会整体消费能力持续提升，新的市场需求，包括建筑、公共设施、铁路、道路等基础设施的需求，以及与人们生活息息相关的医疗设备、日用化学品等需求，为石油和化工行业提供了新的更大的市场空间。随着经济体制改革的持续深化，国企改革、石油天然气改革、价格改革、市场准入改革等措施陆续出台，统一开放、竞争有序的市场体系进一步完善，市场配置资源的效率不断提高，必将大大激发企业活力，带来新的发展动力。

（二）行业进入新动力孕育和传统动力减弱并存的转型阶段

受世界经济复苏乏力和国内深层次矛盾凸显影响，我国经济面临较大的下行压力。在新常态下，石油和化工传统制造业投资趋于饱和，出口增速放缓，扩大出口难度加大，投资与出口对行业增长的拉动作用减弱。新兴产业发展趋势较好，但规模还比较小，整体带动作用较弱。我国石油和化学工业进入新的增长动力孕育和传统增长动力减弱并存的转型阶段，“十三五”时期年均增速将由改革开放近 40 年的两位数转变为个位数。

（三）市场需求增速下降，国际油价在较低价位震荡

随着排浪式消费减弱，以及人口增速、结构等变化，受住房、汽车、电子、农业、轻工等消费变化影响，石油和化工产品下游消费明显放缓，石油和化工产品市场需求减弱，增速下降并趋于平稳。特别是传统大宗石油和化工产品市场需求，在经过改革开放以来近 40 年快速增长后，增速将明显放缓，预计“十三五”期间，我国大宗石油和化工产品消费将保持中低速平稳增长态势。成品油、烯烃、芳烃、合成材料、化肥、农药、无机酸、无机碱等大宗产品市场需求增速比“十二五”将明显下降。考虑油品替代、电动汽车发展等因素，预计国内成品油消费年均增速将从 2010—2015 年期间的 5.2%下降到 3%左右。其中，汽油年均增速由 10.0%降至 6%左右，2020 年消费量约 1.5 亿吨；柴油年均增速由 2.1%降至 0.4%左右，预计 2017 年左右柴油消费达到 1.75 亿吨，2020 年需求将降至 1.7 亿吨。预计乙烯消费年均增速将从 5.1%降至 3.9%，丙烯从 6.2%降至 5.6%。

随着全球市场需求增速放缓和北美页岩油、页岩气等非常规油气资源的大规模开发利用，国际原油市场供求关系正在发生转折性变化，供应转向总

体宽松，国际油价自 2014 年下半年以来大幅下挫，持续低位运行。预计“十三五”期间，世界石油供应总体继续保持宽松，在石油消费低速增长的情况下，世界石油市场仍将供过于求，继续对国际油价构成压力。综合 33 家国际、国内机构对油价的预测，“十三五”期间国际油价受多种因素影响，不确定性依然较大，乐观分析，2017 年前后可能出现恢复性上涨，但 2020 年前国际油价总体在较低位震荡，在没有实施大规模刺激经济政策的情况下，石化产品和化工产品价格也将在中低位运行，石油和化工企业的盈利和投资都会受到较大影响。

（四）结构性矛盾凸显，科技创新瓶颈制约日益增强

在行业产能过剩的同时，还面临着有效供给不足的矛盾。当前，传统产业产能扩张的趋势没有根本扭转，一些行业的落后产能淘汰不下来，新增产能又得不到有效控制，部分行业甚至有进一步加剧趋势，而高端化工产品需求则仍将保持较高增速，部分产品依赖进口。例如，炼油行业 2015 年原油一次加工能力达到 7.97 亿吨/年，加工量 5.22 亿吨，平均产能利用率为 65.5%，5 年累计下降 19.2 个百分点；成品油（汽煤柴润）表观消费量 3.16 亿吨，对应原油加工量约 4.65 亿吨，能力超过需求 3.2 亿吨，能力消费比 167.7%，产能过剩进一步加剧。预计“十三五”期间，传统产业产能过剩矛盾仍将十分突出，其中汽油、煤油和柴油供过于求约 4500 万吨/年，烧碱、纯碱、尿素、磷铵、电石、PTA、甲醇、醋酸、聚氯乙烯等化工产品也都面临较大的过剩压力。2015 年，我国化工新材料消费约 37%需要进口，特别是电子化学品、功能性膜材料等对外依存度高达 50%左右。

企业竞争力不强、传统产能过剩严重、高端精细化学品依赖进口、安全环保水平不高等我国与发达经济体石油和化工行业的巨大差距，除体制因素外，归根结底在于科技创新的落后和制约。多年来，我国石油和化工企业研发投入强度普遍不高，技术创新人才缺乏，以企业为主体、以市场为导向的产学研协同创新体系尚未完全建立，企业内部也没有建立起全方位、高效率、与客户需求紧密相连的创新体系和机制，行业许多关键技术、装备依赖进口，与跨国公司相比差距较大。特别是原始创新能力和科研成果工程化能力较弱，科技成果转化率偏低，难以对行业转型升级和高端化发展形成有力支撑。知识产权得不

到有效的保护。"十三五"时期，全球新一轮科技革命和产业变革与我国加快转变发展方式形成历史性交汇，谁抢到先机谁就能够占据竞争制高点，对我国石油和化工行业既是重大机遇，也是重大挑战，对实施创新驱动战略提出了更高、更加紧迫的要求，科技创新的重要地位将更加凸显。

（五）资源环境约束不断增强，安全生产社会诉求日益提高

我国是石油和化工生产和消费大国，需要大量进口原油、天然气、天然橡胶、硫磺、钾肥等，资源对外依存度较高。2015 年，我国原油进口量达到 3.35 亿吨，原油对外依存度已超过 60%；天然气净进口 590 亿立方米，对外依存度达到 32.7%。预计到 2020 年，我国石油和天然气对外依存度将分别增至 67%左右和 40%以上，给国家能源安全带来挑战。同时，环境约束日趋严峻，部分主要污染物排放总量居高难下，节能减排任务更加艰巨。2015 年全行业能源消费总量约 5.5 亿吨标煤，位居工业行业第二，"三废"排放量也位居工业行业前列，CO_2 排放量较大。在我国对国际社会做出节能减排承诺和人们对生态文明建设要求日益提高的情况下，"十三五"时期行业节能减排的压力将越来越大。

近年来，在资源消耗和减排压力持续加大的情况下，行业安全生产形势也十分严峻，一些化工企业发生了多起危险化学品爆炸、泄漏、污染等重特大安全事故，给人民的生命财产造成重大损失，也给石化行业带来了较大的负面效应。频发的事故使公众对化工企业信息公开、危险化学品管理、风险控制及行业监管提出了更多的诉求和更加严苛的要求。石化项目建设和公众对安全环境的期待出现严重反差，石化基地和社区协调发展的问题越来越突出。随着安全环保法律法规日趋完善，对违法违规行为的惩罚力度越来越大，化工行业实现安全发展、绿色发展任重道远。

（六）要素成本上升较快，国际竞争更趋激烈

要素成本上升过快是制造业效益下降的重要因素。近年来，我国石油和化工行业劳动力成本、管理费用、财务费用、原材料成本等都在上升，特别是财务费用大幅上涨，给企业运营造成很大压力。2015 年石油和化工行业百元收入成本达到 84.1 元，比 2010 年增加 3.2 元，增长 4.0%；管理费用 4701.2 亿元，

比2010年增长60.7%，年均增长9.9%；财务费用1836.6亿元，比2010年增长160.7%，年均增长21.1%。此外，较高的税费和社会负担等也加大了石油和化工企业的经营压力。需求下滑和成本上升使企业“两头受压”，我国石油和化工行业的比较优势日益削弱。

在要素成本不断攀升的同时，美、欧、日、韩、中东等国家和地区的石化企业都把我国作为目标市场，优先考虑、加大布局，随着中东、北美等低成本地区石化产能的陆续释放，全球石化产品贸易流向发生重大变化，东亚和东南亚地区市场竞争更加激烈，特别是美国页岩气大规模开发应用和中东廉价的乙烷资源具有较强的成本优势，对我国石化企业构成很大的挑战。在国际贸易中，各国纷纷出台措施巩固国内市场、扩大对外出口，国际竞争愈演愈烈，贸易保护主义持续升温。部分贸易大国强化贸易救济调查执法，加大对本国产业的保护力度，反倾销、反补贴、保障措施等传统保护手段仍被频繁应用，技术壁垒、绿色壁垒、知识产权保护、劳工标准等技术性贸易壁垒花样翻新。“十三五”时期，我国将与各国签订更多的多边、双边贸易协定，国内石化市场将进一步开放，我国石油和化工行业面临巨大挑战。

（七）新业态和新技术的发展带来较大的不确定性

以信息技术、生命科学等为代表的新一轮科技革命和产业变革正在加快推进，催生了一系列新的业态和新的商业模式，既为传统制造业创造了新的发展机遇，也带来了新的挑战。加快信息化和工业化融合发展，促进传统制造业改造提升，已成为各国推进经济结构调整、培育竞争优势的共同选择。大数据、云计算、物联网、智能制造蓬勃兴起，生产制造方式发生颠覆式改变，产品研发生产周期大大缩短，各种新产业、新业态和新商业模式快速兴起，正在深刻改变全球制造业版图和竞争格局。新能源汽车、石墨烯、核能等新技术的不断进步，将给石油和化学工业发展带来新的不确定性。

综合判断，“十三五”时期，我国石油和化学工业仍处于重要发展机遇期，也面临着诸多矛盾叠加的严峻挑战。市场需求放缓、资源环境约束、传统产能过剩、成本上涨过快、产品价格下降等因素，决定了我国石油和化工行业将面临经济增速换挡、产业结构调整、发展方式转型的关键时期。

三、石油和化工行业“十三五”发展建议

（一）提高石油天然气保障能力

加大国内油气资源勘探开发力度，加快油气管道等基础设施建设，保持原油产量持续稳定，增加天然气有效供应，实施节约替代，提高能源利用效率，增强能源保障能力。

石油：“十三五”时期，油价低迷是国内石油生产可持续的最大制约，勘探难度加大、开发成本上升、投入减少，将拖累国内石油产量的稳产预期。要坚持“稳定东部、加快西部、发展近海、开拓深水”的方针，立足常规、发展非常规，实现国内原油产量长期稳产。

一是加大勘探投入，增加探明储量。加强东部老区勘探，突出西部重点盆地勘探，推进非常规资源勘探，积极准备后备接替领域。二是强化油田开发，保持国内产量长期稳定。抓好东部老油田精细调整，切实控制产量递减，力争实现产量基本稳定。三是突破勘探开发关键技术，有效降低生产成本。

天然气：“十三五”期间，我国天然气产量将继续保持增长趋势，进入常规与非常规共同发展阶段。要以保障天然气平稳供应为重点，加强天然气的勘探和开发。

陆上常规天然气以四川、鄂尔多斯、塔里木盆地以及东部深层为勘探重点，强化已开发气田稳产；海域天然气按照“做强渤海、加快东海、探索黄海、拓展南海”的思路，加快建设海域战略接替区；页岩气以南方海相为勘探重点，加快国家级示范区建设；煤层气立足已开发煤层气产业基地，实现规模效益开发。进一步完善天然气的产业政策和价格机制，推进技术进步。

基础设施建设：一是稳步推进原油、成品油管道建设，大力推进国家石油战略储备能力建设；二是加快天然气管网和多层次天然气储备调峰体系建设，形成国家主干管网，鼓励互联互通，构建多层次天然气储备调峰体系。

（二）优化石化产业结构

按照“规模化、园区化、上下游一体化”的思路，推动石化行业升级改造，

优化产业布局、原料和产品结构，实现高效、安全、集约发展。

一是优化产业布局。有序推进石化产业基地建设，继续完善陆上原油进口通道配套石化项目。实施大炼油与烯烃、芳烃一体化布局，按照“宜烯则烯，宜芳则芳”的原则，优化产品结构，增强综合竞争力。二是控制炼油能力过快增长。严格限制新增炼油能力，严格履行炼油项目环评及其他审核手续。加快淘汰 200 万吨及以下、油品质量和环保能耗不达标的落后装置。三是优化原料结构。加快现有乙烯装置的升级改造，加快芳烃发展，依托现有炼化一体化装置及配套基础设施，整合和优化芳烃资源，合理布局对二甲苯（PX）项目。适度发展煤（甲醇）制烯烃、芳烃，实现原料来源多元化。四是促进产品高端化发展。加快油品质量升级，健全油品质量标准体系，重点发展高附加值、绿色环保的合成材料。

（三）促进传统化工行业提升优化

按照“优化存量、做强增量”的思路，加大结构调整力度，控制基础化工原料和传统精细化工产品产能扩张，优化产品结构，重点发展高技术含量、高附加值产品，降低消耗和成本，培育竞争新优势。

一是严格控制过剩产能。氮肥、磷肥等新建项目应实施等量或减量置换，通过实施差别化、惩罚性政策，提高落后产能经营要素成本，探索建立落后产能退出长效机制。充分发挥市场优胜劣汰的竞争机制和倒逼机制，引导企业开展并购重组。二是大力实施技术改造升级。围绕原料优化、节能降耗等领域实施技术改造，提高企业整体发展水平和经济效益。围绕产品质量档次提升加快技术升级，基础化工产品从工业级向电子级、医药级、食品级方向发展。三是加强应用性研发。开发高附加值耗碱、耗氯产品，巩固聚氯乙烯在型材、管材等传统领域的应用，开发新型号和专用料。建立车用环保尿素生产和销售体系，推广合成氨、尿素在烟气脱硫脱硝中的应用。加强染（颜）料应用研究，为下游企业提供色彩企划、染色定制、企业色彩库管理等服务。四是促进农化产品和农化服务升级。化肥企业要由生产单质肥料为主向生产混配肥料为主转变，由生产型企业向生产服务型企业转变。加快发展低毒绿色农药新品种、新剂型、专用中间体及助剂。创新农化服务模式，建设专业化的农化服务体系，为农户提供全产业链条服务。根据作物种类、种植方式、耕种群体的差异，开发多元商业服务模式。建立电商平台，加强农化服务跟踪。

（四）大力发展战略性新兴产业

加快培育石油和化工行业战略性新兴产业，积极推进化工新材料与新能源、现代轨道交通、汽车、航空航天、国防、建筑等领域的协同发展，做好现代煤化工升级示范，推进生物化工及生物质燃料规模化应用，加快发展生产性服务业，促进产业价值链向高端转移。

优先发展化工新材料。一是加快空白产品的产业化进程。推进PC（聚碳酸酯）、PEEN（聚醚醚腈）等工程塑料和茂金属聚乙烯、茂金属聚丙烯等高端聚烯烃树脂及苯基有机硅单体的研发，积极开发卤化丁基、氢化丁腈等具有特殊性能的橡胶和新型热塑性弹性体。二是降低成本，提高产品质量水平。重点突破国产T300级、T700级碳纤维的低成本、稳定化、规模化生产技术，提升聚甲醛、PET/PBT树脂、聚苯硫醚、尼龙等工程塑料产品质量。三是突破上游关键配套原料的供应瓶颈。加快发展己二腈、CHDM（1，4-环己烷二甲醇）等关键配套单体和工程塑料合金，加快己烯-1、辛烯-1等高碳α-烯烃共聚单体的研发，推进高性能聚烯烃产业化。四是围绕下游重点领域需求发展高端专用产品，加快化工新材料在新应用领域的推广。开发环保型聚氨酯产品，推进聚氨酯在建筑节能领域的推广应用；发展高端氟、硅聚合物、含氟功能性膜材料和化学品，推进有机硅在建筑、纺织等传统领域的应用，开发在新能源产业和电子等新兴领域的应用。加快发展新能源电池、集成电路等领域配套的电子化学品。

促进现代煤化工产业持续健康发展。“十三五”时期，煤化工发展将面临低油价和更严格的环保要求等新的挑战，由此对现代煤化工发展的总体考虑是：坚持科学合理布局、坚持量力而行、坚持清洁高效转化，开展现代煤化工关键技术工程化和产业化升级示范。煤制烯烃在技术逐步完善、资源利用和环境保护水平提升的基础上，适时扩大产能。煤制乙二醇产业化进一步完善工艺技术，成熟后进行推广。有序开展煤制油、煤制天然气产业化示范，推进煤制芳烃工程化示范。推动产业融合发展，开展煤炭与原油联合加工示范。

促进生物化工及生物质燃料规模化应用。提升技术水平和经济性，促进生物基新材料、生物基化学品及生物燃料的规模化商业化应用；加快生物医用材料的开发研制，满足快速增长的市场需求。

（五）深入实施创新驱动发展战略

围绕产业发展重大需求，着力解决产业发展中的一些关键共性技术瓶颈，引导创新要素向企业集聚，进一步完善行业创新体系，最大限度地解放和激发科技作为第一生产力所蕴藏的巨大潜能。

以需求为导向，开展前沿性、战略性技术研发，突破一批关键共性技术。一是围绕培育战略性新兴产业，突破一批关键和共性技术，向产业链中高端跃进。二是围绕促进产业技术升级和突破资源环境制约的需求，研发推广一批改造提升传统产业的技术与工艺。三是围绕满足国家重大工程及国计民生重大需求，开发高端石化产品成套关键技术。四是围绕产业链部署创新链，引导创新要素向企业集聚，构建以企业为主体的产学研协同创新体系。五是积极推进石油和化学工业与信息化两化深度融合，全面提升石油和化工行业产品档次、管理质量和技术水平。

完善以企业为主体的产学研用协同创新体系。整合产业链各环节的创新资源，创新组织模式，大力推进以企业为主体的产学研用协同创新，依托骨干企业和重点科研院所，示范建设若干家国家及行业级技术创新平台，构建有影响力的产业技术创新战略联盟，加快科技成果产业化。

（六）深入实施绿色可持续发展战略

坚持源头预防、过程控制、综合治理，深入推进清洁生产，加强污染治理，不断强化安全生产和节能减排，努力建设资源节约型、环境友好型、本质安全型行业。

深入推进清洁生产和循环经济。加快制修订清洁生产技术推行方案和清洁生产评价指标体系，开展清洁生产技术改造和清洁生产审核。针对节能减排的关键领域和薄弱环节，实施清洁生产技术改造。

强化污染治理。一是推进挥发性有机物污染治理。全面落实国务院《大气污染防治行动计划》，加快提升燃油品质。贯彻落实《石化行业挥发性有机物综合整治方案》，基本完成 VOCs 综合整治工作，建成 VOCs 监测监控体系。二是加大高难度废水治理力度。全面落实国务院《水污染防治行动计划》，加快取缔不符合国家产业政策、严重污染水环境的生产项目；开展水污染防治工作，实施清洁化改造，加大难降解废水治理力度，从源头上解决污水治理难题。三是加大固体废物综合利用，加强危险废物处理处置。走多元化综合利用的道路，推动固废资源规模化、高值化利用。针对危险废物，要进一步加大环境执法力度，科学处理、处置，杜绝非法转移。

深入实施责任关怀和HSE管理体系。加强源头管理，进一步完善安全保障体系，全面提高企业安全水平、事故防范、事故救援和应急处置能力。提高从业人员的安全素质和社会公众的自救互救能力，杜绝违章操作事故，从根本上遏制重特大事故。

（七）全面提高对外开放和国际化水平

抓住国家“一带一路”重大战略的历史机遇，统筹“两种资源、两个市场”，推出一批重点合作项目，开拓一批新兴市场，培育一批“走出去”优势企业，全面提升行业对外开放水平。

一是加快走出去步伐，推进“一带一路”战略实施。加强海外油气供应能力建设，完善海陆能源安全通道。推进全产业链合作，深化工程、技术和装备合作。二是培育对外贸易新优势。调整出口产品结构，巩固扩大化肥、农药、轮胎等传统优势产业出口，加快培育新产业。加快油气交易平台的建设和完善，提升我国在国际能源资源市场的影响力。三是提升外资利用水平。引进外商投资和促进国内产业转型升级相结合。引导外资参与供给侧结构性改革。四是提升企业跨国经营能力和国际竞争力。通过全球资源利用和资本市场运作等方式，建设具有国际竞争力的跨国企业。

（中国石油和化学工业联合会）

第二章　钢铁行业 2015 年发展回顾及“十三五”发展形势与建议

一、2015 年钢铁行业发展回顾

（一）2015 年钢铁行业发展情况

1. 国内粗钢产量 34 年来首次同比下降

2015 年，全国生产生铁 69 141.51 万吨，同比下降 3.45%，生产粗钢 80 382.26 万吨，同比下降 2.33%，生产钢材（含重复材）112 349.52 万吨，同比增长 0.56%；平均日产粗钢 220.23 万吨。2015 年，会员企业生产生铁 62 477.26 万吨，同比下降 1.31%，生产粗钢 63 358.13 万吨，同比下降 1.92%，生产钢材 60 947.41 万吨，同比下降 1.71%。

2. 钢材出口大幅增长

2015 年，全国累计进口钢材 1278 万吨，同比下降 11.4%；同期累计出口钢材 11 240 万吨，同比增长 19.9%。净出口钢材折合粗钢约 10 338 万吨。

3. 钢材社会库持续下降，企业库存有所增长

2015 年 12 月，22 个城市五大品种钢材社会库存为 792 万吨，环比减少 27 万吨，降幅 3.3%。五大品种库存仅中厚板和线材在增加，其他品种均在下降。2015 年 10 月以后，钢材社会库存已经接近 2014 年同期水平，但是企业库存仍然高于往年同期水平。

4. 铁矿石供大于求，价格持续下跌

2015 年全国进口铁矿石 9.53 亿吨，同比增长 2.2%。全年铁矿石进口平均价格为 60.48 美元/吨，同比下跌 39.7%。2015 年铁矿石价格整体呈现下跌走势，截至 2015 年年底进口铁矿石（62%品位）价格为 42.60 美元/吨，同比下跌 39.5%。铁矿石库存方面，2015 年 12 月底，港口铁矿石库存为 9321 万吨，环比上升 404 万吨，较年初下降约 503 万吨。按照铁—矿平衡测算，全年铁矿石原矿产量 13.81 亿吨，折合铁精粉产量 3.71 亿吨，进口铁矿石 9.53 亿吨，成品矿总供应量 13.24

亿吨；全年生铁产量约 6.91 亿吨，折合成品矿需求量 11.4 亿吨，铁矿石供应超过需求约 1.84 亿吨。

5. 钢铁行业固定资产投资持续下降

2015 年，钢铁行业完成投资 4523.89 亿元，同比下降 13.83%，其中炼铁投资同比增长 5.97%，炼钢投资同比下降 1.26%，矿山投资同比下降 19.2%，钢加工投资下降 16.09%。2015 年，黑色金属冶炼及压延加工业完成投资 4257.19 亿元，同比下降 11.1%，其中民间投资 3356 亿元，同比下降 12%，降幅高出全行业 0.9 个百分点，民间投资占总投资的 78.83%，同比下降 0.76 个百分点。黑色金属矿采选业完成投资 1365.72 亿元，同比下降 17.8%。其中民间投资 1181 亿元，同比下降 21.4%，降幅高出全行业 2.2 个百分点；民间投资占总投资的 86.46%，同比下降 2.53 个百分点。

6. 钢材价格指数过度下跌，再创新低

2015 年 12 月末，我国钢铁协会 CSPI 钢材价格指数为 56.37 点，环比上升 0.18 点，涨幅 0.32%；与 2014 年年末相比下降 26.72 点，降幅 32.16%。从 2015 年全年情况来看，我国钢铁工业协会监测的八大钢材品种与 2014 年同期相比，中厚板价格同比跌幅最大；镀锌板和无缝管跌幅在 20%以上，热轧板卷和冷轧板卷跌幅在 30%左右；长材方面，普遍跌幅在 25%左右，其中螺纹钢跌幅接近 30%。

7. 企业创新发展模式，加快转型升级

创新发展模式。新的发展定位和模式变革已经成为各个企业重视和关注的问题。鞍钢着力打造智慧矿山，构建了以 ERP 为核心、具有国内同行业领先水平的信息化管理系统，特别是在矿山企业率先实现了“云计算”，具备了大数据的加工处理和传输能力，促进了整体效率的革命性提升。河钢集团加快推进国际化战略，正式完成德高公司股权交割，成为全球最大钢铁贸易综合服务商的控股股东。山西立恒、建邦等钢铁企业开展区域合作，统一原燃料采购，采购价格互认，议价能力增强。河北武安地区钢铁企业加强区域市场自律，在积极探索钢铁企业合作共赢、促进市场稳定方面取得了较好效果。冀南钢铁与原燃料供应企业结成战略联盟，建立稳定的原料供应基地，测算出每一阶段的最佳配料方案，降低铁前成本。河北瑞丰钢铁、东华钢铁坚持低成本、高质量、专业化发展战略，保证了产品销售市场的顺畅和经济效益的提高。石横特钢经过持续创新，生产要素达到最佳排列组合，获得了规模经济效益最大化。

改革创新。兴澄特钢按照“精、细、专、强”的战略部署进行转型升级，实现了由资源要素投入增长向创新驱动增长的转型，在轴承钢和汽车用钢的市场开发上，获得了系列高端用户认可，高端用户群体现了品牌价值，大客户直供订单量占到订单总量的 80%以上，开始收获转型升级带来的红利。中天钢铁专注提高生产效率和打造优特钢精品，人均年产钢达到 1000 吨，轴承钢、铁路提速弹簧、汽车用钢等产品已稳定供应国内知名重点客户。南钢通过改革，推进全体员工自愿持股，用股权激励激发全员创新热情，职工工资保持年年有增长。中冶集团下大力气进行内部资源整合，对房地产板块进行归并，坚决处理低效、无效资产，止住出血点，实现利润大幅增长。

8. 企业加大环保投入，提高绿色发展水平

企业主动增加环保资金、技术投入，加大环境治理力度，全方位建立环境监控体系，全行业吨钢综合能耗逐年下降，吨钢主要污染物排放量逐年减少，大气污染物排放总量增长势头得到遏制。太钢以大气污染物特别排放限值为标准，加快实施环境整体再提升工程，加快与城市功能互补、和谐共融的步伐。唐山地区钢铁企业变压力为动力，普遍重视节能减排工作，加大了环保投入，提高了资源综合利用水平，为改善大气质量做出了贡献和牺牲。德龙钢铁按照最严格的环保标准改善环境，先后建成封闭料场、水处理中心、炉头炉尾除尘设备、高炉平台覆盖除尘和生产能源指挥中心，并可通过特定的手机软件实现远程监控，节能环保水平得到极大的提升。

（二）钢铁行业当前需要关注的重点问题

1. 钢铁生产与消费进入峰值区，市场供大于求矛盾异常突出

从历史数据来看，2013 年是粗钢表观消费峰值年，2014 年是粗钢产量峰值年。2013 年粗钢表观消费量同比增长 7.1%，2014 年同比下降 3.29%，2015 年粗钢表观消费量同比下降 5.44%，我国粗钢表观消费量进入峰值区的特征明显，市场需求大幅增长已经成为历史，今后若干年粗钢表观消费量将在一定区间内

波动，总体呈缓慢下降趋势。

2. 钢材价格过度下跌，难以通过降成本完全消化

国内市场钢材价格已经连续多年下跌。2013 年年末钢材综合价格指数同比下降 5.86%，2014 年年末同比下降 16.19%，2015 年年末钢材综合价格指数下跌到 56.37 点，同比下降 32.16%。虽然铁矿石价格大幅下降，但是远不能弥补钢材降价损失。2015 年进口铁矿石平均价格每吨同比下降 260 元左右，而钢材平均结算价格每吨同比下降 940 元左右，之间的差距难以通过降低成本措施完全消化。

3. 钢材出口增长，持续增长难度加大

2015 年全年，我国累计出口钢材 1.12 亿吨，同比增长 19.9%；进口钢材 1278 万吨，同比下降 11.4%；净出口钢材折合粗钢 1.03 亿吨。我国钢材出口增长一方面是由于国际市场钢材需求拉动，另一方面也反映了我国钢铁产品的国际市场竞争力在不断增强。但需要注意的是，随着出口环境不断变化，反倾销案件多发，许多国家采取限制措施以及国内外价差逐步缩小，出口难度不断增大。

4. 全行业效益严重下滑，企业经营异常艰难

2015 年，钢铁协会会员企业实现销售收入 2.89 万亿元，同比下降 19.05%；实现利税−13.03 亿元，同比下降 101.26%；实现利润总额为亏损 645.34 亿元，亏损面 50.5%，亏损企业产量占会员企业钢产量的 46.91%。盈利前 10 家企业合计盈利 124.33 亿元，同比下降 48.34%；亏损前 10 家企业合计亏损 586.95 亿元，是 2014 年同期亏损额的 5.74 倍，表现为盈利企业盈利能力下降，亏损企业亏损程度加剧，整体形势进一步恶化。从区域来看，东北地区企业亏损最为严重，华南地区亏损相对较少。

二、钢铁行业“十三五”发展形势

当前，全球经济复苏缓慢，经济走势偏弱，国内经济持续降速，结构调整逐步深入，对钢铁行业将产生深远影响。

（一）我国钢生产和消费进入平台区

经济增长降速以及结构优化对钢材的需求强度下降，对钢材消费拉动作用减弱带来的影响不可低估。按照发达国家的经验，当工业化完成时，钢消费将出现拐点，人均钢消费将开始出现下降的趋势。随着我国人均收入的提高，消费在经济中所占的比重会逐步上升，固定资产投资的拉动需求将会下降。同时，单位 GDP 对钢材的消费强度将会进一步下降。从总体上判断，我国钢铁生产和消费都已进入峰值平台区，在今后较长一段时间，钢产量将结束单边持续上升的趋势，在一定区间波动，并呈总体下行趋势。

（二）行业由规模扩张向注重质量效益转变

另一方面，我国 7 亿吨左右的粗钢表观消费量仍然是世界上最大的市场，并且随着“十三五”规划以及《中国制造 2025》的有效实施，传统制造业的转型升级不仅给钢材产品质量和档次提升带来了机遇，还将创造广阔的新市场和新需求。钢铁行业仍然处于重要的战略机遇期，只是内涵发生了深刻变化，正在由过去加快发展速度的机遇转变为加快发展方式转变的机遇，正在由原来规模扩张的机遇转变为提高发展质量和效益的机遇。

（三）消费升级给钢铁工业发展带来重大影响

“十三五”期间，我国经济结构将发生重大变化，消费在经济中所占的比重将会超过投资在经济中所占的比重，消费结构也会出现变化，消费升级将使服务性消费在消费中所占的比重上升，并呈现以下特点：一是对产品和服务要有更高的科技含量，包括更加节能、更加环保、更加安全、更加舒适；二是要求产品服务更加方便、快捷，最好是“一站式”服务；三是要求产品的服务要更具有个性化和差异化，“定制化”需求将有所发展；四是更注重产品的品牌，特别是产品和服务的文化内涵。用户需求和消费的这些变化都将对钢铁工业发展产生重大影响。

三、钢铁行业“十三五”发展建议

（一）着力化解产能过剩矛盾

要坚决遏制住产能盲目扩张的势头，认真清理、妥善处理违规建设项目。

通过严禁建设新增产能，分类妥善处理在建违规产能，遏制产能盲目扩张；通过全面清理已建成产能，加强行业规范管理；通过采取适当奖励政策，推动部分企业淘汰落后产能。

要加快推动产业结构调整，通过兼并重组，提高产业集中度。开拓国内外市场，推进产业转移，发展和巩固化解产能过剩矛盾的成效。

要加快构建化解产能过剩的长效机制。在减少对市场直接干预的同时，加大对市场的监管力度；建立、完善公平的市场竞争环境；进一步完善行业规范准入机制，并将其纳入常态化行业管理。

通过政策引导，扩大钢材使用的领域和范围，积极开拓国内外“两个市场”，化解产能过剩矛盾。建议改进和修订建筑施工规范和制定税收优惠政策，大力推广高强、高性能钢材和钢结构在建筑和其他领域中的广泛应用，延长钢铁材料的全生命使用周期，减少对环境的污染与破坏。

严格控制产量。化解过剩产能重点地区钢产量已经严重超出环境负荷，因此，化解过剩产能必须与压减产能、减少产量同步。在环境负荷已经过重、钢铁产能过于集中的区域，要严格按国务院相关文件要求压减产能，更要相应降低实际产量。

同时，要从产能过剩形成的原因方面入手，着力解决体制机制问题。

充分发挥市场的作用，通过市场的优胜劣汰，从根本上解决产能严重过剩的问题。这一工作包括两方面：一是营造公平竞争的市场环境，特别是企业生产经营规范、企业税费负担、环境保护的有偿排放机制、中小企业的信贷政策及企业的技术改造鼓励政策等方面实现公开、公正、透明；二是政府对市场的有效监管，主要有：行业统计数据真实性、准确性的监管，产品质量方面对“地条钢”、热轧硅钢片、假冒 200 系不锈钢、伪劣高强螺纹钢等劣质产品的查处，进口铁矿石方面对一些企业滥用市场优势地位、操纵价格的监管，以及对产业损害、低价倾销、恶性竞争的监管等。

要着力解决产能过剩背后掩盖的企业体制机制问题和发展理念、发展方式问题，真正实现企业在化解产能过剩矛盾中的市场主体地位。这一工作也包括两个方面：一是深化企业改革，特别是推进企业发展混合所有制方面的改革，内部“三项制度”的改革，形成规范的公司治理结构，增强企业的活力和发展的内生动力；二是加快发展方式的转变，构建以用户为中心的发展理念和以比较优势为依据的发展战略，着力提升自主创新能力，实现绿色发展和全面履行企业社会责任等。

要着力构建行业有效自律及信息服务、预警预测机制。必须清醒地看到，钢铁行业在今后较长一段时间都将面临产能过剩问题，问题的解决不会是一蹴而就的。因此必须加快构建有效的行业自律机制，以及相应的预警预测机制。通过预警预测信息服务，使钢铁企业都能根据国家政策、行业统计数据及预警预测信息理性安排生产经营活动，实现行业有效自律。

（二）着力解决铁矿石供需平衡问题

从供需层面，一是要抓住有利时机，加快推进国内具有较低生产成本和规模生产条件的矿山建设。同时总结近几年来海外矿山投资的经验教训，整合国内矿山投资资源，在国家政策的支持下，择机在海外投资一批具有开发价值的铁矿石资源，打破垄断。与国外具有竞争实力的矿石生产企业进行多种方式的合作，建立稳定的铁矿石供应渠道。二是加大对废钢铁回收产业的政策支持，随着我国钢铁积蓄量的增加，废钢铁将成为铁矿资源的重要补充，要进一步研究、细化相关政策措施，鼓励和支持规范的社会废钢铁回收加工体系建设。

从市场监管层面，要加强对进口铁矿石市场的监督与指导，充分发挥铁矿石现货交易平台、我国铁矿石价格指数等作用，构建公开透明的市场价格发现机制，鼓励供需双方合力构建铁矿石市场的新秩序。

引导企业加强对进口铁矿石的风险管控，包括价格、运费、汇率等，加强产融结合，掌握并充分利用各种金融衍生工具规避风险。目前铁矿石、焦炭、焦煤等大宗原料和主要钢铁产品的期货合约都已陆续推出上市，企业应充分利用这些工具，套期保值规避经营风险。同时，有效抑制过度投机和炒作对钢铁工业发展的损害和影响。

（三）坚持绿色发展和可持续发展方向

1. 推进钢铁企业全面实现清洁生产

进一步淘汰能效低、污染排放大的落后生产装备。在环境影响敏感区、环境容量承载力薄弱的钢铁产能集中区域，应加大压减钢铁产能力度，达到与环境和谐发展地步，实现钢铁生产总能耗下降。

普及应用先进、成熟的钢铁行业节能减排技术，钢铁行业推广的“三干三利用”技术得到全面使用，实现节能环保技术全覆盖，实现钢铁企业各工序单位能耗进一步降低。

按照新《环保法》要求，钢铁企业要重新审视已使用的节能减排技术措施是否能够达到新《环保法》的要求，对不能达标排放或不能稳定达标排放的技术措施要加大投入改造的力度，大力提升现有环保设施的技术水平。

钢铁企业应对重点污染防治需采取源头控制、过程控制、末端治理；大气污染物由单一污染物控制转向多污染物协同控制，大气污染与温室气体协同控制、细颗粒物控制的综合措施，全面实现钢铁企业清洁生产。

2. 积极研发推广先进节能减排技术

钢铁企业应在节能减排、循环经济、清洁生产共性技术方面加大投入研发力度。重点是根据烧结烟气污染物特点，加快研发多污染物全过程、一体化协同治理技术。在进一步推广“三干”技术的基础上，加快研发雨水利用、海水淡化、海水直接利用、城市中水回用等非常规水资源利用技术，以及水处理与循环利用新技术。在炼焦煤调湿技术、新一代控轧控冷技术、能源管理中心优化调控技术等方面取得突破和广泛应用，努力实现钢铁工业节能减排达到世界先进水平。

关注绿色发展前沿技术，鼓励研发节能减排、替代化石能源等前沿技术，积极开展低碳钢铁制造前沿技术研究，争取在绿色钢铁技术方面居世界领先地位。一方面以全生命周期能耗和 CO_2 排放评价为导向，研发生态钢铁材料的新工艺技术；另一方面还要关注碳俘获、存储与使用技术研究等。

3. 建设钢铁工业生态园区，发展循环经济

钢铁企业应更加关注资源和能源的高效利用，既要提高资源与能源的利用效率，同时也要提高其利用效益，构建以钢铁企业为中心的与相关产业协同发展的工业生态园，发挥钢铁制造的“三大功能”作用，与化工、发电协同对各种废气的深加工利用，与建材协同对各种废渣的深加工，与农业协同利用钢铁厂的低温余热发展现代农业，与城市和谐发展消化城市生活废水和废弃物，为周边居民供暖、供热等，努力提升钢铁产业的可持续发展能力和水平。

（四）加快推进企业发展方式转变

钢铁企业实现转型升级就是要从数量扩张为主向品种质量效益转变，由钢铁生产商向钢铁材料制造和服务商转变，依据企业的比较优势，构建企业的差异化发展战略和相应的企业组织架构、激励和约束机制的企业文化。

在经营理念上，完成由生产销售导向型向以用户为中心导向转变，构建起先期研发介入、后期持续跟踪改进的服务体系。加快企业由以市场为导向转向以用户为导向的理念转变。

在发展战略上，实现向专业化基础上的规模化、差异化方向发展。加快从规模生产型向服务制造型的企业架构转变，加快适应市场变化、快速反应的决策机制转变，加快产品结构由同质化竞争向差异化发展的战略转变。

在发展方式上，由依靠要素投入、追求数量扩张向注重自主创新、提高发展质量效益转变。加快由依靠要素投入转向依靠提高效率的经营模式转变。

在营销模式上，实现向现代配送加工、电子商务营销方向转变，实现公开、透明的市场发现价格机制。

在经营领域上，全面实现钢铁生产制造、能源转换、社会废弃物消纳“三大功能”，适度发展多元产业，实现与钢铁主业互为补充、互为支撑的格局。

（中国钢铁工业协会　谢聪敏　王德春　李拥军　王贺彬）

第三章 有色金属行业2015年发展回顾及“十三五”发展形势与建议

一、2015年有色金属行业发展回顾

（一）2015年有色金属行业发展情况

2015年，我国有色金属行业整体保持平稳运行态势，主要呈现“三增、三降、一加强”几个特点。

1.“三增”——工业增加值、十种有色金属产量和消费量继续保持增长

据国家统计局统计，2015年，规模以上有色金属企业工业增加值增长9.5%，增幅比2014年回落1.7个百分点，但比全国工业平均增幅高3.4个百分点。“十二五”期间，我国有色金属企业工业增加值年均增速超过10%。

2015年，国内十种有色金属产量5156万吨，同比增长7.2%，增幅比2014年收窄1.4个百分点。其中，精炼铜产量796万吨，增长4.8%；原铝产量3141万吨，增长8.4%；铅产量386万吨，下降5.3%；锌产量616万吨，增长5.0%。“十二五”期间，我国十种有色金属产量年均增速为10.4%。

2015年，主要有色金属原料型产品产量有增有减。其中，氧化铝产量5898万吨，同比增长9.6%；六种精矿金属含量907万吨，同比下降10.5%。在六种精矿中，铜精矿金属含量167万吨，下降6.6%；铅精矿金属含量234万吨，下降13.9%；锌精矿金属含量475万吨，下降10.5%。

2015年，我国铜、铝加工材产量仍呈增长态势（铜、铝材产量均未扣除企业间的重复统计数，下同），但增幅明显回落。其中，铜材产量1914万吨，同比增长7.1%；铝材产量5236万吨，同比增长9.0%。

据中国有色金属工业协会统计，2015年，国内十种有色金属表观消费量5560万吨，同比增长6.8%。其中，精炼铜消费量1147万吨，增长4.2%；原铝消费量3107万吨，增长4.7%；精铅消费量437万吨，下降7.0%；精锌消费量671万吨，增长5.6%。“十二五”期间，我国十种有色金属表观消费量年均增

速为 10.0%。

2. “三降”——投资、进出口贸易额和效益出现下降

自 2000 年以来，有色金属行业固定资产投资增速一直高于全国平均水平，但从 2014 年开始低于全国水平。据国家统计局统计，2015 年我国有色金属工业完成固定资产投资额 6718 亿元，同比下降 2.8%，有色金属工业矿山、冶炼及加工项目固定资产投资均呈下降态势。其中，有色金属矿采选完成固定资产投资 1182 亿元，同比下降 0.4%，所占比重为 17.6%；有色金属冶炼完成固定资产投资 1805 亿元，同比下降 5.8%，所占比重为 26.9%；有色金属压延加工完成固定资产投资 3733 亿元，同比下降 2.0%，所占比重达 55.6%。在全部投资中，民间项目投资 5154 亿元，同比下降 5.3%，所占比重达 82.2%。

据海关统计，2015 年，我国有色金属产品进出口贸易总额（不含黄金首饰及零件贸易额）1129 亿美元，同比下降 12.8%。其中：进口额 856 亿美元，同比下降 13.9%；出口额为 273 亿美元，同比下降 9.1%。贸易逆差为 582 亿美元，同比下降 16.0%。出口最大的是铝材产品，全年出口量 422 万吨，同比增长 15.1%；实现铝材净出口 375 吨，同比增长 18.3%。进口最大的是铜产品，其中进口精炼铜 368 万吨，同比增长 2.5%；进口铜精矿实物量 1332 万吨，同比增长 12.7%。2015 年我国有色金属产品进出口贸易额下降主要是受市场价格下跌的影响。

据国家统计局统计，2015 年，规模以上有色金属工业企业实现利润大幅度下降。行业 8640 家规模以上企业实现利润总额 1510 亿元，同比下降 13.2%，降幅比 2014 年扩大 12.9 个百分点。在产业链各环节中，独立矿山企业实现利润 236 亿元，同比下降 26.3%；冶炼企业实现利润 193 亿元，同比下降 47.1%；加工企业实现利润 1080.4 亿元，同比增长 2.5%。

2015 年在有色金属工业细分行业中，全面亏损的有镍钴冶炼、锡冶炼、锑冶炼、铝冶炼 4 个行业。其中镍钴冶炼行业 83 家企业盈亏相抵后亏损 65 亿元，是亏损最多的行业。

3. “一加强”——行业自律建设加强

2015 年，国内外市场有色金属价格大幅度下跌。国际市场，LME 三月期铜年均价为 5493 美元/吨，同比下降 19.5%；三月期铝年均价为 1682 美元/吨，同比下降 11.1%；三月期铅年均价为 1795 美元/吨，同比下降 15.0%；三月期锌年均价为 1943 美元/吨，同比下降 10.2%；三月期镍年均价为 11879 美元/吨，同比下降30.2%；三月期锡年均价为16 032美元/吨，同比下降26.8%。国内市场，铜现货年均价为40 941元/吨，同比下降16.8%；铝现货年均价为12 159元/吨，同比下降10.2%；铅现货年均价为13 097元/吨，同比下降5.5%；锌现货年均价为15 474元/吨，同比下降4.1%。

特别是进入2015年10月后，国内有色金属市场价格出现了一波断崖式下跌的行情，一度跌到金融危机以来的最低点，大部分有色金属价格跌破生产成本线，企业经营极度困难。面对这种不利局面，行业骨干企业空前团结，主要铜、铝、锌、镍等有色金属生产企业自发组织在一起，按照市场规律，根据市场供需变化，自主决策，实施弹性生产，联合限产减产，一定程度上促进了市场供给的调整，提振了市场信心，扭转了有色金属价格异常暴跌的局面。

4. 产业结构优化、转型升级稳步推进

从投资结构来看，2015年有色金属冶炼投资回落幅度最大，特别是铝行业投资显著下滑。2015年，铝冶炼行业完成固定资产投资557亿元，同比下降9.9%，电解铝投资已经连续四年下降，表明化解电解铝产能过剩取得重要进展。与此同时，有色金属加工领域完成投资占比超过全行业投资的50%，重点投向领域均是高技术含量的深加工产品、个性化产品及有应用前景、量大面广的民用产品，符合推进行业转型升级的方向。

从布局调整来看，能耗高的有色金属冶炼产能继续向能源丰富的地区转移，有色金属加工进一步向产品消费地区和原材料供应地区靠近，布局结构持续优化。2015年西部地区电解铝、锌、镁等冶炼产品产量占全国比重分别达到67%、63%、65%，分别比2010年提高16个百分点、7个百分点和22个百分点。与此同时，铝加工产能、铜加工产能等继续呈现出向产品消费地区、原材料供应地区聚集的趋势，同时具备这些条件的地区，加工材产量增长迅速。如电解铝主要生产地区的山东、河南两省，2015年铝材产量占全国的39%，比2010年上升12个百分点。江西依托铜冶炼基地优势，2015年成为国内铜材生产第一大省。

从战略重组来看，2015年，无论是境外资源开发利用的战略并购，还是国内企业间的并购重组，都取得了新的进展和突破。从国际战略重组来看，一批新的矿业并购项目成功启动，一批前期启动的大型项目建设顺利。境外战略并购从矿山资源开发向冶炼、加工乃至研发团队的整体收购延伸。从国内战略重组来看，央企间、地方国企间、民企间及国企与民企间的并购重组加快酝酿和实施，将对产业未来发展产生重要影响。

从扩大应用来看，扩大有色金属应用，是产业生存和发展的基本立足点和终极目标。近年来，我国有色金属工业把扩大应用作为化解产能过剩的根本途径，“以铝代钢”“以铝节木”稳步推进，取得了明显成效。2015 年，全国铝结构拖挂车产量达到几千辆，不仅在国内被列入节能惠民补贴产品目录，顺丰、申通、中石化以及烟草等企业的订单也在快速增长，而且还实现了批量出口。铝建筑模板、铝围护板的应用受到重视，已经得到国内最大建筑商和房地产开发商的认可。铜价的回落，也为扩大铜水管在建筑领域的应用提供了良好机遇。

从节能减排来看，2015 年铜冶炼综合能耗 256.1 千克标煤/吨，比 2014 年降低 11.9%；铝锭综合交流电耗 13 562 千瓦时/吨，比 2014 年降低 0.4%；铅冶炼综合能耗 400.1 千克标煤/吨，比 2014 年降低 7.6%；电锌综合能耗 884.8 千克标煤/吨，比 2014 年降低 2.8%。在矿山“三率”水平继续提高的同时，单位产品“三废”排放均有不同程度的降低。

从当前产业发展形势分析预判，2016 年，有色金属行业运行仍面临不少困难，预计生产增速继续下降，十种有色金属产量增速保持在 6%左右；消费增速缓慢回落，十种有色金属消费增速约 6%；投资增速可能继续呈现负增长，但投资结构继续优化；产品出口形势复杂，市场价格仍呈低位震荡态势，产业效益难有明显改观。

（二）有色金属行业当前需要关注的重点问题

1. 市场需求不足，价格持续下跌，企业经营困难

受全球宏观环境及我国经济增长放缓的影响，下游市场如建筑、电力、家电等行业需求疲软，开发新的应用领域虽有较大空间，但一时还难以弥补传统领域的需求下降。有色金属产品价格长时间的全线下滑，大部分产品价格在 2015 年下半年一度跌破平均生产成本，严重影响企业经营效益，并已经超过企业的承受能力。如国内市场铝价一度跌破万元大关，比 2012 年以来的高价位，下跌幅度达到 40%；国内市场铜价一度跌破 3.5 万元/吨，比 2012 年以来的高价位，下跌幅度达到 50%。

2. 电价居高不下，直购电政策推行不畅

有色金属工业是能源消耗大户，用电量约占全国用电量的8%，对拉动电力消费具有重要作用。2012 年以来，国内市场煤价已经“腰斩”，火电成本由 0.4 元/千瓦时左右下降到0.2元/千瓦时左右，而网上供电价格仅下调了0.018元/千瓦时。2015年国内有色金属企业外购电价均在0.6元/千瓦时以上，成为重要的能源成本，影响企业的盈利水平。为解决电解铝行业用电问题，2009年国家就开始推行直购电试点工作，但成效不大，电解铝行业的电力成本仍然普遍较高。目前主要存在四个方面的问题：一是电力政策各地差异很大，缺乏公平的竞争环境；二是电解铝用电还不能完全自给，高价购电还占较大比重；三是电网收取的相关费用过高；四是自备机组运行负荷受电网调度控制，制约着电力成本降低。

3. 生产成本不断上升，挤压企业盈利空间

企业环保投入增加、社保费用计提基数提高、人工成本上升等因素，导致企业成本费用刚性上升。同时，随着新环保法的实施，热电锅炉的脱硫脱硝改造量大，环保设施运行成本增加。加之社会平均工资增加带来的医保、失业等保险费用的增加，对企业本已十分紧张的现金流雪上加霜。2015年，规模以上有色金属工业企业营业总成本5.1万亿元，同比增长0.8%，增幅比主营业务收入高0.7个百分点。其中，财务费用同比增长7.8%，远高于主营业务收入的增幅。与此同时，由于国有企业改革和企业生产经营格局调整，部分单位及子公司停产限产，如何妥善安置岗位富余人员成为企业面临的难题。

4. 企业融资难、融资贵问题突出

由于价格下跌，企业效益下降，企业融资普遍出现困难，“融资难、融资贵”的现象在一定程度上普遍存在。特别是规模实力有限的民营企业，遇到的融资困难更加突出，部分企业出现现金流危机。一些企业与金融机构共同开展的短期融资债券、“票据池”、贸易融资或融资租赁等方式，由于融资利率都高于银行贷款基准利率，因而增加了企业的融资成本。企业“融资难、融资贵”的问题，也在一定程度上影响了企业特别是民营企业的投资意愿。

5. 国内外市场融通不畅，进出口贸易受限

一是金融政策及汇率变动影响企业效益。有色金属工业是国际化程度很高的产业，有色金属生产离不开海外原料，部分产品对外购原料的依存度很高，

而产品销售以国内为主。国外原料采购资金主要来源于人民币购汇或美元贷款，汇率的变动导致部分企业汇兑损失加重。

二是出口关税严重影响出口规模。发达国家之间大多有贸易优惠协定，相互之间进出口有色金属产品关税极低或免税。而我国对部分有色金属产品征收出口关税，禁止开展加工贸易，致使产业与国际市场的相互融通受到很大限制，严重影响出口规模的扩大，不利于通过“两种资源、两个市场”助力化解产能过剩。

6. 国企社会负担沉重，市场活力严重不足

国有企业活力不足，依然是制约有色金属行业健康发展的突出问题。特别是老国有企业存在着人员众多、资产负债高、低质无效资产多、成本费用高、社会负担重等问题，后续发展受到影响。例如，某集团公司 2015 年仅承担“三供一业”（供暖、供水、供气、社会服务业）的企业就有 26 家之多，涉及厂办医院的企业有 18 家，年需支出的各种现金补贴、医疗费用、离退休人员统筹外费用等就达到 16 多亿元。“僵尸企业”中有不少老国有企业，这些企业负担巨大、长期亏损、扭亏无望且难以退出，因为企业一关闭，不仅涉及财政收入，还涉及产业上下游、企业债务、银行贷款、职工安置、资产处置等一系列头疼问题。

二、有色金属行业“十三五”发展形势

“十三五”时期是全面建成小康社会的决胜阶段，也是我国有色金属工业转型升级、提质增效、迈入世界有色金属工业强国行列的关键时期。

（一）有色金属出口面临“多重挤压”

从国际上看，金融危机深层次影响持续显现，世界经济和贸易持续低迷，高端制造向发达国家回归、低端产业向新兴经济体转移，国际贸易摩擦加剧，大宗商品价格还可能继续回落。我国有色金属行业将面临外需不足、市场价格大幅波动、碳减排压力加大等“多重挤压”的不利局面。

（二）新一轮科技革命开创新机遇

新一轮科技革命和产业变革蓄势待发，新的生产方式、产业形态、商业模式和经济增长点正在形成，全球竞争和重组加剧，我国落实“一带一路”倡议，亚投行、金砖国家新开发银行有效运转，大力推进国际产能和装备制造合作等，又为有色金属工业发展开创了新的有利机遇。

（三）行业增长较“十二五”有所放缓

从国内来看，近年来建成的产能还将持续释放，房地产、汽车、基础设施等传统需求不可能继续大幅上升，生态文明红线和要素成本约束日益突出，部分品种产能过剩问题短期内难以化解。我国有色金属消费量和需求量还没有达到峰值，市场潜力和发展空间依然存在，但可能有所放缓。据预测，“十三五”时期有色金属消费年均增长率只有 4%左右，比“十二五”低 5 个百分点以上。

（四）新兴产业发展增加高端精深加工材料需求

消费在我国经济增长中的引擎作用将继续增加，战略性新兴产业、《中国制造 2025》十大领域、国防科技工业的发展，制造业新模式、新业态和消费需求个性化、多样化的涌现，培育和拓展住房、汽车、信息、健康、环保等消费热点，加大对公共产品和公共服务的投资力度，启动实施一批新的重大投资工程等，都需要有色金属高端精深加工材料的支撑。

因此，“十三五”期间，有色金属工业的发展，机遇和挑战并存，希望和风险同在，总体仍要把有色金属实体经济稳增长放在重要位置，加快调整结构、转型升级、降本增效的步伐，努力保持行业平稳运行，促进行业稳步转型。

三、有色金属行业“十三五”发展建议

（一）保持行业平稳健康发展

要下大力气推动产业转型升级发展。积极落实国家区域发展总体战略和主体功能区战略，统筹考虑境内外资源、能源、环境、运输、人才等生产要素，

结合国家三大战略，优化产业布局，严格控制冶炼产能无序扩张，推进重点区域有色金属精深加工产业提质增效，努力构建优势互补、产业协调发展的产业新格局，并在协调发展中拓宽产业发展新空间。

要下大力气发展新材料，提高中高端有效供给能力。以满足我国航空航天、电子信息、船舶、海洋工程、交通运输、新能源汽车等高端领域的关键基础材料为重点，通过协同创新和智能制造补短板，着力发展高性能轻合金材料、电子信息材料、稀有金属深加工等材料，提升材料质量的均一性，降低成本，明显提升产业发展的质量和效益。

要下大力气推进企业兼并重组。坚持企业主体、政府推动、市场引导、依法处置的原则，充分发挥市场倒逼机制和政策引导作用，鼓励有色金属企业开展行业内上下游及跨行业联合重组，提高产业集中度，加强业务整合、流程再造，构建上下游一体化完整产业链，增强企业实力和竞争力。推进国有企业体制机制改革，积极稳妥发展混合所有制，激发国有企业活力。

（二）强化创新引领作用

力争到“十三五”末，有色金属行业产学研用相结合的产业创新体系基本形成，重点企业研发投入占主营业务收入达到2%以上。高端精深加工、智能制造、资源综合利用等基础共性技术和产业化技术实现突破。基础研究、共性技术、技能人才培养、产品质量提高等基础性工作明显推进。两化融合水平明显提高，推进两化融合技术标准体系建设，在线监测、生产过程智能优化、模拟仿真等应用基本普及，大型企业数字化设计工具普及率及选冶、加工环节关键工艺数控化率进一步提高，建成若干家智能化示范企业。

加强技术创新。围绕大飞机、乘用车用铝镁钛等轻合金、集成电路用抛光片及高纯靶材等材料、新能源汽车用动力电池材料等性能及质量提升、短流程绿色强化冶金、综合利用等紧迫需求，发挥骨干企业的主导作用、设计单位的桥梁和推广作用、高等院校和科研院所的基础性先导作用，增强“政产学研用”协同创新能力，推进国家重点实验室、国家技术创新中心和企业技术中心建设，提高关键环节和重点领域的生产工艺技术及应用技术的研发创新能力和设计水平，提升产品质量的稳定性和一致性，促进产业结构向中高端转型。

大力实施技术改造。充分发挥技术改造对转型升级和提升供给侧能力的促进作用，引导企业运用先进的适用技术及智能化技术，以高端材料、节能减排、绿色制造等为重点，瞄准国际同行业标杆，推广应用新工艺、新技术、新装备，加快有色金属工业向中高端和绿色产业转变。

加强标准体系建设。围绕有色金属工业新材料、信息化与智能化、节能减排、安全生产、生态保护和扩大应用等领域，对现有标准进行梳理和升级，建立和完善国家标准、行业标准，鼓励企业制定高于国家、行业、地方等标准的企业标准。加强材料制造标准与下游航空、汽车、轨道交通、电子信息等行业标准设计规范以及应用数据手册衔接。积极参与国际标准化工作，加大国际标准的跟踪、评估和转化力度，形成与国际标准接轨的有色行业标准化体系。

积极创新发展新业态和新模式。借鉴国内铝产业发展新模式经验，支持有条件的企业构建“铝—电—网”产业链，提高产业竞争力。充分利用“互联网+”，鼓励铜、铝、镁、钛、钨等有色金属加工企业建立高效协同的研发设计平台，通过电子商务、大数据、云平台等，响应下游用户个性化定制、加工配送、产品租赁、维修服务等需求，积极建立从先期介入（EVI）到全面用户技术支持与服务的双赢体系，推进生产型制造向服务型制造的转变，创新商业模式和提高增值服务能力。

（三）推进有色金属扩大应用

强化企业品牌质量。有效增加供给品种，立足市场需求，引导企业加快新产品研发、设计和生产的“微创新”，加大面向装备制造、集成电路、新能源等中高端市场的产品和服务供给，创造消费新需求。强化企业品牌意识，以基础条件较好、具有一定品牌知名度和国际竞争力的企业为主体，健全品牌管理体系，推出附加值高、优质优价、营销服务完善的有色金属精品，扩大国内有色金属制造品牌的国际影响力。

着力扩大应用消费。鼓励有色行业与下游应用企业在设计、生产、使用及维护等方面的协同创新，建立上下游合作机制，解决制约产品应用的稳定生产、设计规范、标准和技术等问题，提高有色金属材料的性能和应用服务水平。扩大交通运输用铝材和镁材、建筑用铝材、船舶和海洋工程用钛材等用量。积极支持新材料首批次应用，扩大高性能轻合金材料、高性能铜及铜合金材料、高纯稀有稀贵金属材料、高纯多晶硅及电子气体等应用领域，拓展发展新空间。

（四）提高资源保障能力

力争到“十三五”末，紧缺资源国内勘探开发取得进展，废旧有色金属回收利用体系进一步完善，境外资源基地建设加快推进，原料进口贸易市场话语权逐步提升，主要有色金属资源保障程度显著提高。

立足国内资源。围绕国家找矿突破行动，推进重点成矿区带矿产远景调查与找矿预测，积极开展矿山密集区和老矿山的深部边部勘察，实现新老矿山有序接替。加强对钨等保护性开采特定矿种、钼等产能过剩矿种以及西藏等重要生态功能区内已探明的规模以上矿产地的资源储备和保护。

统筹利用国外资源。按照国家“一带一路”等“走出去”战略部署，支持国内骨干企业开展境内外资源勘探、开发和合作，构建多元化的矿产资源供应体系。鼓励企业通过绿地投资、并购投资、证券投资、联合投资等方式，与相关国家和地区开展互利共赢的产业开发投资合作，稳步推进境外铜、铝、镍、稀贵金属等矿产资源生产基地建设。

（五）不断深化国际合作

推进国际产能合作。落实“一带一路”合作倡议，充分发挥我国铜、铝、铅、锌、镍、黄金等冶炼以及铜、铝深加工技术、装备和人才优势，鼓励有实力的企业集团或联合体有序开展国际合作，结合资源开发，在资源丰富的地区建设铜、铝、铅、锌、镍、黄金等冶炼项目，在有色金属消费潜力较大的国家和地区建设铜加工、铝加工项目。支持利用发达国家地区再生金属回收体系建设再生有色金属冶炼能力。建立国际产能合作项目库，引导企业结合项目建设，开展境外经贸合作区建设，带动产业链上下游企业、先进装备、技术、设计、工程建设、标准、服务等全产业链输出，提高国际化经营能力。

提升开放合作水平。鼓励进口有色金属原料性产品，支持技术含量高的有色金属深加工产品出口。支持国内企业参与国际新材料、智能制造等大型科技合作计划，开展海外合作投资，在境外设立研发中心，建设国际创新合作平台，充分利用国际创新资源和市场，实现技术升级，建立全球生产服务体系。鼓励境外企业和科研机构在国内设立有色金属新材料、智能制造等领域研发中心和生产基地，提高对外开放和合作水平。完善应对贸易摩擦、境外投资风险的预警监测和防控机制。

（六）推动绿色低碳可持续发展

力争到“十三五”末，有色金属工业布局明显优化，重金属污染得到有效防控，企业实现稳定、达标排放，能耗水平持续降低，综合利用水平明显提升。

着力发展绿色制造。坚持源头减量、过程控制、末端再生的理念，增强绿色精益制造能力，提高全流程绿色发展水平。鼓励利用现有先进的矿铜、矿铅冶炼工艺设施处理废杂铜、废蓄电池铅膏，支持铅冶炼与蓄电池联合生产。完善企业余热余压发电上网、阶梯电价等政策，严格执行相关产品能耗限额标准。推动节能减排以及低碳技术和产品普及应用，支持高载能产业消纳可再生能源，推进有色金属行业绿色低碳转型。

着力发展循环经济。提高尾矿资源、井下热能的综合利用和熔炼渣、废气、废液和余热资源化利用水平。充分利用“互联网+”，依托“城市矿产”示范基地和进口再生资源加工园区，创新回收模式，完善国内回收和交易体系，提高有价元素回收和保级升级再利用水平。完善高铝粉煤灰提取氧化铝及固废处理工艺技术，为高铝粉煤灰资源经济性、规模化开发利用提供技术储备。

着力加强重金属污染防治。严禁在环境敏感区域及大气污染防治联防联控重点地区新建、扩建增加重金属排放的项目。有序推进有色金属企业环保搬迁以及产能退出，推进资源枯竭地区的老工业区、独立工矿区改造转型，加大历史遗留问题突出、生态严重破坏、重金属污染风险隐患较大地区的综合整治。

（中国有色金属工业协会）

第四章　建材行业 2015 年发展回顾及“十三五”发展形势与建议

一、2015 年建材行业发展回顾

（一）2015 年建材行业发展情况

2015 年建材行业产销增速大幅度下滑，建材主要产品产量和出口产品数量下降，建材价格、经济效益下滑。建材行业经济运行承受巨大的下行压力。2015 年全年规模以上建材行业主营业务收入 5 万亿元，比 2014 年增长 2.7%，增速下滑 8.5 个百分点；利润总额 3000 亿元，比 2014 年下降 10.3%。

1. 投资直接拉动类建材产品产量下降

“十二五”时期规模以上建材行业主营业务收入年平均增长 18.7%，2015 年建材行业增长速度不仅是“十二五”时期最低，而且是自 1997 年亚洲金融危机以来最低增长速度。

2015 年全国水泥产量预计 23.5 亿吨，比 2014 年下降 5.2%，是 25 年以来首次负增长。

“十二五”时期，建筑业的工业化生产推进和建材规模以上企业的迅速扩大，规模以上企业商品混凝土和砖产量表现为高速增长，而 2015 年这两类产品规模以上产量增长速度也出现了大幅度下滑。2015 年全国规模以上工业企业商品混凝土产量预计 17.1 亿立方米，增长速度从 2014 年的 14.3%急剧下滑到 1.8%。全国规模以上工业企业砖产量预计 6500 亿块，增长速度从 2014 年的 16.1%下滑到 6.8%。这两类产品日常统计只覆盖其中规模以上工业企业部分，全社会产量和水泥产量也一样出现了负增长。

水泥、混凝土与水泥制品、砖瓦、防水材料、石灰石、砂石开采等行业主要受投资直接驱动。建材受投资直接驱动产业销售额占建材行业 60%以上。由于产销数量和价格双重下降，2015 年规模以上水泥制造业销售收入下降 9.7%，混凝土与水泥制品业增长速度从 2014 年的 16.9%下滑到 4.2%，砖瓦及建筑砌块制造业从 13.5%下滑到 9.2%。建材受投资直接驱动产业 2015 年仅比上年增长 0.7%，是 2015 年规模以上建材行业增速大幅度下滑的主要原因。

2. 投资、出口拉动类建材产品产量下降或增速放缓

2015 年 1～9 月，规模以上建材行业销售收入增长速度稳定在 3.3%，而 1～10 月再次下挫 0.5 个百分点，建材增长速度近 20 年来首次跌破 3%。投资直接驱动产品增速低位趋平，而原先保持较快增长的部分建材产品，受出口数量下降和下游产业需求不足影响，也出现产量下降或增速减缓现象。

2015 年全国平板玻璃产量预计 8.2 亿重量箱，比 2014 年下降 7.9%。而前 10 个月持续保持增长的陶瓷砖和卫生陶瓷产量，11 月也出现了负增长。2015 年全国陶瓷砖产量预计 111 亿平方米，比 2014 年下降 0.2%，卫生陶瓷产量 1.68 亿件，下降 1%。陶瓷砖和卫生陶瓷产量的下降，是新世纪以来的第一次。大理石与花岗石板材，钢化、夹层和中空玻璃、纤维增强塑料制品等产品产量 11 月以后增速下滑，导致全年产量增速出现下滑。

由于产销数量和价格双重下降，2015 年规模以上平板玻璃制造业销售收入在 2014 年下降 6.6%之后，下降幅度扩大到下降 14.4%。建筑卫生陶瓷制造增长速度从 2014 年的 12.4%下滑到 3%，建筑用石开采与加工业从 14.9%下滑到 11.6%。建筑卫生陶瓷、建筑用石等产业在年末滑入下行通道，使建材行业在“十二五”末年和“十三五”初年面临更大的下行压力。

3. 新兴产业体量不足，增速也在下滑

按照国家对战略性新兴产品的分类，建材战略性新兴产品分布在水泥制品、轻质建材、砖瓦砌块、隔热隔音、技术玻璃、玻璃纤维增强塑料等行业。“十二五”时期，建材战略性新兴产品占建材行业比重从 8%上升到目前的 10%左右，平均增长速度在 2%以上，高于建材行业平均增长速度。目前建材战略性新兴产品总体体量仍然偏小，而且在 2015 年同样面临需求不足的压力，增长速度大幅度回落。

4. 建材产品价格五年最低

2015 年建材产品出厂价格总体水平比 2014 年下降 3.2%，建材行业因此减少销售额 1600 亿元。“十二五”时期建材产品出厂价格走势呈抛物线形，2015 年建材产品价格是“十二五”时期最低水平，低于 2010 年价格水平 1%。

投资直接拉动产品中，2015 年通用水泥年平均出厂价格每吨 271 元，低于 2011 年平均价格 321 元 15.7%，比 2010 年平均价格 277 元还低 2.2%。2015 年商品混凝土年平均出厂价格每立方米 312 元，比“十二五”时期最高水平低 5.9%。2015 年砖瓦类产品价格比“十二五”时期最高水平低 5.4%。

消费、投资拉动产品中，2015 年平板玻璃年平均出厂价格每重量箱 63.8 元，低于 2010 年平均价格 80.8 元 22.2%。2015 年建筑卫生陶瓷出厂价格比“十二五”时期最高水平低 1.9%，轻质建材出厂价格比“十二五”时期最高水平低 1.1%。建筑用石是 2015 年少数价格上涨的建材产品，价格比 2010 年高 7.4%。

5. 建材出口增速放缓

2015 年建材产品出口预计达 380 亿美元，比 2014 年增长 5.2%，是自 2008 年金融危机以来的最低年增长率。2015 年建材产品出口折合人民币 2300 亿元，占规模以上建材行业销售额的 4.6%。

建筑卫生陶瓷、建筑用石、建筑与技术玻璃三大类产品占建材出口总额的 69%。2015 年预计建筑卫生陶瓷出口 2020 万吨，下降 0.1%，出口金额 130 亿美元，增长 12.1%；建筑用石出口 1320 万吨，下降 3.5%，出口金额 75 亿美元，增长 11.8%；建筑与技术玻璃出口 520 万吨，增长 5.4%，出口金额 53 亿美元，下降 4.4%。陶瓷砖出口数量约占国内产量的 10%，卫生陶瓷占三分之一，建筑用石占 10%，建筑与技术玻璃占 15%。2008 年金融危机以后，我国建材出口结构调整主要表现在出口产品价值和价格提升，2015 年建筑卫生陶瓷、建筑用石出口数量下降，出口价格和价值提升，对国内的产业结构调整也将起到促进作用。但对目前国内产量数量的增长拉动，已经表现为负数。而玻璃出口数量增长，价格、价值下降，则是国内市场玻璃价格战蔓延到出口领域的反映。

6. 建材固定资产投资增速放缓

2015 年建材行业限额以上固定资产投资预计 1.56 万亿元，比 2014 年增长 7%，是自 1997 年亚洲金融危机以来的最低增长率。

“十二五”时期建材行业限额以上固定资产累计投资 6.4 万亿元，是“十一五”时期的 3.3 倍。“十二五”时期的第一年建材限额以上投资增速仍保持在 30% 以上，而 2012 年建材限额以上投资规模突破 1 万亿元以后，建材投资增速呈现迅速回落态势。“十二五”时期建材限额以上投资年平均增长 19.5%，远远低于

“十一五”时期 44.2%的年平均增长速度。

（1）水泥、平板玻璃投资下降，新增生产能力仍然偏大

水泥工业限额以上投资在 2010 年达到 1576 亿元的高峰，“十二五”时期投资增速持续下降，2015 年投资预计不足 1000 亿元。水泥工业“十二五”时期限额以上累计投资 6240 亿元，新建新型干法生产线 443 条，新增水泥熟料生产能力 5.7 亿吨，水泥生产能力达 15 亿吨。

半数以上的平板玻璃生产线投资分散在技术玻璃甚至建材外行业。“十二五”时期新建浮法玻璃生产线 105 条，新增浮法玻璃 4 亿多重量箱，压延玻璃能力约 8000 万重量箱，总计新增近 5 亿重量箱平板玻璃生产能力。“十二五”时期建筑与技术玻璃工业限额以上累计固定资产投资 4240 亿元，是“十一五”时期的 3.5 倍，其中平板玻璃工业限额以上累计投资 1500 亿元，是“十一五”时期的 2.2 倍。

（2）低能耗加工制品业投资超过传统产业

2015 年在建材限额以上累计固定资产投资中，水泥工业投资已经退居第五位，平板玻璃工业投资位居第 13 位。混凝土与水泥制品、建筑用石开采与加工、砖瓦及建筑砌块、轻质建材业占据建材投资前四位，年投资额都已经超过 1000 亿元。“十二五”时期，建材低能耗加工制品业投资累计 3.15 万亿元，年平均增长 27.3%，远远高于建材传统产业投资 13.3%的年增长速度。2014 年，建材低能耗加工制品业投资比重超过传统产业，2015 年达到 52%。

（3）战略性新兴产业投资继续较快增长

按照国家对战略性新兴产品的分类，“十二五”时期，建材战略性新兴产品所在产业累计投资 2 万亿元，年平均增长 24.6%。2015 年投资比重超过 30%。

7. 技术创新取得阶段性突破

依靠中国建材集团和中国中材集团为主体的水泥、平板玻璃新技术装备的创新与研发取得了阶段性成果，一批研发项目即将完成，一批尖端技术已进入突破与攻坚阶段，一批项目已具备验收条件。中国建材集团蚌埠玻璃工业设计研究院成功研制出了世界领先的 0.2 毫米超薄玻璃基板。到目前为止，各研发单位不仅投入了大量的人力、物力，而且已自筹研发经费 13.82 亿元，得到国家发改委、科技部支持配套的项目资金近 1 亿元，目前研发已延伸到配套辅机及耐火材料等技术装备。北京金隅、安徽海螺、北京工业大学、中国玻璃、海南中

航特玻等单位也都分别积极承担了研发任务。预计到 2016 年年底将有 80%的关键技术攻关项目攻关完成率达到 70%以上。此外，行业科技创新与基础设施建设得到了加强，列进国家重点的项目有了新的突破与增加。2015 年，国家科技部批准了特种玻璃和特种功能防水材料两个国家重点实验室。“特种功能玻璃材料及制造工艺技术”“先进陶瓷材料及精密陶瓷部件制造关键技术”“节能环保非金属矿物功能材料”等五大领域的一些关键技术已被列入国家重点研发计划的重点专项。

8. 产业集聚和产业转移有序推进

随着发展方式的转变，行业内一批大企业集团尤其是几个大都市的企业集团，以城市规划与环保战略调整为契机，率先转型升级，催生了新的经济增长点。北京金隅集团根据城市规划与拆迁的需要，将产业搬迁作为提升的机遇，将多个产业搬进同一产业园区，形成集成配套的建材产业链，整合了资源，集约了经营；上海建材集团、天津建材集团根据大都市减少生产企业的规划，适时转向经营建材产业服务业与经营建材产业相关的服务业，经济规模与发展速度反而有了新的增长，为发展建材服务业树立了样板。中材集团已经在非洲投入了数十亿元人民币建成产业园区；中国建材股份公司以参股或相互持股方式与多家水泥上市公司结成联姻，并相互间展开对标，既提升了管理又改善了市场环境。新的产业组织形式已经开始在不少地区涌现，如辽宁沈阳、湖南长沙等地都设立了建材产业园区，它以优于传统的一个产品一个工厂、一厂一地的传统模式，使资源、能源利用、环保和劳动生产率都得到了优化与提高，挖掘了经济增长潜能。

行业加快“走出去”步伐，到国外发展成为新的发展热点。围绕一带一路“走出去”战略，建材行业“走出去”已经有了良好的开端。截至目前全行业已经在国外兴办各种实体的投资项目达到 25 个，中材国际、华新水泥、海螺水泥、华润水泥、中国建材国际工程公司等一批企业已捷足先登，为不在国内新建产能、扩展到国外经营打开通道做出了榜样。

（二）建材行业当前需要关注的重点问题

1. 建材传统产业需求下降

2015 年水泥市场销量 23.4 亿吨，比 2014 年减少 1.4 亿吨，与水泥市场需求相关、相似的商品混凝土、水泥制品、砖瓦、砌块、砂石市场需求都在下降。纵观2015年的全国固定资产投资需求，电力、水利、交通等基础设施建设和农村农户建房投资保持平稳，而占投资总额33%和23%的制造业、房地产业投资继续低迷。展望2016年，已经是全球最大制造业的投资不可能恢复以往的高速增长，而是着力提升技术装备和节能减排投资，对传统建材产品的需求将持续衰减。重点在于去库存化的房地产业，房屋施工面积将延续2015年的下降趋势。占建材行业60%以上的投资直接驱动行业，2016年仍然面临需求不足的巨大下行压力。

2. 建材主要出口产品增长已经进入高峰平台期

改革开放以来，我国陶瓷砖累计出口已经超过100亿平方米，卫生陶瓷累计出口7亿件，建筑用石累计出口2.1亿吨。我国建材主要出口产品已经到了数量出口的顶端，出口产品结构调整迫切需要提升出口产品的附加值。国内建材相关产业应该顺应、促进建材产品出口转型升级的需求。

3. 建材战略性新兴产品迫切需要培育新增长点

面对建材战略性新兴产品总体体量偏小、需求不足的问题，迫切需要培育建材行业新增长点，以促进建材行业平稳增长。

4. 保持适度产能利用率，坚决遏制建材经济运行下行下滑

2015年建材行业主营业务收入增长2.7%，而扣除价格下降因素，建材实际产销增长达到6%。因价格下降影响，建材行业损失增长率3.3个百分点，至于对经济效益的影响则更是主要因素。2016年面对需求不足和建材产品庞大的产能，要继续坚定不移地淘汰落后产能，抑制新增产能，推进产业结构调整。而当前遏制价格和增速、效益下滑的当务之急，可行可操作措施，就是保持适度合理的产能利用率，保持市场供需平衡，促进建材产品价格合理回归，推进建材行业平稳增长和经济效益回升。

二、建材行业“十三五”发展形势

“十三五”是我国全面建成小康社会的关键五年，也是建材行业“创新提升、超越引领”战略实施的第二个五年规划，是赶超世界先进水平、夯实基础的重要时期。建材行业发展的内外环境将发生深刻而复杂的变化，机遇和挑战并存。

（一）供给侧结构性改革为行业扩大需求、提升行业发展注入活力

推进供给侧结构性改革是适应和引领经济发展新常态的重大创新，是应对经济增长下行压力和扭转经济效益下滑的有效手段。通过加强行业供给侧改革，可真正按需求导向发展建材产品，把发展的目标和重点转向增加有效供给，主动引导市场消费，创造、培育新需求，增加行业发展路径与渠道，有效提高行业经济效益。

（二）“新四化”建设为行业发展开辟巨大的市场空间

工业化、信息化、城镇化和农业现代化的同步推进，为建材行业的发展提供了稳定的增长空间。未来五年，国内经济将处于新常态，固定投资增速将放缓，但经济总量仍将保持适度增长，大规模基础建设仍将持续。城镇基础设施、保障性安居工程、农业设施和新农村建设，以及水利、高铁、公路、港口、机场等重大项目实施，将为建材行业带来持续的市场需求。

（三）战略性新兴产业的快速发展为无机非金属新材料和非金属矿物深加工制品的发展提供了广阔的市场空间

新兴产业正成为引领未来经济社会发展的重要力量，世界主要国家纷纷调整发展战略，大力培育发展新兴产业。“十三五”期间我国将支持节能环保、生物技术、信息技术、智能制造、高端装备和新能源等新兴产业发展，到 2020 年，战略性新兴产业增加值占国内生产总值的比重将达到 15%，节能环保、新一代信息技术、生物、高端装备制造产业将成为国民经济的支柱产业，新能源、新材料、新能源汽车产业将成为国民经济的先导产业。战略性新兴产业的快速发展需要材料产业提供支撑和保障，将拉动无机非金属新材料及非金属矿物深加工制品的发展。

（四）建筑工业化和绿色建筑的发展为行业带来较大的市场空间

建筑工业化和绿色建筑已成为建筑业发展的重要方向，《国家新型城镇化规划（2014—2020）》《绿色建筑行动方案》提出要强力推进建筑工业化和绿色建

筑。《国民经济和社会发展“十三五”规划建议》提出“推广绿色建筑和建材”，将为建材行业发展带来较大的市场空间。

（五）海洋强国战略的实施将带动建材产品在特种工程领域的应用

“十八大”报告提出的海洋强国战略已成为我国和平发展战略的重要组成部分，未来我国将从海洋资源开发、海洋经济发展、海洋科技创新、海洋生态文明建设、海洋权益维护等方面推动海洋强国的建设。随着海洋强国战略的实施，将带动海洋工程建设用特种工程材料的研发和应用。

（六）加快发展生产性服务业有助于建材行业逐步由生产制造型向生产服务型转变

加快发展生产性服务业可有效促进产业结构调整、引领产业向价值链高端提升。《国民经济和社会发展“十三五”规划建议》提出“推动生产性服务业向专业化和价值链高端延伸，推动制造业由生产型向生产服务型转变”。《国务院关于加快发展生产性服务业促进产业结构调整升级的指导意见》要求促进包括建材等重点领域的节能环保服务等生产性服务业的发展，将有助于建材行业逐步由生产制造型向生产服务型转变。

（七）经济全球化、“一带一路”拓展行业国际化发展的市场空间

随着经济全球化、新兴经济体的发展，以及“一带一路”建设的不断推进，基础设施建设、交通的互联互通及贸易投资的便利化等措施的加强，将为建材行业的国际化发展提供更为广阔的市场空间。但与此同时，企业“走出去”也面临发达国家先进企业技术、管理和品牌优势的挑战，我国建材企业如何在全球配置资本、生产和市场资源，积极参与新一轮全球产业分工面临严峻挑战。

（八）资源、能源、环境约束日趋强化，对建材行业绿色发展提出更高要求

《国民经济和社会发展“十三五”规划建议》提出，“主动控制碳排放，加强高耗能行业能耗管控，有效控制电力、钢铁、建材、化工等重点行业

碳排放”，“加大环境治理力度，扩大污染物总量控制范围，将细颗粒物等环境质量指标列入约束性指标”。2015 年修订的《大气污染防治法》提出生产过程中排放粉尘、硫化物和氮氧化物的建材企业，应当采用清洁生产工艺，配套建设除尘、脱硫、脱硝等装置，或者采取技术改造等其他控制大气污染物排放的措施，加强企业精细化管理，采取集中收集处理等措施，严格控制粉尘和气态污染物的排放。生态文明建设的推进，资源能源和环境约束的日趋强化，国家对节能、环保的要求将会越来越高，将对建材行业绿色发展提出更高水平的要求，行业发展面临资源、能源和环保约束日益增强的挑战。

三、建材行业“十三五”发展建议

（一）优化产业结构

加快淘汰落后产能，有效化解产能过剩。加大执法力度，对能耗、环保、安全生产不达标或生产不合格或淘汰类产品的产能要依法依规关停退出。运用市场机制、经济手段、法制办法积极稳妥化解过剩产能。

限制低效产能生产，加大低效产能改造提升力度。建立低效产能评价体系，制定差别电价、阶梯电价、惩罚性电价、水价、环保税收等政策并加以实施。加快发展绿色建材、部分高端产品和节能环保产业。引导、鼓励建材企业减少低端产品在市场的比例并推进智能化改造，推动生产组织管理向数字化、精细化、柔性化转变，全面提升低效产能的资源能源利用率，提升行业整体经济效益。

优化产业组织结构。支持龙头企业通过市场收购、有价转让、资产置换、相互参股持股，使资本结构和产业资产优化，兼并重组扶持培育大企业，使企业规模和集中度迅速提升。鼓励并支持发展各种形式的产业联盟，引导产业集聚，加快推动现有产业聚集区的升级发展。鼓励中小型企业进入大型集团公司，鼓励优秀企业率先进入国际领先行列。

延伸产业链结构，大力发展加工制品业。鼓励和支持有条件的产业延长产业链，大力发展加工制品业，向价值链中高端发展，形成两头延伸和与相关产业之间的相互渗透及联手合作，增加新的经济增长点。

（二）培育发展建材新兴产业

重点发展新兴高性能复合材料、新型无机非金属新材料、非金属矿及制品、建材节能环保和新型建材高端装备制造等新兴产业，使其技术水平、规模化和产业化有实质的提高与突破。

建材新兴产业的技术研发重点。新兴高性能复合材料、新型无机非金属材料、非金属矿及制品等关键产业的主导产品技术研发与攻关进入实质突破阶段。到2020年，部分尖端新兴产业的技术装备达到世界领先水平，占半数以上的新兴产业技术装备达到世界先进水平。

建材新兴产业的主导产品发展重点。重点发展新兴高性能复合材料、新型无机非金属新材料、非金属矿及高端制品、建材节能环保等产品，使特种无机非金属材料和高端复合材料等功能得到新的提升与改进，在使用领域拓展与产业链延伸上取得跨越性突破。

（三）大力发展生产性服务业

加快建材制造与服务的协同发展，大力发展与建材制造业相关的研发设计、工程服务、物流、电子商务、咨询服务、节能环保和检测检验等生产性服务，促进由建材制造业向制造与生产性服务业并举转型。

（四）加快技术创新步伐

加强自主创新。突破制约行业发展的关键技术瓶颈，实现科技创新驱动结构调整，加快产业转型升级。高温窑炉节能、环保和低碳化等技术在建材主要产业的关键领域和关键技术的理论研究取得实质性突破。针对能耗偏高、余热尚未应用回收等节能减排关键问题，通过攻坚得以突破。特种无机非金属材料和高端复合材料的功能得到新的提升与改进，使用领域与产业链延伸实现跨越性突破，特别是技术水平、规模化、产业化有实质提高与突破。先进陶瓷材料及精密陶瓷部件制造关键技术、高端环保节能非金属矿物的功能材料、特种玻纤及复合材料、新型低钙水泥熟料的研发与创新列入国家“十三五”重点项目。

推进技术改造升级。传统产业实施以节能减排为主要目标的技术改造和升级，鼓励建材企业运用先进装备和信息化技术，以品种质量、节能减排和两化融合等为重点，大力推进技术改造升级，结合我国装备制造业升级和信息化、智能化技术集成，达到或超过国际在质量、能耗、环保、安全等方面的先进标准。

完善标准规范。创新提升一批国家和行业标准，淘汰一批相对落后并已失效的产品、装备标准，率先推动标准本身的转型升级。加强与应用标准相衔接，制修订适合建筑工业化和绿色建筑发展的建筑部品、绿色建材标准，以及纤维及复合材料、特种陶瓷、无机非金属新材料、非金属矿精深加工制品等新兴产业领域的技术和产品标准。加强与国际标准对标，积极参与国际标准的制修订工作。

（五）推进绿色发展

加快传统产业工艺装备的绿色改造升级，促进节能减排。加快实施以节能减排为主要目标的技术改造和升级，通过技术改造，推广先进的生产工艺和节能减排技术。积极开发并推广适用于水泥、平板玻璃、建筑卫生陶瓷等行业的能源梯级利用、窑炉烟气除尘脱硫脱硝技术装备；全面推行清洁生产，支持现有企业实施技术改造，提升绿色制造水平；完善节能减排标准、标识等评价体系；建设能源管理中心，全面提高建材行业的能效水平。到 2020 年，水泥、平板玻璃、建筑卫生陶瓷等主要产业节能减排的企业达标率和生产线达标率达到 80%以上。

大力发展循环经济，进一步提高资源综合利用水平。在确保产品质量安全的前提下，积极推进粉煤灰、煤矸石、矿渣、钢渣、工业副产石膏、电石渣等在水泥和墙体材料生产中的综合利用，开展赤泥、磷石膏等目前利用难度较大的工业固体废弃物综合利用相关产业化研究。进一步提高资源综合利用水平，推进水泥窑利用可燃废弃物替代化石燃料，积极研究工业废渣、尾矿、农作物秸秆及木/竹材料等农林废弃物和建筑垃圾等的综合利用，扩大资源综合利用范围并提高资源综合利用总量，实现资源化利用和无害化处置。加大对水泥窑协同处置城市污泥、生活垃圾及其他有害废弃物的技术装备研发和推广力度，在中等以上城市周边选择具备条件的水泥工厂进行有害废弃物协同处置改造，使水泥企业成为保护生态环境的新型工业企业，成为生态文明建设不可或缺的一环。探索利用大型烧结砖隧道窑安全处置城市污泥，推进示范项目建设，利用污泥、废渣与其他原料配合生产烧结空心砖、自保温烧结砌块，研究推广安全利用城市建筑垃圾生产装配式复合建筑墙板、加气混凝土、自保温轻质高强混凝土砌块等新技术、新产品。通过多种技术改造和革新，提高非金属矿山的采矿回收率；推进非金属矿尾矿的综合利用，开发高岭土、膨润土等重要非金属矿的低品位资源综合利用技术，努力提高资源利用效率。

大力发展绿色建材。以新型工业化和城镇化需求为牵引，以促进绿色生产和绿色消费为目的，围绕绿色建筑和建筑节能的推进，大力发展绿色建材，加大绿色建材技术研发，推动绿色建材生产领域与品种的拓展，使绿色建材从产品性能、品质及可选性等方面满足绿色建筑的发展需要。“十三五”期间，绿色建材占到主营业务收入的 30%左右，新建筑中绿色建材应用占到 35%以上，试点示范工程绿色应用比例达 70%以上，现有的建筑改造应用比例达到 80%。建立绿色建材评价标识体系，发布绿色建材产品目录，制修订绿色建材标准，拓宽和增加绿色建材应用范围，推动绿色建材下乡，推进绿色建材示范小区和产业园配套供应，增设一批以绿色建材为特色的企业技术中心、工程中心和实验室；完善建材行业生产与建筑应用相关单位之间的联手机制；建立为绿色建材发展服务的公共研发、技术转化、检测与认证平台；加强与建筑设计、工程建设的上下游联接与互动，组建绿色发展联盟。

（六）促进“两化”深度融合，提高建材智能制造水平

提高装备智能化水平。加快行业专用装备的创新发展和产业化，促进信息技术与建材装备技术渗透融合，深化智能感知、知识挖掘、工艺优化、在线仿真、人工智能等技术与装备的集成应用，促进建材行业装备向数字化、网络化、智能化方向发展。推进自动化成套装备、数字化车间、智能传感器、嵌入式系统、智能仪器仪表、在线检测设备等创新研发、产业化及示范应用，提高精准制造和敏捷制造能力。到 2020 年，建材关键装备制造企业加工工序的数控化率达到 30%以上，研究设计单位的数字化研发与设计工具和仪器设备普及率达到 60%以上。

加强生产过程和制造工艺的智能化。在水泥、玻璃、陶瓷、玻纤等行业推

动数字化车间和智能化工厂建设，充分利用物联网、大数据、云计算等技术，实现生产过程的数字化、网络化、智能化。重点加强生产过程中数字化控制、自适应控制、专家系统、模型预测控制、状态实时检测、自动化物流、在线仿真优化等技术应用。建材主要产业以及技术、规模相对先进的生产线，特别是各主要产业的新建生产线，均应配置与设计生产运行、控制检测、维护管理的智能化系统。

推进互联网与建材行业深度融合。培育基于互联网融合的新模式。在玻璃、陶瓷、石材、家居建材、备品备件等领域推动行业电子商务平台建设，促进建材企业从生产型制造向服务型制造转变。积极开展跨境电子商务，参与全球市场竞争。推进集团企业提高网上集中采购水平，加大大宗原燃材料和重要物资的网上集中招标采购力度。深化互联网、移动互联网、云计算、大数据、物联网等技术在行业的应用，发展基于互联网的个性化定制、众包设计、云制造等新型制造模式，建设云服务平台和大数据平台。积极更换与采用宽带技术，提高宽带普及率和使用率；拓展与提升网站功能，连接企业与市场，开展网站之间的功能连接与信息联网，开辟数据应用系统。

（七）提高国际化发展水平

实现由产品输出为主向以资本为载体的技术、品牌、模式输出为主转变。加快“走出去”投资兴办经济实体的步伐，继续发挥我国水泥、浮法玻璃成套技术装备与工程服务业在国际市场的优势，扩大技术装备和工程服务贸易输出，提高国际市场份额，增强国际品牌竞争力。到 2020 年，建材行业在国际市场实现的经营额占全国建材行业销售额的 10%以上。进行广泛的国际产能合作，突破建材生产能力主要布局在国内的发展格局，加大在国外布局新的生产能力，鼓励具备条件的企业采取集约发展模式，到国外发展建设建材综合性或专业性的产业园区，实现上下游配套协同发展，拉长产能合作产业链，扩大产能合作集聚区，实现国际化经营。

鼓励企业参与国际竞争，积极与“一带一路”战略相衔接。鼓励并支持具备国际竞争能力的企业，确立全球视野，充分利用国际、国内两种资源，面向两个市场，充分发挥比较优势，既要与国家“一带一路”战略相衔接，也要与亚洲基础设施投资银行援助亚太地区国家基础设施建设的主要业务相衔接，明确“走出去”的发展区域，积极参与国际竞争，以参股、并购、与外方企业合资、合作、独资兴办企业，或兴办产业园区、产业聚集区等方式融入国际体系，开拓新的市场空间。

逐步建立建材出口产品营销网络。鼓励并支持有条件的企业建立全球销售网络，积极开拓国际市场渠道。依靠信息技术手段发展全球经营网络，增强国际竞争能力；加强与国内、国际工程承包商联合，组建国际建材产品供应采购联盟，推动国内建材企业进入国际建材产品供应链，发展跨国、跨境建材电子商务。

培育和打造世界级优秀建材企业和知名品牌。实施品牌战略，依靠自主创新、精益制造和优质服务，努力培育和打造一批具有广泛知名度、良好美誉度和牢固忠诚度的世界级知名产品品牌、产区品牌和企业品牌。到 2020 年，进入世界 500 强的企业力争达到 2～3 家。

加强国际交流与合作。鼓励并支持相关协会组织、学术团体和大型骨干企业积极参与国际交流与合作，积极主动地组织与搭建国际间的各种有影响力的建材活动，主动参加同行各种国际组织并成为主要成员国。组织国际性的论坛峰会，举办世界级的产品、装备展览会，倡导全球性的节能减排论坛年会。促进科技人员交流，合作开展重大科技攻关，共同提升科技创新能力。积极参与国际建材产品生产与应用标准的制定，不断提高我国在国际标准制定中的话语权，并最终成为国际标准和市场规则制定的主导者。

（中国建筑材料联合会）

第五章　机械行业2015年发展回顾及“十三五”发展形势与建议

一、2015年机械行业发展回顾

（一）2015年机械行业发展情况

1. 增加值增速低于全国工业、制造业的平均水平

据国家统计局快报统计，2015年机械工业增加值同比增长5.5%，低于2014年增速（10%）4.5个百分点，也低于同期全国工业平均增速（6.1%）0.6个百分点，低于制造业（7%）1.5个百分点，这是2015年一个显著的变化。

2. 部分产品产量继续保持世界前列

2015年工程机械行业本土品牌产品已满足了国内市场需求的90%以上，其中装载机、挖掘机、汽车起重机、压路机、叉车、推土机、混凝土机械等一大批工程机械产品产量位居世界首位。空分设备制造业成为全球最大的空分设备制造基地，国内已有10家以上企业具有制造6万～10万m^3/h等级空分的能力。电度表、水表、煤气表、数字万用表、望远镜等通用仪器仪表类产品、液压气动元件、轴承产量位居世界前列。铸锻件产品年产量已连续十余年居全球首位，占全球年总产量的40%以上。塑料机械持续多年产量位居世界前列，国内市场的满足度超过70%。具体代表性产品如下。

拖拉机：近年来国家为农业机械化提供了持续走强的政策支持，并实施稳定的财税优惠政策，使我国农机工业的综合实力得以快速提升。2015年代表性产品大中型拖拉机产量再创历史新高，全年累计生产大中型拖拉机68.82万台。其中大型拖拉机7.74万台，同比增长33.01%；中型拖拉机61.08万台，同比增长7.56%。小型拖拉机生产140.28万台，同比下降15.29%。从各类型拖拉机增长速度来看，小型拖拉机2015年各月增速均为负增长，中型拖拉机增速均在低位增长，大型拖拉机保持快速增长。2013年以来大中小型拖拉机产量累计增速变化情况如图1所示。

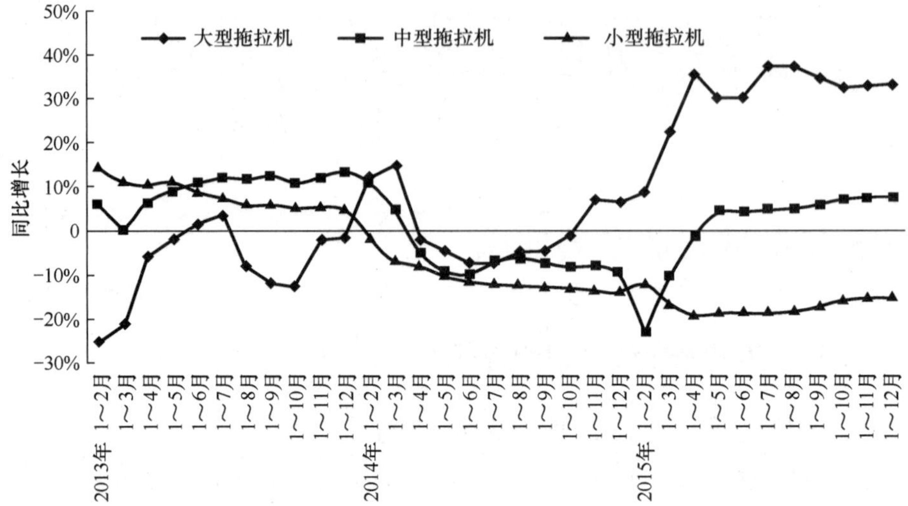

图 1　2013 年以来大中小型拖拉机产量累计增速变化情况

机床：2015 年机床产品产出规模虽有所下降，但整体技术水平持续提高。在 04 专项的支持下，成功开发出一批国家急需、长期依靠进口、受制于国外的高档数控机床与基础制造装备，不仅解决了“有无”的问题，也为机械工业向高端发展奠定了技术基础，提供了装备保障。2015 年全年生产金切机床 75.55 万台，同比下降 9.07%，其中数控金属切削机床产量 23.52 万台，同比下降 9.53%。

发电设备：2015 年全国发电设备累计产量 1.1 亿千瓦，同比下降 17.2%，产量稳居世界第一位。在发电设备产品中，火电机组产量 7327.58 万千瓦，同比下降 16.5%，占发电设备总产量的比重仍在首位，达 66.4%。

清洁能源发电机组中，风电机组占比明显上升，由 2014 年的第三位上升到第二位，完成产量 2051.58 万千瓦，同比增长 8.7%，占发电设备产量的 18.6%，已经超过水电发电机组所占比重；水电机组完成产量 1544.25 万千瓦，同比下降 32.6%，占发电设备产量的 14%，占比比 2014 年同期下降 3.3 个百分点；核电机组完成产量 108 万千瓦，同比大幅下降 71.2%，占发电设备总量的比重为 1%，占比较 2014 年下降 1.8 个百分点。风电、水电、核电设备产量合计占发电设备总产量的比重已达到 33.6%。

2014、2015 年发电设备产量增长情况见表 4。

表 4　　2014、2015 年发电设备产量增长情况

	单位	2014 年		2015 年	
		产量	占比	产量	占比
发电设备	万千瓦	13 270.55	100.0%	11 031.41	100.0%
其中：水电机组	万千瓦	2289.57	17.3%	1544.25	14.0%
火电机组	万千瓦	8773.36	66.1%	7327.58	66.4%
风电机组	万千瓦	1832.62	13.8%	2051.58	18.6%
核电机组	万千瓦	375.0	2.8%	108	1%

注：表中数据为中国机械工业联合会机械工业发电设备中心统计。

汽车：2015 年我国汽车工业再次取得良好成绩，全国汽车产销量双双突破 2400 万辆，分别为 2450.33 万辆和 2459.76 万辆，同比分别增长 3.25%和 4.68%，产量再创历史新高，已连续七年蝉联全球第一，但增速分别比 2014 年增速大幅回落 4.01 和 2.18 个百分点。

其中轿车：轿车产销连续五年双双超过 1000 万辆，2015 年产销量分别为 1163.09 万辆和 1172.02 万辆，同比分别下降 6.84%和 5.33%。从各月增速来看，轿车增长均低于汽车总量的增长幅度。轿车占汽车总量的比重从 2012 年的 55.9%降至 2015 年的 47.47%，下降 8.43 个百分点。

2015 年汽车月度产量增长情况如图 2 所示，2015 年基本型乘用车（轿车）月度产量同比增长情况如图 3 所示。

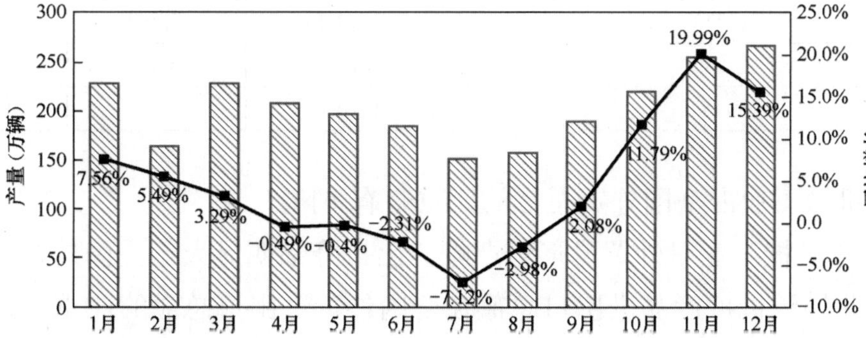

图 2　2015 年汽车月度产量增长情况（数据来源：中国汽车工业协会）

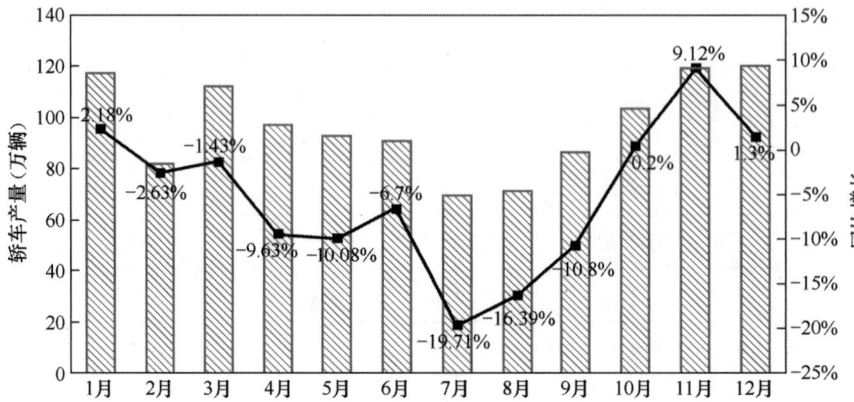

图 3　2015 年基本型乘用车（轿车）月度产量同比增长情况（数据来源：中国汽车工业协会）

3. 外贸进出口双双下降，顺差加大

（1）机械工业对外贸易发展减速下行

据海关统计，2015 年机械工业实现进出口总额 6665.06 亿美元，同比下降 8.13%，比全国外贸增速低 0.13 个百分点。其中出口 3887.6 亿美元，同比下降 3.36%，出现了自 2009 年国际金融危机以来少有的负增长，且下降幅度超过全国外贸出口降幅；进口 2777.5 亿美元，同比下降 14.1%。全年累计实现贸易顺差 1110.1 亿美元，再创历史新高，较 2014 年增加 319.1 亿美元。具体数据见表 5。

表 5　　2015 年机械工业进出口完成情况

	全国外贸		机械工业		机械工业占比
	总额（亿美元）	同比增减	总额（亿美元）	同比增减	
进出口总额	39 586.4	−8.0%	6665.06	−8.13%	16.84%
其中：进口	16 820.7	−14.1%	2777.46	−14.06%	16.51%
出口	22 765.7	−2.8%	3887.6	−3.36%	17.08%
贸易差额	5945.0	—	1110.15	—	18.67%

（2）机械工业占全国外贸总额的比重略有下降

2015 年机械工业对外贸易形势严峻，出口降幅明显大于全国外贸出口平均降幅，由此导致机械产品进出口总额在全国外贸进出口总额的比重一改上年的上升趋势，由 2014 年的 16.86%降至 2015 年的 16.84%，下降 0.02 个百分点。其中进口占比 16.51%，较 2014 年提高 0.02 个百分点；出口占比由 2014 年的 17.17%降至 17.08%；机械工业贸易顺差占全国贸易顺差的比重为 18.67%，较

2014 年明显回落。2015 年机械工业出口增速同比情况如图 4 所示。

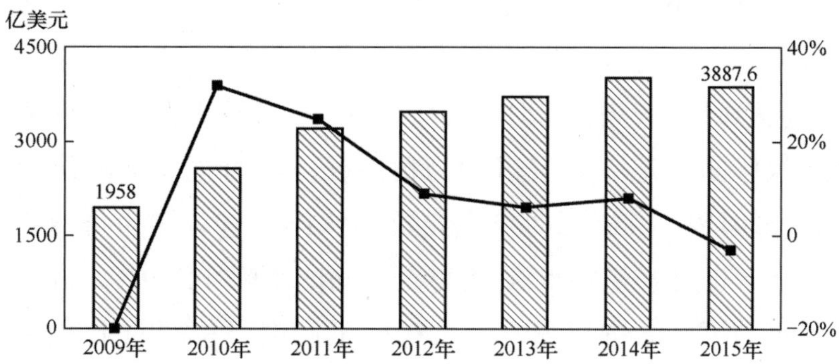

图 4　2015 年机械工业出口增速同比负增长

（3）2015 年机械工业出口呈下行趋势

一是月度出口下行走势明显：2015 年机械工业对外贸易出口月度下行趋势明显。2 月由于上年基数较低，当月增速超过 50%；但 3 月形势急转直下，当月同比下降 14.83%，降幅远超年初预期。此后，除 6 月同比增长 0.73%外，其余各月均为同比负增长。累计同比增速自 3 月起持续回落，从 7 月起由正转负。全年机械工业对外贸易出口同比下降 3.36%，比 2014 年回落 11.37 个百分点，出现了自 2009 年国际金融危机以来首次对外贸易出口的同比下降。二是一般贸易在机械工业出口中的占比继续提高：2015 年机械工业一般贸易出口 2352 亿美元，同比下降 1.3%，下降幅度较机械工业出口平均幅度收窄 2.06 个百分点。从占比来看，一般贸易出口占机械工业出口总额的 60.51%，较 2014 年提高 1.27 个百分点，在出口中所占比重已连续六年提升。加工贸易出口 1168 亿美元，同比下降 7.73%，占机械工业出口总额的 30.05%，占比较 2014 年又下降 1.42 个百分点。从近年趋势来看，一般贸易出口占机械工业对外贸易出口总额的比重持续上升，即便在 2015 年机械工业出口总体下降的背景下，一般贸易出口的降幅较加工贸易也明显放缓。在全球经济增长乏力的背景下，一般贸易出口对机械工业出口“稳增长”将发挥越发重要的作用。

（4）2015 年机械工业进口显著下降

2015 年机械工业进口显著下降，降幅超过 10%，达到−14.06%，降幅与同期全国外贸进口降幅基本持平。具体来看，机械工业进口呈现以下特点：一是机械工业进口贸易显著下降。全年机械工业进口总额为 2777 亿美元，同比下降

14.06%。具体来看，全年各月进口额同比均为负增长，其中 5 月同比下降 19%，8 月下降 22%，10 月下降 21%，是 3 个下降幅度比较大的月份；从累计增速来看，自 3 月起累计增速持续下降，且 5 月起累计降幅持续在 10%以下，至年底未出现明显的企稳回升势头。总体来看，2015 年机械工业进口形势持续低迷。二是主要贸易伙伴国（地区）进口均为负增长。从对主要贸易伙伴国（地区）进口情况分析，2015 年机械工业自主要贸易伙伴国进口均为负增长，且部分国家降幅较大。全年自日本进口 551 亿美元，同比下降 16.19%，再次超越德国成为我国机械工业的第一大进口国，但占机械工业进口总额的比重降至 19.83%。自德国进口 538 亿美元，同比下降 20.46%，占机械工业进口总额的比重降至 19.38%。自美国累计进口额为 355 亿美元，同比下降 7.95%，占进口总额比重为 12.79%，较 2014 年提升 0.84 个百分点。自韩国进口 249 亿美元，同比下降 3.97%，占机械工业进口总额的比重为 8.96%。自台湾地区、英国、意大利进口额分别占机械工业进口总额的 2.26%～4.14%，同比均为负增长，下降幅度为 16%～30%。三是一般贸易进口下降明显。从贸易方式来看，一般贸易进口下降明显，同比下降 15.63%，较机械工业平均水平加深 1.57 个百分点，全年进口总额为 1847 亿美元。表明国内市场需求放缓，是导致机械工业进口大幅下降的重要原因。2015 年机械工业加工贸易进口 551 亿美元，同比下降 7.45%，其中来料加工装配贸易进口额同比下降 13.17%，进料加工贸易进口额同比下降 7.01%，降幅均小于机械工业进口平均降幅。由于这一贸易类型进口的产品，通过加工装配后最终会出口，因此可以预计未来来料加工装配贸易的出口将延续回落走势。

4. 固定资产投资增速持续回落

从固定资产投资额来看，全国（不含农户，下同）完成 551 590.04 亿元，比 2014 年增加 49 585.14 亿元，增量较上年减少 15 892.06 亿元，其中：制造业 180 364.66 亿元，比 2014 年增加 13 446.34 亿元，增量较上年减少 6102.24 亿元；机械工业 49 293.47 亿元，比 2014 年增加 4359.92 亿元，增量较上年减少 710.59 亿元。

从固定资产投资增速来看，全国投资增速逐月下降，制造业投资增速波动回落且低于全国投资，机械工业投资增速呈趋稳态势。具体来看，全国同比增速为 10%，较 2014 年回落 5.7 个百分点，较年初 1～2 月回落 3.9 个百分点；制造业同比增速上半年波动回落，下半年逐月回落，从 1～2 月的 10.6%到 1～4 月的 9.9%，1～5 月的 10%，1～6 月的 9.7%，降至 1～12 月的 8.1%，比 2014 年回落 5.4 个百分点；机械工业年初低开，1～2 月仅 8.68%，此后逐月波动提高至 1～6 月的 9.55%，下半年继续保持，自 8 月起已超过制造业投资增速，1～12 月升至 9.7%，但较 2014 年仍回落 3 个百分点。

从机械工业占全国和制造业比重来看，较 2014 年一缩一扩。其中，机械工业投资占全国固定资产投资比重为 8.94%，比 2014 年缩小 0.01 个百分点；机械工业占制造业固定资产投资比重为 27.33%，比 2014 年扩大 0.41 个百分点。

综上所述，2015 年机械工业固定资产投资与 2014 年相比呈现出投资额增量减少、投资增速持续回落、机械工业在制造业投资额中占比略有扩大的特点。

2013—2015 年全国（不含农户）、制造业、机械工业固定资产投资同比增速情况如图 5 所示，2014—2015 年机械工业固定资产投资情况比较如图 6 所示。

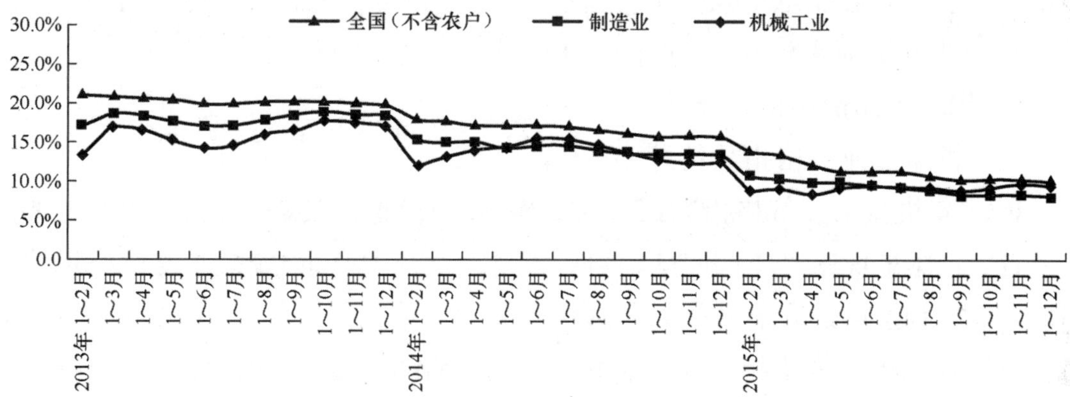

图 5　2013—2015 年全国（不含农户）、制造业、机械工业固定资产投资同比增速比较

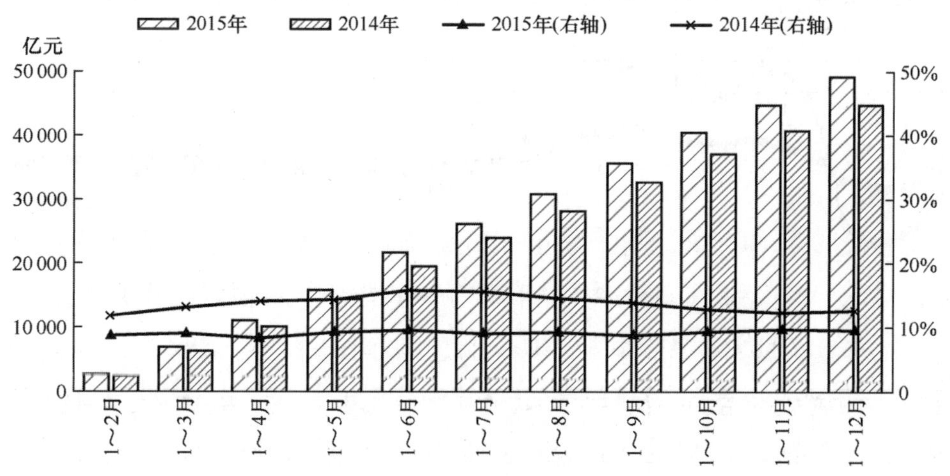

图 6　2014—2015 年机械工业固定资产投资情况比较

5. 行业效益增速回落

2015 年机械工业累计实现利润总额 15 992.38 亿元，连续六年超过万亿元，同比增长 2.46%，增速较 2014 年下降 8.15 个百分点；利润总额占全国工业的比重为 25.16%，占比比 2014 年同期（24.08%）提高 1.08 个百分点。全年机械工业实现主营业务收入 22.98 万亿元，同比增长 3.32%，增速同比回落 6.09 个百分点，但高于同期全国工业增速（0.8%）2.52 个百分点。2015 年机械工业经济效益增速低于主营业务收入增速，亏损企业和亏损额增加。全年累计实现利润总额比同期主营业务收入增速低 0.86 个百分点。主营业务收入利润率为 6.96%，较 2014 年同期下滑 0.06 个百分点。全年实现税金总额 8869 亿元，比 2014 年增长 5.08%。全年应收账款增幅高于主营业务收入。与总量和效益指标全面回落的情况相反，2015 年全行业应收账款增幅高于主营业务收入的增幅，也高于工业平均水平，1～12 月应收账款增幅 8.59%，总量在工业中的比重为 32.24%。

6. 代表产品价格持续低迷

（1）机械工业价格指数持续 40 多个月下行

2015 年机械工业价格指数延续了 2014 年持续低迷的态势，从全年的走势情况来看，总体呈现逐月小幅回落趋势，各月持续在 100%以下。当月价格指数自 2011 年 12 月起连续 49 个月在 100%以下，累计价格指数持续 48 个月低于 100%。与全国工业品出厂价格指数相比，机械工业价格指数的波动幅度小于全国工业价格指数的波动幅度，累计价格指数已经连续 40 个月稳定在 98%的水平。2009 年以来机械工业价格指数与全国工业价格指数变动情况如图 7 所示。

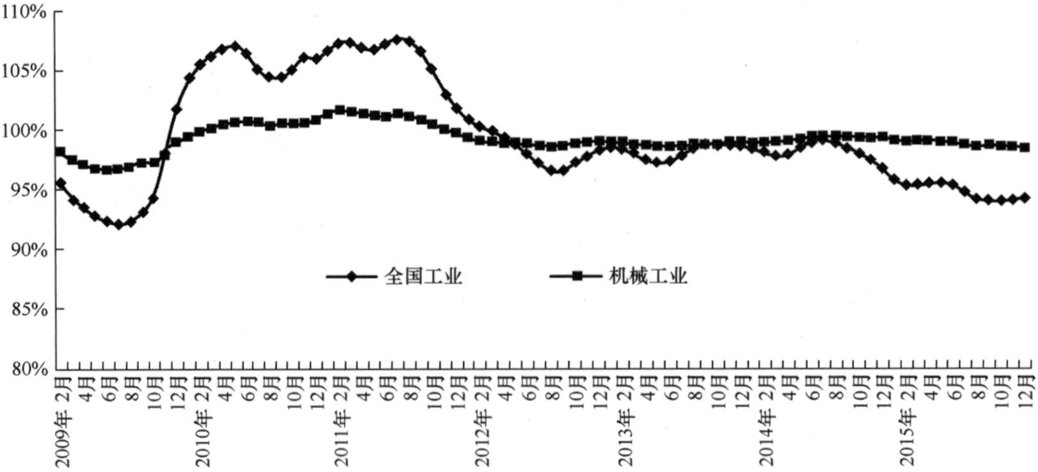

图 7　2009 年以来机械工业价格指数与全国工业价格指数变动情况

（2）价格指数持续下行的产品居多

分产品来看，在统计的 142 种机械产品价格指数中，累计价格指数低于 100%的产品有 103 种，占比达 72.54%。其中降幅较大的产品是钢绞线、数码照相机、电线电缆、其他金属丝绳、电力电容器、轻型客车、场上作业机械、胶印设备，降幅都在 4%以上。

累计价格指数高于 100%的产品仅有 29 种，比 2014 年同期减少 34 种，表明市场环境未见明显好转，下行压力仍然较大。2012 年以来机械工业产品累计价格指数变化情况如图 8 所示。

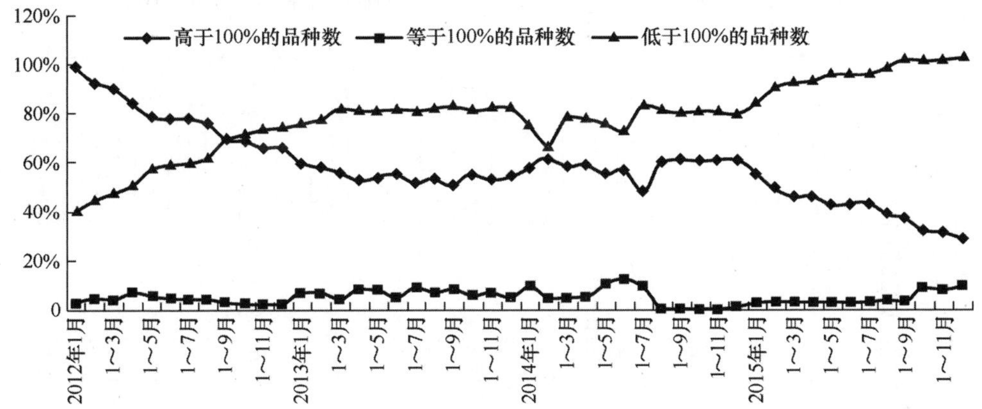

图 8　2012 年以来机械工业产品累计价格指数变化情况

从年内机械产品价格指数趋势来看，12 月与 6 月相比，多数产品价格指数仍在 100%以下徘徊，其中 86 种产品价格指数下行趋势在加深。

其中，下行幅度超过 2 个百分点的产品已从 2014 年的 15 个品种增加至 21 种，包括：淀粉加工机械（3.24）、船舶用柴油发动机（2.8）、工业用衡器（3.3）、电化学式分析仪器（5.36）、离心式通风机（3.31）、装卸机械（2.4）、金属、硬质合金用型模（4.54）、铣床（2.25）、齿轮加工机床（10.23）、数控车床（2.64）、数控钻床（5.66）、锻造机及冲压机（2.01）、数控锻造机及冲压机（2.04）、钢绞线（5.47）、其他金属丝绳及其制品（2.79）、汽轮发电机组（2.67）、低压电路开关装置（2.59）、电线电缆制造（4.22）、钢铁铰接链（工业链条）（2.11）、粉末冶金零件（3.8）、三轮摩托车（3.81）。

7. 行业增长分化加剧，结构调整初现成效

2015 年机械工业主要分行业经济运行分化更为明显。以主营业务收入和利润增速为例，高于全行业平均水平的产品和行业主要有运动型多用途汽车（SUV）、食品包装机械、农业机械、仪器仪表、环保机械等与民生、消费密切相关的行业。主要靠投资拉动的行业逐步回落，以主营业务收入和利润增速为例，低于全行业平均水平的行业主要是工程机械、石化通用、重型矿山、金切机床，这些行业均属机械工业中典型的投资类产品行业。汽车行业内部也呈现“消费类上升、投资类下降”的相同趋势。与“十五”“十一五”期间全面快速增长不同的是，机械工业各分行业在进入“十二五”后期，市场需求结构发生了变化，变化的主要标志是分化加剧。

2015 年机械工业各分行业主营业务收入增长情况、主营业务收入增幅回落情况、利润增长情况及利润增幅回落情况分别如图 9 至图 12 所示。

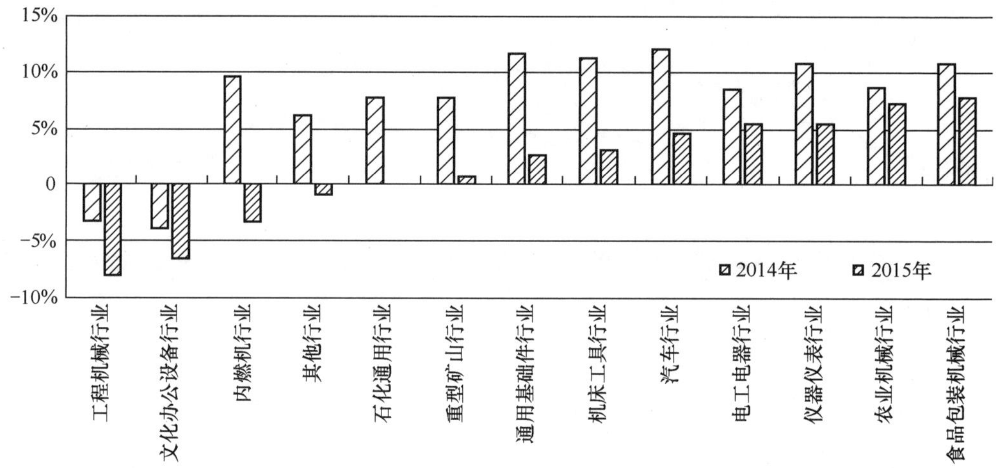

图 9　2015 年机械工业各分行业主营业务收入增长情况

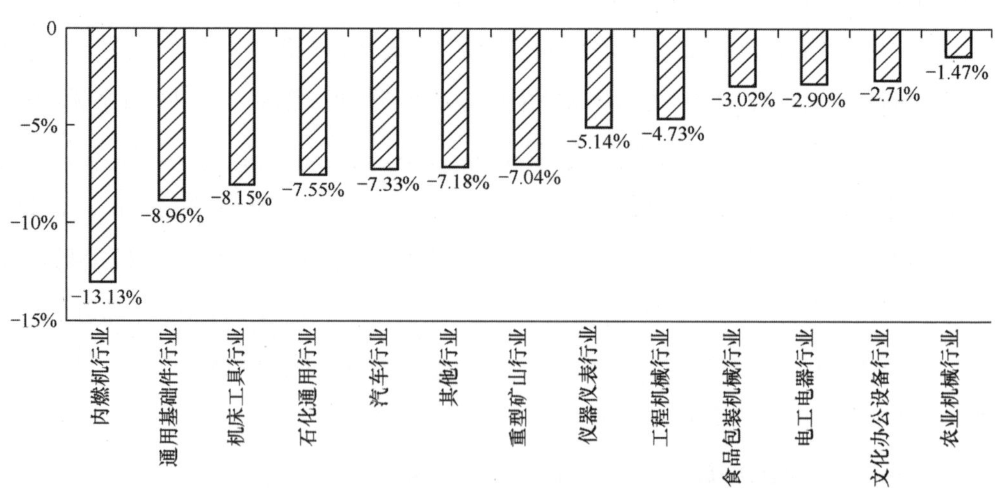

图 10　2015 年机械工业各分行业主营业务收入增幅回落情况

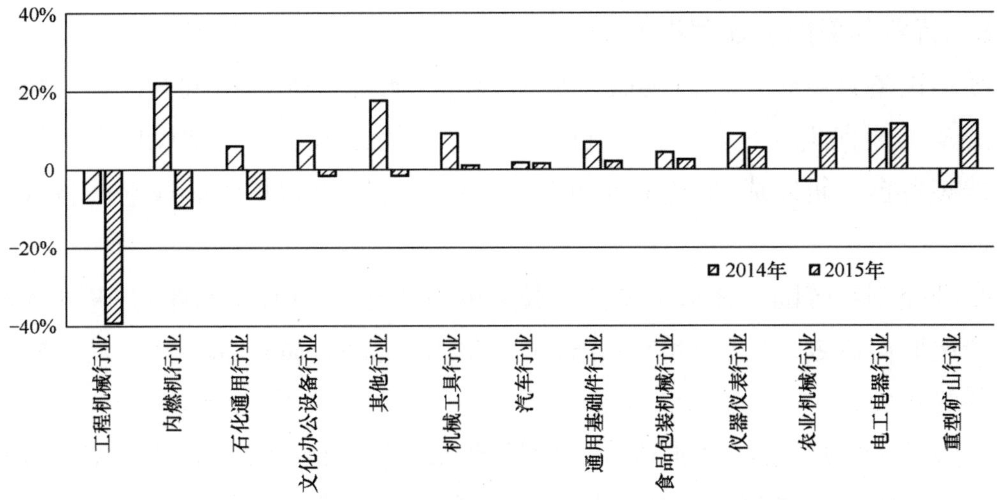

图 11　2015 年机械工业各分行业利润增长情况

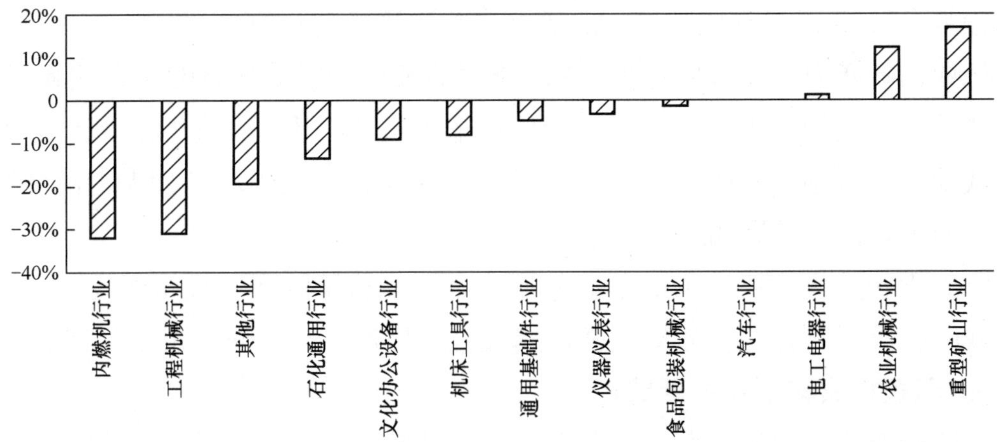

图 12　2015 年机械工业分行业利润增幅回落情况

与智能、绿色相关的行业产销形势比较好。与自动化、信息化和智能制造紧密相关的仪器仪表行业，保持较快的增长速度。电工行业中的特高压输变电设备形势明显好于常规产品；抽水蓄能机组形势好于常规水电机组；风电和光伏发电设备形势好于常规发电设备。

民营企业对行业发展的贡献不断加大。2015 年民营企业实现主营业务收入 13.57 万亿元，同比增长 6.48%，高于机械工业全行业平均增速 3.16 个百分点，占机械工业主营业务收入的比重达到 59.05%，与 2010 年相比所占比重提高了 7.79 个百分点；实现利润总额 8860 亿元，在机械工业实现利润中的比重已达到 55.4%，比 2010 年提高 8.94 个百分点。

8. 行业创新能力显著提升

高端设备自主研发取得突破。大型核电、水电、火电和风电设备、特高压交直流及柔性直流输变电设备、油气长输管线关键装备、大型煤化工关键设备等高端装备自主研发成功。燃用准东煤 350mW 超临界锅炉研制成功并投入工程应用。

高端控制系统国产化成果喜人。长期受制于进口的流程工业用 DCS 控制系统国产化取得成效，国产 DCS 系统的市场份额已超外资产品，并已具备参与国际竞争的实力。

“三基”领域发展持续推进。一批长期依赖进口的关键基础件、核心零部件的国产化工作取得进展。高压绝缘套管、变压器出线装置、优质冷轧矽钢片、大型电站锻件、燃气轮机高温叶片、大型核电静密封装置、挖掘机配套高压阀、高端轴承、LNG 低温高压铸造球阀等国产化水平显著提高。

行业创新能力建设得到重视，对基础试验及试验能力建设的投入明显增大。制约新产品研发的基础试验检测平台建设取得进展，大型压缩机试验台、水轮模型试验台、电站安全阀试验台等平台相继建成，少数领域（如大电流和高电压试验能力）已达世界同行先进水平。

协同创新步伐加快。机械企业与用户企业、科研院所在设备研发工艺创新等领域的合作更加紧密、频繁。合作模式推陈出新，合作研发成效显著。

9. 积极探索转型发展新路径

智能制造、“互联网+”开始起步。自动生产线、数字化车间、现代物流等已在长三角、珠三角等地区形成一定规模；传统工程机械制造企业和农业机械制造企业已开展了“互联网+”的尝试，以开拓新的市场。新业态、新模式不断出现。融资租赁营销模式在冶金、矿山等一批成套项目上开始探索；农机电子商务等新兴商业模式开始应用；传统企业向制造服务业的转型持续推进。

（二）机械行业当前需要关注的重点问题

1. 市场需求不足

从经济运行情况来看，当前机械工业经济运行中的主要问题仍是需求不足。2015 年以来机械工业重点联系企业累计订货延续 2014 年的下降趋势，累计订货额同比下降 3.55%，为近年来低位。并且在各个分行业中，内燃机、工程机械、仪器仪表、石化通用、重型机械、机床、机械基础件行业生产企业订货疲软的问题十分突出。近五年机械工业重点联系企业累计订货增速变化情况如图 13 所示。

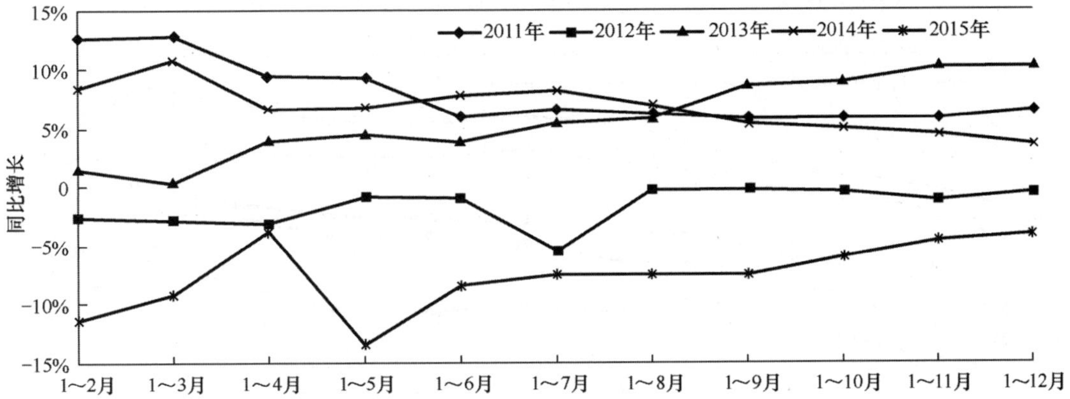

图 13　近五年机械工业重点联系企业累计订货增速变化情况

2. 企业主营业务盈利能力下降

机械工业利润率近几年呈现下滑的态势，已由“十一五”末 2010 年 8.38%（年报数）的历史高点下降至 2015 年的 6.96%（快报数）。特别是主营活动利润下降更为明显，2015 年机械工业主营活动利润总额同比下降 2.12%，低于利润总额增速 4.58 个百分点，主营活动利润占利润总额的比重下降 3.98 个百分点，主营活动利润率为 5.93%，同比下降 0.33 个百分点。

3. 应收账款回收困难

2015 年年末全国机械工业企业应收账款总额为 36 926.67 亿元，同比增长 8.59%；应收账款与库存占主营业务收入的比重为 26.38%，比 2014 年同期（25.86%）上升 0.52 个百分点，占流动资金比重为 52.91%。应收账款的绝对量始终在高位，特别是为国家重点项目提供设备的重大技术装备行业，货款回收更为困难，应收账款占比明显高于生产量大、面广产品的行业。近五年机械工业应收账款和产成品资金占流动资产合计比重情况如图 14 所示。

4. 行业运营效率提升受阻

2015 年受国内外市场需求不足影响，机械企业总体生产任务不足，虽然三项费用支出增幅回落，但由于刚性支出有增无减，总体成本压力不小。

一是销售、财务费用增幅回落。2015 年企业销售费用同比增长 1.03%，比 2014 年同期（7.4%）回落 6.37 个百分点，企业经营活动趋弱；财务费用同比增长 1.21%，其中利息支出同比下降 2.84%，分别比 2014 年同期增幅（7.62%、8.94%）回落 6.41 和 11.78 个百分点；管理费用同比增长 5.64%，增幅高于销售费用、财务费用增幅。2012 年以来机械工业三项费用增长情况如图 15 所示。

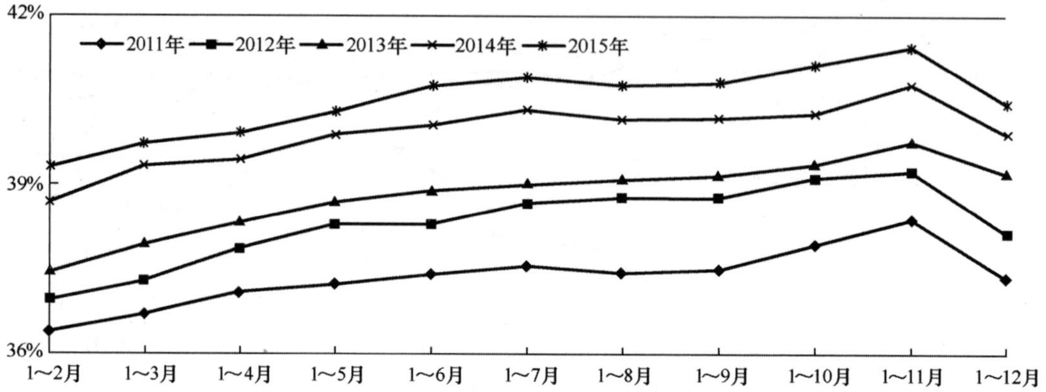

图 14　近五年机械工业应收账款和产成品资金占流动资产合计比重情况

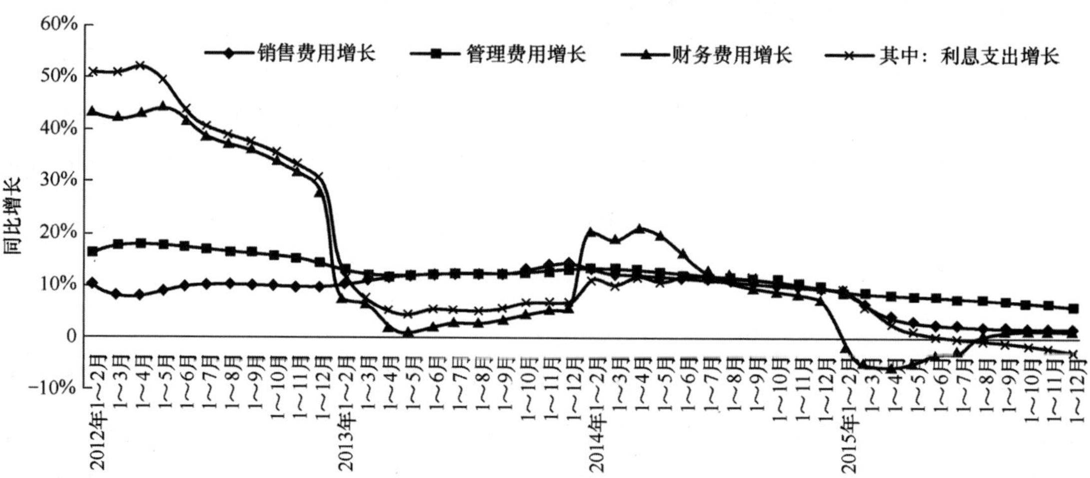

图 15　2012 年以来机械工业三项费用增长情况

二是企业库存及产成品增幅持续回落。2015 年企业存货及存货中的产成品均呈现回落势头，2015 年企业存货同比增长 0.78%，比 2014 年同期（8.64%）回落 7.86 个百分点。存货中的产成品增长 3.67%，比 2014 年同期回落 11.27 个百分点。从存货及存货中的产成品增幅来看，企业持续去库存，为下一年度铺货的意愿明显不足。2012 年以来机械工业企业库存增长情况如图 16 所示。

三是亏损企业亏损面和亏损额加大。2015 年机械工业 85 455 家规模以上企业中，亏损企业 10 953 家，同比增长 28.54%；亏损面 12.82%，同比上升 2.85

个百分点；亏损企业亏损额 1290.38 亿元，同比增长 19.29%，比 2014 年同期增幅（9.89%）提高 9.4 个百分点。2015 年机械工业亏损企业及亏损面情况如图 17 所示。

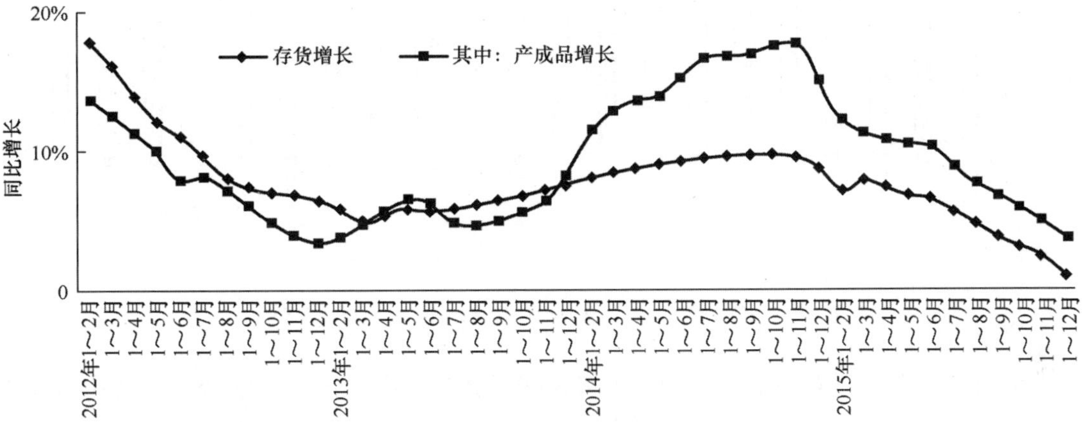

图 16　2012 年以来机械工业企业库存增长情况

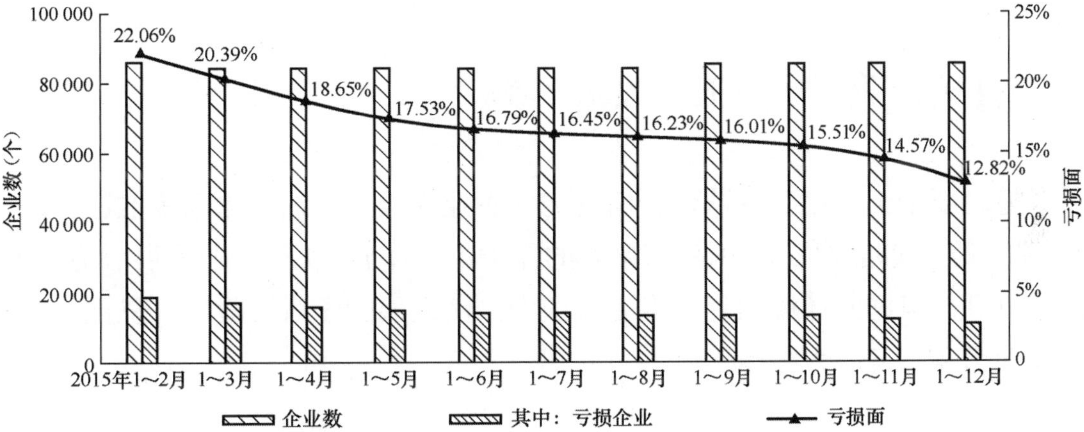

图 17　2015 年机械工业亏损企业及亏损面情况

5. 成本压力有增无减

从机械工业各月每百元主营业务收入中的成本与主营业务收入利润率情况来看，2015 年与 2014 年相比，成本提高，利润率下降。2015 年每百元收入中的成本在 84.92 元左右，比 2014 年同期（84.51 元）提高 0.41 元；2015 年主营业务收入利润率 6.96%，比 2014 年同期（7.02%）下降 0.06 个百分点。近两年机械工业每百元收入中的成本变化情况如图 18 所示。

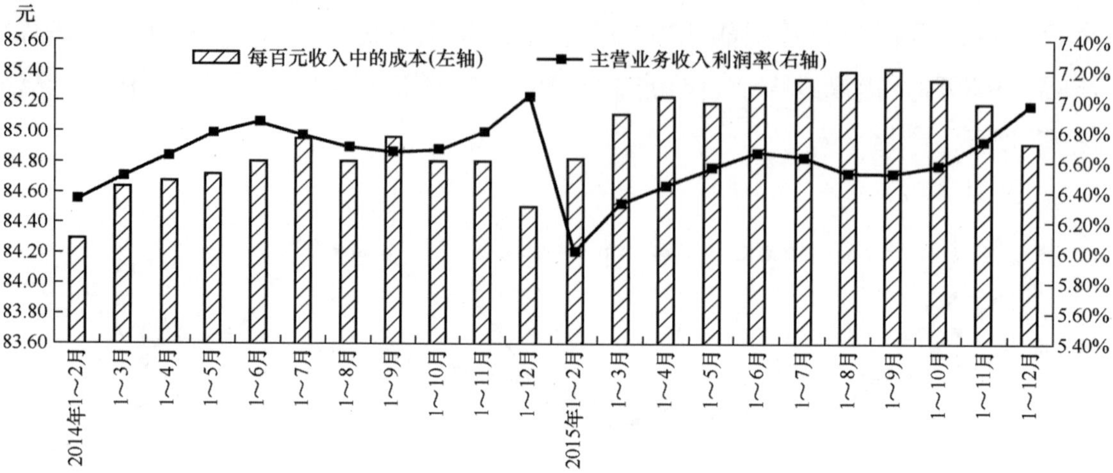

图 18　近两年机械工业每百元收入中的成本变化情况

综上所述，面对国内外市场环境和我国经济发展进入“新常态”的客观规律，机械工业必须努力实现由中低端水平迈向中高端水平，必须通过改革激发市场和企业的活力，实现机械工业的持续发展。

二、机械行业“十三五”发展形势

随着新型工业化、城镇化、信息化、农业现代化、绿色化同步推进，以及“一带一路”战略实施，国内外市场新的需求不断释放，机械工业发展潜力巨大、前景可期。但国际环境的复杂多变和国内经济发展的矛盾风险不可忽视，经济增长动力和下行压力并存。

（一）国际形势复杂多变，博弈竞争更趋激烈

国际金融危机以后，世界经济格局发生深刻变化，经济发展分化加剧，发展环境错综复杂。美欧日实施“再工业化”政策，吸引中高端制造业回流；低收入国家凭借成本优势，加速吸引劳动密集型产业。发达国家和发展中国家的“前后夹击”，世界贸易格局的变化，削弱了我国的劳动力成本和资源优势，提高了我国参与国际经贸合作的成本，对我国机械装备出口和产业发展产生了不利影响，倒逼我国机械工业加快传统生产方式和商业模式的创新与升级。

（二）国内需求潜力巨大，产业发展空间广阔

我国正处于工业化中期和城镇化的加速发展阶段，基础设施建设和公共服务系统还有很大的投资空间。同时我国东、中、西、东北四大区域存在着基础设施和产业发展的明显差距，欠发达地区还有较大的投资需求。信息化、农业现代化、绿色化将有力促进机械工业产品研发和推广应用，带动智能制造装备、仪器仪表、现代农业装备、节能环保装备等更好、更快地发展。此外，“一带一路”战略的实施，铁路提速、油气输运、电力输送、环境保护、新能源发展、资源综合利用、传统产业升级等都为机械工业不断提供新的市场需求空间。

（三）发展方式面临转型，产业升级责任重大

“十三五”时期是机械工业转型升级、创新发展的关键时期，行业发展将呈现新特征。一是行业增速总体由高速增长转为中高速增长。为新兴产业、节能环保、智能制造、民生消费等领域服务的产业将逐步兴起并保持高速增长，多数领域进入中速及低速增长。二是行业增长方式从增量扩张为主向盘活存量、优化增量发展并举转变，从规模速度型向质量效益型转变趋势更加明显。三是产业结构继续优化，表现为民营企业比重持续上升、中西部地区占比扩大、技改和研发在固定资产投资中的比重加大、智能化产品和技术所占比重提高等。四是发展动力从要素驱动型向创新驱动型转变，创新驱动逐步成为行业发展的主要驱动力量。五是出口产品从低附加值产品逐步向高附加值产品转变，一般贸易出口增速将高于加工贸易出口增速。

三、机械行业“十三五”发展建议

（一）强基固本，奠定产业发展的坚实基础

基础薄弱是长期制约我国机械工业发展的关键瓶颈，机械工业必须要强化基础、突破瓶颈、补齐短板，切实加强基础零部件、基础材料的研制以及基础

工艺、基础共性技术的研究和开发，重点解决基础零部件、基础工艺和关键配套产品所需的专用生产和检测装备，奠定产业发展的坚实基础。推进以企业为主体、产学研用相结合的技术创新体系建设；加强机制与模式创新，搭建行业公共技术平台，为企业创新发展提供技术支撑和保障。

（二）锤炼重器，提升重大技术装备水平

重大技术装备是国之重器，是国家综合实力的象征。“十三五”期间，机械工业一方面要继续推进重大技术装备的研制和突破，另一方面更为重要的是要对已取得突破的重大技术装备千锤百炼，从“能做”向“做好、做精”转变，进一步提高重大技术装备的各项经济技术指标，在国际市场竞争中脱颖而出。

（三）助推智造，加快智能制造装备研制

加快新一代信息技术的应用，推进智能制造战略实施，着力发展高档数控机床、工业机器人、自动化控制系统、智能仪器仪表、智能传感器等智能制造装备。加快推动信息技术与制造技术的融合，着力提升生产过程信息化水平；打破传统行业界限，加快跨行业、跨领域的融合发展，促进机械工业全产业链、全价值链的创新发展；积极应用新一代信息技术、先进制造技术、新材料技术等高新技术，推动机械产品转型升级。

（四）服务民生，推进产业结构优化升级

为满足人民的基本生活需要、提高人民的生活质量，加快实现全面建设小康社会目标，“十三五”时期，机械工业要重点发展先进高效农业机械、食品加工和包装机械、节能与新能源汽车、服务机器人、高性能医疗设备、先进环保装备，以及满足用户个性化需求的轻工纺织、制药、消费类电子等专用生产设备。创新商业模式，推进机械工业由生产型制造向服务型制造转变，运用市场手段积极化解过剩产能。适应经济发展新常态，开展质量兴业活动，推行全面质量管理，加快提升产品质量；完善行业标准体系，为质量升级提供支撑；推动行业诚信体系建设，打造知名品牌，不断提升企业品牌价值。

（五）绿色低碳，加快机械工业绿色转型

加快推动传统基础制造工艺绿色化发展，大力发展节能高效机电产品；建立并完善资源循环利用体系，大力推进高耗能设备的节能更新改造；积极倡导清洁生产，组织开展机械工业能效评价活动，全面推进机械工业绿色化、低碳化发展。

（中国机械工业联合会　　王瑞祥）

第六章　汽车行业 2015 年发展回顾及“十三五”发展形势与建议

一、2015 年汽车行业发展回顾

（一）2015 年汽车行业发展情况

1. 汽车产销总体平稳增长

2015 年我国汽车产销分别完成 2450.33 万辆和 2459.76 万辆，创历史新高，比 2014 年分别增长 3.3%和 4.7%，总体呈现平稳增长态势，产销增速比 2014 年分别下降 4 和 2.2 个百分点。2000—2015 年我国汽车销量及增长率情况如图 19 所示。

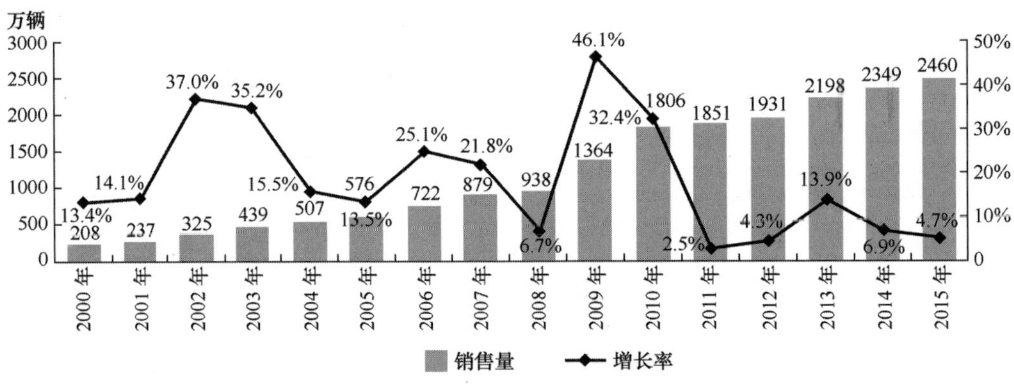

图 19　2000—2015 年我国汽车销量及增长率

从 2015 年全年汽车产销变化情况来看，总体呈现“中间低，两头高”的特征，一季度产销保持稳定增长，增速分别达到 5.26%和 3.90%，二季度后产销增速呈快速回落态势，三季度产销双双呈现负增长，四季度后，受小排量优惠政策影响，乘用车市场恢复明显，因而四季度产销总体止跌回升，产销同比增长分别达到 14.03%和 16.11%，增速明显高于一季度。2015 年汽车月度销量及同比增长变化情况如图 20 所示。

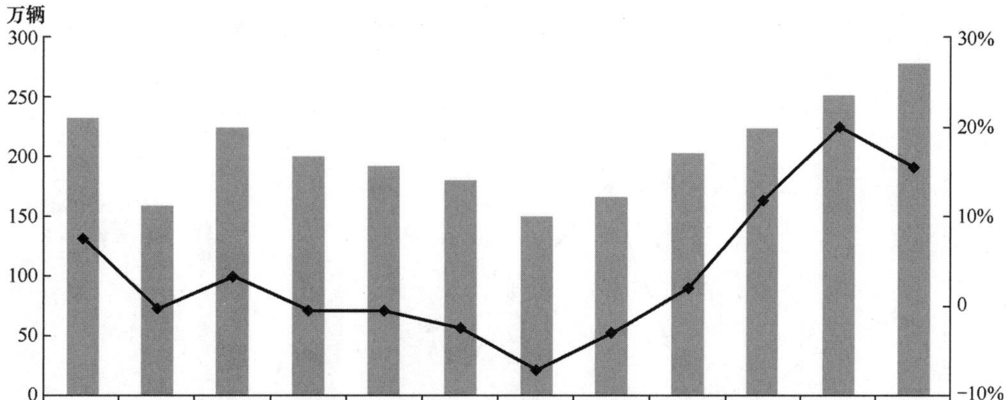

	1月	2月	3月	4月	5月	6月	7月	8月	9月	10月	11月	12月
销量	231.96	159.33	224.06	199.45	190.38	180.31	150.30	166.45	202.48	222.16	250.88	278.55
增长率	7.56%	−0.22%	3.29%	−0.49%	−0.40%	−2.31%	−7.12%	−2.98%	2.08%	11.79%	19.99%	15.39%

图 20　2015 年汽车月度销量及同比增长变化情况

从库存来看，企业库存下降。2015 年年末汽车企业库存为 105.79 万辆，比年初下降 7.8%。其中，乘用车库存为 85.17 万辆，比年初下降 8.3%；商用车库存为 20.62 万辆，比年初下降 5.4%。2015 年汽车企业库存情况见表 6。

表 6　2015 年汽车企业库存情况

	年初车存（万辆）	年末车存（万辆）	增长率
汽车	114.69	105.79	−7.8%
乘用车	92.9	85.17	−8.3%
商用车	21.79	20.62	−5.4%

总体增长呈现如下特点。

（1）乘用车首次超过 2000 万辆，商用车产销同比回落

2015 年乘用车产销分别完成 2107.94 万辆和 2114.63 万辆，比 2014 年分别增长 5.8%和 7.3%，增速高于汽车总体 2.5 和 2.6 个百分点，比 2014 年分别下降 4.4 和 2.6 个百分点，为首次超过 2000 万辆。目前，乘用车是我国汽车产品的主体，比例进一步提高，已达到汽车总量的 86%。2006—2015 年乘用车销量及增长率情况如图 21 所示。

2015 年，基本型乘用车（轿车）产销 1163.09 万辆和 1172.02 万辆，同比下降 6.8%和 5.3%；运动型多用途乘用车（SUV）产销 624.36 万辆和 622.03 万辆，同比增长 49.7%和 52.4%；多功能乘用车（MPV）产销 212.53 万辆和 210.67 万辆，同比增长 7.7%和 10.1%；交叉型乘用车产销 107.96 万辆和 109.91 万辆，同

比下降16.9%和17.5%。2015年乘用车分车型销量情况如图22所示。

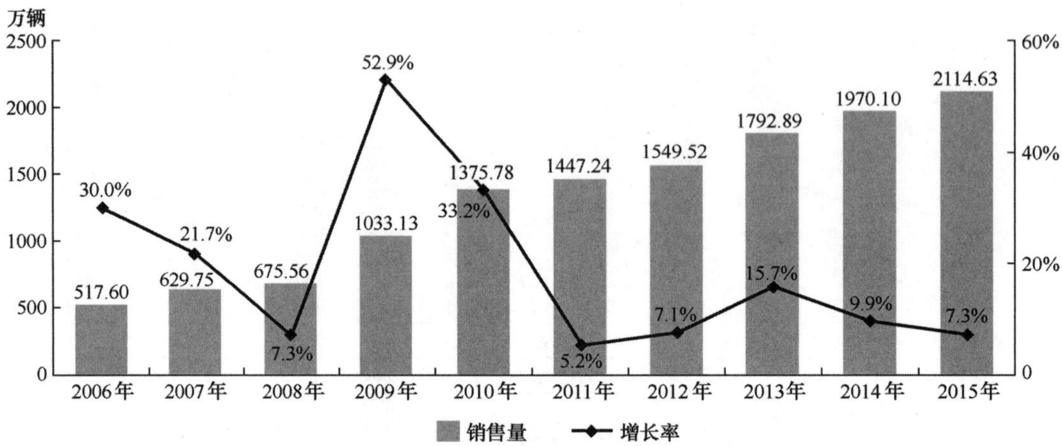

图21　2006—2015年乘用车销量及增长率

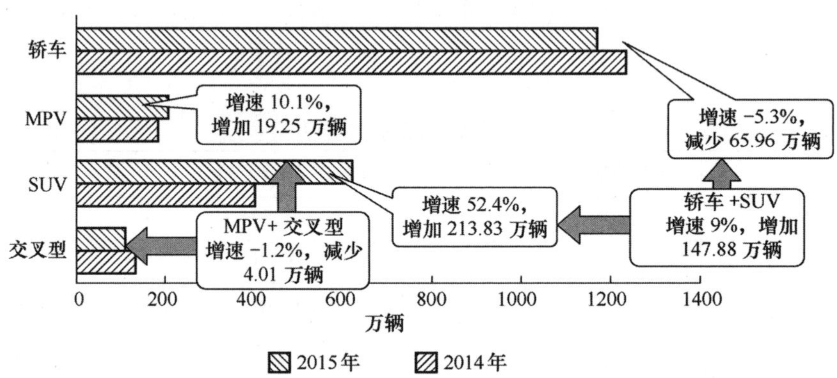

图22　2015年乘用车分车型销量

2015年商用车产销分别完成342.39万辆和345.13万辆，比2014年分别下降10.0%和9.0%。其中，客车产销59.09万辆和59.54万辆，同比下降2.7%和1.9%；货车产销283.30万辆和285.59万辆，同比下降11.4%和10.3%。2006—2015年商用车销量及增长率情况如图23所示。

从近十年商用车销售情况来看，商用车行业受宏观经济形势影响较为明显，2006—2010年总体保持年均10%以上的快速增长，2010年销量超过430万辆，为历史最高，此后两年需求均有所下降，2013年虽有一定增长，但总量未超过2010年，2014年之后需求再次下降，且降幅有所扩大。

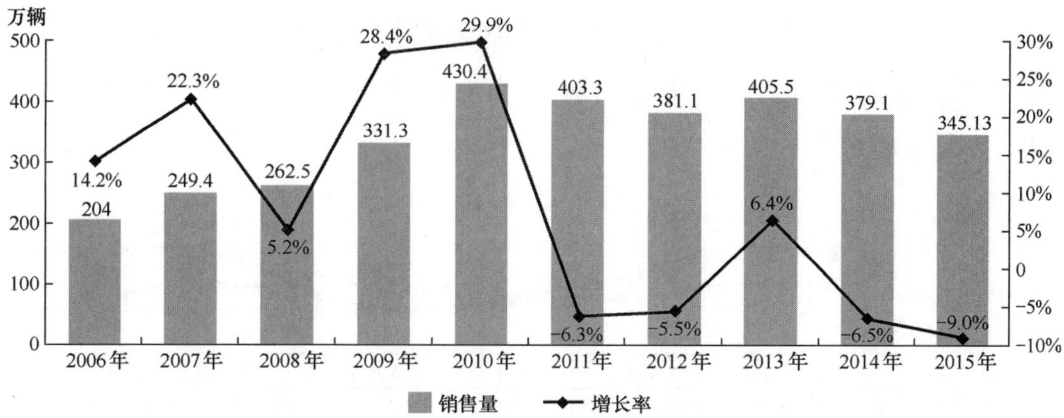

图 23 2006—2015 年商用车销量及增长率

经济下行，再加上投资力度和基础设施建设放缓，是造成商用车市场需求下降最主要的原因之一，商用车中的中重型货车下降，成为影响商用车增长的主要因素。

2015 年商用车分车型销量情况如图 24 所示。

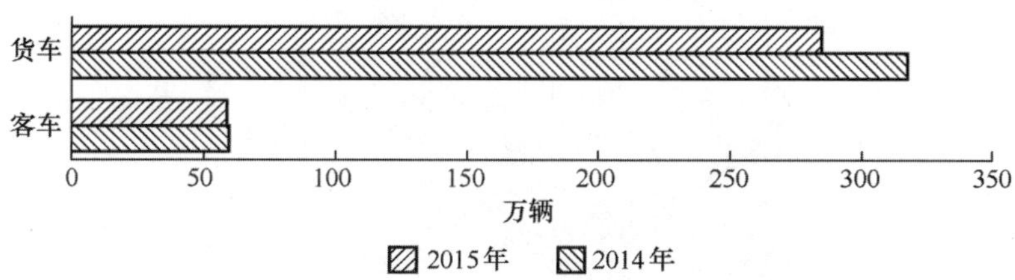

货车分车型销量　　单位：万辆

	2015年1～12月	2014年1～12月	增减
货车总计	285.59	318.44	−32.85%
其中：中、重卡	75.11	99.18	−24.07%
轻卡	155.85	166.26	−10.41%
微卡	54.62	52.99	1.63%

图 24 2015 年商用车分车型销量

（2）1.6 升及以下购置税减半政策效果显著，促进汽车市场增长

1.6 升及以下购置税减半政策自 2015 年 10 月 1 日开始实施，开始实施的四季度三个月，1.6 升及以下乘用车销量比 2014 年同期净增约 91 万辆，占 1.6 升及以下乘用车全年销量增长量的 66.5%，拉动汽车总体销量增长约 3.9 个百分点。2015 年 1.6 升及以下乘用车销售 1450.86 万辆，比 2014 年同期增长 10.4%，高于乘用车整体增速，占乘用车销量比重为 68.6%。购置税减半政策效果十分明

显，对于节能减排、促进小排量车型消费起到了很大的引导作用。

1.6 升及以下乘用车占乘用车销量比重情况如图 25 所示，1.6 升及以下乘用车细分车型占比情况如图 26 所示。

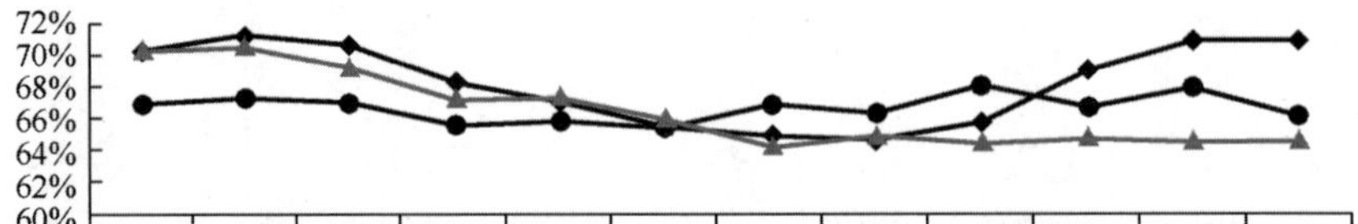

	1 月	2 月	3 月	4 月	5 月	6 月	7 月	8 月	9 月	10 月	11 月	12 月
2013 年	70.6%	70.7%	69.3%	67.4%	67.1%	65.8%	64.4%	64.9%	64.6%	64.8%	64.6%	64.7%
2014 年	66.9%	67.3%	67.1%	65.7%	66.0%	65.7%	66.8%	66.2%	68.1%	66.8%	68.0%	66.2%
2015 年	70.3%	71.3%	70.6%	68.3%	67.1%	65.5%	65.0%	64.6%	65.6%	69.0%	70.9%	70.9%

图 25　1.6 升及以下乘用车占乘用车销量比重

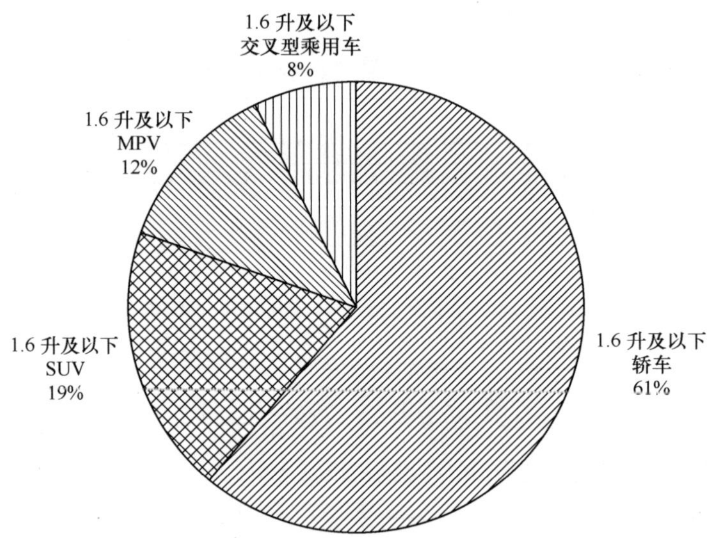

图 26　1.6 升及以下乘用车细分车型占比情况

从图 26 可以看出，1.6 升及以下轿车依然占有较大份额，但近几年来，轿车市场占有率逐年萎缩；SUV 市场需求则一直保持快速增长，近十年来年均增速达到 43.7%，明显高于乘用车行业增幅，市场占有率也逐年提升。2015 年，在 SUV 细分品种中，1.6 升及以下小型 SUV 品种继续保持迅猛增长，共销售 280.37 万辆，同比增长 1.2 倍，占 SUV 销售总量的 45.1%；而多功能乘用车（MPV）市场亦发生了较大变化，以前高端商务用车为主流的市场逐渐缩小，取而代之的家用 MPV 正迅速扩大，尤其是 2013 年以后，一些交叉型乘用车生产企业产品线上移，使得 MPV 品种更是呈现快速增长势头。尽管 2015 年 MPV 市场需求增速放缓，但家用 MPV 市场未来预计依然会保持稳定增长。由此可见，1.6 升及以下乘用车细分车型的产品格局还将继续发生深刻变化。

（3）新能源汽车高速增长

根据协会统计，2015 年新能源汽车生产 34.05 万辆，销售 33.11 万辆，同比分别增长 3.3 倍和 3.4 倍。其中纯电动汽车产销分别完成 25.46 万辆和 24.75 万辆，同比分别增长 4.2 倍和 4.5 倍，占新能源汽车比重均为 74.8%；插电式混合动力汽车产销分别完成 8.58 万辆和 8.36 万辆，同比增长 1.9 倍和 1.8 倍。

新能源乘用车中，纯电动乘用车产销分别完成 15.22 万辆和 14.67 万辆，同比分别增长 2.8 倍和 3 倍；插电式混合动力乘用车产销分别完成 6.26 万辆和 6.07 万辆，同比均增长 2.5 倍。

新能源商用车中，纯电动商用车产销分别完成 10.25 万辆和 10.08 万辆，同比分别增长 10.4 倍和 10.6 倍；插电式混合动力商用车产销分别完成 2.32 万辆和 2.29 万辆，同比增长 91.1%和 88.8%。

（4）我国品牌乘用车市场份额保持增长

2015 年，我国品牌乘用车共销售 873.76 万辆，同比增长 15.3%，占乘用车销售总量的 41.3%，占有率比 2014 年同期提升 2.9 个百分点；其中轿车销量 243.03 万辆，同比下降 12.5%，市场份额 20.7%，比 2014 年同期下降 1.7 个百分点；SUV 销量 334.30 万辆，同比增长 82.8%，市场份额 53.7%，比 2014 年同期增长 8.9 个百分点；MPV 销量 186.58 万辆，同比增长 13.6%，市场份额 88.6%，比 2014 年同期增长 2.7 个百分点。

我国品牌乘用车市场份额的增长主要依靠小排量 SUV 产品的快速增长，支撑快速增长的主要原因是国内 SUV 市场与轿车产品相比还处在发展初期，市场容量较大，市场竞争还不激烈。我国品牌在价格方面优势明显，在产品定位方面我国品牌 SUV 产品普遍为小排量产品，迎合了国内年轻用户的消费能力和出行需求，同时国外品牌小排量的低端 SUV 产品较少也为我国品牌 SUV 产品快速增长提供了空间。

2004—2015 年我国品牌乘用车、轿车市场份额变化趋势如图 27 所示。

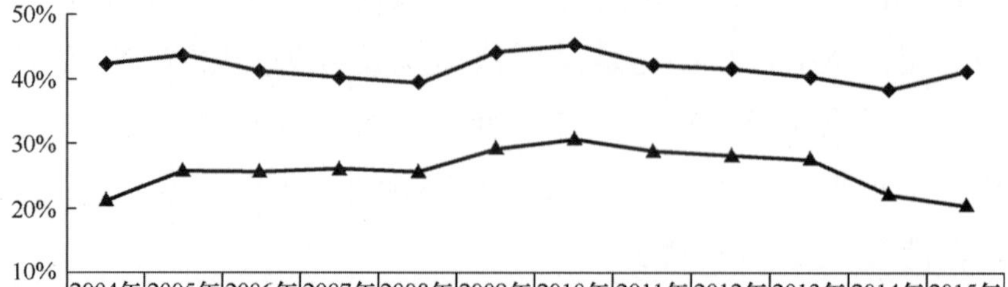

	2004年	2005年	2006年	2007年	2008年	2009年	2010年	2011年	2012年	2013年	2014年	2015年
◆ 乘用车	42.6%	44.2%	41.5%	40.5%	39.9%	44.3%	45.6%	42.2%	41.9%	40.5%	38.4%	41.3%
▲ 轿车	21.6%	26.1%	25.7%	26.4%	25.9%	29.7%	30.9%	29.1%	28.4%	28.0%	22.4%	20.7%

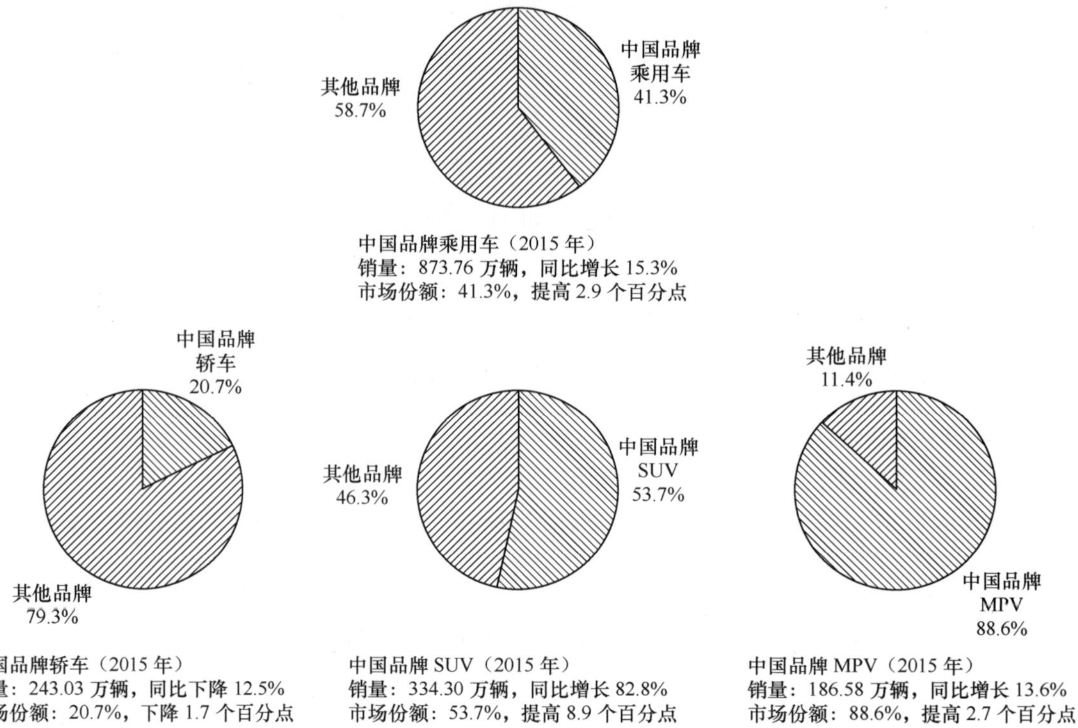

图 27　2004—2015 年我国品牌乘用车、轿车市场份额变化趋势

（5）行业前十企业增速与行业一致

2015 年，在全行业产销增速放缓、企业经营面临较大困难的情况下，汽车行业重点企业（集团）加大了产品改进和研发力度，创新营销策略，开发和拓展新市场，不仅巩固了自身地位，也为全行业的稳定发展奠定了坚实的基础。汽车销量排名前十位的企业集团销量合计为 2200.70 万辆，同比增长 4.7%，与行业增速一致，占汽车销售总量的 89.5%，与上年同期一致。主要汽车制造企业销量情况如图 28 所示。

	销售量		集中度	
	万辆	同比	%	同比
前十家	2200.69	4.7%	89.5%	0
前五家	1784.53	2.4%	72.6%	-2.1%
前三家	1257.98	0.9%	51.1%	-3.6%

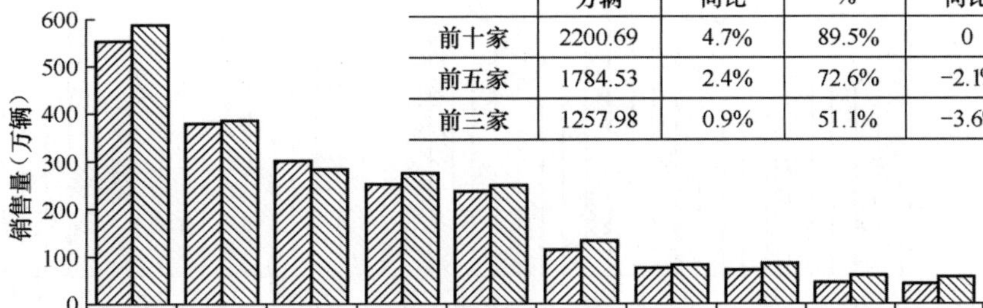

	上汽	东风	一汽	长安	北汽	广汽	华晨	长城	江淮	吉利
2014 年 1～12 月	558.37	380.25	308.61	254.78	240.09	117.23	80.17	73.08	46.47	43.29
2015 年 1～12 月	586.35	387.25	284.38	277.65	248.90	130.31	85.61	85.27	58.79	56.19

图 28　主要汽车制造企业销量情况

2. 汽车进出口贸易量有所下降

2015 年，国际经济环境面临诸多不利，给汽车行业出口带来了更多困难。据中汽协会对行业内整车企业报送的出口数据统计，2015 年，汽车企业共出口 72.82 万辆，同比下降 20.0%，降幅比 2014 年扩大 13.16 个百分点。其中乘用车共出口 42.77 万辆，同比下降 19.8%。在四大类乘用车出口品种中，与 2014 年同期相比，多功能乘用车（MPV）唯一增长，其他三大类品种均呈不同程度的下降。商用车共出口 30.05 万辆，同比下降 20.4%。在商用车主要出口品种中，半挂牵引车和客车非完整车辆出口呈一定增长，其他品种有所下降。2008—2015 年汽车出口量情况如图 29 所示，2013—2015 年汽车月度出口量情况如图 30 所示。

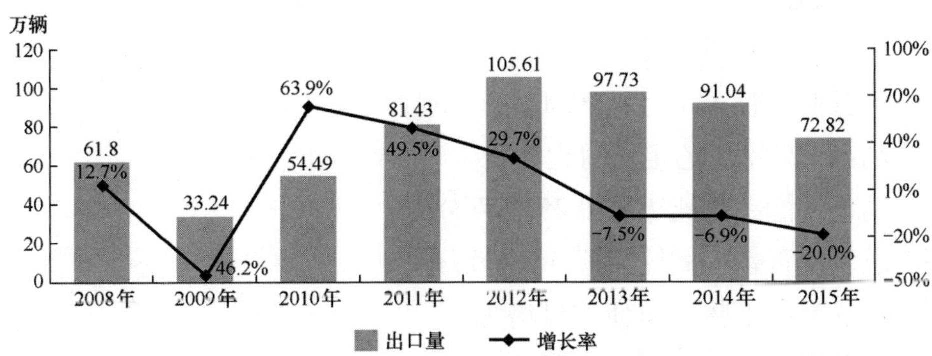

图 29　2008—2015 年汽车出口量情况

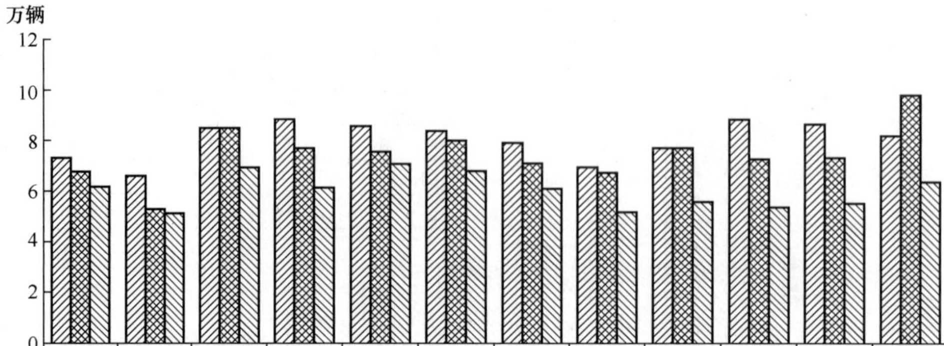

	1月	2月	3月	4月	5月	6月	7月	8月	9月	10月	11月	12月
2013年	7.37	6.7	8.6	8.94	8.64	8.44	7.99	7.06	7.81	8.95	8.77	8.26
2014年	6.85	5.37	8.55	7.81	7.63	8.1	7.17	6.81	7.81	7.35	7.4	9.85
2015年	6.18	5.14	6.98	6.16	7.08	6.78	6.08	5.22	5.56	5.4	5.52	6.37

图30　2013—2015年汽车月度出口量情况

受国内需求减缓影响，2015年，汽车进口也呈明显下降趋势。据中汽协会编辑整理的全国海关汽车商品进出口统计数据，2015年，汽车整车共进口110.19万辆，同比下降22.7%。其中越野车、轿车以及小型客车三大类汽车品种共进口108.86万辆，占汽车进口总量的98.8%。

3. 行业投资保持较快增长

2015年，汽车行业（含摩托车）固定资产投资总计11 859.03亿元，比2014年同期增长14.2%；其中汽车整车制造业、改装车制造业、汽车零部件制造业分别完成2728.75亿元、530.41亿元、8203.43亿元，比2014年同期分别增长16.6%、−0.2%、15.0%；摩托车整车制造业和摩托车零部件制造业分别完成投资128.70亿元、267.74亿元，比2014年同期增长−6.9%和11.6%。

4. 行业效益有所恶化

（1）盈利能力有所下降

——主营业务收入73 159.33亿元，同比增长4.73%；

——利润6274.96亿元，同比增长1.74%；

——销售利润率同比下降0.25个百分点；

——总资产贡献率同比下降1.4个百分点。

（2）运营效率下降，负债明显增加

——流动资产周转率同比下降0.13次；

——应收账款同比增长20.03%；

——存货周转率增长 0.52 次；

——负债总额同比增长 11.85%。

（3）亏损企业数量增加，亏损额增加

——亏损企业同比增加了 20.28%；

——亏损额增加了 18.62%。

5. 新能源汽车产业化进展明显

2015 年，我国出台了一系列新能源汽车的利好政策，新能源汽车产业化取得明显进展，初步建立并掌握了新能源汽车整车动力系统平台以及关键零部件的核心技术，基本建立了“三纵三横”和“三大平台”构成的技术创新体系，形成了较全面的基础研究、产品开发、试验检测和评价的能力。其中：插电式混合动力乘用车技术开发取得阶段性成果，产品性能和可靠性明显提升，纯电续驶里程进一步提高，能耗明显降低，混合动力总成技术进一步优化成熟；纯电动乘用车产品技术稳步提升，中高端产品技术水平接近国际先进水平，初步具备了商业化推广条件。关键总成方面，动力电车发展环境不断优化，在政产学研的共同努力下，动力电池产业化形成了强有力的支撑体系。

多方共同努力有效促进了新能源汽车市场快速发展，据统计，2015 年新能源汽车推广应用数量超过 10 000 辆的城市（区域）有 11 个，分别为上海、深圳、北京、河北、江苏、湖南、广东、浙江、广州、青岛、天津，推广数量占推广总量的 70.7%；3000～10 000 辆的城市（区域）有 15 个，推广数量占推广总量的 24.2%；1000～3000 辆的城市（区域）有 6 个；100～1000 辆的城市（区域）有 6 个；不足 100 辆的城市（区域）有 1 个。

6. 智能网联起步，深化两化融合

目前，我国汽车企业已开展智能网联汽车工程化和产业化方面的工作。在汽车智能化方面，如复杂交通环境感知、行驶目标识别、车辆控制算法等技术，取得了阶段性成果。在国家自然科学基金委和科技部项目的支持下，一汽集团、东风汽车、长安汽车在面向可实用化的智能汽车技术方面，开展了大量的基础研究和原理样机试制、实车路试，部分技术正在进行产业化。

在汽车信息化方面，国内汽车企业目前主要侧重于智能汽车辅助驾驶技术的开发；IT 企业的关注点侧重于通信及信息服务，研发重点集中在应用于后装市场的车载终端领域。

（二）汽车行业当前需要关注的重点问题

1. 城市限购政策使需求受到严重抑制

目前 7 个限购城市 2010 年（当时没有任何城市限购，除上海市）乘用车销量占全国乘用车总销量的比重为 17.8%，2015 年预计乘用车全年销量约为 1993 万辆，按照没有限购时的份额推算，这 7 个城市的销量应该是 1993×17.8%=355 万辆，但这 7 个城市 2015 年的销量约为 150 万辆，以此推算限购造成 2015 年少销售约 200 万辆。限购政策使汽车消费市场被严重抑制，尤其是给我国的中低端品牌带来了极大伤害。传闻限购城市历年销量占本省销量比例见表 7。

表 7　传闻限购城市历年销量占本省销量比例

	2011 年	2012 年	2013 年	2014 年	2015 年
成都市	52.8%	50.4%	50.6%	55.3%	51.7%
大连市	24.4%	21.9%	20.8%	20.2%	19.9%
南京市	15.0%	14.7%	15.7%	23.3%	15.8%
青岛市	12.8%	12.0%	12.6%	12.2%	12.4%
石家庄市	17.6%	17.1%	17.7%	24.4%	20.9%
武汉市	42.8%	38.8%	40.3%	47.4%	43.6%
西安市	48.7%	49.7%	50.8%	53.8%	52.6%

表 7 中列出了部分可能限购的城市占所在省份汽车销量的比例。可以看出，成都、西安、武汉等省会城市比例很大，如果这些城市也限购，将对汽车市场产生很大影响。

2. 地方限迁影响二手车流通

随着汽车保有量的快速上升，二手车交易量及交易需求将大大提升，但由于大气污染治理的压力不断增大，很多地区对于二手车在本地区的转入给予了限制，导致二手车的流动性明显减弱，进而对新车的交易量产生了一定影响。

3. 行业出现银根抽紧现象

近来，受汽车行业产销增速下降影响，汽车企业的信用评级普遍下降，行业出现银根抽紧现象，其中经销商环节尤为明显，有企业反映，2015 年度经销商可贷资金量较 2014 年减少约 30%。金融机构为加强风险控制，对经销商的授信审批趋于严格，从金融机构授信审批条件来看，加大了对经销商的信用情况的审核，尤其是经销商的对外担保及负债情况。多数银行要求经销商的注册资本金不能低于 200 万元，资产负债率不能高过 80%，不能有不良信用记录，企业的对外担保金额不能过大，如果民营经销商控股股东、实际控制人提供个人连带责任担保，部分银行对经销商存货周转天数有相应的要求，原则上不高于 90 天，最长不高于 120 天。从 2015 年实际三方授信情况来看，银行授信额度明显偏低，满足率约 83%，收紧授信金额约占签约总额的 23%。从以上情况分析可以看出，银行对汽车经销商的贷款收缩力度加大，一旦经销商的融资需求不能满足，资金短缺，经销商的经营风险及压力便会加大。

经销商端是汽车行业的重要一环，目前所有整车厂的销量均依赖于经销商 4S 店。如果经销商端出现问题，就会直接影响整车厂的投资、生产、销售等环节。

4. 汽车出口环境复杂

一是国际政治经济环境恶化，新兴和发展中国家经济增速下滑甚至转为负增长，如南美的巴西、秘鲁、智利、乌拉圭，东欧的俄罗斯等。受全球经济的影响，国际大宗商品价格下跌使依赖初级原料出口的新兴国家购买力和支付能力降低，而这些国家正是我国汽车出口的主要目标国，因而直接影响我国汽车出口。地缘政治的挑战，叙利亚、乌克兰、伊拉克的区域战争或动乱，都严重影响了汽车出口的增长势头。二是贸易及技术壁垒增加，部分国家出台限制性产业政策或者提高关税，导致企业出口成本大幅增加，市场竞争力被严重削弱。部分国家要求地产化，如巴西、阿尔及利亚、尼日利亚等，俄罗斯、智利、泰国、南非等又纷纷提高了当地的排放标准，再结合关税、配额政策的实施，对自主品牌的出口影响很大。三是人民币汇率对美元贬值幅度小于日韩及其他新兴市场国家货币，导致终端价格竞争力显著下降。四是国际出口市场无序竞争，导致我国品牌整体形象受损。近些年，我国汽车出口存在着汽车生产企业之间的恶性竞争，同时也存在着汽车企业合法渠道和国内很多中小贸易公司之间的竞争。很多中小贸易公司通过建立网站盗用企业品牌和商标，对外宣传是合法授权经销商，不断游离于各市场之间寻找机会，低价竞争，只卖不修，造成市场秩序的混乱，甚至干扰厂商在各海外市场授权经销商的业务，极大地影响了当地客户和海外经销商对我国汽车企业的信心，使我国汽车的整体品牌形象受损。

5. 新能源汽车发展存在制约问题

一是安全监管有待加强。随着产销规模的快速扩大、存量车型性能不断衰退老化，行业专家对新能源汽车的安全问题普遍担忧，主要表现为动力电池的起火、爆炸等问题。二是动力电池核心技术尚未突破。我国动力电池能量密度、性价比和系统集成与国际先进水平还有差距，循环寿命、系统成本、充电时间等还无法完全满足消费者的使用需求，下一代锂离子电池和新体系电池研发还缺乏系统布局。三是整车产品性能水平有待进一步提升。我国整车共性技术基础薄弱，整车性能如操控性、可靠性、减振降噪等方面与国外产品还有较大差距。燃料电池汽车、智能网联汽车等前沿技术储备不足。部分新能源汽车生产企业存在技术基础薄弱、产品水平低、生产一致性差、打政策擦边球，甚至恶意骗补等行为。四是充电设施建设速度有待进一步加快。充电配套设施不足和建设速度慢的问题进一步凸显，私人用充电桩的缺口问题尤为突出。国家层面关于充电设施建设的《指导意见》《发展指南》已正式发布，作为承担统筹推进充电设施发展主体责任的地方政府，正在制定地方充电设施专项规划、建设运营管理办法，政策判定及政策出台后的落实还需要一定的周期，充电设施建设滞后的矛盾在一段时间内还将继续存在。五是动力电池的梯次利用与回收体系亟待建立。

二、汽车行业“十三五”发展形势

“十三五”时期，作为我国全面建成小康社会的决胜阶段，既是国民经济发展的战略机遇期，也是汽车产业的战略机遇期，应按“四个全面”战略布局要求，充分适应多样的外部环境，提升内在水平，为早日实现中华民族伟大复兴的中国梦贡献力量。

（一）国内市场需求依然旺盛

虽然国内汽车千人拥有量已超过100辆，比“十二五”初期的不到70辆提高了三成，但仍未达到世界平均水平。我国的工业化进程仍在进行中，城镇化的发展不断加快，基础设施建设的步伐保持较高的水平。同时，我国高速公路里程自2012年起已成为世界第一,公路建设里程依然保持每年较快的增长速度,截至2015年年底,公路通车里程457万公里,其中高速公路里程12.3万公里。我国全面建设小康社会的过程包括了消费结构升级的过程。随着居民收入持续增加,家庭以便捷出行、自驾旅游为目的的购车,是生活水平提高的重要表现,也是消费结构升级的具体体现。消费结构升级过程中,汽车作为高档消费的带动作用依然存在,同时,汽车产品满足现代社会个性化、多样化消费的特点正日益凸显。广大消费者对汽车产品的需求,使我国的汽车消费市场依然潜力巨大。在一段时期内,汽车市场依然会保持稳定、较快的发展速度。

(二)汽车市场向中西部转移

首先,中西部人均GDP复合增长率高于全国平均水平,人均GDP的稳步增长为乘用车市场的繁荣奠定了基础。其次,中西部地区城镇化将释放大量汽车消费需求。到2020年,新型城镇化建设将重点解决三个“1亿人”问题,即促进约1亿农业转移人口落户城镇、改造约1亿人居住的城镇棚户区和城中村、引导约1亿人在中西部地区就近城镇化。中西部地区新型城镇化较大力度地推进,将促使人民生活水平不断提高,人口消费能力激增,为汽车销量的增长提供支撑。

(三)运输结构优化助推商用车发展

近年来,在刺激物流行业发展政策的引导下,高速长途物流快速发展,推动了半挂牵引产品的快速增长。随着法规、标准的健全,技术的不断成熟,公路甩挂运输的模式将得到有效的推广,高速货运车辆将进一步向重型化、集装箱式运输转变。随着我国在公路、铁路、保障性住房等基础设施和重大工程的稳步推进,“十三五”期间,工程车的市场会稳步回升。

此外,公路客运具有灵活性强、直达性好、覆盖面广的特点,是客运网络中不可缺少的一部分。2013年我国城镇化水平是53.7%,从国际经验来看,当城镇化率突破50%后,轻客市场容量随城镇化率增长的同步性显著加快。随着互联网的普及以及消费方式的转变,网络购物已成为现阶段居民重要的购物渠道之一。电商物流发展有利于商用车市场的拓展。“十三五”期间,客车市场将保持增长趋势。

（四）行业竞争压力日益加剧

原有低成本要素优势逐步减弱。过去 30 多年经济高速增长，是充分利用劳动力、土地等低成本要素优势，在经济全球化的背景下有效发挥后发优势的结果。当前和今后一个时期，劳动力和土地等要素成本将不断上升，我国汽车产业面临的来自国内、国际两方面的竞争压力日益加剧，成本优势的逐渐丧失对竞争力原本就不够的我国品牌来说更是雪上加霜。与此同时，创新能力不强、技术战略制高点缺失造成汽车产业发展动力不足的问题凸显，企业数量众多，产能结构性过剩问题逐步显现，我国品牌产品尚未形成参与国际化竞争的核心实力，零部件产业滞后整车的问题依然严重。这些矛盾使我国汽车行业面临的竞争压力日益加剧。

（五）新一轮科技革命和产业变革推动产业升级

未来汽车产品技术在“安全、环保、节能”的主旋律下，将向“电动化、智能化、轻量化”方向转型。新一轮科技革命和产业变革将推动汽车生产方式向“大规模定制化”转型，汽车产业的大规模定制在很大程度上体现为模块化生产方式。模块化生产方式包括对研发、采购、生产流程组织等进行系统改进，在不增加产品生产成本的前提下显著提高产品的多样性和个性化程度，更好地满足消费者的需求。

汽车商业模式将向基于“大数据、平台、互联”转型。借助大数据的汇总、分析形成不同的组合，反馈给制造企业、服务企业、城市管理者、用户，为新的商业模式创新提供坚实的基础，为汽车产业结构升级和产业链拓展提供机遇。平台模式是信息化时代的重要特征，平台是以商业生态系统的形式存在和运行的，这是平台和产品的区别，产业平台通过架构中的结构设计，连接了产品、服务和用户，产生网络效应，形成特定的产业生态系统。平台化为汽车产业的进一步发展和拓展指明了方向。未来汽车将不再是简单的交通运输工具，而是信息交互和即时互联的移动载体。同大数据、平台化一样，基于互联的车联网将改变汽车产业未来的商业模式。

（六）汽车管理改革，改善市场环境

“十三五”期间，我国将加快步入汽车社会，随着智能城市、智能网联汽车

技术的进步和成熟，汽车承载的功能越来越多。一方面，汽车相关的社会管理内容将会不断增加；汽车行业需要在更加严格、完善的法律、标准体系下的充分竞争中不断发展、进步；另一方面，五中全会提出的“十三五”规划建议中明确指出，要着力“构建发展新体制，深化行政管理体制改革，进一步转变政府职能，持续推进简政放权、放管结合、优化服务，提高政府效能，激发市场活力和社会创造力”。这一指导思想要求行政管理部门必须加快解决长期制约汽车行业发展的多头管理问题。以“市场主体法无禁止即可为，政府部门法无授权不可为”为基本原则，梳理汽车行业行政管理内容，明确各政府部门的职能，加强部门间的协调，构建科学合理的行业管理体系。行业管理重心应从注重事前监管转移到加强事中事后监管。不断深入的行政管理改革为汽车企业“减负增效”提供了基础，为营造公平竞争的市场环境提供了保障，为汽车强国的建设提供了动力。

（七）国企改革加速，做强优势企业

按照党中央、国务院的要求，2020 年在国有企业改革重要领域和关键环节取得决定性成果，形成更加符合我国基本经济制度和社会主义市场经济发展要求的国有资产管理体制、现代企业制度、市场化经营机制，国有资本布局结构更趋合理，造就一大批德才兼备、善于经营、充满活力的优秀企业家，培育一大批具有创新能力和国际竞争力的国有骨干企业，国有经济活力、控制力、影响力、抗风险能力明显增强。

汽车行业国企改革要贯彻落实五中全会的精神，破除不符合市场经济规律和企业发展规律的约束，依法确立企业的市场主体地位。完善现代企业制度，有效推进混合所有制经济。完善国有资产管理体制，鼓励试行期权、股权等激励方式，优化考核机制，建立市场化的经营决策、人事任免、业绩考核和薪酬管理机制。通过改革促进行业优胜劣汰，做强做优做大优势企业，推动产业转型升级，更好服务于国家战略目标。

（八）《中国制造 2025》发布，助推创新驱动

创新发展是我国汽车产业核心竞争力形成的关键，也是“十三五”行业发展的新常态。实现创新驱动的条件主要有两个方面：一是企业要加大研发投入，

力度要与世界看齐或更大；二是全社会要在政府的指导、支持下形成包括基础技术研究和共性技术研究在内的创新体系和鼓励创新、利于创新成果转化的氛围。就创新的内容而言，主要是在电动化、信息化、智能化等方面与世界同步发展。

为了打造具有国际竞争力的制造业，提升我国综合国力，建设世界强国，2015 年 5 月，国家发布了《中国制造 2025》，明确了两化融合是建设制造强国的制高点，智能制造是重要突破口和主攻方向，并提出了九大战略任务和五个工程。“十三五”期间，我国汽车工业应当抓住机遇，以《中国制造 2025》为指引，通过信息化、网络化技术的应用，打通产业链各个环节，提升智能化管理水平，推进产业结构调整，逐步形成我国品牌的核心竞争能力，实现建设汽车强国的第一步。

随着网络互联互通技术的应用和普及，社会已经进入了一个大数据信息化智能时代。通过互联互通和大数据应用，汽车的设计、制造、销售、服务等环节被紧密联系在一起，个性化需求和科学管理将通过智能化制造实现；随着网络技术的不断提升，汽车销售、服务模式也将发生重大变化。汽车产品也不再仅是出行、代步的工具，已经逐渐成为信息互联互通的最重要的移动载体之一。不论是智能汽车、智能驾驶，还是车联网、智能交通、智能城市，信息技术，特别是移动互联技术将广泛应用。因此，“十三五”期间，推进汽车行业传统技术与信息化的融合是实现产业、产品结构升级的必由之路。

此外，随着新能源汽车在家庭用车、公务用车和公交客车、出租车、物流用车等领域的普及，我国将成为全球主要的新能源汽车市场，预计 2020 年我国新能源汽车的年销量将达到汽车市场需求总量的 5%以上。新能源汽车市场的快速增长将带动新能源整车及动力电池等关键零部件性能水平的不断提升。

（九）合作多样化，把握新机遇

“十三五”期间，传统的单纯贸易型出口已不能继续，我国汽车产业需要准确把握“一带一路”战略、“自贸区”战略机遇，开展多样化合作，通过转型升级开拓国际市场，将产品贸易与生产加工、投资服务有效衔接。

当前，全球范围内自由贸易区的数量不断增加，自由贸易区谈判涵盖议题快速拓展，自由化水平显著提高。加快实施自由贸易区战略是我国适应经济全球化新趋势的客观要求，是全面深化改革、构建开放型经济新体制的必然选择。“十三五”期间，我国将在条件具备的情况下逐步提升已有自由贸易区的自由化水平，积极推动与我国周边大部分国家和地区建立自由贸易区，使我国与自由贸易伙伴的贸易额占我国对外贸易总额的比重达到或超过多数发达国家和新兴经济体水平；逐步形成包括邻近国家和地区、涵盖“一带一路”沿线国家以及辐射五大洲重要国家的全球自由贸易区网络，使我国大部分对外贸易、双向投资实现自由化和便利化。自贸区建设将强有力地推动我国汽车产业走向世界，同时也会在一定程度上加剧国内市场的竞争。

“一带一路”战略构想意味着我国对外开放实现战略转变，它顺应了我国要素流动转型和国际产业转移的需要，同时也给我国汽车产业创新带来了新的机遇。随着“一带一路”战略的实施，我国的汽车产业将有序转移到其他一些国家和地区，对释放国内汽车产能、创新汽车出口贸易、有效利用国际要素成本有着重要的支撑作用。

未来，我国将进一步完善对外开放体制，包括完善投资布局、扩大开放领域、放宽准入限制、积极有效引进境外资金和先进技术。全面实行准入前国民待遇加负面清单管理制度，促进内外资企业一视同仁、公平竞争。现在一直在推进的中美投资协定（BIT）关于汽车领域的结论有望在近期达成，这意味着未来我国汽车产业可能完全对外开放，其对产业格局、市场格局以及我国品牌竞争力等方面的影响是巨大的。

2015 年 10 月，美国等国家签署了 TPP 协定（跨太平洋战略经济伙伴协定）。我国汽车行业应密切关注 TPP 的进展情况，及时制定应对策略，最大限度地消除 TPP 给产业带来的负面影响。

（十）适应新常态，建设和谐汽车社会

进入 21 世纪以来，我国汽车工业进入了高速、蓬勃发展的时期。截至 2015 年，国内汽车保有量 1.72 亿辆（包括三轮汽车和低速货车 955 万辆），全国平均每百户家庭拥有 31 辆私家车，北京、成都、深圳等大城市每百户家庭拥有私家车超过 60 辆。随着汽车的普及，带来的尾气污染、成品油消耗快速增长、城市

交通拥堵等问题日趋严重。快速释放的汽车需求与基础设施、环境容量、社会管理能力之间的矛盾进一步加剧。

能源方面：为了解决日益严峻的能源安全问题，我国逐步建立了覆盖乘用车、商用车的汽车油耗管理体系。商用车产品将在“十三五”阶段实施更高阶段的油耗要求；《节能与新能源汽车产业发展规划（2012—2020 年）》明确提出，到 2020 年，乘用车新车平均燃料消耗量达到 5.0 升/百公里，节能型乘用车燃料消耗量达到 4.5 升/百公里。规划一方面为节能和新能源汽车发展指明了方向，另一方面，传统汽车油耗水平提升也面临更大的技术升级的压力。

污染排放方面：为了治理汽车尾气污染，国家采取了对汽车尾气排放标准的加快升级（升级周期快于发达国家），重点地区提前实施更高的排放标准要求，以及对重点城市采取总量、增速、车辆出行等方面的控制等措施。汽车行业不仅要通过技术升级满足污染物排放的要求，更要适应由大气污染防治带来的对市场发展的影响。

全球气候方面：2015 年 12 月 12 日，巴黎气候变化大会通过全球气候变化新协定。《巴黎协定》要求各方把全球平均气温较工业化前水平升高控制在 2 摄氏度之内，并为把升温控制在 1.5 摄氏度之内而努力；指出全球将尽快实现温室气体排放达峰，本世纪下半叶实现温室气体净零排放；规定从 2023 年开始，每 5 年将对全球行动总体进展进行一次盘点，以帮助各国提高力度、加强国际合作，实现全球应对气候变化长期目标。《巴黎协定》对汽车工业特别是传统汽车产品不可避免地产生了制约和限制，汽车工业要积极主动行动起来，按照国家总体部署，认真完成绿色低碳任务，履行社会责任。

交通拥堵方面：目前，限购、限牌等限制总量的行政性措施成为各地政府部门遏制交通进一步恶化的重要手段。虽然限制总量增长的措施在一段时间内可以缓解公共交通建设缓慢与私车保有量增长之间的矛盾，但这些措施实际抑制了汽车市场的进一步发展，特别是给主要集中在低端市场的我国品牌产品造成了严重的冲击。从全国范围来看，虽然城市轨道交通建设将进一步加快，但完全解决百姓出行需求和公共交通建设之间的矛盾还需要一段时间。可以预见，“十三五”期间全国采取限制总量方式治理交通拥堵的城市还将继续增加，现有已实施的城市也不会很快完成政策的退出。

三、汽车行业“十三五”发展建议

（一）大力发展国产品牌

汽车企业要全面实施质量制胜战略，建立和完善从开发到售后服务的完整质量标准，制定和完善产品质量目标体系，形成制造过程质量保证和全生命周期质量追溯机制；制定和践行企业品牌战略，把实施品牌战略贯穿于开发、制造、服务与协同之中。

努力构建我国品牌汽车竞争力基础，加速把相对成本优势转移到形成技术优势和品牌优势。强化品牌建设，丰富品牌内涵、实现品质超越和品牌价值提升，优化业务链结构，构建稳定的可支撑我国品牌汽车事业持续发展的价值链盈利模式，打造世界知名品牌。

行业协会组织主要汽车企业建立“中国品牌建设和推广联盟”(以下简称“联盟”)，进行我国品牌建设与发展的顶层设计和落地行动计划：一是加强在产品和平台技术方面的合作，促进提高研发水平和效率，降低研发成本；二是在零部件采购方面加强合作，在扩大采购规模、降低采购成本的同时集中扶持一批我国品牌零部件企业；三是加强我国品牌乘用车宣传，提升我国品牌乘用车的形象；四是加强在海外区域开发市场方面的合作。以联盟为平台持续开展我国汽车品牌建设交流和“中国梦・中国车”巡展推广活动，并联合主流媒体积极传播我国品牌汽车文化，不断提升国民对我国品牌汽车的认知度，促进对我国品牌汽车的消费。

各级政府部门和国有企事业单位积极倡导并率先使用我国品牌汽车，以表率作用提振消费者使用我国品牌汽车的信心，为扩大消费我国品牌汽车创造良好的社会氛围。

（二）推动低碳化、信息化、智能化发展

促进汽车企业加快新一代新能源汽车产品开发和产业化准备，制定汽车动力电池发展路线图，明确 2020 年动力电池研发和产业化目标和实施方案，加快燃料电池工程化开发和商业化准备。实施“锂电升级工程”和“EV400 工程”，

以此为支撑，开发和生产具有国际竞争力的新一代纯电动汽车。全行业积极参与动力电池回收利用体系建设，建立车载动力电池全生命周期管理机制。

全面落实国务院办公厅《关于加快新能源汽车推广应用的指导意见》和《电动汽车充电基础设施建设指导意见》精神，积极培育新能源汽车市场，鼓励引导商业模式创新。建立健全充电基础设施充电标准，加快充电基础设施建设，积极发挥“电动汽车充电基础设施促进联盟”的作用，加快实现充电基础设施互联互通。

形成智能网联汽车发展优势。制定《智能网联汽车产业发展专项规划(2016—2025年)》，促进汽车与信息通信、道路智能交通跨领域研究开发合作，推动建立融合信息通信技术和智能交通技术的智能网联汽车技术和标准体系，建立智能汽车基础数据交换平台，开发我国版智能网联汽车电子硬件模块和操作系统，培育智能感知和通信模块核心供应商，完善相关法律法规，创造智能网联汽车应用的道路交通环境和商业化条件。重点攻克核心共性技术，系统布局智能网联汽车与道路智能交通系统融合的开发测试基地，开展智能网联汽车专项研究与应用示范。

围绕2020年乘用车燃油消耗量目标和商用汽车降低能耗的目标，推动先进节能技术开发和产业化，促进轻量化技术、混合动力技术、高效汽油内燃机、高效节能低排放柴油机电控供油系统、先进增压器、后处理系统、动力总成控制系统、双离合器及液压模块系统、自动变速器高效作动器开发、液力变矩器、高可靠性机电耦合变速器、底盘集成控制、低滚阻轮胎等核心技术开发应用。积极发展天然气等替代燃料汽车产品，加快推出城市公交、城际客运、城市物流、市政用车、城际货运等使用天然气的汽车产品。做好满足国家排放法规标准要求的准备工作，认真履行企业保护环境的社会责任。

（三）实施创新驱动

汽车企业要建立和完善满足产品低碳化、信息化、智能化发展的研发体系，加大研发投入，加强核心关键技术研发，重视协同创新，拥有核心技术知识产权，形成国际先进水平的研究和开发能力。到2020年，主要汽车企业研发经费占主营业务收入的比重达到3%以上。

打破体制机制和产业屏障，建立支撑汽车产业可持续创新发展的核心共性技术协同研究开发平台，以产业创新联盟、联合基金、建立资本纽带等多种形式和市场化机制，促进产学研用在先进节能技术、动力电池和电驱动、燃料电池汽车、智能网联汽车等前沿技术的协同开发，加强跨界协同、开发资源共享方面的合作，完善科技成果有效转移机制。

实施人才优先发展战略，把人才作为支撑汽车产业发展的第一资源，加快推进人才发展体制和政策创新，构建有国际竞争力的人才制度优势，提高人才质量，优化人才结构，建设有一定规模的人才队伍，促进人才优化配置，营造良好的人才发展环境。

（四）推进“两化”融合

推动汽车与信息产业深度融合，做好智能网联汽车的规划，明确总体发展思路，鼓励产业链合作，促进企业完善和升级产品、制造、销售及售后服务信息系统，加速推进车联网的应用。

建立贯穿产品全生命周期的网络协同平台，提高数字化设计水平，强化整零协同开发，强化开发与制造、服务协同，形成“研发—制造—服务—研发”的闭环系统，提高产品开发质量，缩短开发周期，降低开发成本，满足个性化需求。

引导企业基于汽车制造的自动化水平不断提高，开发利用信息化控制和网络化管理的智能制造技术，提高生产效率和生产一致性保障能力，实现柔性化制造，加快由传统制造向智能制造的升级。

（五）坚持国际化发展

促进汽车企业加快“走出去”方式的转变，由以产品出口为主转变为建立稳固的海外事业发展基地为主，建立企业国际化发展体系，加强从研发到制造及售后全产业链的国际产能合作，以国家“一带一路”战略为契机，系统构建优化海外事业布局，充分利用国际资源，拓展国际产能合作空间，提升利用、整合国际资源发展海外事业能力，提高“走出去”水平。

组织深度系统研究汽车产业国际化机会、挑战，顶层设计汽车产业海外事业部署、路径和重要举措，促进“一带一路”有关政策落地和国际产能合作机制完善，促进集中利用政策资源和境外资源重点支持我国汽车企业海外事业发展。

改变合资企业以引进外方伙伴技术、产品为主的发展模式，促进合资企业加快由单纯合作生产向合作研发、生产的转变，国内合作为主向国内、国际合作并重的转变，产业链低端合作向新材料、新能源汽车及其关键零部件、器件等产业链高端的开发及产业化合作的转变。

提高利用外资质量，推动合资合作的深入发展，促进合资合作由引进技术生产向共同研发转变，共同开拓中西部市场，共同推进海外市场发展，实现合资企业产品全球销售，促进合资品牌与我国品牌整车共同发展；促进外商独资、控股零部件企业与我国品牌零部件企业共同发展，并为我国品牌整车的发展提供良好条件。继续引进国外的先进零部件技术和汽车金融、租赁、维修服务的新理念与新方法。

由行业组织牵头设立“中国汽车国际化联盟”，形成海外发展协调机制，全面参与全球汽车法规标准、贸易投资新规则的制定，促进加强对重点海外市场的政策、法规、法律研究，实现信息共享和国际产能资源共享，促进企业间、企业与当地政府间的沟通交流，促进形成有利于提升我国品牌汽车国际形象的有序竞争机制。

（六）深化管理改革

贯彻落实国家“依法治国”“简政放权”等一系列方针政策，全面清理各级政府部门已颁布并正在实施的各项与汽车相关的管理制度，减少涉及企业生产经营活动的审批事项，加强依法监管、完善监督检查。进一步规范管理制度，改变汽车行业多头管理局面。推进税制改革。

深化国企改革，激发企业发展活力。按照市场化、国际化要求，以增强国有经济活力、放大国有资本功能、实现国有资产保值增值为主要目标，以提高经济效益和创新商业模式为导向，充分运用整体上市等方式，积极引入其他国有资本或各类非国有资本实现股权多元化。坚持以资本为纽带完善混合所有制企业的治理结构和管理方式，国有资本出资人和各类非国有资本出资人以股东身份履行权利和职责，使混合所有制企业成为真正的市场主体。

（七）打造国际水平供应链

促进我国品牌汽车零部件行业发展。支持优势零部件企业抓住汽车低碳化、信息化、智能化发展机遇，加快实现由传统零部件制造向高端、高附加值零部件制造升级，加快形成模块化、系统化供货能力。

行业组织建立和完善零部件认证体系，搭建优秀零部件商推介平台，促进开展整车与我国品牌零部件企业战略伙伴计划，促进形成一批世界级零部件供应商。鼓励外国品牌零部件和我国品牌整车密切合作并在我国开展研究开发及基础部件、材料采购。

推进汽车零部件再制造，提高报废汽车零部件及各种物质的再利用、循环利用和回收利用率。

（八）跨产业协同发展

推动汽车与相关基础材料、基础工艺、基础部件等领域协同发展，进一步梳理汽车对有助于电动化、智能化、轻量化的核心材料、基础工艺、基础部件、产业技术基础需求，与相关产业共同制定完成“汽车四基发展规划”，建立汽车四基发展的跨界协同平台，系统有序地推进对支撑新能源汽车、智能网联汽车、先进节能低碳汽车发展的重大四基项目协同开发与产业化。

汽车行业要进一步与钢铁、有色金属、化工、纺织、电子电气等行业加强在相关标准、认证评价体系等方面的交流与合作，紧紧把握汽车产品技术需求趋势，加快在车用超高强钢、轻质合金、碳纤维、高性能动力电池隔膜等材料，电驱动控制功率器件（IGBT）、高性能传感器、汽车专用芯片等方面形成竞争优势。加快推动太阳能电池、锂离子电池、燃料电池等新型高性能绿色电池创新及产业化。

加强与装备制造业协同，以重点突破汽车数字化开发、智能制造的核心关键装备为主攻方向，支持汽车与相关装备行业共同组建“汽车核心智能化装备发展联盟”，促进汽车与重大装备制造业协同发展。

（中国汽车工业协会）

第七章　纺织行业2015年发展回顾及“十三五”发展形势与建议

一、2015年纺织行业发展回顾

（一）2015年纺织行业发展情况

1. 生产增速有所放缓

根据国家统计局数据，2015年，全国3.9万户规模以上纺织企业工业增加值同比增长6.3%，增速低于2014年0.7个百分点，但高于全国规模以上企业增速0.2个百分点。产业链各环节中，化纤、产业用纺织品行业工业增加值增速有所加快，较2014年分别提高2.7和0.7个百分点，服装、家纺行业则减速明显，工业增加值增速同比分别降低2.8和4.3个百分点。

主要大类产品中，2015年全社会化纤产量为4831.7万吨，同比增长10.1%，增速较2014年加快4.6个百分点；纱产量为3538万吨，同比增长4.7%，增速较2014年放缓0.9个百分点；布产量为892.6亿米，同比下降0.1%，增速较2014年提高0.3个百分点；规模以上企业服装产量为308.3亿件，同比增长2%，增速较2014年提高0.4个百分点。

2. 出口总额持续下降

2015年，我国纺织行业出口总额持续负增长，且下半年降幅有所加深。根据海关统计数据，全年我国纺织品服装出口总额为2911.5亿美元，同比下降4.8%，增速较2014年下滑9.9个百分点。出口呈现量价齐跌态势，全年纺织品服装出口价格同比下降1.4%，出口数量同比下降3.5%。

纺织行业出口总额持续负增长的主要影响因素：一是欧元、日元大幅贬值，造成我国产品价格竞争力下降及美元统计数据缩水，2015年我国对欧盟、日本纺织品服装出口额同比分别减少9.3%和11.6%；二是受棉花问题及成本提升影响，棉纺、针织等产能及订单向海外转移进度有所加快，合计占行业出口总额近30%的棉纱线和针织服装出口额同比分别减少19.2%和8.9%；三是国际市场复苏疲软，新兴市场需求放缓突出，行业对东盟和非洲出口额同比分别增长–0.8%和4.6%，较2014年分别减速6.7和12.7个百分点。

3. 内销增速稳中趋缓

2015年，我国内需市场增长基本平稳，仍是纺织行业发展的首要市场动力，但纺织品服装内需增速总体有所放缓，下半年放缓态势尤为明显。全国限额以上服装鞋帽、针纺织品零售额同比增长9.8%，增速较2014年下降1.1个百分点，较2015年上半年放缓0.9个百分点，也低于2015年全社会消费品零售额增速0.9个百分点。全国网上穿着类商品零售额同比增长21.4%，电子商务渠道仍保持较快扩展态势，但二季度以来增长也有所减速，全年增速较一季度和上半年分别下降12.3和8.7个百分点。内需消费增速趋缓一方面与国内宏观经济增长放缓相关，另一方面，国内商业环境尚不完善也是制约内需潜力释放的重要因素。

4. 企业效益基本平稳

2015年，纺织企业效益情况总体正常，增速好于全国工业平均水平，但受生产增速放缓、销售价格走低等因素影响，增速较2014年有所放缓。全年，全国规模以上纺织企业累计实现主营业务收入70 713.5亿元，同比增长5%，增速较2014年放缓1.8个百分点，但高于全国工业增速4.2个百分点；累计实现利润总额3860.4亿元，同比增长5.4%，增速较2014年放缓0.7个百分点，但高于全国工业7.7个百分点。

产业链各环节中，产业用纺织品行业效益较好，利润总额同比增长13.7%，表明行业在需求带动及技术进步支撑下仍处于上升周期；化纤、印染及针织行业受同比基数较低影响，利润分别增长15.2%、8.3%和9.7%，均较2014年有所回升；棉纺行业受棉花问题影响，盈利压力相对较大，利润同比仅增长2.8%。

经济运行质量总体仍平稳。2015年，规模以上纺织企业销售利润率为5.5%，较2014年提高0.1个百分点；产成品周转率为20.7次/年，总资产周转率为1.6次/年，三费比例为6.2%，均与2014年持平。

5. 投资信心有所回升

2015年，纺织行业固定资产投资增速较2014年有所回升，企业信心较为稳定。全行业500万元以上项目固定资产投资完成额为11 913.2亿元，同比增长15%，增速高于2014年1.6个百分点，高于全国固定资产投资（不含农户）增速 5 个百分点；新开工项目数为 16 149 个，同比增长 18.3%。

从区域结构来看，东部地区纺织企业转型升级投入增加较快，2015 年固定资产投资完成额同比增长 16.8%，高于全行业增速 3.8 个百分点。西部地区投资自下半年以来持续较快增加，全年投资完成额同比增长 19.2%。中部地区投资增速则有所放缓，2015 年投资完成额同比增加 12.6%，低于全行业增速 2.4 个百分点。

6. 产业链结构调整稳步推进

2015 年，产业用纺织品行业在需求扩大和技术进步的双重驱动下保持较快的发展态势，继续发挥产业链新增长点作用。全年，产业用纺织品行业工业增加值同比增长 12.4%，利润总额同比增长 13.7%，出口总额同比增长 0.3%，均明显好于纺织全行业平均水平。产业用纺织品产量达到 1341 万吨，占纤维加工总量的比重为 25.3%，较 2014 年提高 0.7 个百分点，纺织行业终端产品结构进一步优化。

7. 区域布局有所优化

2015 年，尽管中部地区投资增速有所放缓，但中部地区纺织企业产销规模稳步扩大，对纺织行业发展的贡献作用进一步提升，中部六省规模以上纺织企业主营业务收入和利润总额同比分别增长 7.1%和 6.7%，高于纺织全行业增速 2.1 和 1.3 个百分点。西部地区纺织产业保持平稳、较快发展，2015 年规模以上企业主营业务收入和利润总额同比分别增长 9.5%和 17.7%，高于全行业增速 4.5 和 12.3 个百分点。中西部地区主营业务收入占全行业的比重合计为 23.2%，较 2014 年提高 0.6 个百分点。

8. 原料供给结构稳步改善

2015 年，由于前期棉花收储政策的后续影响仍未消除，国内高等级棉花短缺问题十分突出。我国化学纤维行业生产情况基本平稳，化纤差别化率稳步提高，有效满足了纺织企业的生产加工与产品开发需求。2015 年，化学纤维产量扣除净出口后的加工量为 4458 万吨，占纤维加工总量的比重达到 84%，在缓解国内棉花原料结构性短缺矛盾方面发挥了重要作用。

（二）纺织行业当前需要关注的重点问题

1. 棉花政策的后续影响依然存在

2015 年，国家试点棉花种植直补措施，带动国内外棉价差逐步缩小至 1200

元/吨左右。但是，2011—2013年间连续实施的棉花临时收储政策后续影响仍未消退，原料供给仍是影响纺织行业运行的重要因素。

一是高等级棉供给缺口加大。临时收储政策执行三年，造成国内棉花种植重量不重质，国产棉品质严重下降，进口棉受配额管制供给量有限，使得高等级棉短缺问题十分突出。纺织企业为解决原料问题，大量进口印度、巴基斯坦、越南等国的棉纱替代用棉，2015年棉纱线进口量达234.6万吨，同比增长16.6%，较2014年加快20.8个百分点。棉纱大量进口，一方面加大了国内棉纺企业的竞争压力，2015年国内以纯棉产品为主的中小棉纺企业停产、减产情况有所增多；另一方面也造成了纺纱产能加快向海外转移，长期将破坏纺织产业链的整合竞争优势，且用棉需求萎缩更不利于保护棉农利益。

二是棉花价格持续走低。截至2015年年底，国储棉余量仍超过1100万吨，导致国内棉价持续走低，下游纱、布及纺织制品价格也呈现下行行情，增加了纺织企业订单及库存亏损的风险，压制了市场采购的积极性，降低了企业开工率。受供给存量过大影响，棉花价格长期无法真实、有效地反映终端需求动态，也将制约市场机制对纺织行业发挥调节作用，影响纺织产业链健康发展。

2. 综合成本持续提升

2015年，纺织企业综合成本过高压力仍十分突出，且在国际比较中处于明显劣势，不仅压缩了利润空间，更增加了企业参与国际竞争的压力。

一是劳动用工成本持续提升。受人口结构及就业偏好改变影响，纺织行业用工价格持续上升已是常态。根据我国纺织工业联合会组织的“企业经营者跟踪调查”结果，66.1%的样本企业2015年用工成本较2014年有所提升，36%的样本企业成本涨幅超过10%。目前，沿海地区纺织企业人均月工资已达到3500～5000元/月，是越南的2～3倍，孟加拉的近5倍。

二是工业用电价格偏高。2015年，国内煤价已降至近十年的最低水平，但电价并未同步联动下调。纺织企业用电价格普遍为0.7元/千瓦时左右，是越南波谷电价的近3倍、波峰电价的1.2倍，我国棉纺企业在美国投资的工厂用电价格也仅为国内的45%左右。

三是融资贵问题仍普遍存在。国家支持实体经济、中小企业融资的政策并未有效落实，中小纺织企业融资难、融资贵问题并未有效改善。据调研，目前纺织企业获得贷款利率普遍较基准利率上浮30%左右，综合融资成本平均超过

6%，部分企业高达 10%以上，而我国纺织企业在境外投资的融资成本仅有 2%～3%。

3. 国际竞争压力不断加大

近年来，国际纺织产业分布格局不断发生重要调整。发达国家利用工业基础设施和智能制造技术优势，加强对纺织产业高端进行再造，东南亚、南亚等发展中国家依托劳动力等要素成本优势，加速扩大纺织制造规模。区域自由贸易进程加快推进，跨太平洋伙伴关系协定（TPP）初步达成，越南等国参与其中，协定拟对纺织品采取“从纱认定”原产地规则，均将对纺织行业国际采购订单及产能布局向东南亚转移起到重要的助推作用。

产业布局的新调整使得国际竞争更显激烈。我国纺织行业在综合成本高企的情况下，参与国际竞争的压力十分突出，在主销市场所占份额有所下降。2015 年，我国在美国、欧盟、日本三大传统市场纺织品服装进口中占比分别为 38.6%、36.8%和 64.5%，较 2014 年分别下降 0.3、1 和 3 个百分点，同期越南、孟加拉、印度尼西亚三国在日本纺织品服装进口总额中占比较 2014 年同期合计提高 2.4 个百分点，越南、印度、孟加拉三国在美国占比提高 1.3 个百分点。

4. 环保任务艰巨

国家对纺织行业污染物减排的监管要求日益严格，客观上增加了纺织企业的压力。纺织产业链上受环保因素影响最为突出的印染环节近年来发展明显放缓，2015 年规模以上印染企业产量为 509.5 亿米，同比减少 3.3%，连续 4 年呈负增长。这一趋势如长期延续，将逐渐形成产业链瓶颈，制约纺织全行业发展。

纺织行业化解环保压力的难度较大，既有自身原因，也有外部环境因素。从行业自身来看，各种清洁生产技术，特别是污水深度处理技术仍存在应用成本过高的问题。纺织企业当前生产经营压力较大，资金普遍紧张，一些地方金融机构以环保为由，对印染企业技术改造项目不予信贷支持。在技术改造投入较高的情况下，企业资金不足的问题更加突出，严重制约了行业升级改造进度。从外部来看，国家环境监管标准不但提升，标准执行不设过渡期，与中小企业适应能力形成矛盾。有些地方环保部门为完成总量减排任务，监管措施缺乏差异化，对印染项目禁止环评或环评手续过于繁琐，致使企业无法进行技术更新。

二、纺织行业“十三五”发展形势

2016 年是我国国民经济与社会发展的“十三五”开局之年，纺织行业也进入了由纺织大国向纺织强国转变的决胜阶段。展望“十三五”时期，纺织行业面临的外部发展环境仍将发生深刻变化，并呈现出新的趋势和特征，机遇与挑战互相交织，行业深入推进调整与转型的任务依然艰巨。

（一）内外市场仍有新空间

“十三五”时期，全球纤维消费保持稳定增长的驱动因素仍然存在，市场呈现新的结构特征，将为我国纺织行业深度参与国际竞争、优化贸易结构提供积极的外部条件。我国内需潜力稳步释放，也将为纺织行业的持续发展和转型升级提供最为根本和有力的市场驱动。

国际金融危机的深层次影响在相当长时期依然存在，但人口增长、经济复苏以及纤维应用领域拓展等需求驱动因素仍然存在，全球纤维消费需求仍将继续增加，但随着总量基数增大，增速将逐步放缓，预计到“十三五”末期，全球纤维需求将较“十二五”末增加 2000 万吨左右。全球消费市场将呈现多元、同步发展特征，发达市场仍具有长期稳定性，新兴市场则将随经济发展较快扩张，成为全球纤维消费增量的主力。

我国国民经济和社会持续发展，全面建成小康社会任务推进，将带动城乡居民收入增长、城镇化率提高、城乡差距缩小，我国多元化、多层次、多领域的内需潜力将进一步释放，市场消费及应用需求升级的趋势愈加明显，纺织品服装内需消费仍有较大的增长与提升空间。同时，随着我国在基础设施建设、环境治理、卫生保健、安全防护、军事国防等方面投入加大，产用纺织品仍面临着良好的内需提升机遇，预计产量将保持年均 8%以上的增长。

（二）全球产业重构新格局

“十三五”时期，全球纺织产业布局优化调整将继续深化，各国仍将继续发挥自身资源环境和要素比较优势，在全球纺织产业链、价值链上获取更好的分工地位，促进国际分工合作进一步深化。同时，部分国家纺织业在产业结构、发展阶段等方面的相似性，也将造成对市场份额、技术、人才等产业资源的争夺更为激烈，客观上使得我国纺织行业面临的国际竞争形势更趋紧张。

发达国家继续深化对制造业的再造，不仅将继续控制纤维、装备的产业链高端领域，随着其充分发挥分布能源系统、新一代互联网等全新工业基础设施体系的优势，广泛利用智能化制造技术，有效冲抵高成本劣势，也将带动部分自动化程度高或需要贴近消费市场的生产环节回流。发展中国家在国际制造产业链中的比重继续加大，在全球纤维需求扩大、资源要素分布结构改变、发达国家商业采购战略调整等因素的影响下，东南亚、南亚等亚洲地区仍是重要的投资目的地，具有天然纤维原料和劳动力资源优势的非洲等地也将逐步进入全球纺织产业体系，形成更加多元分布的全球制造格局。

全球区域经贸合作关系发展加速，跨太平洋战略经济伙伴协定（TPP）、跨大西洋贸易与投资伙伴协定（TTIP）、区域全面经济伙伴关系（RCEP）等重大区域经贸合作协议将逐步付诸实践，发达国家给予区域自贸伙伴市场准入优惠，对纺织产业投资流向产生重要影响，促进国际产业布局呈现调整新趋向。

（三）科技创新催生新变革

“十三五”时期，科技创新仍是纺织行业发展最重要的驱动力，不仅纺织产业技术将取得新的提升和突破，新一代信息网络技术的应用也将显著加强全球纺织产业链、供应链的资源整合，大幅提高产业运行效率。一系列新变化既为我国纺织行业带来创新发展空间，也会对企业传统的生产经营方式形成挑战。

纺织高端技术创新仍将加快推进。以高性能、功能性新材料及纺织制品，数字化、智能化纺织专用装备为重点的技术创新，将有效解决纺织行业高效率、低成本、同质化制造的发展需要，满足行业挖掘消费潜力和应用空间的需求。化工、机械、电子、现代材料、生命科学等相关产业不断发展，与纺织业的融合日益加深，也将为纺织科技进步创造更好的物质基础条件和更广阔的创新维度空间。

信息网络技术将全面催生纺织产业变革。信息网络技术与制造业深度融合，将使全球纺织生产要素、加工制造、配套服务等产业资源实现高度共享，实现工业制造环节与市场消费者个体的直接对接，从而促使纺织行业的制造模式、生产组织形式及商业业态模式全面变革，推动纺织行业从传统大规模、单一品种制造转向个性化、批量定制，由单纯制造向制造服务化转型，组织结构趋向网络化和扁平化，创新方式向跨领域、网络化协同创新转变。

（四）生态文明提出新要求

“十三五”时期，有效破解自然资源与生态环境瓶颈，实现生态化、可持续发展，是全球纺织产业的共同责任，也是我国纺织行业面临的艰巨发展任务。

国际社会对全球气候变暖、生态环境恶化的关注程度越来越高，生态环境保护在各国发展决策中的地位不断提高，环保技术与标准成为发达国家保持竞争力的重要手段，围绕化学品安全控制、碳排放等内容的技术性壁垒将有所增加，我国纺织行业参与国际竞争将面临更多的环境与技术壁垒风险。

我国把建设生态文明提升到执政理念和国家整体战略层面，对行业发展提出更高要求。新的更加严格的环保法律法规、水和大气污染物防治行动计划、纺织染整污染物排放标准陆续实施，监管范围扩大，执法力度加强。这将为高温过滤和膜过滤材料、生态土工材料等产业发展带来巨大的市场空间，但全行业还面临着污染物总量减排任务较重、节能减排所需的大量投资和带来的运营成本上升等难题，将给纺织企业特别是中小企业带来更大的压力。未来发展纺织行业要从建设生态文明的新高度推动行业节能减排，发展低碳、绿色、循环纺织经济以推动行业转型升级。

三、纺织行业“十三五”发展建议

（一）提升自主创新能力

创新是纺织行业转型升级的核心，进一步强化科技创新、品牌建设与创新型人才培养，是纺织行业在“十三五”时期的重点发展任务。纺织行业将进一步引导企业加大创新投入，完善行业科技创新体系，加强基础研究和标准体系支撑，着力加快推进纺织共性、关键技术自主创新，在高新技术纤维材料、高档产业纺织品、智能化纺织装备等重点领域实现自主技术国际领先。积极强化产品创意设计与制造模式、营销模式创新，强化管理创新，提高品牌企业、自主品牌创新发展能力，培育区域品牌和国际知名品牌，提升行业创新软实力。加强创新型人才培养，不断创新专业人才培养模式，完善人才机制，搭建人才服务平台，建设多层次创新人才体系，为行业转型升级提供充足的智慧支持。

（二）优化调整产业结构

协调是纺织行业持续、健康发展的内在要求，纺织行业将着力推进供给侧改革，努力化解布局、企业、产品等方面的结构性矛盾问题，优化产业结构。“十三五”期间，纺织行业将进一步优化区域分工布局，积极完善投资环境，继续推进纺织制造能力从东南沿海向内陆地区转移，构建区域间协调分工、互动发展的布局结构。引导骨干企业吸收有利资源进一步做强做大，促进中小企业加强“专精特新”发展，推动产业集群升级，形成企业间协调分工、高效协作的组织结构。建立跨产业链、跨部门合作机制，大力拓展产业用纺织品应用领域，强化纤维消费新增长点，建立协调发展的产业体系结构。

（三）加强绿色发展

绿色是永续发展的根基，提升纺织全产业体系的生态发展理念，夯实绿色发展基础能力，已迫在眉睫。“十三五”时期，纺织行业将大力推广各种低碳、清洁纺织加工技术、资源综合利用技术和污染物治理技术，强化纺织全产业链绿色发展的硬件基础。全面提升行业发展理念，将绿色理念贯穿纺织产品原料、设计、生产、消费直至废旧处理全过程，建立废旧纺织品社会回收体系和规范化的分拣中心。加强节能、降耗、环保相关标准建设，完善公共服务体系，为行业提升绿色发展水平提供支撑。

（四）提升跨国资源配置能力

开放是升级发展的必然途径，纺织行业亟待提升资源配置能力，有效整合利用国内、国际有利资源，推动实现创新、协调、绿色发展。“十三五”时期，纺织行业将把握“一带一路”等国家空间布局战略机遇，加强跨国资源配置，不断提升纺织行业对外开放水平。充分利用海外优势的技术、人才、渠道及产业链高端制造能力等资源，促进国内纺织产业转型升级，积极开拓多元国际市场。在具备原料、劳动力等要素比较优势的区域投资建立纺织加工基地、原料基地等，带动国产化装备扩大出口，形成更为高效的跨国布局体系。

（五）更好地发挥民生作用

共享是纺织行业的历史使命，“十三五”时期，纺织行业将通过转型升级，继续发挥好美化生活、满足内需、创造就业的重要民生作用。纺织行业将着重加强多元化、个性化、功能化纺织产品开发，促进纺织制造企业向服务型制造转型，更好地满足不断升级的国内消费需求。积极延伸纺织价值链，创造新的吸纳就业空间。加强行业自律，推广企业的社会责任，提供更好的就业岗位与就业环境。

（中国纺织工业联合会）

第八章　轻工业 2015 年发展回顾及“十三五”发展形势与建议

一、2015 年轻工业发展回顾

（一）2015 年轻工业发展情况

1. 主要经济指标增速高于全国工业平均水平

2015 年全年轻工行业工业增加值累计增速 6.6%，高于同期全国工业增加值累计增速 0.5 个百分点。轻工装备制造、采盐、电池制造、文教办公用品、日化等行业的工业增加值增速超过 10%。其中，轻工装备制造、采盐行业工业增加值增速超过 20%，保持了较高增速。家电、工美、造纸、自行车、皮革、农副食品加工、照明器具等行业的工业增加值增速低于轻工行业平均水平。2015 年轻工行业主要经济指标完成情况见表 8。

表 8　　2015 年轻工行业主要经济指标完成情况

指标	单位	2015 年		2014 年
		数量	增速	
规模以上企业数	个	108 395	—	103 699
工业增加值	亿元	—	6.6%	8.6
出口交货值	亿元	27 023.7	–1.4%	7.2
轻工景气指数		86.9	—	89.4
主营业务收入	亿元	231 404.2	4.6%	8.7
利税总额	亿元	22 527.8	7.1%	5.6
其中：利润总额	亿元	14 933.5	7.6%	5.2
出口额	亿美元	5982.4	–2.8%	10.3
进口额	亿美元	1289.1	–15.7%	22.2

轻工行业全部工业企业累计实现主营业务收入 28.2 万亿元，其中规模以上工业企业累计实现主营业务收入 23.14 万亿元，同比增长 4.62%，高于同期全国工业主营业务收入累计增速 5.42 个百分点。轻工行业全部工业企业累计实现利润 2 万亿元，其中规模以上工业企业累计实现利润 1.49 万亿元，同比增长 7.57%，高于同期全国工业利润累计增速 9.87 个百分点。主要轻工行业主营业务收入及

利润增长情况见表 9。

表 9　　主要轻工行业主营业务收入及利润增长情况

行业	主营业务收入		利润总额	
	全年累计（亿元）	比上年增长	全年累计（亿元）	比上年增长
农副食品加工业	65 125.6	3.5%	3233.8	6.4%
食品制造业	21 700.3	6.3%	1832.2	9.1%
酒、饮料和精制茶制造业	17 292.5	6.4%	1741.4	7.5%
皮革、毛皮、羽毛及其制品和制鞋业	14 580.8	6.1%	935.2	4.9%
木材加工和木、竹、藤、棕、草制品业	14 079.3	6.4%	861.2	3.4%
家具制造业	7872.5	9.3%	500.9	14%
造纸和纸制品业	13 923.4	3.4%	744.4	6.2%
文教、工美、体育和娱乐用品制造业	15 474.3	3.7%	881.6	7.4%
塑料制品业	21 466.6	4.6%	1302.5	8.8%

2. 进出口贸易总额同比下降，轻工外贸份额稳中有升

2015 年全国轻工行业进出口贸易总额 7271.45 亿美元，同比下降 5.35%。其中出口总额 5982.39 亿美元，同比下降 2.81%；进口总额 1289.06 亿美元，同比下降 15.71%。轻工行业贸易顺差 4693.3 亿美元。虽然受整体形势影响，轻工商品进、出口同比均出现不同程度的下降，但轻工行业在我国对外贸易中所占份额依旧增加。

3. 内销比重有所扩大，刚性需求支撑行业发展

2015 年，轻工业内销市场比重为 88.32%，比上年提高 0.66 个百分点。轻工主要商品零售总额增速总体表现平稳。在国家统计局发布的涉及轻工的 10 类商品中，家具、饮料、文化办公用品、粮油食品等 7 类商品零售额增速均高于全国平均水平。社会对轻工消费品有较强的刚性需求，特别是占轻工总量 45%的大食品业，即农副食品加工、食品制造、酒和饮料行业，对轻工发展起到重要的支撑作用。

4. 区域布局保持由东部向中西部转移的趋势

2015 年东部和中西部地区轻工业主营业务收入占全国的比重分别为 57.5%、34.4%，中西部地区较 2010 年提高了 7.1 个百分点。2015 年东部、中部、西部地区轻工业主营业务收入增长速度分别为 4.1%、9.2%、8.0%，如图 31 所示；利润增长速度分别为 8.7%、7.7%、13.0%，中部地区主营业务收入增速最高，西部地区利润增速最高。主要地区主营业务收入完成情况见表 10，主要地区利润总额完成情况见表 11。

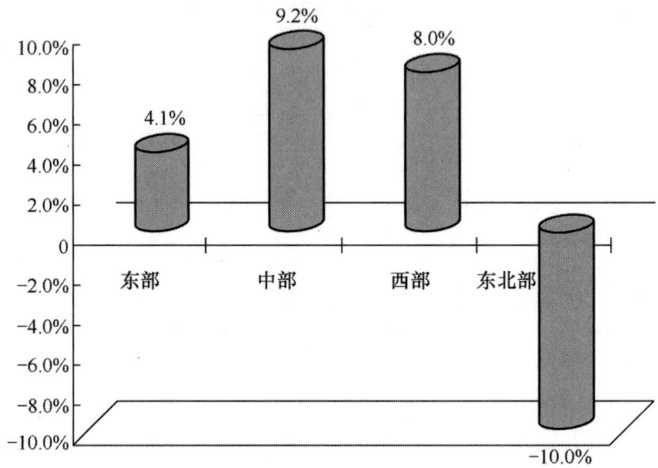

图 31　2015 年主要地区主营业务收入增长速度对比情况

表 10　主要地区主营业务收入完成情况

地区	主营业务收入（亿元）	比上年增长
广东	33 849.62	0.92%
山东	31 222.50	4.84%
江苏	19 500.90	7.84%
河南	18 293.79	9.57%
福建	14 191.09	11.36%
浙江	13 574.97	–0.67%
湖北	10 920.47	10.02%
安徽	9729.14	7.36%
四川	9525.90	6.38%
河北	8744.82	4.18%

表 11　主要地区利润总额完成情况

地区	利润总额（亿元）	比上年增长
广东	2072.82	6.09%
山东	1877.25	5.24%
河南	1532.09	6.25%
江苏	1353.57	12.88%
福建	935.17	14.9%

续表

地区	利润总额（亿元）	比上年增长
浙江	782.99	4.89%
四川	628.96	4.57%
河北	591.74	8.99%
湖北	575.30	9.59%
江西	569.16	7.35%

5. 轻工业占全国工业的比重进一步提升

2015 年轻工业规模以上企业数占全国工业企业数的 29%，所占比重比 2014 年提高 0.3 个百分点；主营业务收入占全国工业总量的 21%，所占比重比 2014 年提高 0.8 个百分点；资产总额占全国工业总量的 15%，所占比重比 2014 年提高 0.1 个百分点；利润总额占全国工业总量的 23.5%，所占比重比 2014 年提高 2.1 个百分点。轻工业在全国工业中的地位更加突出。轻工业外贸总额占全国外贸总额的 18.37%，比 2014 年增加了 0.52 个百分点，轻工商品出口额占全国商品出口额的 26.3%，在国民经济各行业中位居首位，所占比重与 2014 年基本持平。

6. 科技创新能力进一步增强

目前轻工行业国家重点实验室、国家工程实验室、国家工程（技术）研究中心有 44 个，国家级企业技术中心数量约占全国的 13.6%，轻工业技术创新体系逐步完善。一批国家科技项目顺利实施，部分行业的关键共性技术取得新突破。

一批优秀项目荣获国家科学技术奖和中国轻工业联合会科学技术奖。酮酸发酵法制备关键技术及产业化等 6 个项目获得 2015 年度国家技术发明奖二等奖。空调器舒适性智能控制技术研究及产业化等 3 个项目获得 2015 年度国家科学技术进步奖二等奖。144 个项目获得 2015 年度中国轻工业联合会科学技术奖，其中一等奖 17 项、二等奖 51 项、三等奖 76 项。

2015 年轻工行业专利公布数量 708 370 件，其中，发明专利 358 864 件，实用新型专利 349 506 件。公布专利总数较 2014 年大幅增加。

7. 节能环保取得新成绩

通过采用新技术、新工艺和新材料，提高能源利用率和资源综合利用率，皮革、造纸等行业的综合消耗明显下降。高风险污染物削减行动计划项目顺利实施，清洁生产水平不断提高。完成工业和信息化部年度淘汰落后和过剩产能任务指标。加强执行能效标识管理、环境标志认证、节能产品认证制度，推广节能新技术，提高绿色节能产品市场比重。29 家轻工企业被列入工业和信息化部工业产品生态（绿色）设计试点企业（第二批），占总数的 50%。

8. 质量品牌和标准体系建设水平进一步提高

轻工业规模以上企业质量管理控制能力不断提升，产品质量检测方式及质量控制手段逐步与国际接轨。截至 2015 年年底，轻工行业具有国家级资质认定的检测机构 89 家，覆盖大部分轻工产品领域。轻工企业在学习和实践卓越绩效模式的过程中取得了显著成效，165 家企业获 2014—2015 年度全国轻工业卓越绩效先进企业称号。重点行业积极开展品牌培育和评价工作，骨干企业建立了有效的品牌管理体系。康奈集团有限公司等 50 家企业获 2015 年轻工品牌培育管理体系先进企业称号，星海牌钢琴凯旋系列等 111 个品牌产品获 2015 年轻工品牌竞争力优势产品称号。21 家企业进入工业和信息化部发布的 2014 年工业品牌培育示范企业名单，占总数的 21.65%。标准体系进一步完善，截至 2015 年年底，轻工标准共 5368 项，其中国家标准 2262 项，行业标准 3106 项。

9. 产业集群蓬勃发展

目前，轻工业特色区域和产业集群已发展到 470 多个，比“十一五”末增长 57%，涉及 35 个行业，主要分布在全国 21 个省、自治区和直辖市。中国轻工业联合会与相关行业协会、地方政府共建的产业集群产值约占轻工规模以上企业工业总产值的 36%，比“十一五”末提高了 10 个百分点。

（二）轻工业当前需要关注的重点问题

1. 全年出口同比下降

轻工行业外向型经济特征显著，但 2015 年受世界经济增长放缓、国际市场需求萎缩、大宗商品价格下跌以及国内投资需求放缓等多重因素影响，我国轻工产品对外贸易发展遇到较大困难，出口下行压力增大，全年出口同比下降 2.81%，与全国出口降幅持平。

2. 自主创新能力不足

以企业为主体的创新体系需要不断完善。企业研发投入普遍偏低，高端装备、关键核心技术对外依存度较高，一些行业发展急需的核心基础零部件、先进基础工艺与关键基础材料需要实现重点突破。智能制造与国际先进水平存在较大差距，信息技术在研发设计、生产过程、营销管理、物流配送、节能减排和安全生产等方面的应用能力有待提高。

3. 品牌影响力较弱

轻工产品品牌影响力与制造能力差距较大，品牌附加值较低，世界知名品牌数量不足，产品品质和品牌价值需要提升，品牌经营管理能力需要提高。在轻工行业主要商品对外贸易中，部分进口商品的平均价格远高于出口商品的平均价格。

4. 中小企业发展压力较大

中小企业融资难、融资贵的问题依旧存在。利息支出占费用的比重及企业税收占利税的比重这两项财税指标依然较高。轻工企业具有较强的吸纳劳动力就业能力，目前劳动力成本持续上涨，加之其他生产要素成本不断增加的压力以及整体税费负担，中小企业生存发展压力较大。

二、轻工业“十三五”发展形势

“十三五”时期是我国全面建成小康社会的决胜阶段，是轻工业主动适应新常态、增强创新驱动发展动力、着力改善供给结构、提高发展质量和效益的关键时期。我国经济发展进入新常态，消费升级市场潜力巨大，国际经济深度调整，新一轮科技革命和产业变革蓄势待发。轻工业发展的国内外环境和条件发生了重大变化，轻工业发展既面临重大的战略机遇，也面临诸多矛盾相互叠加的严峻挑战。

（一）消费升级为轻工业发展提供了巨大空间

我国拥有全球最大的消费市场，当前城乡居民消费结构正在由生存型消费向发展型消费、由物质型消费向服务型消费、由传统消费向新型消费升级。居民消费个性化、高端化、定制化、服务化步伐加快，优质环保、安全健康、时尚实用、操作简便的商品消费和服务消费不断增加。新型城镇化建设蕴藏巨大的内需潜力，国家进一步完善人口发展战略将带动相关产品制造业发展。不同群体、地域对轻工产品的刚性需求和升级换代的需求为产业发展提供了广阔的空间，提高供给适应消费需求和消费升级的变化是轻工业发展的强大动力。

（二）科技创新和产业变革助力产业升级

以新一代信息技术为引领和支撑，智能制造、新能源、新材料等领域创新活跃，带来的生产方式、产业形态、商业模式创新为我国轻工业转型升级、创新发展迎来了重大机遇。

（三）国家三大战略的实施提供了新的发展机遇

实施京津冀协同发展和长江经济带战略，有利于促进国内要素有序流动、资源高效配置和市场深度融合。实施“一带一路”战略以及国际产能合作，为轻工企业“走出去”提供了良好的条件，有利于更好地参与国际竞争。

（四）轻工业转型升级任务紧迫

国际产业竞争格局正在发生重大调整，发达国家实施“再工业化”战略，重塑制造业新优势，对轻工产品设置了更多技术性贸易壁垒。一些发展中国家积极参与全球产业再分工，承接产业及资本转移，拓展国际市场空间。我国轻工业面临发达国家和其他发展中国家“双向挤压”的严峻挑战。我国经济发展进入新常态，资源和环境约束不断强化，劳动力等生产要素成本不断上升，轻工业在产品设计、质量、安全、材料使用、环境保护等方面面临更高的要求。主要依靠资源要素投入、规模扩张的粗放发展模式已难以为继，轻工业调整结构、转型升级、提质增效刻不容缓。

三、轻工业“十三五”发展建议

（一）保持平稳较快增长，推动迈向轻工强国

年均增长继续保持超过全国工业增速，深化供给侧结构性改革，大力实施增品种、提品质、创品牌的“三品”战略，技术创新能力明显增强，产业布局进一步优化，绿色发展和质量品牌建设迈上新台阶，巩固发展出口优势，国际竞争力进一步提高。

（二）强化创新引领作用，推进两化深度融合

进一步完善产业创新体系，重点支持技术创新示范企业、国家认定的企业

技术中心、设计中心和国家级工程实验室等建设，推动行业共性技术公共服务平台建设。启动实施一批轻工关键技术研发与产业化、重点装备自主化、新材料研究及应用工程，重点行业技术改造等重大科技项目。攻克一批对产业竞争力整体提升具有全局性影响、带动性强的关键共性技术。推广满足个性化定制服务的轻工机械。推进两化深度融合，支持信息技术在研发设计、生产过程、营销管理、物流配送、节能减排和安全生产等方面的应用，建设一批企业能源管控中心及食品质量安全信息追溯公共服务平台。重点推进智能制造，促进工业互联网、云计算、大数据在轻工业综合集成应用，在食品、家用电器、家具和皮革等基础条件好的行业推进智能制造，推进数字化车间/智能工厂的集成创新与应用示范。发展智能产品和装备，统筹推进服务机器人、智能家电、智能照明电器、可穿戴设备的产品研发和市场推广，发展基于物联网技术的缝制机械，加快轻工业生产设备的智能化改造。

（三）加快结构调整，优化产业布局

引导企业采用先进的适用技术，优化产品结构，全面提升设计、制造、工艺、管理水平，增加绿色、安全、智能化的创新型产品供给。推进企业组织结构调整，支持企业战略合作和兼并重组，培育一批核心竞争力强的企业集团，激发中小企业的创业创新活力，建立协同创新、合作共赢的协作关系。发展服务型制造与生产性服务业，强化工业设计对轻工业转型升级的服务支撑作用。促进区域产业协调发展，进一步调整优化产业布局，发展一批专业特色鲜明、品牌形象突出、服务平台完备的现代轻工产业集群，推进轻工产业园区按产业功能优化布局和产业配套，进一步加强产业集群的公共服务能力。

（四）加强质量品牌建设，确保消费安全

强化企业的质量主体责任，推广先进的质量管理方法和国际质量体系认证，推动企业建立全员、全方位、全生命周期的质量管理体系，建立健全轻工业技术标准体系，提高轻工业标准的国际化水平。建立和健全产品检测技术体系、产品风险评估体系、产品安全溯源和预警体系，积极推行产品国际质量认证。增强质量安全保障能力。加快推动品牌建设，通过掌握核心技术，提高产品性能、品质和售后服务水平，不断提升品牌价值和影响力，支持企业深入挖掘品

牌的文化内涵，创新品牌营销模式，增强品牌经营管理和传播能力，推动品牌国际化经营运作水平的提升。建立品牌评价机制，合力营造有利于企业品牌竞争的市场环境，树立“中国制造”的优质形象。

（五）加大节能环保力度，全面推广绿色制造

加大造纸、皮革、食品、电池、陶瓷、日用玻璃等重点行业的节能降耗、减排治污改造力度，利用新技术、新工艺、新材料、新设备推动企业节能减排。制定重点行业清洁生产技术评价指标体系，加快制定能耗限额标准，开展能效对标达标活动，研发、推广重金属污染防治技术，进一步推动落实《高风险污染物削减行动计划》，大幅提高行业清洁生产水平。提高资源综合利用水平，提升能源利用效率，扩大新能源应用比例，加强水资源综合利用，加强废弃物综合利用技术的研发与推广应用，提高大宗工业固体废弃物转化为再生资源的能力。

（六）实施工业强基工程，增强轻工基础能力

协同推进核心基础零部件、先进基础工艺、关键基础材料和产业技术基础发展，实现一批行业发展急需的基础零部件、基础工艺与基础材料重点突破。建设一批创新平台，加强锂离子动力电池、家具、洗涤用品等行业试验检测数据的采集、管理、应用和积累，加大对轻工业“四基”领域研发投入的支持力度，引导产业投资基金和创业投资基金投向“四基”领域重点项目。

（七）统筹国内国际市场，提高企业“走出去”水平

积极顺应和把握消费升级大趋势，提高轻工产品的有效供给水平，满足消费升级和个性化、多样化的消费需求。引导农村消费提升，利用互联网技术，开拓农村消费市场。巩固开拓国际市场，加快培育以技术、品牌、质量和服务为核心竞争力的新优势，巩固美、欧、日等传统国际市场，结合“一带一路”战略实施，积极开拓新兴市场，发挥轻工业和产能优势，加强国际产能合作，支持品牌企业“走出去”，在有条件的国家或地区建立经贸合作区，提高企业“走出去”水平。

（中国轻工业联合会　　王晓昕）

第九章　医药行业2015年发展回顾及“十三五”发展形势与建议

一、2015年医药行业发展回顾

（一）2015年医药行业发展情况

1. 工业增加值增速位居前列

2015年规模以上医药工业增加值同比增长9.9%，增速较上年下降2.4个百分点，高于工业整体增速3.8个百分点。医药工业增加值在整体工业所占比重接近3.0%，较上年增长约0.2个百分点，医药工业增加值增速虽然减缓，但对整体工业的贡献度进一步扩大。2010—2015年医药工业增加值增速与占比情况如图32所示。

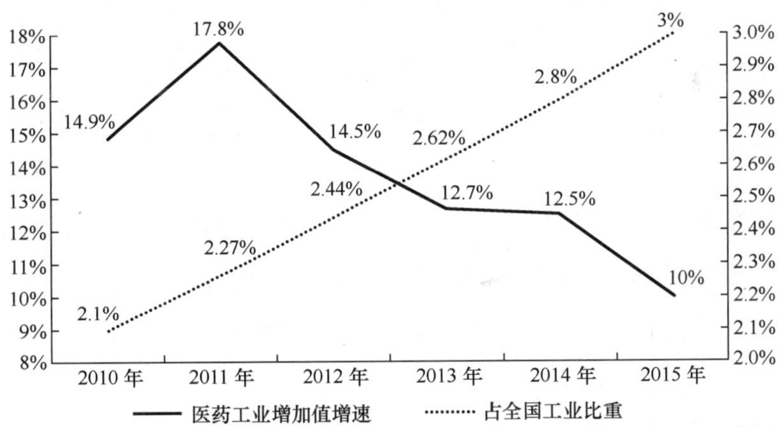

图32　2010—2015年医药工业增加值增速与占比情况（数据来源：国家统计局）

其中，化学原料药和化学制剂制造业增加值同比增长9.5%，低于医药工业整体水平。

2. 主营业务收入增速继续放缓

根据统计快报，2015年医药工业规模以上企业实现主营业务收入26 885.19亿元，同比增长9.0%，高于全国工业增速8.2个百分点，但较2014年降低4.0

个百分点。

各子行业中，除中成药和制药机械制造的增速低于行业平均水平外，其他 6 个子行业的增速均高于行业平均水平。其中，中药饮片加工业以 12.5%的增速位居首位，化学药品两个子行业的增速略高于行业平均水平。

与 2014 年同期相比，各子行业的增速均有不同程度的下降，其中，中成药、卫生材料及医药用品、医疗仪器设备及器械 3 个子行业的降幅大于行业平均降幅，分别降 7.5、4.8 和 4.4 个百分点。

2015 年医药工业主营业务收入完成情况见表 12。

表 12　　2015 年医药工业主营业务收入完成情况

行业	主营业务收入（亿元）	同比	比重	2014 年增速
化学药品原料药制造	4614.21	9.83%	17.16%	11.35%
化学药品制剂制造	6816.04	9.28%	25.35%	12.03%
中药饮片加工	1699.94	12.49%	6.32%	15.72%
中成药制造	6167.39	5.69%	22.94%	13.14%
生物药品制造	3164.16	10.33%	11.77%	13.95%
卫生材料及医药用品制造	1858.94	10.68%	6.91%	15.48%
制药机械制造	182.02	8.94%	0.68%	11.02%
医疗仪器设备及器械制造	2382.49	10.27%	8.86%	14.63%
医药工业	26 885.19	9.02%	100%	13.05%

数据来源：国家统计局。

化学药品制剂、中成药生产是医药工业主营业务收入的重要组成部分，2015 年分别占医药工业总收入的 25.35%和 22.94%，构成了主营业务总收入的半壁江山。化学药品原料药位居第三位，占 17.16%。2015 年医药工业各子行业主营业务收入占比情况如图 33 所示。

3. 利润总额增速快于主营业务收入

2015 年医药工业规模以上企业实现利润总额 2768.23 亿元，同比增长 12.2%，较全国工业增速高 14.5 个百分点，与 2014 年增速基本持平。全年利润增速高于收入增速 3.2 个百分点，利润率为 10.0%，较 2014 年增加 0.3 个百分点，显示医药工业正在稳步地进行着结构调整和转型升级。

各子行业中，中药饮片、生物药品、化学药品原料药和卫生材料及医药用品的利润总额的增长高于行业平均水平。利润率方面，除生物药品、化学药品制剂、中成药和制药机械4个子行业外，其余各子行业的利润率均低于行业平均水平。

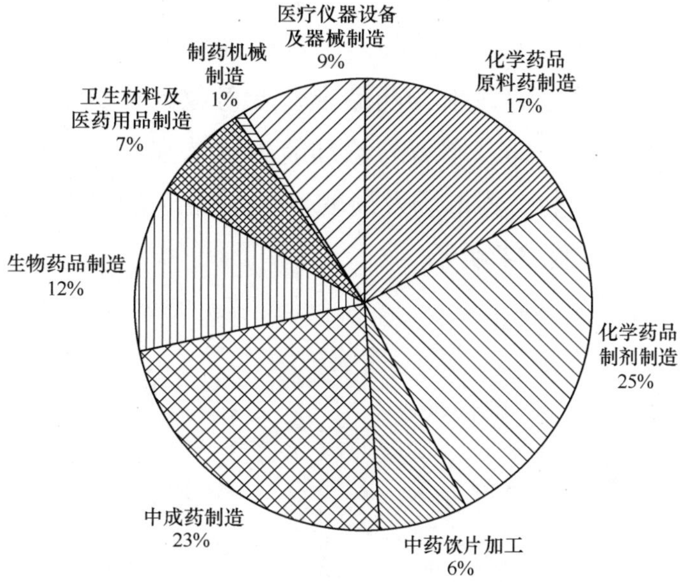

图33 2015年医药工业各子行业主营业务收入占比情况

与2014年同期相比，除化学药品制剂、制药机械和医疗仪器设备及器械3个子行业外，其余各子行业的利润总额增速均有不同程度的上升。而利润率方面，化学药品原料药、化学药品制剂、中药饮片、中成药和生物药品的利润率较2014年略有增长，其余子行业的利润率均较2014年有所下降。

2015年医药工业利润总额和利润率完成情况见表13。

表13 2015年医药工业利润总额和利润率完成情况

行业	利润总额（亿元）	同比	2014年利润增速	利润率	2014年利润率
化学药品原料药制造	351.03	15.34%	12.32%	7.61%	7.35%
化学药品制剂制造	816.86	11.20%	16.07%	11.98%	11.64%
中药饮片加工	123.90	18.78%	8.36%	7.29%	7.04%
中成药制造	668.48	11.44%	9.29%	10.84%	10.30%
生物药品制造	386.53	15.75%	11.82%	12.22%	11.70%
卫生材料及医药用品制造	169.86	13.04%	10.51%	9.14%	9.17%
制药机械制造	19.00	1.63%	5.17%	10.44%	11.49%
医疗仪器设备及器械制造	232.56	5.34%	12.57%	9.76%	10.27%
医药工业	2768.23	12.22%	12.26%	10.30%	10.02%

数据来源：国家统计局。

2015 年化学药品制剂和中成药是医药工业利润总额的重要组成部分，其利润总额分别占医药工业的 29.5%和 24.3%，合计占医药工业利润总额的一半以上。生物药品位居第三位，利润总额占医药工业利润总额的 13.1%。化学药品原料药居第四位，占 14.0%，生物药品主营业务收入仅为化学药品原料药主营业务收入的七成不到，但却以显著的盈利能力优势在利润总额占比中超过了化学药品原料药，显示出生物药市场发展的巨大活力。2015 年医药工业各子行业利润总额与占比情况如图 34 所示。

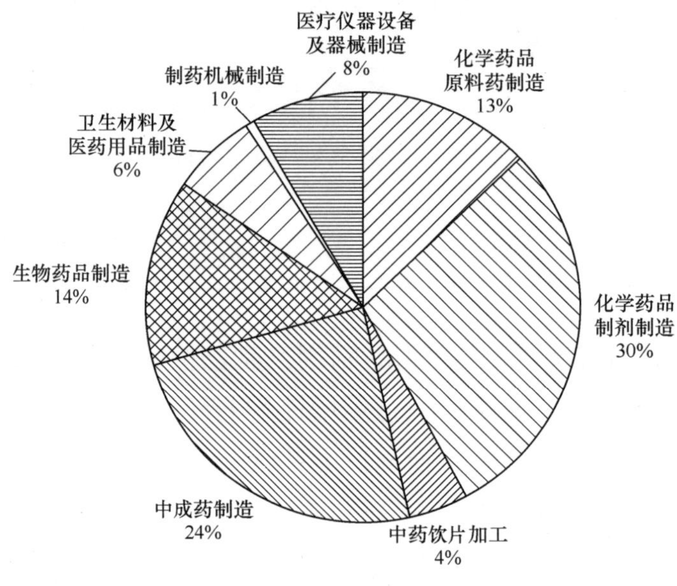

图 34　2015 年医药工业各子行业利润总额与占比情况

4. 出口增速再现回落

2015 年医药工业规模以上企业实现出口交货值 1798.51 亿元，同比增长 3.6%，增速较 2014 年回落 3.0 个百分点。

各子行业中，中药饮片、生物药品和卫生材料及医药用品制造 3 个子行业的增速高于行业平均水平，医疗仪器设备及器械和中成药制造出现了负增长。

与 2014 年相比，中药饮片、生物药品和化学药品制剂制造 3 个子行业均有不同幅度的增速上升，其中中药饮片增速上升 17.9 个百分点，而医疗仪器设备及器械和中成药制造的增长却分别下降 63.7 和 32.6 个百分点。

2015 年医药工业出口交货值实现情况见表 14。

表 14　　2015 年医药工业出口交货值实现情况

行业	出口交货值（亿元）	同比	占比	2014 年增速
化学药品原料药制造	592.14	1.78%	32.92%	4.14%
化学药品制剂制造	150.03	2.65%	8.34%	–3.60%
中药饮片加工	31.13	15.94%	1.73%	–2.00%
中成药制造	63.69	–0.26%	3.54%	32.29%
生物药品制造	272.66	10.51%	15.16%	3.71%
卫生材料及医药用品制造	184.87	5.79%	10.28%	13.59%
制药机械制造	488.59	1.73%	27.17%	8.88%
医疗仪器设备及器械制造	15.42	–2.91%	0.86%	60.82%
医药工业	1798.51	3.59%	100%	6.63%

数据来源：国家统计局。

根据海关进出口数据，2015 年医药产品出口额为 564.4 亿美元，同比增长 2.7%，增速较 2014 年下降 4.7 个百分点。药品制剂和医疗器械出口结构更趋优化，国际化转型张力增强，生物药品出口增速超过 10%，制剂出口比重提高，达到 10.2%。2015 年海关进出口实现情况见表 15。

表 15　　2015 年海关进出口实现情况

	出口额（万美元）	同比	占比	进口额（万美元）	同比	占比
中药类[17]	377 005.53	4.95%	6.68%	102 496.58	–1.26%	2.22%
西药类[18]	3 149 998.62	0.42%	55.81%	2 785 329.45	6.16%	60.29%
医疗器械类[19]	2 116 987.16	5.73%	37.51%	1 731 865.07	9.81%	37.49%
总计	5 643 991.31	2.65%	100.00%	4 619 691.10	7.32%	100.00%

数据来源：医保进出口商会。

5. 固定资产投资放缓

国家统计局数据显示，2015 年医药制造业完成固定资产投资 5812 亿元，增速 11.9%，较 2014 年下降 3.2 个百分点，高出全国制造业增速 3.8 个百分点。新版 GMP 认证所带来的落后产能改造几近尾声，而创新产品产业化与绿色技术改造成为继质量保障体系升级工程之后的医药工业投资重点。

[17] 包括保健品、提取物、中成药、中药材及饮片。
[18] 包括西药原料、西药制剂、生化药。
[19] 包括医用敷料、一次性耗材、医院诊断与治疗、保健康复用品、口腔设备与材料。

6. 北部和中西部地区增长显著

在医药工业主营业务收入同比增长9.0%的大背景下，华中、华东、西北、西南的主营业务收入的增速高于行业平均水平。与2014年相比，增速普遍放缓，其中东北、西北、华北和西南减幅较大，均在6个百分点以上。

中西部地区的四川省和湖北省的主营业务收入首次超过千亿元，达到千亿元以上的省份有9个，北部地区占1个，中西部地区占到4个。数据显示，大增长之后进入适应性调整阶段。

2015年地区医药工业主营业务收入完成情况见表16。

表16　　2015年地区医药工业主营业务收入完成情况

地区	2015年主营业务收入（亿元）	同比	占比	2014年增速
东北	2769.96	1.0%	10.3%	9.4%
华北	2651.18	–0.8%	3.6%	6.5%
华东	11 363.35	11.1%	23.6%	14.1%
华南	2164.67	8.8%	8.1%	12.0%
华中	5119.14	14.7%	11.7%	15.8%
西北	699.79	9.9%	2.1%	18.0%
西南	2117.10	9.8%	2.6%	16.2%

数据来源：国家统计局。

在医药工业利润总额同比增长12.2%的大环境下，东北、西北、华东的利润总额的增速高于行业平均水平。除华中以外，各地区的利润总额增速均高于主营业务收入的增长，其中东北、华北增长幅度在10个百分点以上。与2014年相比，除华中、华东和东北地区以外，利润总额的增速均有提高，西南和华北提增5个百分点以上。

中西部地区的四川省的利润总额首次超过百亿元，达到百亿元以上的省份有9个，北部地区占2个，中西部地区占到2个。以上数据显示，医药工业的地区发展中，北部和中西部地区医药工业的盈利能力和对地方的贡献正处于较大的上升通道中。

2015年地区医药工业利润总额完成情况见表17。

表 17　　2015 年地区医药工业利润总额完成情况

地区	2015 年利润总额（亿元）	同比	占比	2014 年增速
东北	286.38	13.8%	10.3%	14.7%
华北	310.15	9.3%	3.3%	3.6%
华东	1193.44	13.2%	24.9%	15.8%
华南	270.44	10.6%	9.8%	7.9%
华中	405.11	12.0%	8.6%	15.0%
西北	85.77	13.7%	2.4%	13.7%
西南	216.94	11.1%	2.5%	5.3%

数据来源：国家统计局。

7. 企业结构调整持续推进

从企业规模来看，大型企业的平均主营业务收入增长低于行业平均水平，但平均利润总额的增长高于行业平均水平，提示产品结构的调整与盈利能力的提升均优于其他类型企业。中型企业在企业个数增长低于行业平均水平的情况下，其平均营收和平均利润的增速均高于行业平均水平，提示中型企业发展较为平稳快速，具有一定的盈利上升空间。小型企业的个数、平均主营业务收入和平均利润的增长均高于行业平均水平，是一类发展较为迅速的种子型企业，同时微型企业不断涌现，并向小型企业发展。2015 年按规模划分的企业情况见表 18。

表 18　　2015 年按规模划分的企业情况

企业规模	企业数（个）	同比	平均主营业务收入（亿元）	同比	平均利润总额（亿元）	同比
大型	310	5.44%	29.13	2.72%	3.25	7.09%
中型	1480	2.99%	5.71	6.62%	0.68	7.28%
小型	6012	6.14%	1.55	3.44%	0.12	7.56%
微型	138	18.97%	0.50	–53.90%	0.03	–44.16%
合计	7940	5.71%	3.39	3.13%	0.35	6.16%

数据来源：国家统计局。

从企业分行业来看，中药饮片、医疗仪器设备及器械、卫生材料及医药用品、生物药品和制药机械制造 5 个行业企业数的增加速度高于行业平均水平。

从企业的平均主营业务收入来看，化学药品制剂、中成药和化学药品原料药制造 3 个子行业高于行业平均水平，且化学药品原料药、制药机械、生物药品和化学药品制剂制造 4 个子行业的同比增速高于行业平均水平。数据显示，新版 GMP 认证后，药品制造行业的企业数基本保持平稳，均收入规模有一定程度的上升。

从企业的平均利润总额来看，化学药品制剂、中成药、生物药品制造 3 个子行业高于行业平均水平，且同比增速亦高于行业平均水平，而化学药品原料药制造的平均利润同比增速最大。

从 3 个数据的同比情况来看，化学药品原料药制造是以最低的企业增长获得了高于行业平均水平的均收入和均利润的增长，化学药品制剂制造业次之。中药饮片加工、医疗仪器设备及器械和卫生材料及医药用品等制造业的企业个数增长居前，但均收入和均利润的增长远低于行业平均水平。生物药品制造业在企业个数增长高于行业平均水平的情况下，均收入和均利润的增长均高于行业平均水平，提示该子行业是投入产出的热门行业。

2015 年按子行业划分的企业情况见表 19。

表 19　　2015 年按子行业划分的企业情况

行业	企业数（个）	同比	平均主营业务收入（亿元）	同比	平均利润总额（亿元）	同比
化学药品原料药制造	1252	0.24%	3.69	9.56%	0.28	15.06%
化学药品制剂制造	1096	0.64%	6.22	8.59%	0.75	10.49%
中药饮片加工	1004	14.35%	1.69	−1.63%	0.12	3.87%
中成药制造	1598	3.16%	3.86	2.45%	0.42	8.02%
生物药品制造	943	6.67%	3.36	3.43%	0.41	8.50%
卫生材料及医药用品制造	726	9.01%	2.56	1.53%	0.23	3.70%
制药机械制造	128	5.79%	1.42	2.98%	0.15	−3.91%
医疗仪器设备及器械制造	1193	10.98%	2.00	−0.63%	0.19	−5.08%
医药工业	7940	5.71%	3.39	3.13%	0.35	6.16%

数据来源：国家统计局。

从经济类型来看，其他经济和股份制经济的企业个数呈现正增长，且增速高于行业平均水平。其他经济类型的企业个数均呈现不同程度的减少，以集体经济减幅最大。

从企业的平均主营业务收入来看，集体经济和外资与港澳台投资经济呈两位数以上的增长，且高于行业平均水平，其他经济类型的企业平均主营业务收入增速均低于行业平均水平。

从企业的平均利润总额来看，除其他经济以外，各经济类型的增长均高于行业平均水平，其中以国有经济增速最大，外资与港澳台投资经济次之。

从 3 个数据的同比情况来看，集体经济和外资与港澳台投资经济在企业个数同比下降的情况下，平均主营业务收入和平均利润总额均呈现高于行业平均水平的增长。国有经济在企业个数减少的情况下，平均利润总额呈高于行业平均水平的增长，反映了国有经济、集体经济和外资与港澳台投资经济在关停并转与整合收购中经历了较大的变化，反映了不同经济类型结构调整的推进。

2015 年按经济类型划分的企业情况见表 20。

表 20　　2015 年按经济类型划分的企业情况

经济类型	企业数（个）	同比	平均主营业务收入（亿元）	同比	平均利润总额（亿元）	同比
国有经济	75	–9.64%	5.65	2.98%	0.28	27.08%
集体经济	36	–12.2%	4.48	15.74%	0.75	8.09%
股份制经济	3132	6.60%	3.92	2.39%	0.12	6.17%
外资与港澳台投资经济	1178	–1.51%	5.19	10.03%	0.42	14.52%
其他经济	3519	8.18%	2.25	2.16%	0.41	1.50%
医药工业	7940	5.71%	3.39	3.13%	0.35	6.16%

数据来源：国家统计局。

8. 创新发展新药审评加快

2015 年，在国家药监局推进审评制度改革、解决审评任务积压、促进行业良性发展的举措之下，接收注册申请总数达 8211 个，虽较 2014 年下降了 7.4%，但仍处于高位，其中化药（7201 个，–8.0%）和中药（358 个，–27.7%）接收量有所下降，生物制品接收量有所增长（561 个，23.6%），显示企业的研发热情仍较为高涨。2015 年注册受理审评情况见表 21。

表 21　　2015 年注册受理审评情况

	化药	中药	生物制品	复审	合计
2014 年	7829	495	454	90	8868
2015 年	7201	358	561	91	8211

数据来源：国家药品审评中心。

2015 年，药审中心完成审评的注册申请共 9601 个，超过年度接收量 1390

个。建议批准临床4676个，建议批准上市391个，建议批准补充申请1183个，建议批准进口再注册143个，建议各类不批准2208个，另有企业撤回等情况的注册申请1000个。2015年完成审评建议批准上市和批准临床的各类注册申请情况见表22。

表22　2015年完成审评建议批准上市和批准临床的各类注册申请情况

类型	新药（上市/临床）	改剂型（上市/临床）	仿制药（上市/临床）	进口药（上市/临床）	小计（上市/临床）
化学药品	59/2081	10/161	157/1741	42/422	268/4405
中药	7/22	40/0	14/0	—	61/22
生物制品	14/88			8/28	22/146
合计	351/4573				

数据来源：国家药品审评中心。

从各类药品的注册申请与审评完成的情况来看，化学药验证性临床和ANDA（申请临床试验）的申请量和完成批准量均有大幅增长。中药批准的仿制及改剂型均为遗留品种，且补充申请的完成批准量居首位。生物药品则是补充申请和治疗用新药临床申请的申请量和完成批准量占比较大，且后者有一定的增幅。数据显示，新药正在不断地涌现，注册审评也在加快推进中。2015年各类药品的注册申请与审评分类型完成情况见表23。

表23　2015年各类药品的注册申请与审评分类型完成情况

	化药		中药		生物药品	
	注册申请接收	完成审评（批准）	注册申请接收	完成审评（批准）	注册申请接收	完成审评（批准）
新药临床申请（IND）	360	332	57	22	预防用57，治疗用175	预防用35，治疗用115
验证性临床	2296	2050		7		
新药上市申请（NDA）	200	83	20	54		预防用6，治疗用13
仿制及改剂申请（ANDA）	2282	2215	14			
补充申请	1869	9171	259	189	283	201
进口再注册	194	141	8	3	10	5
复审	69	2	16	4	6	1
合计	7270	5740	374	279	664	376

数据来源：国家药品审评中心。

2015年共批准医疗器械注册7530项。其中，首次注册2707项，延续注册4072项，许可事项变更注册751项。与2013年（7875项）、2014年（8834项）相比，注册批准总数量略有下降。其中境内第三类医疗器械（含体外诊断试剂）注册2730项，进口第二类、第三类医疗器械（含体外诊断试剂）4800项。按照注册品种区分，其中医疗器械4823项，体外诊断试剂2707项，二者比例约为6∶4。

境内第三类医疗器械注册品种中排名靠前的依次是医用高分子材料及制品，植入材料和人工器官，注射穿刺器械，医用光学器具、仪器及内窥镜设备，介入器材。而进口医疗器械注册品种中排名靠前的依次是医用光学器具、仪器及内窥镜设备，植入材料和人工器官，口腔科材料，医用电子仪器设备，医用高分子材料及制品。

9. 医药创新能力成果显著

在国家重大新药创制、战略性新兴产业和技术改造专项等扶持政策的推动下，医药企业创新能力增强。随着《生物类似药研发与评价技术指导原则（试行）》的实施，抗体、新型疫苗等生物药以及肿瘤免疫治疗药物的高端技术开发企业增多。2015年多个涉及重大公共卫生领域、具有重要社会价值的品种获得审评批准，为患者获得最新治疗手段提供了可能性，也为患者用药可及性提供了重要保障。

如化药方面围绕重大、多发和罕见疾病治疗，开发了目前全球唯一批准用于庞贝病治疗的注射用阿糖苷酶α；目前全球唯一批准的库欣氏病对因治疗药物门冬氨酸帕瑞肽注射液；全球首个选择性、不可逆甾体类抑制剂，属于全新作用机制的前列腺癌治疗药物醋酸阿比特龙片；用于进展期肾细胞癌的治疗药物阿昔替尼片；用于非小细胞肺癌的一线治疗药物贝伐珠单抗注射液；我国第一个国产上市的聚乙二醇（PEG）修饰干扰素品种聚乙二醇修饰干扰素，打破了国外进口同类产品的中国市场垄断；用于非骨髓性癌症患者在接受易引起临床上显著的发热性中性粒细胞减少症发生的骨髓抑制性抗癌药物治疗时，降低以发热性中性粒细胞减少症为表现的感染的发生率的药物聚乙二醇化重组人粒细胞刺激因子注射液。

生物药方面：我国自主研发的重组埃博拉疫苗；WHO全球消灭脊髓灰质炎战略免疫规划推荐的常用疫苗口服I型、III型脊髓灰质炎减毒活疫苗（人二位体细胞）；我国自主研发的用于刺激机体产生抗肠道病毒71型（EV71）的免疫力，预防EV71感染所致的手足口病的1类新药疫苗肠道病毒71型灭活疫苗。

中药方面新药审批数量有所下降，但仍有部分有价值的新药，如用于中风病中经络恢复期中医辨证属风痰瘀阻证者的蒺藜皂苷胶囊。

在医疗器械方面，有一些创新医疗器械产品获得批准上市，产品的主要作用机理为国内首创，具有显著的临床应用价值，比如恒温扩增微流控芯片核酸分析仪、脱细胞角膜基质、双通道植入式脑深部电刺激脉冲发生器系列、MTHFR C677基因检测试剂盒、Septin9基因甲基化检测试剂盒、乳腺X射线数字化体层摄影设备、运动神经元存活基因1（SMN1）外显子缺失检测试剂盒等。另外，还有部分有较好临床应用前景的医疗器械产品获得批准，如粒子治疗设备、正电子发射磁共振成像系统、左心耳封堵器、超高效液相串联质谱系统及试剂、部分新病原体检测试剂等。

2015年重大专项年申报数量为37个，较2014年下降35%，同时，审结量达到74个，年增长率为89.7%。重大专项新品种正在不断地诞生，并获得批准投入生产，为行业的创新发展带来了活力和希望。

10. 质量标准水平显著增强

国家药典标准不断提高。2015年12月起执行的《国家药典（2015修订版）》收载品种5608个，比2010版新增1082个，修订品种751个，并将药用敷料品种增加到260个。收载品种大幅度增加，覆盖了基本药物目录和医疗保险目录的大部分品种，更适应临床用药需要；而且质量有了全面提升，标准中安全性和有效性的控制项目增加，检测技术手段进一步加强并更加多样化。指导原则和通用技术涵盖了药品的研发源头、生产过程、检测终端等各个环节以及原料、辅料、药包材、标准物质等多个领域，形成了比较完善的标准体系。如对中药大幅增加专属性成分鉴别和质量控制，对化学药加大杂质控制，对辅料提高质量控制等。

注册制度改革实施。《关于改革药品医疗器械审评审批制度的意见》发布，加强研发和生产监管，强化临床数据核查，提高产品注册标准，加快审评审批速度，开展仿制药质量一致性评价，调整药品注册分类，试点上市许可持有人制度，推进医疗器械分类改革，抑制过度重复申报等。

全面实施新版GMP认证，企业向国际高水平看齐。自2011年3月1日起，

《药品生产质量管理规范（2010 年修订）》正式实施。截至 2015 年年底，制药企业整体通过率为 75%，药品生产质量水平明显提升。但在我国 7179 家药品生产企业中仍有 1/4 的药品生产企业未通过新版 GMP 认证，其中包括不少中药企业。

截至 2015 年 11 月 9 日，全国 19 个省份已有 140 家药企被收回了 GMP 证书，其中 60%多企业生产的是中药和中药饮片。根据相关规定，自 2016 年 1 月 1 日起，未通过新版 GMP 认证的企业、生产车间一律停止生产，医药行业的供给端会有明显萎缩，随着中小药企落后产能不断淘汰，医药行业的竞争形势有所缓和，医药行业发展将迎来一个较佳的时间周期。

据统计数据显示，未通过新版 GMP 认证的独家品种有 739 个，两家品种有 301 个。其中，独家品种中以中药独家品种为主。

仿制药一致性评价工作加快推进。落实《国家药品安全规划》的要求，按照“科学公正、鼓励先进、分步实施、全面提高”的原则，首先选择基本药物口服难溶性固体制剂为重点，分期、分批与被仿制药进行全面对比研究，全面提高我国仿制药的质量。国家食药监总局在 2013 年年初印发了《仿制药质量一致性评价工作方案》，2015 年加快了一致性评价工作的推进，在初期部署了 75 个品种评价方法和标准的制定任务后，2015 年完成了国家基本药物质量一致性评价方法和标准的制定等基础工作，并于 2016 年年初由国务院办公厅颁布了《关于开展仿制药质量和疗效一致性评价的意见》，为提升我国制药行业整体水平、保障药品的安全性和有效性、促进医药产业升级和结构调整、增强国际竞争能力，起到了很大的推动作用。

11. 供应保障能力不断增强

医药产品供应保障进一步得到加强。《关于完善公立医院药品集中采购工作的指导意见》明确了低价药、急救与妇儿用药直接挂网销售；中央和地方两级常态短缺药品的储备机制建立健全。国产大型医疗设备应用加快，工信部与卫生计生委共同推进遴选了两批优秀国产医疗设备产品，包括符合基层需要的台式 B 超、X 线机和全自动生化分析仪 3 种产品；磁共振（MRI）设备、计算机断层扫描（CT）设备、全自动血细胞分析仪等 7 种产品。

12. 国际化经营步伐加快

制剂国际高端市场认证增多。国内已通过欧盟 GMP 认证和美国 FDA 认证的制剂企业约 50 余家；生物药品加快走向国际市场，2015 年华兰生物流感疫苗顺利通过 WHO 预认证。创新医药技术和产品出口增加。恒瑞医药以总额 7.7 亿美元将研发的 PD-1 单抗药物的国外权益转让给美国 Incyte 公司，实现了中国制药企业首次创新生物药品技术的出口；国内药企开展国际多中心临床试验药物达 30 余个，绿叶制药的利培酮缓释微球注射剂在美国实现快速提交新药申请(NDA)。东软集团研发的 CT、磁共振等大型医疗设备成功出口到美国、德国、俄罗斯等 100 多个国家的 9000 多家医院。

13. 兼并重组更趋活跃

证券委等四部门发布了《关于鼓励上市公司兼并重组、现金分红及回购股份的通知》，大力推进兼并重组市场化改革。医药企业兼并重组步伐加快，成为资本市场投资的三大焦点之一。据不完全统计，2015 年国内医药行业兼并重组项目有 300 多起，交易金额达 1000 亿元以上，同比增长 60%多，较大的并购项目为中国节能借壳桐君阁，交易金额达到 85 亿元，国药集团旗下的中国中药以 82 亿元控股天江药业。海外并购走向国际高端市场：海普瑞以 2 亿美元收购美国制药企业赛湾生物；绿叶集团旗下的绿叶医疗收购澳大利亚第三大私立医院集团 Healthe Care，交易金额达 6.88 亿美元，成为目前中国在海外最大规模的医疗业务并购项目。

（二）医药行业当前需要关注的重点问题

1. 医疗费用不合理增长

2015 年城镇基本医疗保险基金收入和支出分别比 2014 年增长 17.4%和 19.6%，收入增幅明显低于支出增幅，医保资金超支压力增加，各地医保控费力度加大。《关于控制公立医院医疗费用不合理增长的若干意见》明确提出，到 2017 年，试点城市公立医院药占比（不含中药饮片）总体下降到 30%左右。受医保控费抑制影响，样本医院全年购药金额增速同比下滑近一半，医药终端市场总体规模增速比 2014 年下降 5.7 个百分点，创 10 年来新低。

2. 医药产品整体价格继续降低

药品分类招标促使非基药制剂价格进一步下滑。2015 年公布药品中标结果的 7 个省市的药价降幅达 8%～20%，试点城市二次议价又加剧了药品降价压力。《建立药品价格谈判机制试点工作方案》试行，来那度胺、替诺福韦酯、吉非替尼等首批纳入卫计委国家药价谈判的 5 个专利药的平均价格下降 50%。受国际市场需求不足、汇率波动引起客户观望以及原料药产能过剩等因素影响，原料药全年出口平均价格下降约 3%，出口金额 256.23 亿美元，同比降低 0.91%。

3. 环境资源约束作用加大

节约资源、保护环境，坚持可持续发展是我国的基本国策。随着我国环境治理力度加大，新修订《环境保护法》实施，《水污染防治行动计划》发布，环保标准提高，使很多工业企业面临环保持续达标的压力，制药行业作为高污染行业，是环保监管和整治的重点对象，制药企业环保投入不断加大的同时，企业对外扩张步伐放缓。与此同时，区域工业用地紧缺、能源紧缺和环境减排压力进一步束缚了企业的发展扩大，部分原料药生产企业因环保问题停限产，青霉素、硫红霉素等原料药产量下降 20%～30%。虽然大多数企业“三废”深度处理环保指标可以达标，但是成本增加难以承受，一些化学原料药大省的医药工业销售收入增速进一步下滑，甚至出现负增长。工业用地和能源紧缺、环境容量不足制约了企业发展，一些企业面临原料药新品种难以落地的问题，甚至在发达地区出现了要求已落地生产的原料药搬迁的问题。中药材资源紧缺情况加剧，一些野生动植物资源短缺，濒危品种日益增多，制约中成药企业可持续发展。

4. 医改深化需要政策护航

医疗卫生服务体系确立，医改亟待深化推进。经历了数次医改，我国初步建立了由医院、基层医疗卫生机构和专业公共卫生机构组成的覆盖城乡的二元三级医疗卫生服务体系，而且医疗机构就诊人次和住院人数也稳步增加。但是，在整个医疗卫生服务体系中，仍存在医患矛盾、医药不分家、医保制度有待完善等各类问题。为了解决这些在体系中存在的问题，进一步深入推动医改已经是迫在眉睫的举措。在国家部委密集颁布各项医药行业法规的同时，如放开药品价格管制、推进药品集中招标采购、放开处方药互联网销售、促进发展和推进医疗市场化的改革等，需要更为细化、有效、合理的实施细则加以引导和监管。

5. 药品供给侧仍存在不均衡

我国药品领域“供给侧”矛盾突出，主要体现在细分产品市场供需关系均未达到均衡。第一，高端的好药、新药严重不足，不能满足国民的需求，需要大量进口。第二，低端的仿制药大量过剩，供给远远超出市场总需求。第三，企业仍然存在数量多、规模小、产业分散、集中度低的问题，影响行业提升技术创新能力和国际市场竞争力；行业资源缺乏整合，利用效率低，生产集约化水平有待提高。第四，药品价格竞争激烈，新药研发投入尚弱，仿制药质量一致性评价工作有利于提高药品质量，但投入巨大，资源有限。第五，原料药在经历新版GMP认证后，某些原料药存在市场垄断，价格剧升，给制剂产品成本带来压力。第六，随着新版GMP认证的推进，医药工业重复建设和产能过剩仍较为严重，某些药品供大于求的矛盾仍然突显，特别是一些大宗原料药，导致过度竞争、资源浪费、环境污染。

6. 市场准入政策亟待改进

产品注册周期仍然太长，效率低，配套资源有限，阻碍了研究开发和新产品产业化；医疗保险、新农合和基本药物目录均不支持创新药物，使创新药物获得批准后很难进入市场，形成企业效益的有效反哺；政府统一招标并决定买卖药品价格、品种、付款、配送等一系列微观经济活动弊病很大；一些政策违背“市场配置资源”的原则，政策欠科学影响健康发展，如网上售药必须自行配送等。

7. 质量管理水平需要进一步增强

我国实施GMP时间短，在实施过程中，企业往往重认证、轻执行，只注重进行设备的引进和改造，而忽略了企业质量管理体系的建立与实施。企业生产质量水平参差不齐，一些企业工艺落后、装备陈旧、管理水平低、质量责任意识差，暴露出药品质量责任保险及赔偿制度存在缺失，质量标准体系仍有待健全。国家药典的修订，虽然从标准上缩短了与国际先进水平之间的差距，但检测要求的培训、落实和监管仍需要加强，质量控制模式仍需要创新改进。

二、医药行业“十三五”发展形势

（一）医药工业战略地位凸显

国务院印发的《中国制造2025》部署了全面推进实施制造强国战略，将生物医药及高性能医疗器械列入了重点发展领域之一，引导社会各类资源集聚，提高利用外资与国际合作水平，推动优势和战略产业快速发展。作为国家战略性新兴产业重大工程与重大科技专项的重点支持对象，生物医药及高性能医疗器械相关企业有望迎来历史性的发展机遇。

国务院《关于第一批取消 62 项中央指定地方实施行政审批事项的决定》取消行政审批事项涉及 18 个部门，与医药行业相关的项目有 4 个。此外，国务院确定的完善研发费用加计扣除政策，可推动企业加大研发力度。这有利于助力企业加速创新，对于促进大众创业、万众创新无疑注入了最强劲的动力。

（二）医改进一步深化

深化医改作为保障和改善民生的重要举措，是重大的民生、民心工程。国家推进“三医”联动，取得了较好的成绩。公立医院改革取得实质性进展，全民医保体系不断健全。财政对新农合和城镇居民医保的人均补助标准提高，基本药物制度和基层服务网络进一步巩固完善，基本公共卫生服务经费提高，人才队伍建设取得重要突破，为基层储备了一批全科人才。在方便群众就医、减轻看病用药负担上取得了实效，在不断提高医疗卫生水平、满足人民群众的健康需求、努力打造健康中国方面取得显著成绩。

（三）注册监管制度改革加快

《国务院关于改革药品医疗器械审评审批制度的意见》《国务院关于开展仿制药质量和疗效一致性评价的意见》和《国家药典（2015 修订版）》，核心就是提高药品的质量，通过改革来促进医药行业产业的结构调整和转型升级，实现上市产品的有效性和安全性、质量可控性，以达到国际先进水平，满足公众的用药需求。通过严格控制重复申请的药品审批，解决注册申请积压问题，加快审评审批速度；提高审评审批透明度，鼓励研究和创制新药，提高仿制药质量。《药品管理法》修订已经启动，通过提高行业准入门槛，促进研发创新，优化资源配置。此次改革对健全我国药品医疗器械审批审评体制和机制、提高药品审评审批质量和效率、提高上市药品的质量、促进医药产业创新和转型升级，将会起到积极作用。

（四）产品准入政策调整

药品价格形成机制改革，取消了绝大部分药品政府定价，药品实际交易价格主要由市场竞争形成；完善公立医疗机构药品集中采购制度，并在 2015 年内启动了新一轮药品集中采购工作，有助于公立医院采购药品时有规可循，透明采购，但各地纷纷加速颁布新招标方案，招数“各异”，并且宗旨都指向药品降价，医药企业也只能被动应对；调整医保支付方式和支付标准，充分发挥基本医保的基础性作用，强化医保基金收支预算；深入实施医保费用总额控制，抑制小病大治，发挥医保支付对医疗服务供需双方的引导和对医疗费用的制约作用，这些政策的调整将对企业发展模式和竞争格局产生很大影响。

（五）环保监管加强

药品产业是国家进行化学耗氧量、氨氮排放量监管的重点行业之一。环境保护政策的实施有利于企业绿色生产、优化工艺，以达到降低排放、减少环境污染的目标。近年来，国家对于药品产业环境保护工作愈发重视，对制药行业环保政策的力度不断加大，先后颁布了新《环境保护法》和《水污染防治行动计划》，环保要求明显提高。今后，环境保护、节能减排、安全生产将越来越成为行业发展的重点关注领域和推动力。

（六）“互联网+”概念影响医药行业

2015 年 3 月，李克强总理在政府工作报告中提出制定“互联网+”行动计划，为医药“互联网+”做好顶层铺垫。5 月，《国务院关于大力发展电子商务 加快培育经济新动力的意见》提出，制定完善互联网药品经营监督，规范药品、医疗器械等网络经营行为，加强互联网药品市场监测监管体系建设。7 月，《国务院关于积极推进“互联网+”行动的指导意见》进一步鼓励医疗产业互联网化。“互联网+”在医疗领域的各项宏观政策都在利好及推动其发展，电商及医药企业促进医药与互联网结合的热情高涨。

（七）合规营销渐成常态

药品销售领域的不正当竞争和违规经营现象仍较为严重，企业违法违规行为时有曝光，扰乱了整体药品市场秩序，影响了医药行业的健康发展。我国政府正在加强反商业贿赂的建设，加强对企业发票、医生收受回扣等问题的调查力度。卫计委等多部委联合发布了《纠正医药购销和医疗服务中不正之风专项治理工作实施意见》，税务部门更是将药品与医疗器械行业作为打击发票违法犯罪活动的重点整治领域，要求制药企业必须建立专业化的合规药品营销推广体系，确保企业的可持续长远发展，制药企业的日常营销行为必须更多地建立在临床的实际需求之上，利用传统（如代表拜访、学术会议）和现代（如线上拜访、移动 APP）营销方式相结合的方式，通过对临床处方者的持续性学术教育活动来建立企业在临床界的品牌形象，合规营销将成为未来药企销售的主流模式。

（八）医疗服务业带动需求增长

2012 年 9 月，国务院发布了《“十二五”期间深化医药卫生体制改革规划暨实施方案的通知》，明确提出到 2015 年非公立医疗机构的床位数和服务量要达到总量的 20%；2013 年 10 月国务院发布了《关于促进健康服务业发展的若干意见》，提出到 2020 年健康服务业总规模达到 8 万亿元以上，鼓励民营资本进入医疗健康领域，鼓励健康养老等新服务业业态；2014 年 1 月卫计委出台了《关于加快发展社会办医的若干意见》，对社会办医明确了具体的扶持政策；2015 年 5 月财政部发布了《关于在公共服务领域推广政府和社会资本合作模式的指导意见》，鼓励在医疗卫生领域发展 PPP 模式；2015 年 6 月国务院办公厅印发了《关于促进社会办医加快发展若干政策措施的通知》，提出放宽准入，控制公立医院规模，促进资源流动和共享，优化发展环境。通过政府的一系列政策支持，医疗服务产业，尤其是私营医疗在近两年以及今后的岁月中将迅速成长，在满足更多健康需求的同时带动相关医药产品需求的增长。

（九）行业标准不断提升

2015 年年底是 GMP 认证的又一大限，所有制药企业未通过 GMP 认证的将一律停产，但已获认证的企业也不能高枕无忧，各地监管部门对 GMP 的飞行检查力度在不断加大，尤其是对中药饮片行业。与此同时，2015 版《中国药典》也在 2015 年年底全面实施，新版药典不仅收载品种大幅增加，而且开始重视药用辅料，对药品安全性、有效性的要求也进一步提高，医药工业整体标准也将同步提升。国务院办公厅日前印发了《国家标准化体系建设发展规划（2016—2020）》，部署推动实施标准化战略，加快完善标准化体系，全面提升我国标准化水平。其中明确了医疗器械是工业标准化重点，要求开展生物医学工程、新型医用材料、高性能医疗仪器设备、医用机器人、家用健康监护诊疗器械、先进生命支持设备以及有中医特色的诊疗设备等领域的标准化工作，实施这一标准战略是参与国际化竞争、提升技术创新的重要手段。

（十）医院终端市场增长放缓

医院终端作为我国药品销售的主要市场，市场规模一直保持稳定且较快增长，但从同比增速来看，近两年医院市场增长呈持续放缓趋势，到2015年年底，医院终端的药品销售增速将进一步放缓至9%左右。医保作为医院终端的最大支付方，受收入增速小于支出增速、资金结余率不断下降等因素影响，医保控费不断加强。加之，随着医改的深入实施，医院药品占比逐年下调，基本药物的使用比率不断提高，同时限制抗菌药使用、限制大处方等合理用药手段进一步抑制了医院药品销售增长。此外，医药电商的迅速发展也对医院药品销售产生了一定影响。

三、医药行业“十三五”发展建议

（一）增强产业创新能力

完善政产学研用协同创新体系，营造激励创新的政策环境，引导企业提高创新质量，培育重大产品，满足重要需求，解决重点问题，提升产业化技术水平。加强医药研发公共数据和资源平台建设，提高开放共享水平和专业化服务能力。

（二）提高质量安全水平

加强质量体系建设。强化企业质量主体责任，提升全过程质量管理水平。推动重点领域质量提升。全面提升基本药物质量水平，落实仿制药质量和疗效一致性评价要求，完成国家基本药物口服固体制剂的一致性评价任务。

（三）提升供应保障能力

保障短缺药品供应。加强药品供需信息监测，建立药品短缺预警体系，综合多方政策，引导和监管短缺药的开发、生产、供应等。完善国家医药储备体系，提升储备资源利用效率。

（四）推动绿色改造升级

提升行业清洁生产水平，减少污染排放，改进技术工艺，建设绿色工厂和绿色园区，提升全行业“环境、职业健康和安全（EHS）”管理水平。

（五）推进两化深度融合

以信息技术创新研发设计、提高生产过程自动化和信息化水平。支持企业建立基于信息化、自动化、数字化、智能化的综合平台，开展研发技术创新、过程自动监控、质量全面管控等全面的体系管理。

（六）优化产业组织结构

通过提高注册、质量、节能、环保、安全生产等标准，严格市场准入，推进行业重组整合。支持企业强强联合，培育具有国际竞争力的大型企业，规范公司治理结构，优化经营机制，使企业步上稳定健康发展之路。根据行业发展需要，结合各地资源禀赋和环境承载能力，引导产业集聚发展。

（七）提高国际化发展水平

优化出口结构，促进出口增长。实施制剂国际化战略，扩大医疗设备出口规模，培育医疗设备产品的竞争力。加强国际技术合作，优化投资环境，推动引资、引技、引智有机结合，实现合作共赢。

（八）拓展新领域发展新业态

大力推动“互联网+医药”，发展智慧医疗产品，培育新的健康消费需求，推动生产性服务业和服务型制造发展。

（中国医药企业管理协会）

第十章 电子信息行业2015年发展回顾及“十三五”发展形势与建议

一、2015年电子信息行业发展回顾

（一）2015年电子信息行业发展情况

1. 行业增速领先，规模持续扩大

2015年，规模以上电子信息制造业增加值增长10.5%，高于全国工业平均水平4.4个百分点。电子制造业与软件业收入规模合计15.4万亿元，同比增长10.4%；其中，电子制造业实现收入11.1万亿元，增长7.6%；软件业收入4.3万亿元，增长16.6%。从行业结构来看，制造业与软件业收入份额对比为70∶30，与“十二五”初期的80∶20相比，软硬件比例更趋协调，结构明显优化。在制造业中，内生动力明显增强，内销市场与内资企业比重进一步提升，分别达到54%和40%，同比均提高3个百分点以上，比“十二五”初期提高10个百分点左右；在软件业中，服务化趋势日益凸显，信息技术服务收入比重突破50%，比2014年提高1个百分点，比“十二五”初期提高20个百分点以上。2011—2015年电子信息行业收入情况如图35所示。

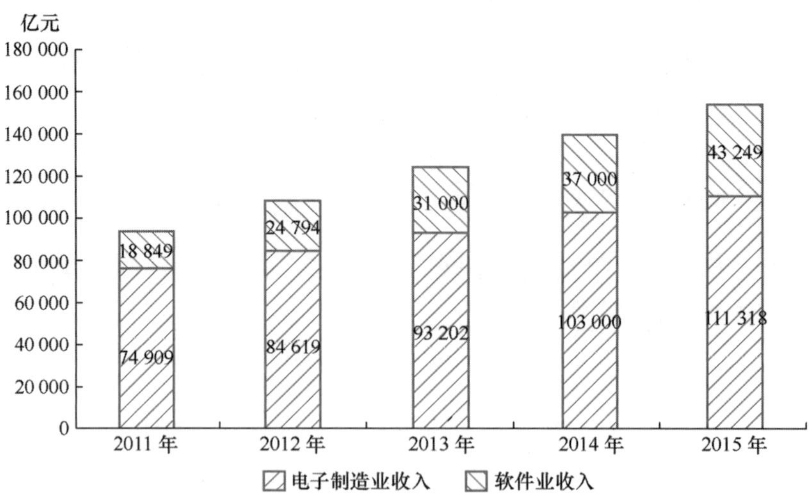

图35 2011—2015年电子信息行业收入情况

2. 投资快速增长，资源整合活跃

2015 年，电子信息行业 500 万元以上项目完成固定资产投资额 1.37 万亿元，同比增长 14.2%，高于工业平均水平 5 个百分点以上。在直接投资快速增长的同时，以品牌、技术和渠道为目的的整合并购步伐也在不断加快。汤森路透报告显示，2015 年我国境内并购中，以电子信息为代表的高科技行业并购总额达到 1222 亿美元，增长 200%以上，金额与增速均居于各行业首位。从跨国并购合作来看，紫光控股新华三，浪潮与思科、中电科与微软成立合资公司等，显示出国内企业整合国外资源的能力不断提升。2011—2015 年电子信息行业固定资产投资完成情况如图 36 所示。

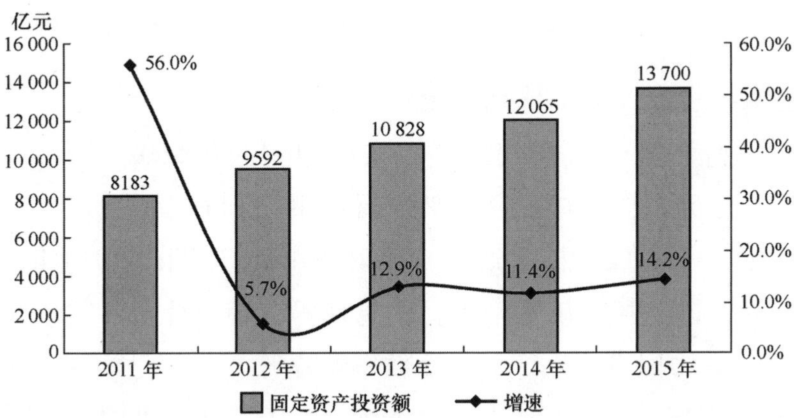

图 36　2011—2015 年电子信息行业固定资产投资完成情况

3. 产品外贸疲软，竞合层次提升

2015 年，我国电子信息产品进出口总额约 1.3 万亿美元，同比下降 1.2%；其中出口 7811 亿美元，下降 1.1%；进口 5277 亿美元，下降 1.2%；虽然电子产品进出口呈下降态势，但降幅明显小于全国货物贸易水平，在全国外贸发展中仍发挥了积极的支撑作用。从外贸结构来看，内资企业与一般贸易出口保持较快增长，增速超过两位数，占比分别提高 3 个和 4 个百分点。从大企业培育来看，2015 年电子信息领域有 4 家企业入围世界 500 强，有 4 家互联网企业和 2 家集成电路设计企业进入全球十强，通信设备制造商跻身世界第一阵营。在参与国际规则制定方面，我国作为重要参与方，推动《信息技术协定》（ITA）扩围谈判结束。扩围谈判协议实施后，将有助于我国相关产品扩大出口，巩固在全球价值链中的地位。2011—2015 年电子信息产品出口额

情况如图 37 所示。

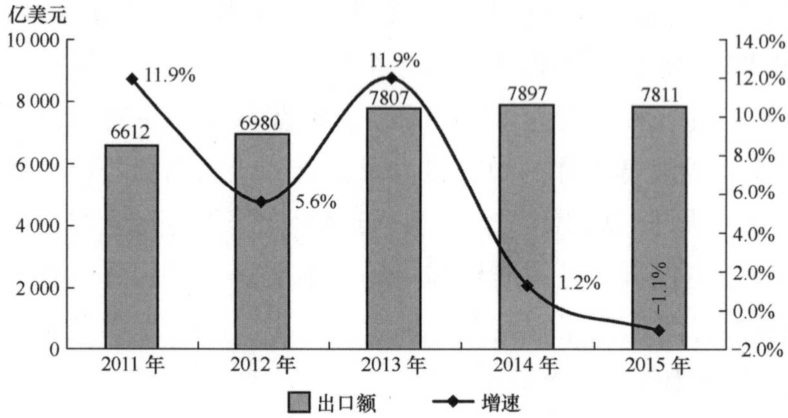

图 37 2011—2015 年电子信息产品出口额情况

4. 效益水平提高，带动作用突出

2015 年，规模以上电子信息制造业实现利润总额 5602 亿元，增长 7.2%；上交税金 2470 亿元，同比增长 18.8%；行业平均利润率达到 5%。电子信息制造业收入与利润占全国工业比重达到 10%和 8.4%，分别比 2014 年同期提高 0.7 和 1.2 个百分点。除直接经济贡献外，信息技术在经济社会各领域的应用渗透日趋广泛和深化，有力促进了生产、生活效率的提升。在工业领域，主要行业关键工艺流程数控化率超过 70%；在电子政务方面，中央和省级部门主要业务信息化率超过 85%；在社会信息化方面，3G/4G 用户普及率接近 60%，光纤接入用户占比超过 50%；此外，智慧城市、智慧医疗、智慧交通等建设发展步伐不断加快。

5. 创新能力增强，产业体系优化

近年来，在国内外电子信息领域竞争不断加剧的背景下，我国电子信息企业对研发创新的重视程度不断提高。“十二五”期间，我国电子信息领域发明专利年均增速超过 20%；截至 2015 年年末，行业平均研发投入强度接近 3%；以电子信息百强企业为代表的骨干企业研发投入强度超过 6%。北斗导航、高性能计算、新型显示、移动通信等领域取得多项重大技术突破。研发创新能力提升有效促进了电子信息产业体系的优化与完善，“缺芯少屏”局面得到扭转。在芯片领域，中芯国际、华力微电子 28 纳米芯片工艺进入量产，北斗移动通信芯片与海思智能电视芯片正式投入市场应用，新一代龙芯产品全面进入产业化阶段。在面板领域，2015 年我国有 8 条 8.5 代及以上液晶面板生产线实现量产，京东

方投建全球首条10.5代线，大陆液晶面板出货量未来有望跃居世界第一；在基础操作系统领域，YunOS用户突破4000万户，成为国内第三大手机操作系统。在新一代通信技术、可穿戴设备和大数据等新兴领域，政府和企业把握先机，积极布局，取得了良好的发展局面。

总体来看，2015年我国电子信息行业发展有喜有忧：喜的是，行业在工业经济下行背景下保持了较快增长，发展质量得到明显提；忧的是，行业发展动力切换，下行压力凸显，整体竞争实力偏弱，核心、高端和基础产品供给仍相对不足。造成行业发展喜忧参半的原因，有宏观环境变革带来的影响，也有政策环境不完善方面的因素，最根本的原因是我国电子信息行业的创新能力仍有待提升，结构体系还有待优化。

（二）电子信息行业当前需要关注的重点问题

当前电子信息产业整体增速放缓，下行压力凸显，部分领域经营发展困难，发展中的突出问题主要集中在以下几个方面。

1. 企业的外部经营成本攀升

一是人力成本快速上升。目前我国大陆地区的人力成本明显高于东南亚其他发展中国家，以越南为例，我国工人时薪是越南的4倍以上。二是融资难、融资贵问题依然突出。企业反映，绝大部分银行存在贷款利率上浮现象，幅度达到20%～30%。三是物流、电、油等要素成本过高，某外资企业反映，其在华制造部门物流成本占收入比重达到30%～40%。四是税费压力过重，2015年电子制造业税金增长18.8%，高出收入和利润增速11.2和10.4个百分点，税金占收入比重同比提高0.2个百分点；企业缴纳的各项费用名目繁多且透明度偏低，如工会会费、残疾人就业保障金、废弃电器电子产品处理金等，侵占了企业利润空间。

2. 行业发展不均衡现象明显

当前，我国电子信息行业进入转型升级的关键阶段，增长动力逐步切换，由此带来产业不同领域和维度的发展差异化现象明显。如传统领域与新兴领域、外需市场与内需市场、外资企业与内资企业、大型企业与小微企业等，发展态势明显分化。这些不均衡现象一方面是产业结构调整的体现，另一方面也亟待引起重视，确保产业平稳转型升级，避免出现发展断层。

3. 内外需市场增长压力加大

内需市场方面，电子信息行业中传统的家用视听、计算机等整机产品市场天花板效应日益明显；前期高速增长的通信设备行业增速也出现回落，市场竞争不断加剧。而与此同时，可穿戴设备、智能家居等新兴领域虽增长较快但规模仍明显不足，产业发展呈现出“青黄不接”的格局。外需市场方面，随着我国企业在国际市场崭露头角，面临的挑战与困难也不断增多。发达经济体频繁利用反补贴、国家安全等壁垒限制我国产品出口和跨国并购；新兴经济体出于保护本国产业发展的壁垒也不断增多。此外，由于产业技术标准体系落后，缺乏国际话语权，国内企业“走出去”面临诸多技术壁垒。此外，由于缺乏统一协调，国内企业在海外大多处于单打独斗状态，在市场机会面前很容易出现恶性竞争，使得外国企业渔翁得利。

4. 产业安全面临严峻威胁

目前，我国电子信息行业总体技术水平仍相对落后，部分关键环节对外依存度较高，产业安全面临严峻挑战。如在集成电路领域，我国的制造水平与国际先进工艺相差一两代，年进口额超过万亿元；在显示面板上游配套方面，包括制造装备、驱动芯片、配套材料等，仍然存在巨大的缺口，本土配套率低于30%；另外，在软件领域，我国核心基础软件几乎全部依赖进口。企业反映，一些外资软硬件生产企业通过国内厂商贴牌，参与部分安全领域招投标，给国家安全带来隐患；又如，美国对中兴下达“限制出口令”，给其正常经营带来巨大冲击；此外，在云计算、大数据等新兴领域，虽然扩张迅猛，但缺乏有效管理，数据库量多、规模小、格式不统一等问题也开始显现。

二、电子信息行业“十三五”发展形势

“十三五”时期，我国经济发展仍处于大有作为的战略机遇期，但下行压力依旧较大，周期性和结构性矛盾相互叠加，短期和长期问题相互交织，电子信息行业发展机遇与挑战并存，将面临更加复杂的形势。

（一）技术变革加快，为行业创造新的竞合空间

当前，全球新一轮科技革命和产业变革正蓄势待发。集成电路、基础软件、

通信网络等领域的原有技术架构和发展模式不断被打破，创新周期不断缩短。基于移动互联网、云计算、大数据、物联网的应用和创新日益活跃，催生出一系列新业态、新模式。技术变革的不断加速，对我国电子信息行业来说，既是挑战，又是机遇。从挑战的角度来看，我国电子信息行业总体技术水平仍相对落后，尤其在关键共性技术、底层软硬件和核心元器件等领域的基础仍较为薄弱；在重资本、重积累的信息技术竞争中，存在“掉队”风险。从机遇的角度来说，技术与模式创新加快，融合发展深化，也给我们带来了弯道超车的机会。在市场优势的支撑下，我国在智能制造、新一代通信网络、云计算、大数据等新兴领域已实现提前布局，部分领域的技术水平与应用实践已走在世界前列。

（二）政策密集出台，给行业发展带来巨大机遇

近期，以《中国制造 2025》、“互联网+”行动计划为代表的一批重大战略举措密集出台，进一步巩固了电子信息行业在国民经济中的战略、基础、先导和支柱地位。《中国制造 2025》锁定智能制造为主攻方向，并把“新一代信息技术”作为重点发展的十大领域之首；《关于积极推进“互联网+”行动的指导意见》将互联网应用由消费领域向生产领域拓展，将有效扩大电子信息行业的市场需求；《国家集成电路产业发展推进纲要》发布实施，国家集成电路产业投资基金运作良好，对夯实产业发展基础推动作用显著；物联网、云计算、大数据等相关领域一系列政策相继出台，对于规范新兴业态发展、培育产业新的增长极起到了积极的推动作用。近期，国务院制定出台了工业稳增长、调结构、增效益相关措施，为保障行业平稳运行提供了有力支撑。

（三）经济社会转型，对行业发展提出更高的要求

党的十八届五中全会强调，“十三五”时期必须牢固树立并切实贯彻创新、协调、绿色、开放、共享的发展理念。“五个发展”的理念，揭示出电子信息行业未来发展的必然趋势和重点方向，也对行业发展提出了新的要求。从创新来看，电子信息行业既要着力突破核心关键基础技术，强化产业发展基础；又要瞄准产业发展制高点，抢占未来主导权。从协调来看，一方面要处理好产业内部协调，促进全产业链融合配套发展，优化产业空间布局；另一方面要处理好产业外部协调，跳出“信息化”的小圈子，站在更高层面，把握信息化与工业

化、城镇化以及农业现代化的互动发展。从绿色来看，电子信息行业要着力提升自身的清洁生产水平和产品能效水平，把助力传统工业领域节能减排、循环利用以及环境监测作为主攻方向。从开放来看，要进一步建立健全全球研发、生产和营销体系，提升产业国际化布局和运营能力，积极参与国际技术合作研发和标准制修订，提升产业国际话语权。从共享来看，要破除行业发展面临的鸿沟和壁垒，统筹协调"信息孤岛"、重复建设以及产品与内容服务的脱节等问题；同时，要高度重视信息安全，促进自主可控安全产品与服务的研发、生产、认证及监管，全面提升国家信息安全保障支撑能力。

（四）国际竞争加剧，给行业发展带来诸多挑战

随着我国企业在国际市场崭露头角，面临的挑战与困难不断增多。发达经济体频繁利用反补贴、国家安全等壁垒限制我国产品出口和跨国并购；新兴经济体出于保护本国产业发展的壁垒也不断增多。目前行业对外合作仍以产品贸易为主，技术研发、人才交流和标准规范等高水平合作深度不够；对国际主流生态链的参与度、贡献度和话语权有待提升；单个企业"走出去"不乏成功案例，但产业链整体"走出去"协调度偏低，同行企业间的恶性竞争问题依然突出，尚需拓展新模式和新方法。

三、电子信息行业"十三五"发展建议

（一）加强重点领域产品攻关

1. 核心基础

（1）基础电子

——集成电路。增强芯片与应用系统的产业联动效应，基本建成技术先进、自给安全的集成电路产业体系。

——新型显示。形成具备较强技术竞争力的区域产业集群，拓展新型显示规模应用领域。

——新型电子元器件。传感器方面，全面提升敏感机理、敏感材料、新型工艺的创新性研究与开发能力；存储器方面，加速闪存芯片制造工艺和固态硬

盘主控芯片等核心技术的研发，提升国产化存储器市场份额；储能器件方面，加强用于新能源汽车和智能终端领域的新型高密度电池的研发和产业化，突破锌离子等新型电池储能技术。

——电子专用材料和设备。材料方面，以半导体材料为重点，加快显示材料、功能陶瓷材料、电池材料等量大面广的电子材料产业发展；设备方面，重点围绕集成电路、TFT-LCD 和 AMOLED 显示、高储能锂离子电池、太阳能电池、整机加工等领域，实现制造装备和成套工艺重点突破，形成配套能力，提升国内装备供给能力和产业化力度。

（2）基础软件与工业软件

——基础软件。建立安全、可靠、可信的基础软件产品体系，支持开源生态系统，提升自主创新能力。

——嵌入式软件。加快形成面向物联网各细分领域的嵌入式操作系统、应用软件和数据管理平台的自主产品体系。

——工业软件和系统解决方案。大力发展重要工业领域系统解决方案定制化深度应用，加快推进工业大数据软件与平台布局，提升工业控制系统产业竞争力，持续提升工业软件应用水平，打造工业云应用服务体系。

——信息安全软件。加强基于国产芯片的安全加固技术研究和突破，推动我国密码技术的规范化和产业化。

——新兴软件。加强移动互联网、物联网、车联网等新兴信息服务软件开发和应用推广。

2. 重点产品

（1）智能硬件

——智能手机、移动终端产品和可穿戴产品。智能手机方面，鼓励整机企业向产业链上游延伸，提升核心技术能力和产业链整体竞争力，同时积极研发面向下一代网络和具备智能交互能力的新型智能手机。移动终端产品方面，支持并鼓励开发基于不同应用领域的专用移动智能终端产品和应用平台建设，重点支持公共网络、特殊网络、新一代通信网络协议标准下的专用特殊行业移动终端产品。可穿戴设备方面，构建软硬结合的可穿戴产品发展模式，重点突破面向虚拟现实和增强现实的人机交互、复合式 MEMS 传感器、高性能柔性显示等重要技术。

——车载终端。培育车载终端多元化应用生态。推动汽车电子产品芯片和底层实时车控系统内核技术研发；推动高清、曲面、透明等技术在仪表盘、中控屏及抬头显示系统等人车交互系统的研发和产业化。

——智能视听及智慧家庭产品。智能电视方面，重点支持显示面板在超高清、广色域、大尺寸、超薄曲面等方向上的开发和应用，研发语音交互及手势识别等体感交互技术；智慧家庭方面，开展智慧家庭信息惠民典型业务应用示范，推进支持智慧家庭业务的多媒体智能终端、智能服务机器人等产品的研发及产业化，持续推进国家数字家庭应用示范产业基地创建工作，促进产业集聚发展。智能音响方面，支持基于互联网的无线智能音响产品研发与应用，推动自主音频标准在互联网音频、数字音频广播等中的应用，支持建立智能音响行业公共服务平台。

（2）敏感元器件与传感器产品

——敏感元器件。加快推进新原理、新材料、新结构、新工艺的各种物理、化学和生物量等敏感元器件创新产品的产业化。

——传感器产品。鼓励并支持基于 MEMS 工艺、薄膜工艺技术形成不同类型的敏感芯片，开展各种不同结构形式的封装和封装工艺创新。

（3）计算机设备

——高端服务器。增强高端服务器产业核心竞争力，突破高端服务器核心处理器、内存芯片和 I/O 芯片等核心器件技术，增强自主研发能力，鼓励整机骨干企业加强资源整合，构建和完善高端服务器自主产业生态体系。

——工业控制计算机及系统。加快高性能安全工业控制计算机的研发与产业化。大力推进可信计算、数据安全、网络安全等信息安全产品的研发与产业化。大力支持国产工业控制计算机在电网、水利、能源、石化等过敏经济重要领域的应用。

（4）网络通信设备

——移动通信设备。加快推进 5G 研发并力争实现商用，大力开展 5G 技术试验与应用示范，引导 5G 与车联网等行业应用融合发展，使我国成为 5G 技术、标准、产业及应用的领先国家之一。

——路由器。扩大高性能核心路由技术优势，大力培育具有全产业链竞争力的骨干企业，构建配套齐全的产业体系，继续保持在数据通信领域的技术创新引领者地位。

——光网络设备。推动光网络设备升级换代，推进超高速大容量光传输和光接入、软件定义光网络等关键产品研发。

——北斗导航设备。加快推动北斗导航技术在通信领域的应用，以手机北斗芯片为重点，支持面向智能终端的北斗导航芯片开发及产业化。

（5）应用电子

——汽车电子。突破主动/被动安全电子技术、整流器及调节器供电及控制装置技术、车载电子系统技术等汽车电子核心关键技术。

——医疗电子。加快医疗电子产品研发及产业化，突破数字化医学成像技术、临床检验与无创检测诊断技术、数字化医院及协同医疗卫生系统、便携式医疗电子技术、康复治疗设备技术、微系统医疗技术等医疗电子核心关键技术。

——能源电子。加大 IGBT、MOSFET、FRD、低功耗 MOS 器件等高频场控电力电子芯片和模块研发投入，推动国产高端场控电力电子器件的推广应用，加大对宽带电力电子器件等下一代电力电子器件的关键技术研究。

3．新业态、新应用

（1）大数据应用

贯彻落实《促进大数据发展行动纲要》，突破大数据关键技术和产品，培育壮大大数据服务业态，完善大数据产业生态体系。具体来说，一是深化大数据应用创新，支持面向工业领域的大数据服务和成套解决方案发展；二是引导企业加快商业模式创新和服务模式创新，构建基于大数据应用的民生服务新体系；三是开展大数据集聚发展和应用示范区创建工作；四是加快大数据交易产业发展。

（2）云计算服务

积极贯彻落实《促进云计算健康发展　培育信息产业新业态的意见》，发展 IaaS、PaaS、SaaS 等云服务，提升公有云服务能力，扩展专有云应用范畴，推动公有云、专有云、混合云等各类云服务模式的应用，围绕工业、金融、教育等重点领域应用需求支持建设全国或区域的混合云服务平台。具体来说，一是支持信息技术企业加快向云计算产品和服务提供商转型；二是支持云计算与物联网、大数据、移动互联网等技术的融合发展，鼓励大企业开放平台资源，打造协作共赢的云计算服务生态环境；三是推动以云计算为代表的智能基础设施建设；四是完善网络信息安全管理体系，加强技术管理系统建设，强化新技术、新业务评估，防范网络信息安全风险。

（3）物联网服务

加快物联网技术与工业、农业、物流、交通、能源、环保等行业领域的深度融合，推动传统行业运营模式创新。加快工业传感器和工业无线传感器网络的大规模部署应用，实现生产精准调控、生产环境检测、制造供应链跟踪和远程诊断管理。以物联网技术推动大田耕种精准化、园艺种植智能化、畜禽养殖高效化，促进形成现代农业经营方式和组织形态。以智能可穿戴设备和智能硬件为抓手，通过与移动互联网融合加快消费领域物联网应用创新。深化物联网在智慧城市基础设施管理方面的应用，建立城市级物联网接入管理与数据汇聚平台，将感知设备统一接入进行集中管理，数据实现共享利用。

（4）工业互联网

研究提出我国工业互联网的总体架构和技术标准体系，推进关键共性标准、重点行业专项标准研制以及评测等公共服务能力建设。构建下一代互联网与工业融合网络基础设施，面向大规模智能设备和产品的在线连接，推进网络增强优化、新型无线技术标准与产品的研发及验证。选择汽车、石油、机械等重点行业开展个性化定制、网络化协同、服务化转型、智能化生产等应用示范，形成可批量应用的工业互联网集成解决方案。积极培育和加强工业互联网领域的专业化信息服务和运营服务。

（二）增强技术体系化创新能力

抓住构建自主核心技术体系的中心环节，突破核心关键基础技术，加快对前沿技术的规划布局，巩固扩大既有局部技术优势、积极打造技术整体新优势，以体系化优势弥补单点弱势，以集群式创新放大单点优势，以群体性突破夯实技术创新发展基础。具体来说，一是构建先进自主的核心技术体系，围绕产业链体系化部署创新链，强化关键技术协同创新，构筑技术整体发展新优势；二是持续强化产业基础研发创新能力，强化核心基础零部件、先进基础工艺、关键基础材料和产业技术基础装备等支撑能力，保障产业可持续发展；三是超前布局前沿技术研究，瞄准产业发展制高点，选择一批代表产业发展趋势的前沿关键技术开展联合攻关，夯实基础储备，抢占新一代信息技术主导权；四是强化标准与知识产权，加快构建产业化导向的新一代信息技术标准体系，加强重点领域的关键核心技术知识产权储备和战略布局，全面提升我国信息技术水平和技术发展主导权。

（三）形成合理优化的产业结构

一是推动全产业链整合协同发展，着力建设和完善信息网络、云计算、智能终端、大数据、移动互联网、物联网、工业互联网、电子制造的关键装备等重要产业链。二是培育壮大具备国际竞争力的企业主体，在若干重点领域设立市场化运作的投资基金，支持和鼓励企业开展跨国兼并重组、购买技术和专利、引进人才和提升产能，强化企业盈利能力和产业链控制能力，提升行业质量和品牌，推动形成一批国际一流龙头企业。三是优化空间布局，结合国家重大区域战略，加快优势产业集群、区域新增长极形成，推进产业差异化发展，打造陆海内外联动、地区间优势互补的良性互动新格局。

（四）促进产业深度融合互动发展

一是推动信息技术与制造业融合创新，以智能制造为主攻方向，围绕《中国制造 2025》落实推进，推动信息技术与制造业融合创新发展。二是积极推进“互联网+”行动，夯实支撑创新创业的信息通信产业基础，利用众创、众包、众扶、众筹等互联网平台支持大众创业、万众创新，鼓励基于互联网的产业组织、商业模式、消费模式、供应链、物流链等各类创新，促进互联网和经济社会融合发展。

（五）提升信息安全保障能力

一是完善信息安全管理制度机制，在《网络安全法》框架下加快推动关键信息基础设施保护、数据安全以及用户信息保护等专项立法，尽快完成相关部门规章和规范性文件的制定和落实，理顺现有制度和新出台法律法规之间的关系，做好不同层级制度之间的衔接。二是提升关键信息基础设施安全可控水平，健全分级保护、动态调整的关键信息基础设施网络安全防护体系，将互联网企业所有或运营的重要网络基础设施和业务系统纳入关键信息基础设施监管范畴。三是加强网络数据和用户信息保护，探索建立大数据时代的数据安全监管体系，强化数据安全保护责任，落实“分级分类保护”原则，规范网络数据和用户信息全生命周期的安全保护行为，加强跨境流动和数据开放共享合作等场景下的安全监管。四是推动工业信息安全保障体系建设，建立健全工业信息安全政策标准体系，研究制定工业信息安全管理办法、审查制度等政策文件和安全管理指南、评测能力要求等安全标准。五是强化信息安全核心技术能力，结合信息产业发展和安全技术演进趋势，建立健全自主科研攻关体制机制，在基础性、前瞻性的理论与技术方面开展深入研究。六是加快发展壮大信息安全产业，充分发挥政府引导和市场对技术产业发展的作用，增加政府对应用效果突出的安全产品和服务的采购和部署。

（六）提高产业绿色发展能力

一是降低电子信息产品的生产和使用能耗，促进电子信息产品设计和制造模式的转变，鼓励企业升级生产技术及工艺，从设计环节开始注重降低产品的使用能耗，在制造环节，注重从规模扩张模式向效益为先模式转变。二是建设绿色数据中心和绿色基站，加快现有数据中心、基站等信息网络设施的节能化设计和改造，鼓励老旧高耗能设备淘汰退网和绿色节能新技术应用。三是推进资源循环高效利用，加强废弃电子产品处理与资源化利用技术研发，加快高效整机拆解线等资源循环利用关键技术的示范、推广和应用。

（七）全面提升国际化发展层次和国际话语权

一是提升产业国际化布局和运营水平，建立完善的统筹协调机制，推动电子信息产业“一带一路”、中美合作、中德合作、中欧合作、中巴信息走廊、中日韩开源软件合作等国际合作计划的实施。二是优化信息网络国际布局，加强国际通信能力建设，丰富国际海缆和陆缆路由，扩大国际出口带宽，优化国际业务节点布局。三是推动建立更加公正、合理的国际互联网发展秩序，积极参加联合国、金砖国家、上合组织以及其他区域和国际组织的活动，充分利用多边和双边机制开展多层次、多渠道的对话与交流，推动建立多边、民主、透明的国际互联网治理体系，促进各利益相关方共同参与。

（中国电子信息行业联合会）

区域篇

第一章　我国工业布局总体情况[20, 21]

一、布局现状

（一）我国 41 大类工业行业在全国布局情况

按照各行业某省产业销售产值占该行业全国销售产值比重，列出行业主要分布的前五大省市，41 大类工业行业集中度和分布主要省份情况如图 1 所示。分析各省当前主导产业发展，现状如下。

（1）采矿业与资源分布直接相关。煤炭主要集中在山西、内蒙古，石油开采主要集中在黑龙江、陕西、新疆，黑色金属开采主要集中在河北、辽宁，而有色金属采选主要集中在河南、山东、内蒙古，非金属矿主要集中在湖北、辽宁、山东。河北是全国第一钢铁产业集中地。

（2）大部分制造业集中在中东部地区。东部主要是山东、江苏、广东、福建、浙江等地，中部主要集中在河南、湖南、湖北，西部制造业较为发达的区域为四川和重庆。其中，山东省是制造业第一大省，大部分制造业细分行业的前五大分布省份都有山东。

（3）山东、江苏等省在工业各细分行业均具优势，是名副其实的工业大省。从细分行业来看，山东、河南、四川在各类食品制造业（含农副食品和烟酒饮料等）具有优势，山东、江苏、浙江在纺织行业（含服装）具有优势；装备制造业主要集中在山东和江苏，电子信息制造业主要集中在广东、江苏、上海等。

（4）我国工业各行业产业集中度比较低。各行业的前五大省市产业集中度大致在 50%左右，前五大省市基本能够反映该行业的发展趋势和形势。

[20] 本文在分析产业布局时主要依据产业统计年鉴的数据，而具体分析区域时则参考各省市数据信息。

[21] 由于统计年鉴中部分省份公布的是分行业的工业总产值，但也有少部分省份是公布分行业的工业增加值，为便于统一口径，采用分行业的工业销售产值分析，工业销售产值与工业总产值相差在 10%以内，行业分类按照国家统计局 41 个大类行业分类。

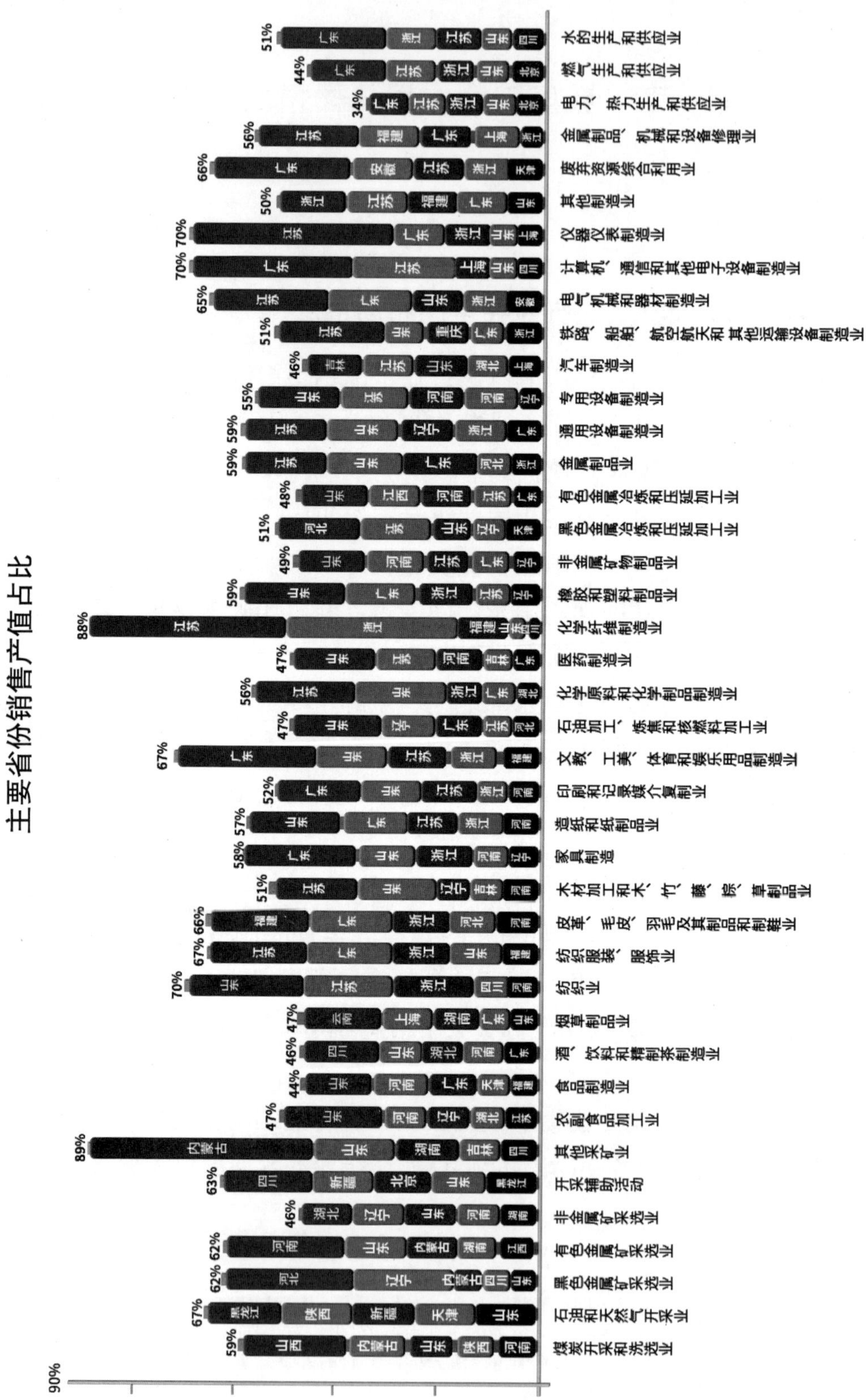

图1　41大类工业行业集中度和分布主要省份（数据来源：据2015年中国工业统计年鉴计算）

（二）我国 31 个省各省主导产业情况

各省按照产业销售产值占本省所有行业工业销售产值比重，占比前 5 名作为本省的主导产业，具体情况如图 2 所示。

（1）原材料行业仍然是我国多数省份的重要主导产业。例如，其中 25 个省份的主导产业中有石化行业，15 个省份的主导行业中有钢铁行业，7 个省市的主导行业中有煤炭行业。原材料行业尤其是采掘业与当地资源禀赋具有直接关联效应，但采掘业下游原材料加工行业则与资源禀赋关联程度相对较小。

（2）作为各省主导产业较多的行业，基本都是我国目前的产能过剩行业。当前我国的产能过剩行业主要集中在钢铁、化工、非金属制品行业，而这些行业也相应表现出在各地遍地开花的特征，这也导致了在当前市场疲软、产能过剩的背景下，工业下行压力尤其巨大。

（3）东中西省份主导产业各有特色。东部省份产业中，计算机、通信和其他电子设备制造业是其重要的主导产业，而中西部几乎没有将其作为主导产业的省份；纺织业作为主导产业仍然只出现在东部，当前纺织业从东部向中西部转移效果仍不明显，中西部尚未出现一个纺织服装名省；汽车制造业在东中西部都有省份将其作为主导产业，东中西部发展各有特色。

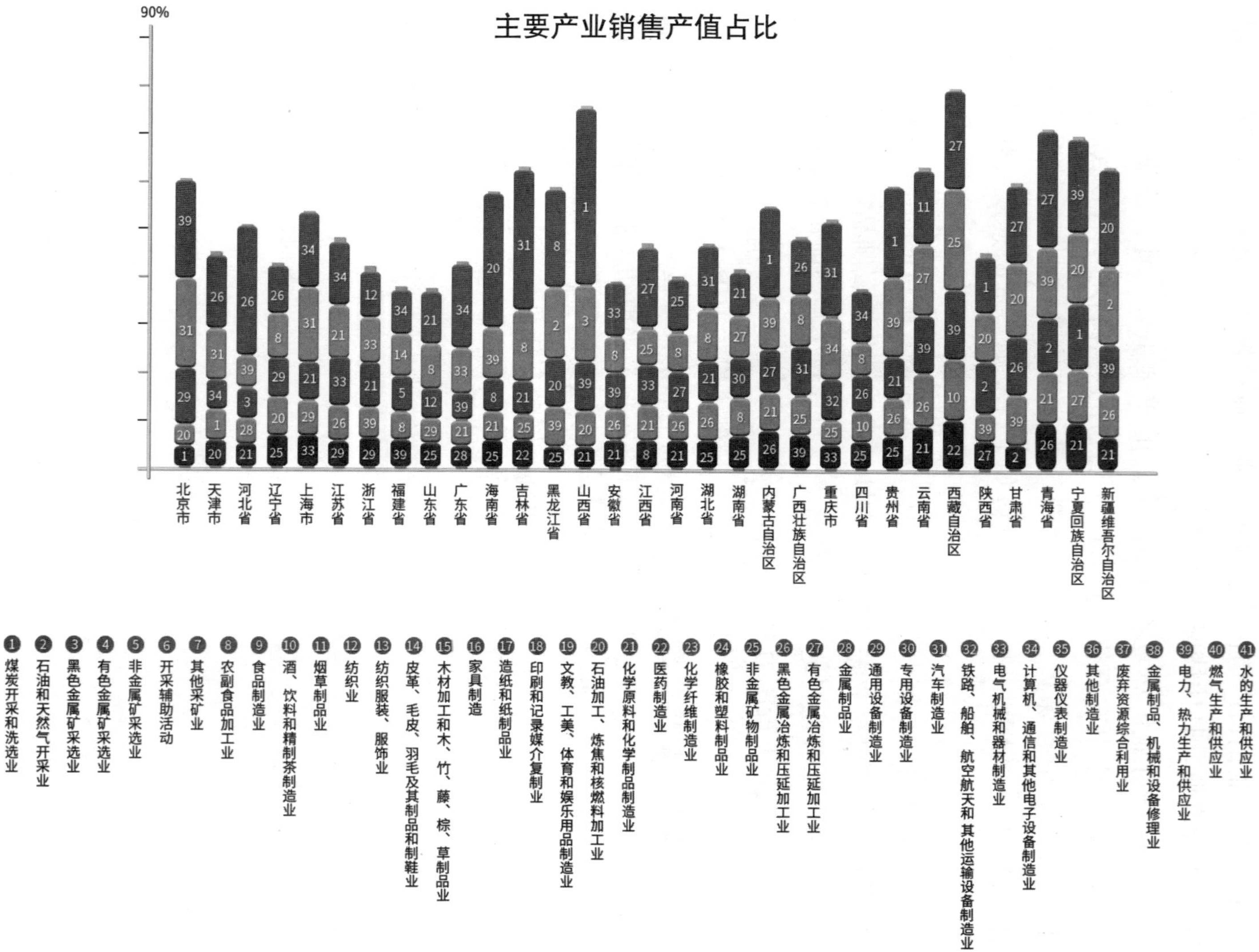

图 2　各省工业主导产业情况（数据来源：据 2015 年中国工业统计年鉴计算）

二、存在的问题

（一）我国存在一定程度的产业结构趋同现象

分析各省主导产业，石化、钢铁、汽车、有色行业成为各省最多的主导产业，电子制造相关行业主要集中在东部地区，东中西部省份都存在一定程度产业结构趋同的现象。产业结构趋同，一方面加剧各省竞争浪费资源，不利于形成地方比较优势；另一方面也不利于形成规模经济，具体表现为我国产业集中度相比国外产业总体比较低。产业结构趋同也是当前我国工业下行压力较大的主要原因。

（二）当前我国工业产业转移效果仍不明显

分析当前各省主导产业情况，我国工业尤其是制造业仍然主要布局在东部地区，中西部地区相对较差。鉴于转型升级和产业协调发展等多方面原因，我国不断推进产业转移工作，但当前产业转移效果仍不明显，以纺织业为例，由于其为劳动密集型产业，产业转移指导意见将纺织业作为重点，但分析纺织业集聚情况，纺织业仍然集聚在山东、江苏、浙江、广东，中西部地区发展仍然落后。这也表明我国产业布局总体协调度较差，东部地区对中西部地区的经济发展带动性仍需加强。

（三）作为多数省份的主导产业基本都是产能过剩行业

钢铁、煤炭、平板玻璃、水泥、电解铝是我国最重要的产能过剩行业，而分析各省主导产业情况，16 个省份的主导行业中有钢铁行业，7 个省市的主导行业中有煤炭行业，15 个省份的主导产业中有非金属矿制品业。我国产业布局不合理，也是我国产能过剩的重要原因。

（四）新兴产业仍有趋同趋势，亟须开展宏观指导

总体来说，高端装备、信息技术、新材料、医药制造业是这些省市集聚选择的未来重点发展的产业，东中西部地区的发展重点并没有表现出一定的错位

发展特征，部分省份有在无产业基础上培育新产业的现象。未来地方发展需集中资源重点突破以实现地方产业的转型升级，地方未来发展重点和思路亟须中央政府开展宏观规划和指导。

三、相关建议

（一）产业布局需宏观规划，新兴与传统行业应差异化指导

区域经济在早起发展时具有一定的偶然因素，但是一旦区域产业基础和优势形成，便具有很强的路径依赖，目前各地产业发展出现趋同以及与当地产业优势和特色脱离等现象，亟须全国层面的产业布局规划，以优化资源配置，尤其是新兴产业发展时，要强化全国层面的规划。传统行业与以十大领域为代表的新兴产业特点不同，应根据进入壁垒情况、未来产业趋势等，进行差别指导，部分过剩传统产业指导可较为硬性，但对十大领域产业指导则注重引导。

（二）我国应形成宏观均衡、省市错位发展的产业格局

今后一段时期内我国应实行宏观上均衡、中微观上非均衡的交错发展的产业格局，在保持东部地区优势的同时，通过一定的政策倾斜大力推进中西部地区的发展，不仅要推进东部地区先进技术向中西部地区转移，也要发挥西部地区优势自然资源，跨梯度引进世界先进技术，形成东、中、西部产业互动、协调发展的局面。从微观上，各个地方应确定本地的优势资源，发展优势产业，并积极创造条件建成工业园区、孵化园区等产业园区，使产业集群、集聚发展，充分发挥其规模经济效益。

（三）重视产业集聚区在产业布局中的作用

经济和产业一般会集聚于市场潜力大、资源环境承载力高、易于参与全球产业分工的城市和地区。这既是发达国家成功发展的经验，也为建国以来我国区域经济发展和生产力布局的历史所证明。因此要善于利用产业集聚区在产业布局中的作用，有效集中资源构建一些具有影响力的产业集聚区，以引导产业转移，优化产业布局。

（四）明确产业政策调控领域，引导产业结构调整

产业政策是把“双刃剑”，用得好，有助于产业布局优化；用得不好，则可能会造成产能过剩、重复建设、结构雷同等问题。过去我国产业政策之所以未能起到应有的积极作用，主要是因为产业政策过多而又缺乏操作性。因此，应明确产业政策调控领域，聚焦于关系国家经济安全、技术安全和抢占发展制高点的产业领域。

（五）加强产业基础大数据平台建设

利用云计算、大数据等手段，加强产业发展大数据平台建设，包括产业全景、重点产业、工业园区和“一带一路”等重大区域战略等内容，能够及时、准确地给政府、企业提供有效的市场产业布局等信息，防止企业盲目投资，也为政府产业调控提供依据，统筹推进重大项目、重大工程加快建设，突破技术瓶颈和产品短板，有效落实我国制造强国战略。

（中国信息通信研究院　董温彦　王慧）

第二章　长江经济带地区产业布局情况

长江经济带横贯我国东中西三大区域，以全国 21%的国土面积，承载了 42.9%的人口，创造了 40%以上的经济总量，是我国综合实力最强、战略支撑作用最大的区域之一。2005—2014 年长江经济带工业增加值及占比情况如图 3 所示。

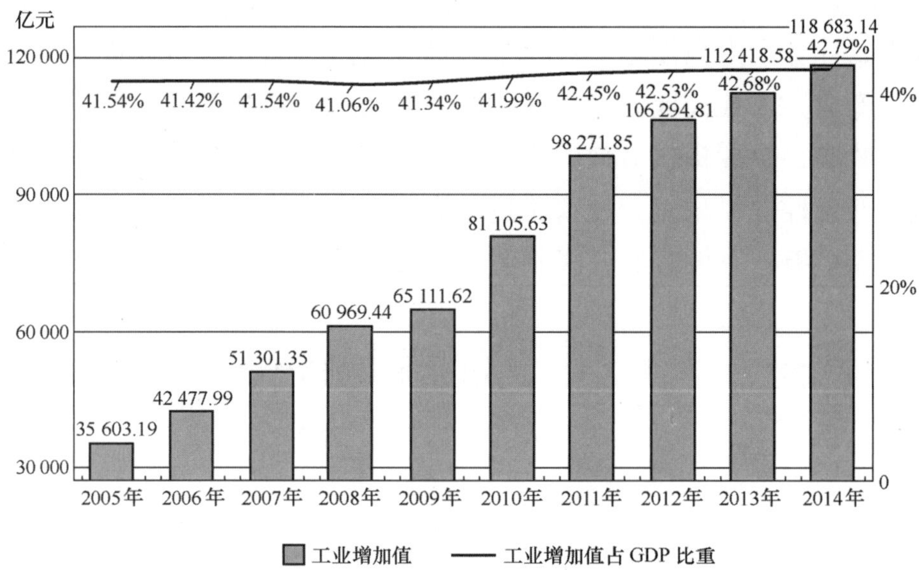

图 3　2005—2014 年长江经济带工业增加值及占比（数据来源：2015 年中国统计年鉴）

长江经济带地区工业基础雄厚，2011—2015 年平均工业增速达 12%，高于全国平均水平（9.6%），2015 年，江苏、湖北、重庆等地区分别达到 8.3%、8.6%、10.8%，如图 4 所示。长江经济带是我国重要的制造业走廊和现代服务业集聚区，形成了加工工业和基础工业全面发展的较完善的生产体系。分析长江经济带沿江省、市工业布局现状，剖析存在问题，提出优化产业布局建议，对促进长江经济带上中下游产业转移及对接互动、全面推进长江经济带区域协调发展具有现实意义。

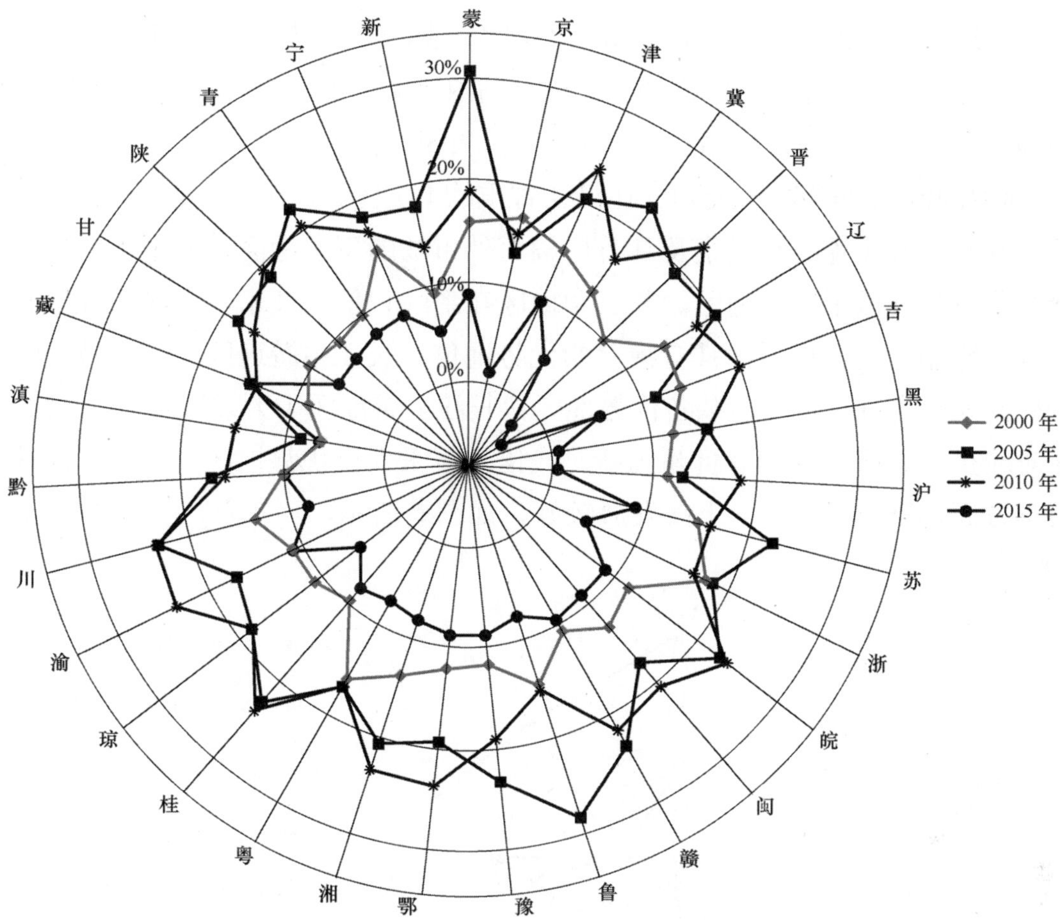

图 4　2000—2015 年全省工业增速示意图（数据来源：中国及各省统计年鉴）

一、布局现状

（一）依据资源优势形成产业合理布局

目前，我国已形成中西部以资源型产业为主、东部以通信设备及电器机械设备为主、东北地区以传统制造业为主的产业分布格局。

长江经济带横跨东中西部，各地区资源优势互补、发展阶段各异，中上游地区的相对优势产业以资源型、原材料加工型行业为主，而下游地区高端制造业、电子信息产业发展迅速。上海、重庆等汽车制造基地贡献了全国约 60%以上的汽车；扬子、金陵、武汉等地区石化工业的生产能力约占全国的 50%；上海、南京、杭州、武汉、重庆等城市在航空、信息、自动化、新能源等方面也具备了雄厚的基础，发挥着辐射带动作用[22]。长江经济带 11 省、市电子信息产业、高端装备制造业、汽车产业、家电、纺织服装产业等企业占全国比重较高，分别达到 46.9%、36.6%、42.3%、55.1%、39.8%等。

《中国制造 2025》十大领域在沿江省市的 I 类优势地区[23]主要集中在拥有技术、资本、人才等高端要素及具有广阔海外市场的下游地区，而中上游地区优势行业总量远低于下游地区。长三角地区在新一代信息技术、海洋工程装备及高技术船舶、新材料方面具有绝对的优势地位。长江中游地区为高档数控机床和机器人、先进轨道交通装备优势地区；长江上游地区十大领域 I 类优势行业相对较少，重庆、四川、贵州为新一代信息技术发展优势地区，节能与新能源汽车方面，重庆、浙江、上海发展较好，如图 5 所示。

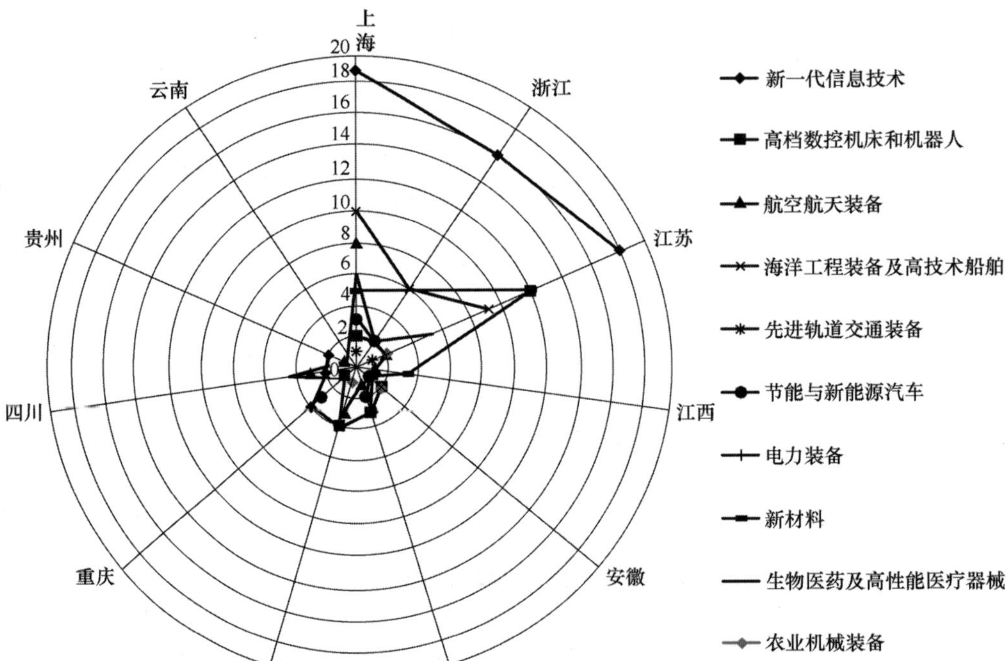

图 5 《中国制造 2025》十大领域各地区 I 类优势细分行业总量

（资料来源：工业和信息化部分省市指南调查资料）

[22] 徐廷廷，长江经济带产业分工合作演化研究，华东师范大学，2015 博士论文，P74。

[23] I 类优势地区：针对《中国制造 2025》十大领域细分行业，发展最好的前 5 个地区。
II 类优势地区：针对《中国制造 2025》十大领域细分行业，次优势发展地区 10 个。

作为Ⅱ类优势区域，长江沿线省市优势领域分布均匀，各省市均为新一代信息技术、新材料、生物医药及高性能医疗器械、高档数控机床和机器人等领域优势地区，如图 6 所示。

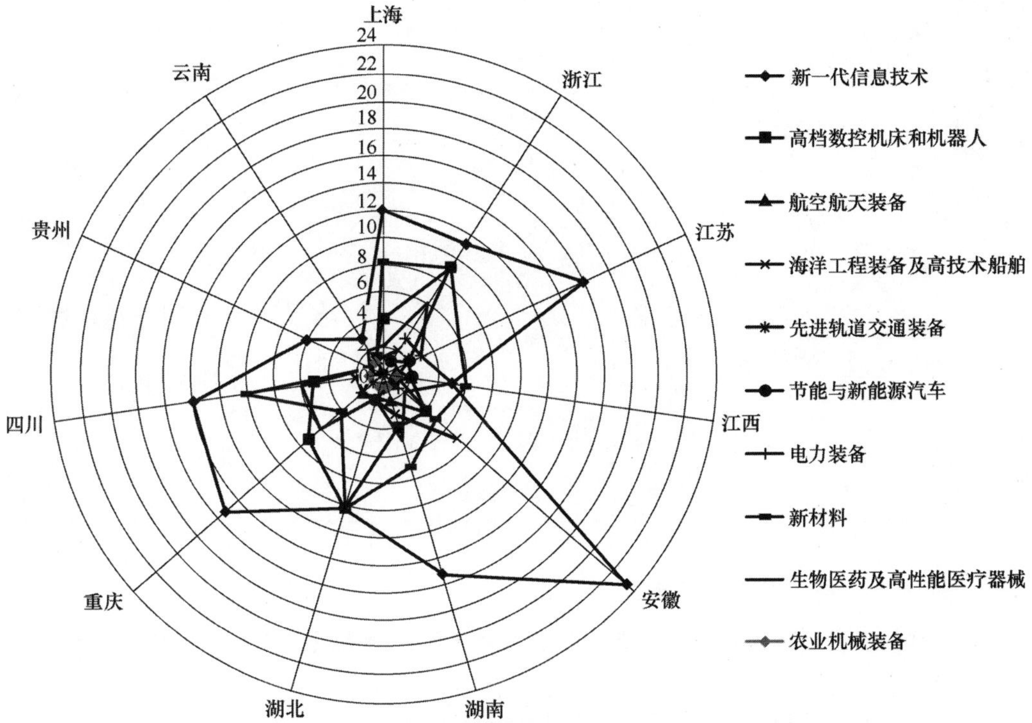

图 6 《中国制造 2025》十大领域各地区Ⅱ类优势细分行业总量（资料来源：工业和信息化部分省市指南调查资料）

十大领域企业分布，主要集中在中下游地区，湖北省分布数量最多，其次为上海、湖南、四川、重庆等地，第三梯队为云南、贵州等地，如图 7 所示。

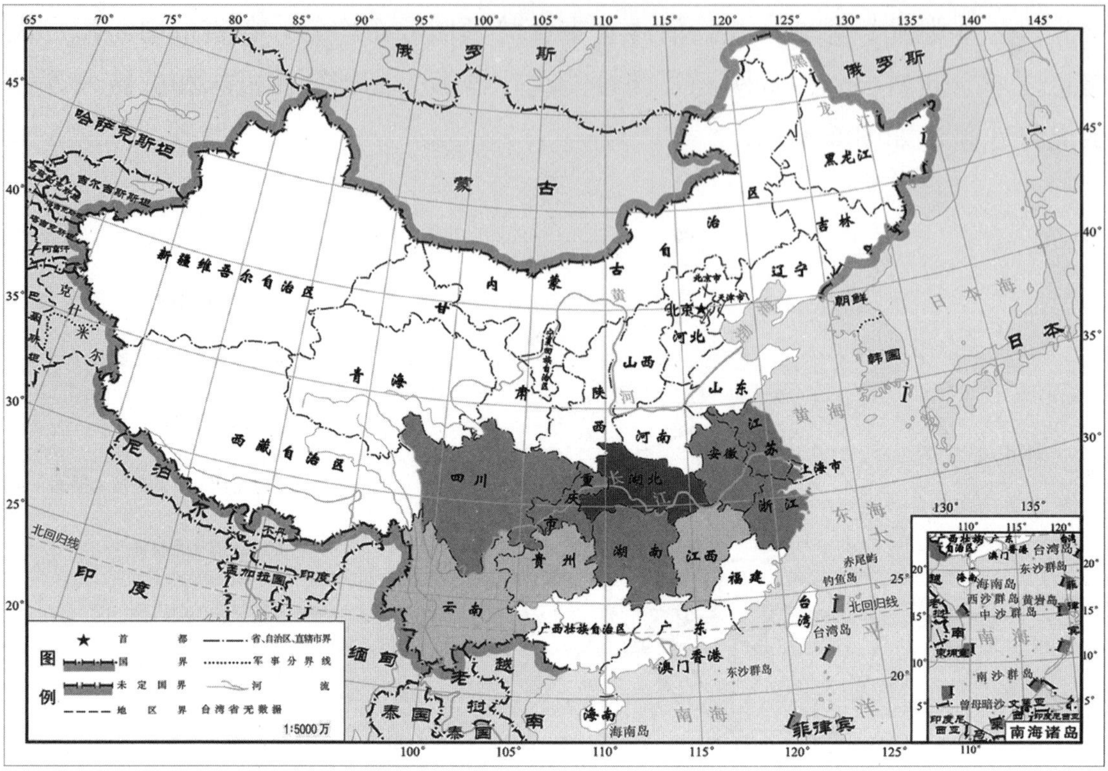

注：颜色越深，代表企业越集中。

图 7　长江经济带沿线省市企业分布现状（数据来源：制造强国产业基础大数据平台）

（二）产业集聚化推进沿江产业快速发展

产业集聚化发展是长江经济带产业发展的重要特征。长江经济带园区承载了产业集聚、企业科技创新尤其是企业联合创新的最佳地域组织形式和空间载体。通过协调园区产业发展方向、加大园区间的经济合作推动长江经济带省际、区际间的产业分工合作。长江经济带沿线分布着众多的国家级、省级园区，承载了区域的经济发展、产业互动和产业结构优化升级。截至 2016 年 5 月，全国共有 333 家新型工业化产业示范基地，如图 8 所示，长江经济带创建了 149 家，约占全国总数的 45%，电子信息示范基地 26 家，装备制造示范基地 49 家，汽车示范基地 11 家，家电示范基地 3 家，纺织服装示范基地 7 家，军民融合示范基地 4 家。

装备制造、软件和信息服务示范基地主要分布在江苏、上海等长江下游，原材料示范基地主要集中在长江中上游区域，反映了不同区域的优势产业发展，也对该地区的产业发展形成了强大的带动及辐射作用，如图 9 所示。

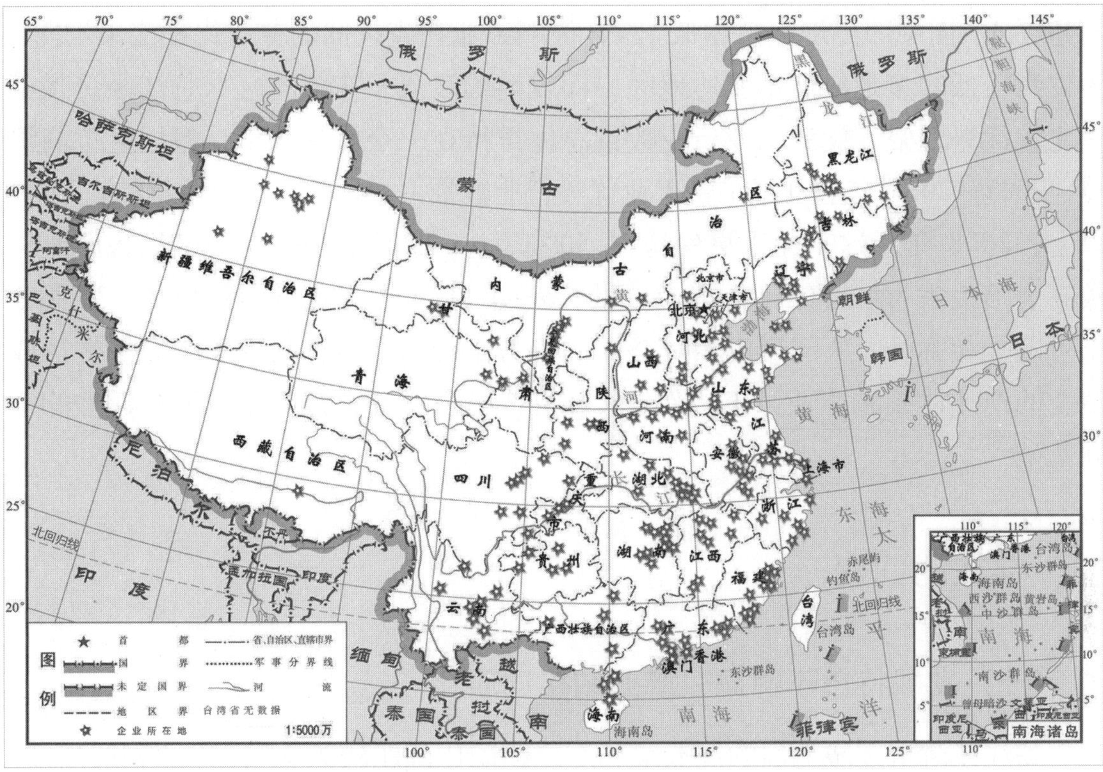

图 8 全国示范基地分布图（数据来源：制造强国产业基础大数据平台）

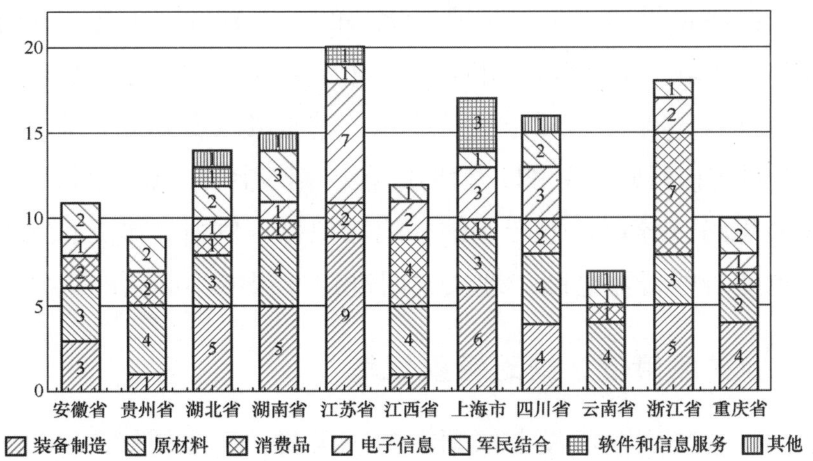

图 9 长江经济带沿线省市示范基地分布数量

（三）工业生产的专业化程度保持较高水平

长江经济带沿线省市的工业区位商[24]差异较大，上海等下游区域的工业区位

[24] 是用来衡量某一产业在特定区域的相对集中程度，运用区位商指标可以分析区域优势产业的情况。

商超过3，而中西部地区总体低于1，说明工业在省区间的专业化程度不均衡。区位商较低的多是经济不发达地区，而较高的多属于东部省区。长江经济带工业比较优势较强，优势工业行业数量总体维持在一个较高水平。根据区位商测算，2001—2013年长江经济带工业优势行业数量占总量的比重总体维持在40%以上，2008年后这一比重更保持在50%以上。同时，长江经济带优势产业总数高于沿线省市各自的优势产业数量，表明11省市产业部门优势在一定程度上可以互相弥补，从而形成相对全面的优势工业行业，有利于长江经济带形成健全的产业体系和产业分工协作，也表明长江经济带具备产业链纵向延伸的空间基础[25]。

二、存在的问题

（一）发展特色不明显，产业结构同质化

长江经济带区域之间的产业结构高度趋同化问题较为突出，产业相似度高，难以实现结构互补，是长江经济带地区间重复建设和不良竞争的重要原因。如前所述，长江经济带沿线省市Ⅰ类比较优势的十大领域，上海与江苏有9个领域、湖南有7个领域、浙江与四川有6个领域相似；Ⅱ类比较优势的十大领域，除贵州、上海外，均有7个以上优势产业。造成长江经济带产业同构现象的主要原因是，不同省市行政区划的分割形成各自相对封闭、独立的经济体系和“小而全”的发展思路，导致各地产业结构的相似性。同时，缺乏区域综合平衡和统筹安排，也使有些行业之间、地区之间进行了很多不必要的重复建设。

（二）产业关联度低，缺乏辐射优势

长江经济带主导产业仍没有依据本地区区情、产业规律和劳动地域分工情况进行选择，导致对本地区其他产业的带动效果差。长江经济带部分地区存在与当地的经济发展阶段不吻合的依赖内迁植入和投资兴建的企业，这些企业与当地的传统产业关联度相对较低，没有技术辐射的优势，未能带动其他产业的同步发展。另外，长江上游地区军工产业分布较多，这些企业与当地产业融合

[25] 吴传清、龚晨，长江经济带沿线省市的工业集聚水平测度，区域发展新格局，2015年第10期，p71-74。

不足，不仅未能带动当地传统产业的发展，反而还造成当地的发展出现明显的二元结构。

（三）布局规划滞后，协调联动不足

2014 年 9 月，《国务院关于依托黄金水道推动长江经济带发展的指导意见》提出了从整体上优化长江经济带产业布局问题，指出“引导产业合理布局和有序转移，培育形成具有国际水平的产业集群，增强长江经济带产业竞争力”。但沿江各地先期开发建设始于 20 世纪 90 年代的浦东开发和以上海为龙头的长三角及沿江地区经济带建设，《指导意见》中的产业布局规划已滞后于长江经济带各地的先期开发，已形成的产业布局尽管存在诸多不合理之处，也很难从根本上进行调整。同时，统筹规划缺乏导致长江经济带上中下游发展协调联动不足，上中游的产业链未能与下游的产业链实现分工、对接，致使长江流域整体开发相对滞后。

三、相关建议

（一）加大产业整合力度，避免重复建设

按照长江经济带资源优势和区位优势布局产业并进行产业空间结构调整，引导产业园区向中心城市集聚，形成产业集聚，培养世界级产业集群。调整过程中，要充分考虑到各地区功能定位及在全国的战略地位，以本区域在整个经济区和区位、资源优势来确定自己应该发展什么产业，不应该发展什么产业，切实加强区域内产业的分工协作和配套，避免不必要的重复建设。根据长江经济带区位优势，在沿线省市建立汽车、高端装备、纺织、家电、新一代信息技术五大产业集群，形成集群网络，培育世界级集群。加大同类企业重组力度，鼓励经济带区域优势企业的强强联手，依托优势企业引领区域内的产业经济发展。

（二）立足特色优势，提升产业关联度

长江沿线省市需立足本地优势，大力发展适合本地区的特色产业，避免产

业结构同质化。长江中上游地区矿产资源丰富，开发利用价值较大，是典型的资源型地区。需要在适度发展资源产业的同时，结合区域实际情况，大力发展规模化、产业化、现代化和生态化，拉长产业链，发展食品加工业，借助下游长三角地区的资金和技术优势，实现生产、加工销售和服务的一体化。下游地区应加快推动传统产业的有序转移，提升与中上游地区的产业关联度，加大对整个长江经济带的辐射和带动效应。同时，利用经济发达、基础雄厚、区位优势明显的有利条件，进一步发展新型产业、高新技术产业和现代服务业，优化长江经济带产业结构[26]。

（三）大力发展外向型产业，构建开放型经济

首先要推动经济带沿线省市之间的产业与市场互相开放，让生产要素通过机制的协调和利益的引导在区域间自由流动，在调整中形成大市场、大流通的产业发展格局。其次，让东部、中部各类企业包括民间资本参与西部地区的投资建设。最后是利用沿线省市制造业基础雄厚的优势，主动承接国际产业向长江中上游地区的转移，以及沿海产业的二次转移，最终形成辐射力、带动力强的产业体系[27]。

（四）注重整体规划，坚持统一协调

长江经济带流域开发是一项规模宏大的系统工程，涉及基础设施建设、城镇布局、岸线利用、产业发展、环境保护等诸多方面，需要统筹考虑自然、经济、社会、技术等因素，整体规划。上中下游经济带的开发，必须将沿江地区作为一个整体，进行统一规划，形成行动上的步调一致。

（中国信息通信研究院　　金永花）

[26] 侯立军，《长江经济带建设与产业布局优化研究》，南京财经大学学报，2016年，39-40。
[27] 彭劲松，《长江上游经济带产业结构调整与布局研究》，上海经济研究，P96。

第三章　京津冀产业布局情况

从产业整体分布、重点园区分布以及《中国制造 2025》重点领域分布三个方面阐述了京津冀地区的产业布局现状，并指出了产业布局存在的问题，提出了相关对策建议。

一、布局现状

（一）整体产业分布

根据相关统计数据及表 1 来看：

北京市主要以生产性服务业、高技术产业、文化创意产业为主，其中工业行业的主导产业包括电力、热力生产和供应业、汽车制造业、医药制造业、计算机、通信和其他电子设备制造业、专用设备制造业及通用设备制造业六大产业。汽车制造主要分布在房山、顺义、昌平、大兴、怀柔、密云；航空航天主要以顺义为主；生物医药主要分布在门头沟、平谷。

天津市主要以航空航天、石油化工、装备制造、电子信息、生物医药、新能源新材料、轻纺和国防八大工业产业为主，主要集中分布地区为滨海新区，装备制造业除滨海新区以外还零散分布在北辰、宝坻、宁河、静海。天津市其他地区产业主要以都市型农业和服务业为主。

河北省主要以钢铁工业、装备制造业、石化工业、医药工业、建材工业、食品工业、纺织服装业七大工业产业为主。其中钢铁主要以唐山为主；装备制造业分布较为广泛，河北省下属县市基本均有涉及；石油化工主要分布在唐山、沧州、石家庄；医药工业主要分布在石家庄与承德；食品加工主要分布在张家口、廊坊、沧州；建材工业主要分布在唐山。

表 1 京津冀地区主要产业分布

	区县	主要产业
北京市	东城	文化创意产业、商业服务业、旅游业、金融业、商务服务业和信息服务业
	西城	金融业、批发和零售业、租赁与商务服务业
	朝阳	现代服务业、金融业、文化创意产业、高技术产业
	丰台	交通运输设备、专用设备制造和通用设备制造、批发和零售业、建筑业、金融
	石景山	文化创意、高新技术、商务服务、现代金融、休闲旅游
	海淀	信息传输、计算机服务和软件业、科学研究、技术服务、金融业
	房山	汽车、建筑、商贸物流、现代农业
	通州	现代工业、现代农业
	顺义	汽车、航空、电子通信、基础工业、都市工业、都市农业
	昌平	商贸、汽车制造、水泥生产、耐火材料
	大兴	电子信息、汽车制造
	门头沟	数控装备、生物医药、仪器仪表、机械制造、商业物流
	怀柔	食品饮料、汽车及配件、包装印刷、都市农业
	平谷	食品饮料、饲料、建材、机械、缝纫、纺织、化工、医药、 金属制品、工艺美术、印刷、商贸、都市农业
	密云	汽车制造、酒•饮料和精制茶制造、农副食品加工、黑色金属矿采选业、消费品零售、旅游
	延庆	消费品零售、旅游、服装纺织
天津市	和平	以现代服务业为主的产业结构（着力发展高质金融、高端商务、高档商业、高新科技、文化旅游和商业地产）
	河东	金融服务业、商务商贸业、现代物流业、创意产业、商业地产、都市产业
	河西	金融业、商务服务业、商贸旅游业、科技服务业、医疗健康业、教育培训业、社区服务业等服务业
	南开	生产性服务业、科技服务业
	河北	创意产业、金融业、文化旅游业、总部经济、商贸服务业、都市工业
	红桥	楼宇经济、科技产业、特色街区经济、文化旅游业、商贸业
	滨海新区	航空航天、石油化工、新能源、新一代信息技术、汽车及装备制造、现代冶金、生物医药、食品加工、建设新材料、海洋科技、节能环保、轻工纺织

续表

	区县	主要产业
天津市	东丽	高端制造业（航空航天、生物医药、节能环保、新能源新材料产业）、高端服务业（金融服务业、现代物流业）、都市型现代农业
	西青	新兴服务业（创意产业、总部经济、金融服务业、会展经济）
	津南	传统服务业、楼宇经济
	北辰	都市型农业、装备制造业、现代医药医疗产业、新能源新材料、商业商贸、现代物流、特色旅游业
	武清	高新技术产业、现代服务业、现代农业
	宝坻	先进制造业、现代服务业（金融服务、商贸物流、休闲旅游、会议会展、文化教育）、绿色生态农产品生产
	宁河	现代农业、金属制品、食品加工、机械制造、新能源新材料、高档包装纸、商贸物流业、生态旅游业、房地产业
	静海	钢铁、装备制造、轻工
	蓟县	商贸物流、生态旅游、健康产业、汽车产业、生物医药产业
河北省	石家庄	生物医药、电子信息、化工、装备制造、纺织服装
	承德	文化旅游服务业、先进装备制造、新能源、钒钛新材料、食品医药加工
	张家口	旅游服务、新型能源、食品加工、装备制造
	秦皇岛	旅游、现代物流、金融、会展、装备制造
	唐山	精品钢铁、基础能源、优质建材、装备制造、化工
	廊坊	电子信息制造、金属冶炼及压延业、食品加工、装备制造、家具制造及木材加工业
	保定	新能源、汽车、纺织
	沧州	石油化工、管道装备及冶金、机械制造、纺织服装、食品加工

资料来源：根据政府网站整理。

（二）重点产业园区分布

京津冀地区重点园区（国家级工业化示范基地）及园区内的重点行业如图 10 所示，北京市国家级工业化示范基地 8 个，天津市国家级工业化示范基地 9 个，河北省国家级工业化示范基地 14 个。

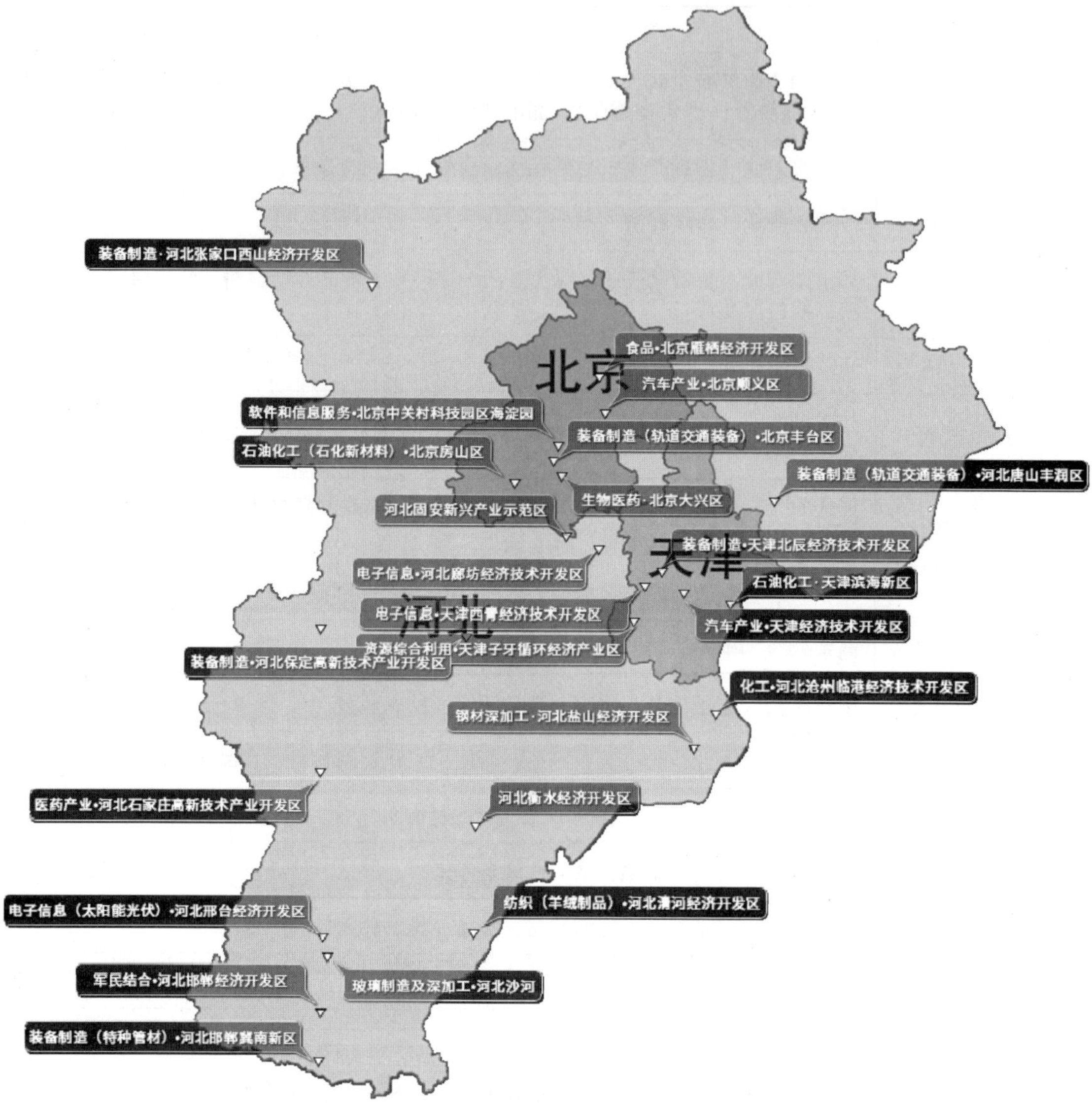

图10　重点产业园区分布（资料来源：制造强国产业基础大数据平台）

（三）《中国制造2025》重点领域分布

（1）优势产业分布

京津冀优势产业分布如图11所示，从优势Ⅰ类产业占京津冀优势一类产业比重来看，北京市为37%、天津市为25.9%、河北省为36.7%。从优势Ⅱ类产业占比情况来看，北京市为23.7%、天津市为39.5%、河北省为37%。

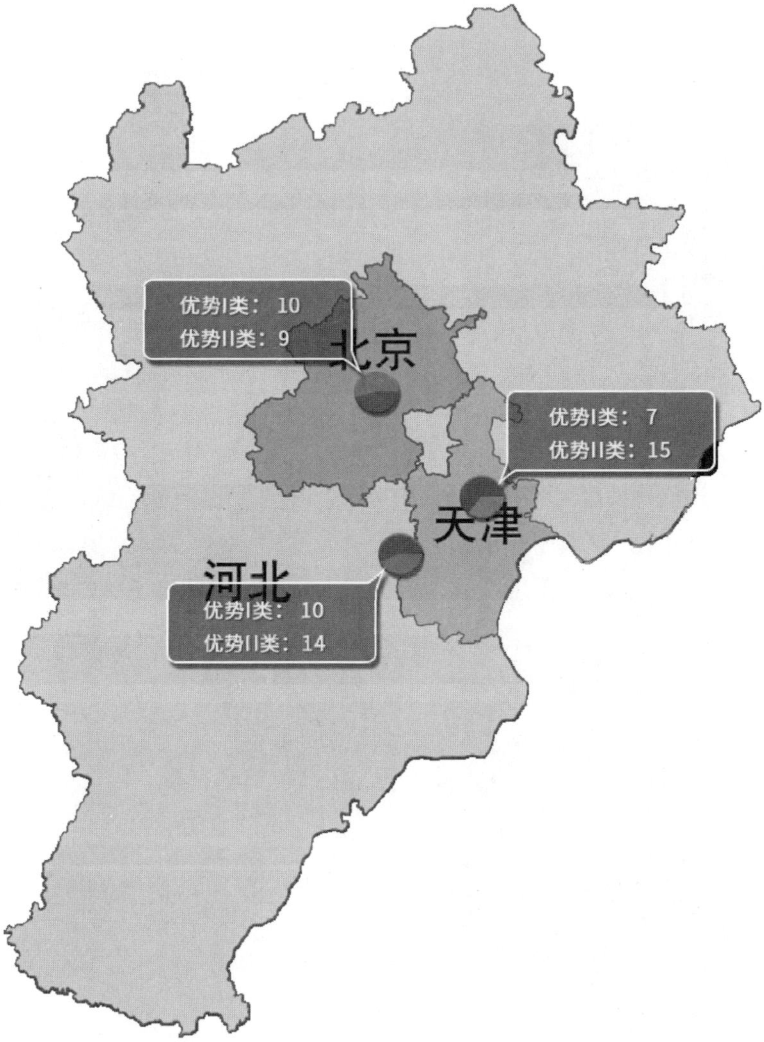

注："I 类"省市是指符合国家区域战略部署和重点领域规划及生产力布局要求，该省市在该领域具有较好的产业基础，产业规模、技术、竞争力和产业链等综合实力位居全国前列的地区；"II 类"省市是指符合产业发展规划和布局要求，具备发展条件，有一定产业基础和发展潜力，可以适度支持培育发展的地区。

图 11　京津冀优势产业数量汇总（资料来源：制造强国产业基础大数据平台）

从优势产业领域分布来看（如图 12 所示），北京市涉及 11 个行业 109 个领域、天津市涉及 10 个行业 122 个领域以及 9 个重点传统行业、河北省涉及 10 个行业 142 个领域以及 113 个重点传统行业。

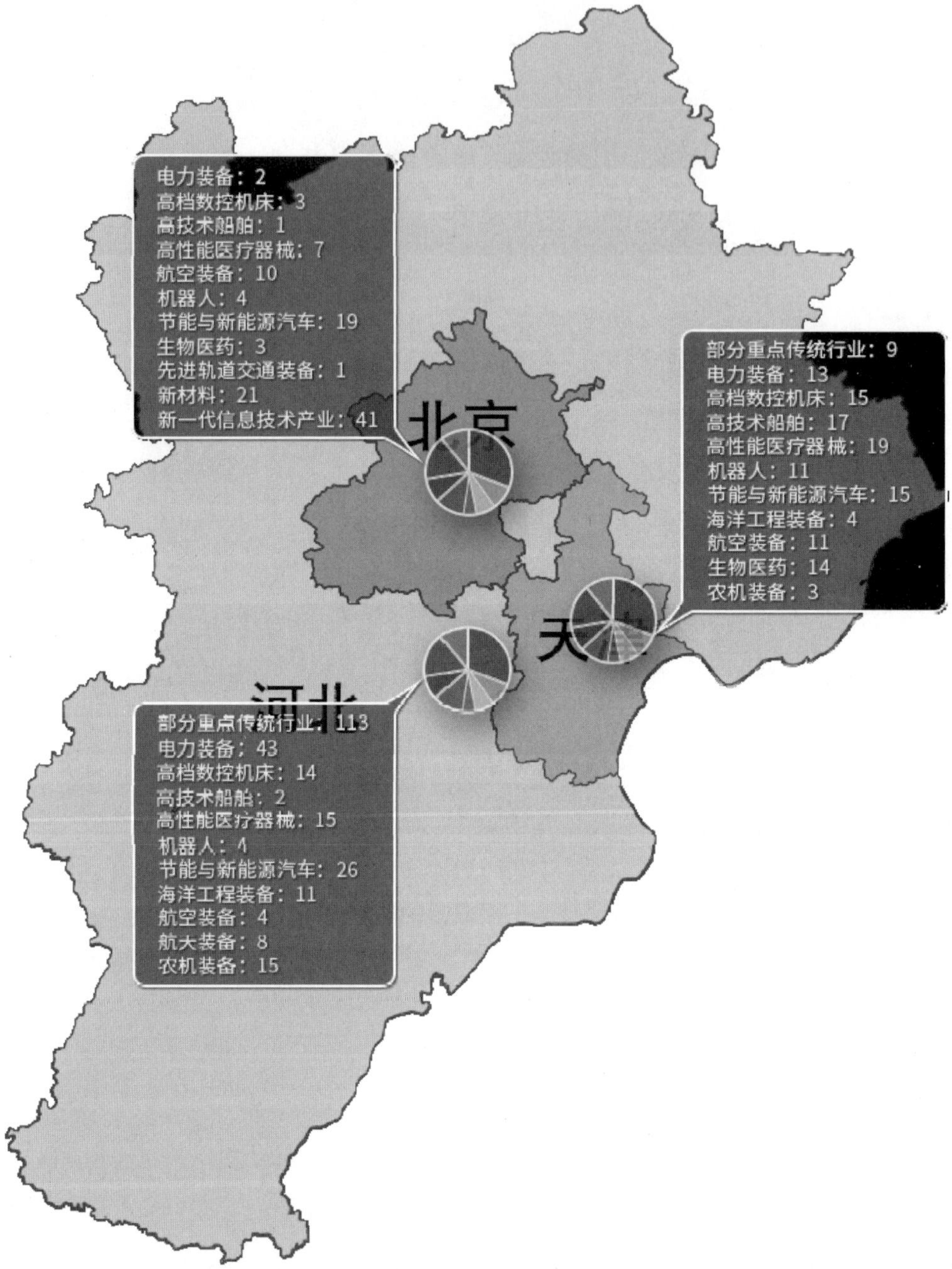

图 12　优势产业领域分布（资料来源：制造强国产业基础大数据平台）

（2）重点发展方向

北京市重点发展的领域包括 5 个重点行业、8 个子领域、15 个细分领域；天津市重点发展的领域包括 5 个重点行业、7 个子领域、8 个细分领域；河北省重点发展的领域包括 5 个重点行业、8 个子领域、8 个细分领域。具体见表 2。

表 2　　京津冀重点发展方向

序号	重点行业	子领域	细分领域
北京市（5 个重点行业、8 个子领域、15 个细分领域）			
1	新一代信息技术	集成电路	芯片设计
			芯片制造（先进工艺、特色工艺）
			集成电路专用设备
		智能硬件	虚拟现实与感知系统设备
			智能可穿戴设备
		计算机与通信设备	北斗应用产品
			服务器
		工业互联网	工业互联网
2	机器人	服务机器人	服务机器人
3	节能与新能源汽车	新能源汽车	整车总成（纯电动、插电混合动力、燃料电池车等）
			关键零部件（动力电池、驱动电机、电控系统等）
4	生物医药	生物技术药物	抗体药物，重组蛋白质药物，疫苗，核酸药物和细胞治疗产品
5	新材料	前沿新材料	3D 打印用材料
			超导材料
			石墨烯材料
天津市（5 个重点行业、7 个子领域、8 个细分领域）			
1	新一代信息技术	电子基础产品	锂离子电池
		基础软件及工业软件	数据库
		计算机与通信设备	服务器
2	航天装备	运载火箭	火箭制造
3	电力装备	发电设备	风电
4	生物医药	中药	中药深加工（含民族药）
5	新材料	关键战略材料	高端装备用特种合金
			先进半导体材料
河北省（5 个重点行业、8 个子领域、8 个细分领域）			
1	新一代信息技术	电子基础产品	太阳能光伏
		云计算数据中心	云计算数据中心
2	先进轨道交通装备	铁路装备	高速动车组、城际动车组、重载机车、大型养护装备等
3	节能与新能源汽车	节能汽车	节能汽车
		新能源汽车	关键零部件（动力电池、驱动电机、电控系统等）
4	生物医药	生物技术药物	抗体药物，重组蛋白质药物，疫苗，核酸药物和细胞治疗产品
5	部分重点传统行业	钢铁	钢铁
		食品	乳制品制造

资料来源：工业基础大数据平台。

二、存在的问题

（一）北京市工业小而不精

北京市工业主要分布在周边下属的区县内，基本以汽车制造和农副产品加工为主，产业同质化现象明显。存量工业用地效率不高，劣质产业转型升级缓慢。从国家级工业示范基地来看，基地内配套能力有待提高，基地吸引企业能力不足。从《中国制造 2025》重点领域分布来看，北京市主要集中于新一代信息技术、新材料及新能源汽车领域，尤其针对新能源汽车的布局，对于与天津市和河北省的产业协作考虑较少。

（二）天津市主要产业分布过于集中

天津市主要产业分布集中在滨海新区，产业过于集中，辐射效果不佳，这也是导致天津市内部各区县经济发展不均衡的原因之一。从重点产业园区分布来看，天津市重点产业园区主要分布在天津市西南部，不利于与北京市的园区合作。从《中国制造 2025》重点领域分布来看，天津市重点集中于装备制造、新材料领域，对于其比较弱势的信息技术领域的布局及发展有待加强。

（三）河北省主要产业分布较为分散

河北省主要产业分散在下属市县的各个角落，虽然呈连线式布局，但产业集聚效果较差，产业链条较短，产业协作效果不明显。从重点产业园区分布来看，主要集中在河北省南部，与京津接壤区域产业园区较少，可能会给产业承接及配套京津产业带来不便。此外，未来，河北省除重点发展《中国制造 2025》重点领域外，还肩负着传统产业转型升级的任务，在《中国制造 2025》重点领域分布中，生物技术药物和新能源关键零部件领域与北京重合，是否会导致同质化发展有待验证。

（四）京津冀产业协作效果差

京津冀产业布局相关性不强，河北省传统产业较多，导致京津冀地区整体产业发展水平低下。北京市工业小而不精且内部发展较为不均衡，很难辐射天津市与河北省，天津市工业虽然较强但分布过于集中且处于虹吸阶段。三地产业布局及工业发展各具特点导致京津冀产业协作效果欠佳。从《中国制造 2025》重点领域分布及部分重点传统行业发展重点来看，各地发展重点均为各自的优势产业，对于京津冀经济圈产业协作方面的考虑有待加强。

三、相关建议

（一）从京津冀整体出发布局产业

京津冀在产业布局时除考虑自身产业发展条件外，应充分考虑三地现有产业基础及未来产业发展方向及布局地点，从三地产业协作的角度出发调整既有产业及布局未来产业，促进三地产业一体化发展，推动京津冀经济圈特色产业集群形成与辐射效应的发挥。

（二）聚焦高新技术产业的同时提升弱势环节

《中国制造 2025》重点领域是支撑我国未来工业经济发展的重要产业，但在聚焦其发展的同时，应充分考虑当前传统产业发展基础，做好转型升级工作，充分发挥京津冀地区的优势，重视官产学研合作，提高科技研发水平，提升产业链弱势环节，以集群发展为理念调整及布局产业。

（三）促进产业分散与集中协调发展

对于产业过于集中的地区，应制定产业转移政策，促进相关环节产业向周边地区扩散，提高产业辐射效应。对于产业过于分散的地区，应制定相关产业集聚政策，吸引产业链相关环节企业入驻，形成集聚效应，发挥集聚区的科技创新能力。

（中国信息通信研究院　　李贺）

第四章 《中国制造 2025》十大领域布局情况

一、布局现状

（一）四大板块重点领域分布情况

《中国制造 2025》十大重点领域重点企业分布如图 13 所示。

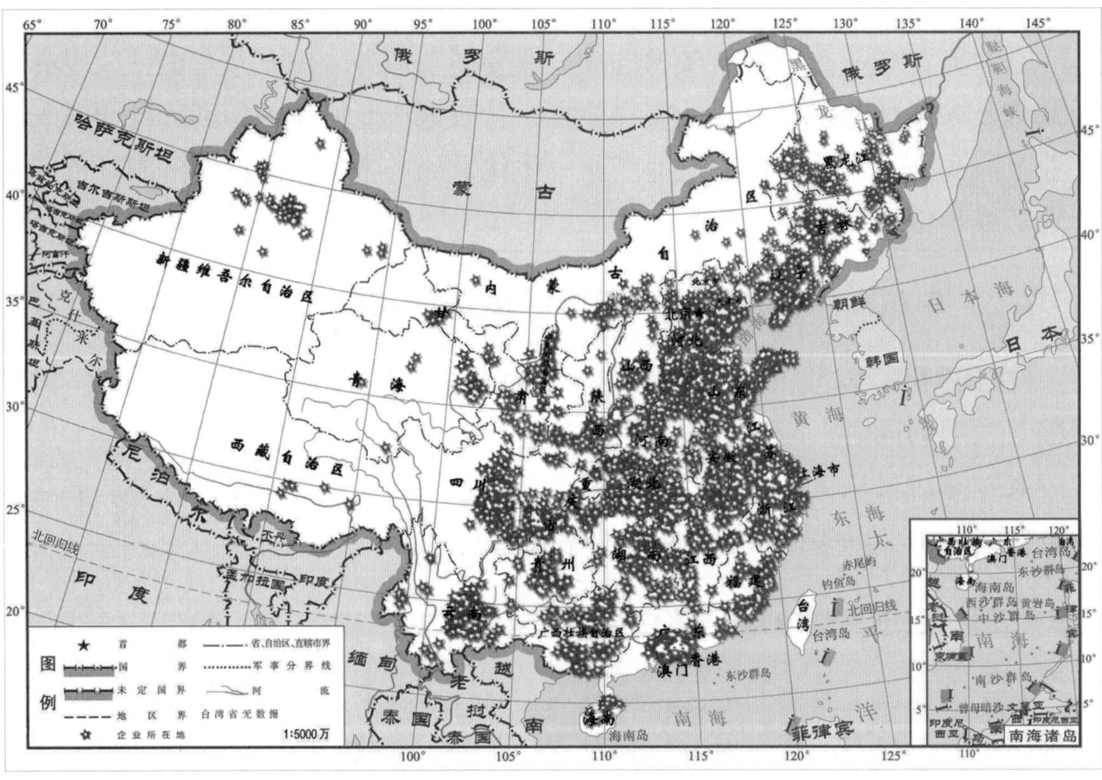

图 13 《中国制造 2025》十大重点领域重点企业分布（资料来源：制造强国产业基础大数据平台）

1．东部地区综合优势显著

东部地区的大部分省份领域覆盖面广，企业集聚程度高，综合优势显著。如北京、广东、上海、江苏、浙江、山东、天津等的优势企业和产业几乎涵盖了全部十大领域。福建的优势产业主要集中在新一代信息技术产业、海洋工程装备及高技术船舶和新材料领域，河北在先进轨道交通装备、生物医药及高性能医疗机械等领域具有优势。

2. 东北地区制造特色鲜明

在东北地区分布的重点领域与其传统的工业基础密切相关，主要包括高档数控机床和机器人、航空航天装备、海洋工程装备及高技术船舶、先进轨道交通装备、节能与新能源汽车、电力装备和农机装备等。此外，东北地区在与制造相关的新材料细分领域，如先进钢铁新材料、先进轻工新材料、高性能纤维符合材料和3D打印新材料等方面具有优势。

3. 中部地区发展潜力巨大

中部地区的大部分省份在多个领域具有良好的发展潜力。如河南在新一代信息技术产业、节能与新能源汽车、电力装备、农机装备、新材料方面，湖南、湖北、安徽在新一代信息技术产业方面，江西在生物医药及高性能医疗器械、海洋工程装备及高技术船舶和新材料领域，山西在先进轨道交通装备、新材料领域具有发展优势。

4. 西部地区局部亮点突出

在西部地区分布的十大重点领域相对较少，但在局部地区和领域有亮点。例如陕西、重庆、四川等地在新一代信息技术产业、高档数控机床、航空航天设备、电力装备等方面具有优势和潜力，四川、贵州、云南、甘肃在生物医药方面具有特色和优势。

（二）各领域分布情况

1. 新一代信息技术产业

新一代信息技术产业主要分布在东中部地区，东部地区是主要的优势区域，中部地区具有较好的发展潜力。其中，集成电路、计算机与通信设备、应用电子产业主要集中在东中部，电子基础产品、智能硬件、基础软件及工业软件，以及云计算、物联网、大数据等在东中西部都有分布。特别是云计算、物联网、大数据等成为西部地区跨越式发展的重要方向。分省来看，北京、广东、上海、江苏和浙江几乎覆盖了全部的细分领域，山东、天津、河南、福建、湖北、湖南、安徽、重庆、四川和陕西等地在部分细分领域具有优势，如图14所示。

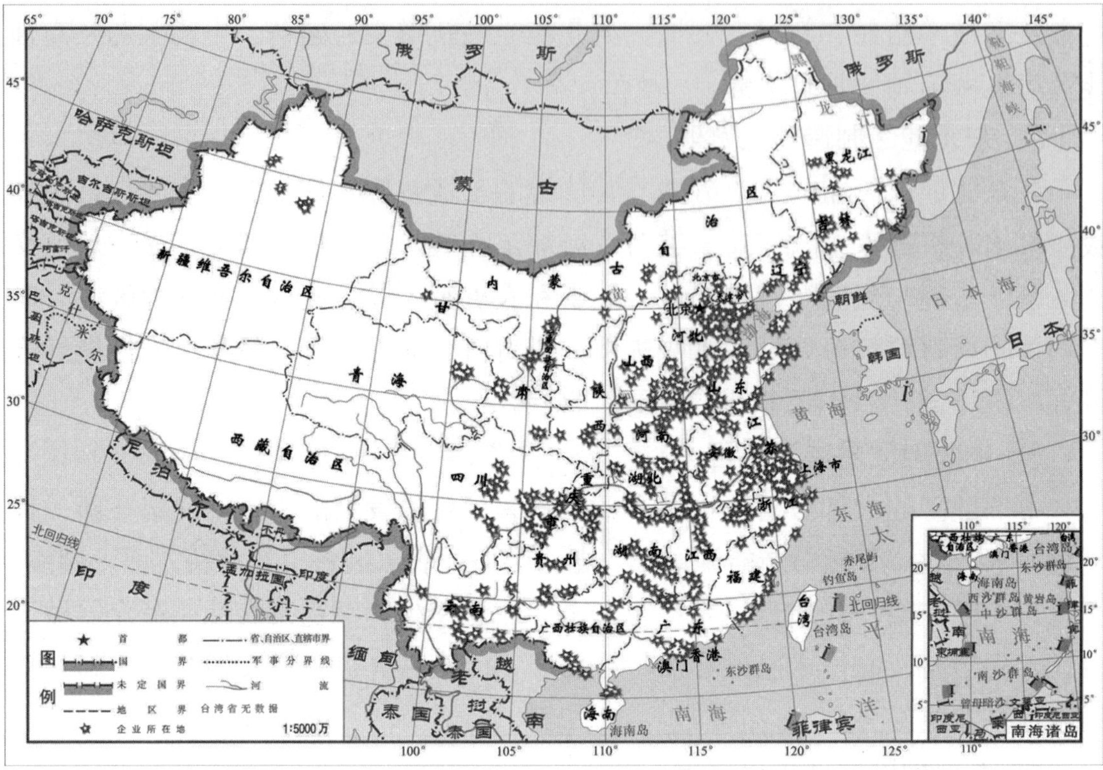

新一代信息技术		东部地区										东北地区			中部地区						西部地区											
		北京	广东	上海	江苏	浙江	山东	天津	福建	河北	海南	黑龙江	吉林	辽宁	河南	湖北	湖南	安徽	江西	山西	重庆	四川	贵州	云南	广西	陕西	甘肃	青海	宁夏	西藏	新疆	内蒙古
集成电路	芯片设计	★	★	★	★	★	☆		☆							☆	☆	☆			☆	☆	☆			☆						
	芯片制造	★		★	★	☆		☆					☆	☆		★	☆	☆			☆	☆				☆						
	封装测试		★	★	★					☆								☆				☆					★					
	集成电路专用设备	★	☆	★										★		☆		☆								☆						
	集成电路专用材料	★	★	★	☆	★	☆	☆	☆										☆					☆				☆				
计算机与通信设备	计算机及外围设备	★	★	★	☆			☆									☆	☆			★											
	服务器	★	★	☆	☆		★	★									☆				☆		☆									
	存储设备	★	★	★	☆	☆												☆														
	办公信息设备	★	★	☆	★	☆	☆																									
	北斗应用产品	★	★		☆	★												☆							☆	★						
	网络与通信设备	★	★	☆	★	☆			☆																	★						
	工控设备及安全防护产品	★	★	☆	☆			☆																								
	信息安全产品	★			★			☆						☆																		
	空管设备及系统	★			★			☆										☆														
电子基础产品	电子元器件		★		★	★	☆	☆		☆					☆	☆	☆	☆	☆		★	☆	☆		☆	★						
	平板显示产品		★	☆	☆	☆			★	☆			☆		☆	★		★			★	☆				☆						
	太阳能光伏		☆		★	★	☆			★					☆		☆	☆	☆	☆						★		☆	☆		★	☆
	锂离子电池		★	☆	★	★	☆	★	★			☆			☆	☆	☆	☆	☆						☆			☆				
	电子材料		★	★	★	★	★	☆	☆						☆	☆	☆	☆			☆	☆				☆					☆	
	电子专用设备和仪器	★	★	★	★	★	☆							☆			☆	☆		☆						☆						
智能硬件	手机、平板电脑等智能终端	★	★	☆	☆																☆											
	虚拟现实与感知系统设备	★	★	★	☆		☆	☆			☆			☆			☆	☆			☆	★		★	☆	☆						
	智能家居	★	★	☆	☆	☆	★											☆														
	智能无人系统	★	★	☆	☆	★															☆											
	智能车载	★	★	☆	☆	★															☆											
	智能可穿戴设备	★	★	★	☆	★	★	☆		☆				☆		☆	☆	☆			☆	☆		☆		☆						
	数字电视		★	☆	★	☆	★	☆	★					☆				☆			☆	★	☆		☆	☆						☆
应用电子		★	★	★	☆	☆								☆				☆			★											
基础软件及工业软件	操作系统	★	★	★		★	☆	☆	☆								☆	☆				☆		☆	☆							
	数据库	★		★	☆	★	☆	★	☆	☆						★		☆					☆									
	办公软件	★	★	★	★		☆		☆							☆		☆			☆	☆								☆		
	工业软件	★	☆	☆	★	★	☆		☆				★	☆		★	☆				☆											
云计算		★	★	★	★	★	☆		☆			☆		☆		☆					☆	☆	☆			☆					☆	
物联网		★	☆	★	★	★	☆		☆					☆		☆		☆			☆	☆				★						
大数据		★	★	★	☆	☆	★	☆		☆				☆			☆	☆			☆	☆	★			☆		☆				
云计算数据中心							☆			★		★	☆	☆	☆					☆		☆	★	☆		☆	☆		★		☆	★
工业互联网		★	☆	★	★	☆	★	☆	☆	☆				★		☆	☆	☆	☆			☆										

图 14　新一代信息技术产业分布图（资料来源：制造强国产业基础大数据平台）

说明：

（1）地图中的星号表示重点企业分布，下同；

（2）表格中的实体星号表示Ⅰ类优势区域，具有较好的产业发展基础和综合实力，空心星号表示Ⅱ类优势区域，具有良好的发展潜力，下同。

2. 高档数控机床和机器人

高档数控机床和机器人产业在东中西部和东北地区都有分布，主要集中在制造业发展较为成熟的地区，如北京、上海、江苏、浙江、山东、辽宁、湖北、湖南、陕西等地，分别如图15和图16所示。

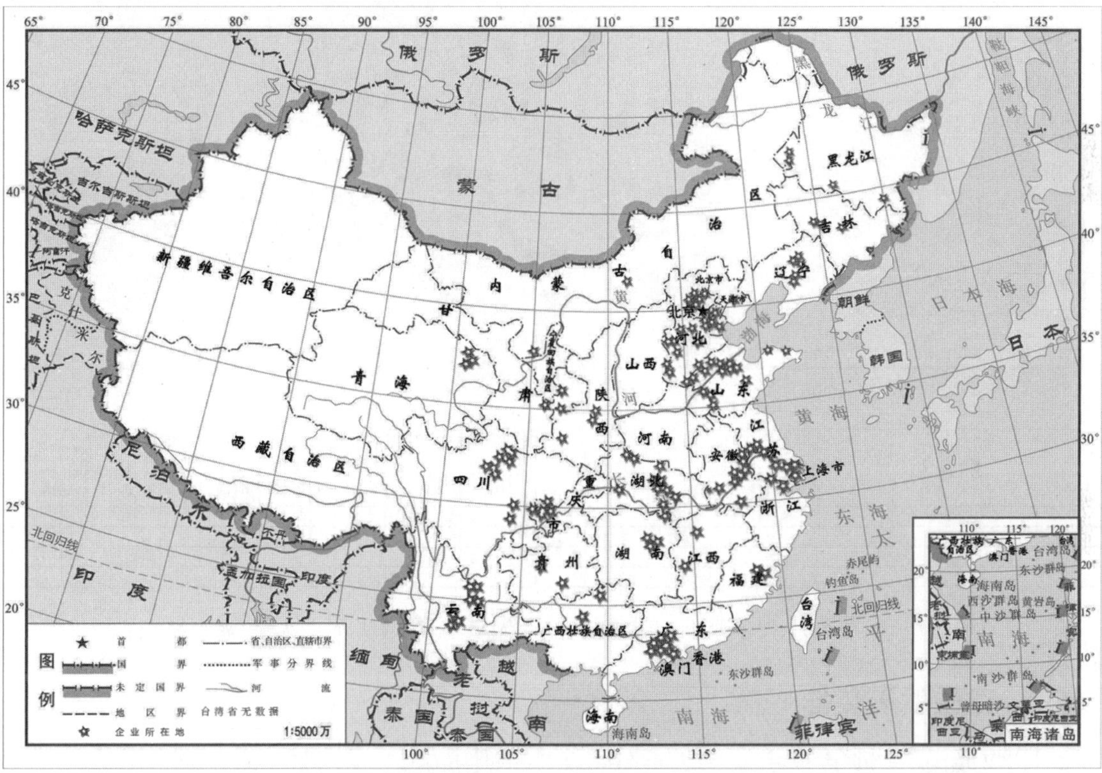

高档数控机床		东部地区										东北地区			中部地区						西部地区											
		北京	广东	上海	江苏	浙江	山东	天津	福建	河北	海南	黑龙江	吉林	辽宁	河南	湖北	湖南	安徽	江西	山西	重庆	四川	贵州	云南	广西	陕西	甘肃	青海	宁夏	西藏	新疆	内蒙古
高档数控机床	高档数控金属切削机床			☆	★		★					☆		★	☆	☆		☆			☆	★		☆		★		☆	☆			
	高档数控金属成形机床			☆	★	☆	★	☆								★		★			☆						★					
	高档数控系统		★		☆	☆								★		★										☆						
	数控机床关键功能部件			☆	★	☆	★							★								☆				★						
	数字化工具系统及量仪				★	☆	★		☆			☆		☆	★	☆	★				☆	☆				★						
	精密超精密光学加工设备	★		★	★		☆	☆				☆		★		☆	☆					☆				★						
增材制造	专用材料	★	☆		★	☆	☆									★										☆						
	软件及控制系统	★	☆													☆	☆															
	关键零部件	★			★									☆		☆	☆									☆						
	打印工艺及装备	★			★		☆		☆					☆		★	★									★						
	行业应用推广				★		☆							☆		☆	★									★						

图15　高档数控机床产业分布图（资料来源：制造强国产业基础大数据平台）

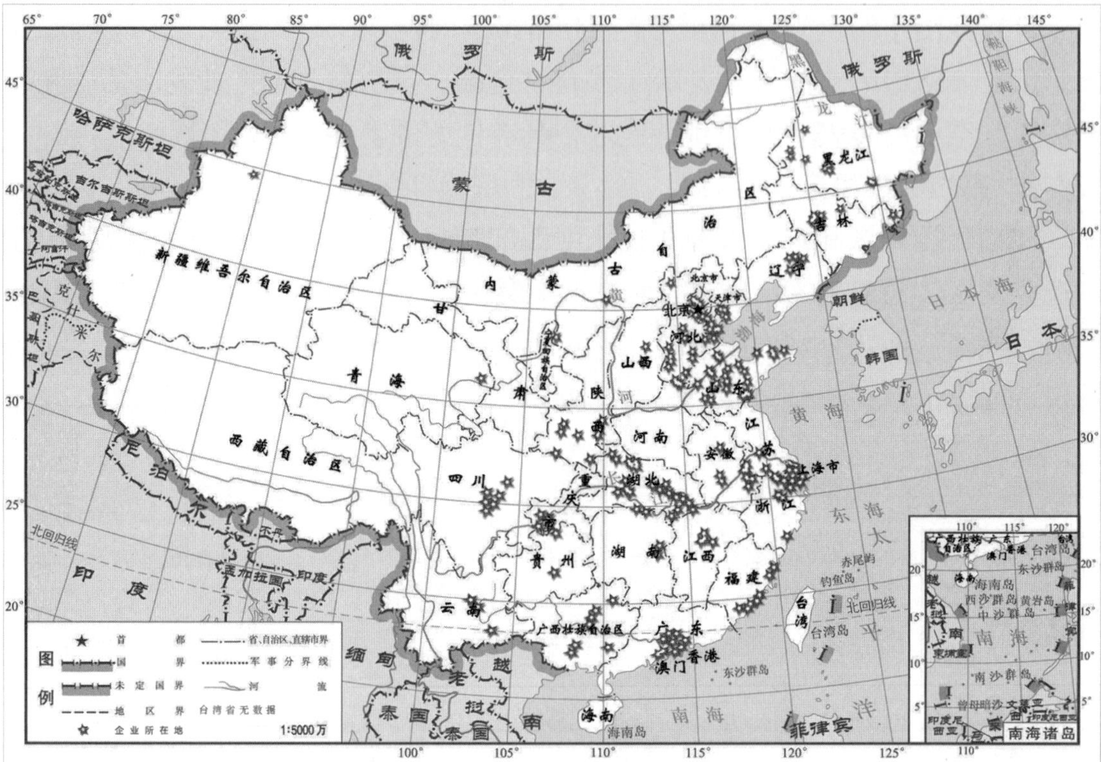

机器人	东部地区										东北地区			中部地区						西部地区											
	北京	广东	上海	江苏	浙江	山东	天津	福建	河北	海南	黑龙江	吉林	辽宁	河南	湖北	湖南	安徽	江西	山西	重庆	四川	贵州	云南	广西	陕西	甘肃	青海	宁夏	西藏	新疆	内蒙古
工业机器人		★	☆	★	☆						☆		★	☆	☆	☆	★			☆	☆										
服务机器人	★	★	★	☆	☆	☆	★	☆			★		☆	☆	☆		☆	☆		☆	☆										
特种机器人	★	☆		★	☆		☆		☆		★	☆	★		☆		☆			☆					☆						
关键零部件		★		★	☆	☆	☆				☆	☆	★		☆		☆			★					☆						

图 16　机器人产业分布图（资料来源：制造强国产业基础大数据平台）

3. 航空航天装备

伴随着我国航空装备主导产业沿着“军用航空—民航航空—通用航空”的路径演变，东部沿海地区逐步取代中西部地区成为我国航空装备产业的主要承载区，中西部航空装备企业也开启了向东部沿海扩张布局的步伐。当前基本形成了以长三角及中部的陕西为核心，以珠三角、东北地区为两翼，以北京、天津、四川等研发、制造为支撑的航空产业格局。航天装备的优势省份主要有上海、辽宁、湖北、陕西、四川、贵州、广东、河北、黑龙江、河南、江西等，如图 17 所示。

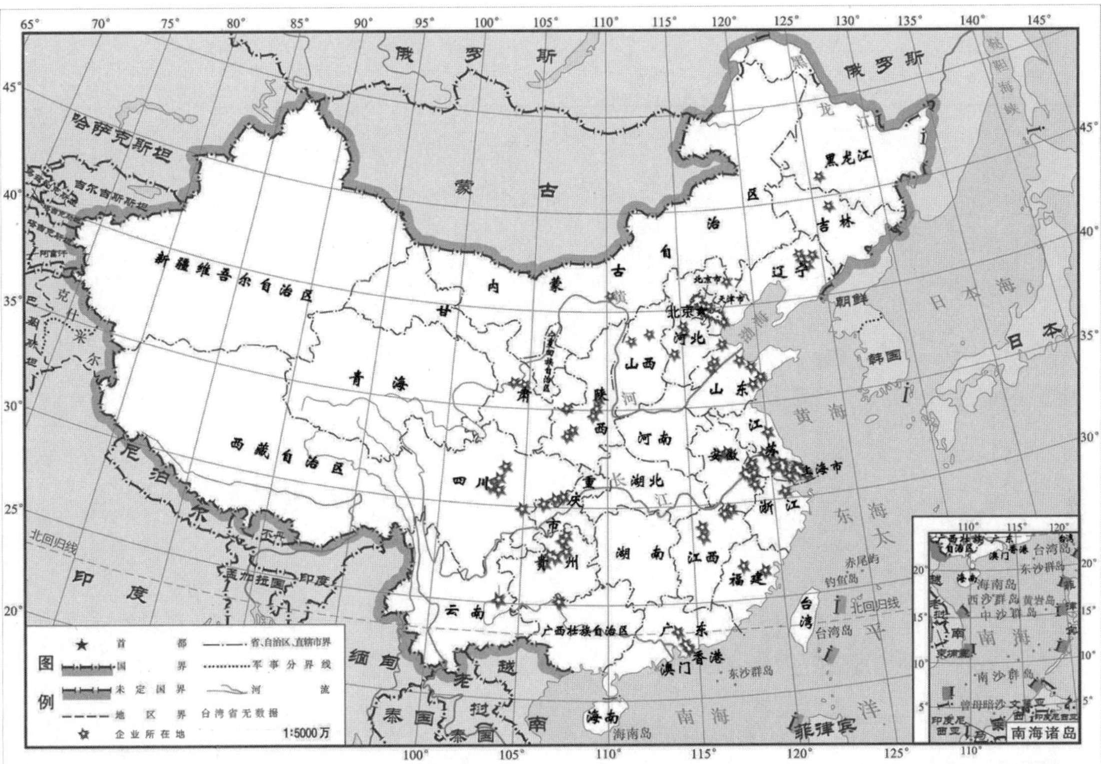

航空装备		东部地区										东北地区			中部地区						西部地区											
		北京	广东	上海	江苏	浙江	山东	天津	福建	河北	海南	黑龙江	吉林	辽宁	河南	湖北	湖南	安徽	江西	山西	重庆	四川	贵州	云南	广西	陕西	甘肃	青海	宁夏	西藏	新疆	内蒙古
飞机	干支线飞机			★				☆																		★						
	通用飞机		★					☆		★		★		★		★	☆		★			☆										
发动机				★										★			★	☆			☆	★	★			☆						
机载系统与设备				★	★			☆		☆						★							☆			★						

图 17　航空装备产业分布图（资料来源：制造强国产业基础大数据平台）

航天装备产业的主要优势省份是北京、天津、上海、山东、四川、内蒙古等地。天津、广东在平台产品，湖北、内蒙古在运载火箭，甘肃、吉林在空间飞行器方面具有优势，如图 18 所示。

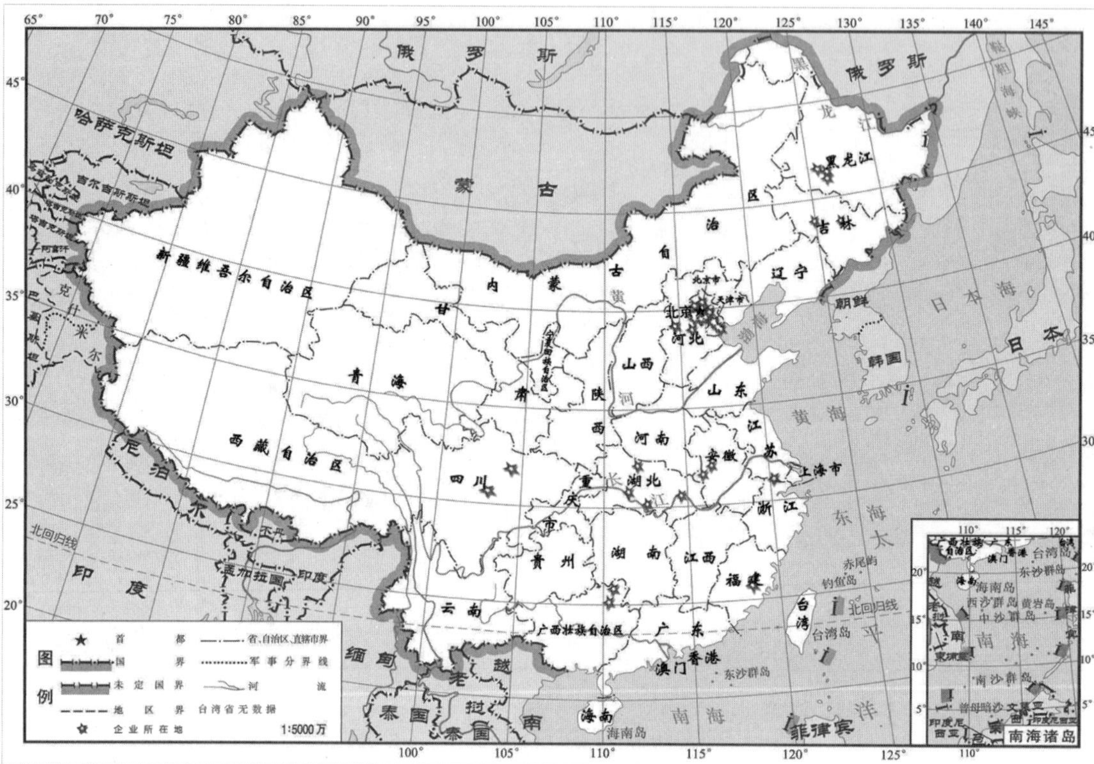

航天装备		东部地区										东北地区			中部地区						西部地区											
		北京	广东	上海	江苏	浙江	山东	天津	福建	河北	海南	黑龙江	吉林	辽宁	河南	湖北	湖南	安徽	江西	山西	重庆	四川	贵州	云南	广西	陕西	甘肃	青海	宁夏	西藏	新疆	内蒙古
运载火箭	火箭制造	★		★				★		☆	☆					★		☆				★										
	火箭发动机等制造	★		★												☆					☆											★
空间飞行器	平台产品（星载计算机、光纤惯组、敏感器等）	★	★	★			☆	★					☆													☆						
	有效载荷（光学相机、雷达、天线、环境探测器等）	★		★	☆			☆				☆	★					☆								★						
	地面设备设施（地面站设备、空间环境试验设备）	★	☆							☆	☆	☆												☆		★	★				☆	
	应用装备（手持终端等）	★	☆	★	★					☆	☆	☆	☆			☆	☆	☆	☆			★				☆						

图 18　航天装备产业分布图（资料来源：制造强国产业基础大数据平台）

4. 海洋工程装备及高技术船舶

海洋工程装备及高技术船舶主要围绕船舶和海洋工程生产基地与科研院所分布，主要优势区域较多地集中在东部沿海地区，如广东、上海、江苏、山东、天津、福建、辽宁等地，中部地区的长江流域，如湖北、安徽等地，西部地区的重庆、广西等地也具备优势，如图 19 和图 20 所示。

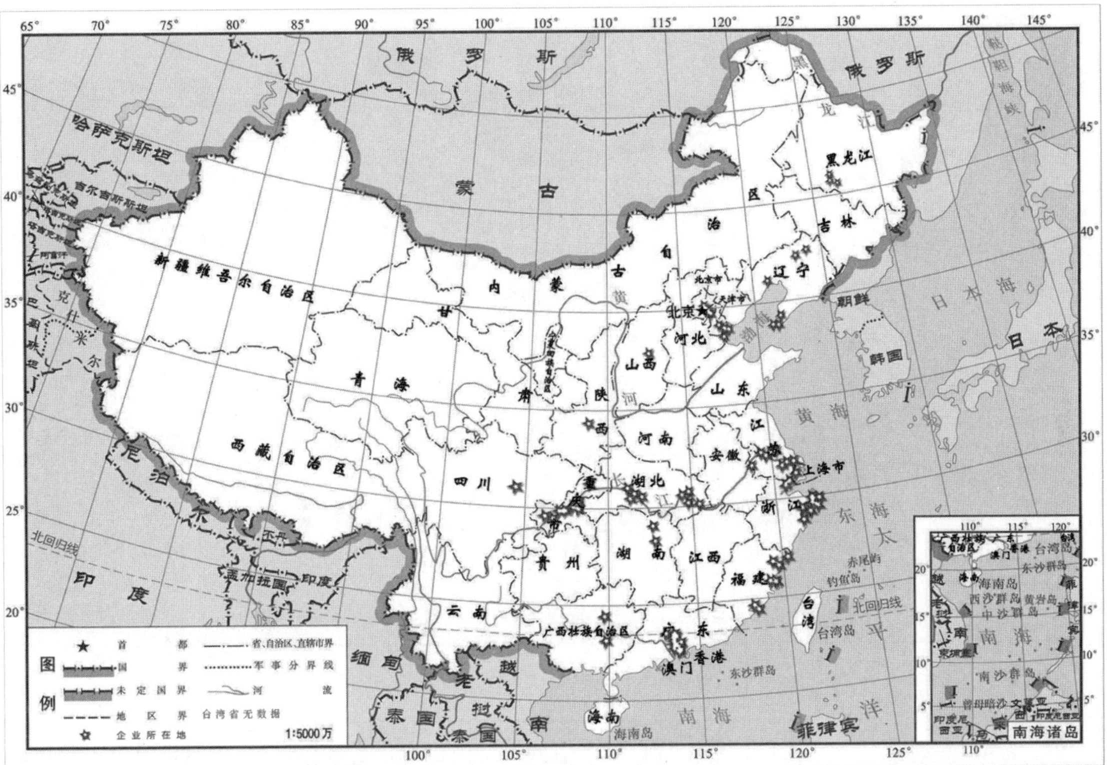

高技术船舶		东部地区										东北地区			中部地区						西部地区											
		北京	广东	上海	江苏	浙江	山东	天津	福建	河北	海南	黑龙江	吉林	辽宁	河南	湖北	湖南	安徽	江西	山西	重庆	四川	贵州	云南	广西	陕西	甘肃	青海	宁夏	西藏	新疆	内蒙古
生态环保船舶			★	★	★	★	☆	☆		☆	☆			★		☆		☆	☆													
极地运输船舶			★	★	★									★				☆														
远洋渔业船舶			★		★	★	★	☆	★		☆			☆					☆													
高性能执法作业船舶			★		☆	☆	★	☆	★		☆			★		★	☆	☆	☆		☆				☆							
豪华邮轮				★	☆		☆	☆	☆							☆					☆				☆							
新能源动力船舶			☆	★	☆	☆			☆					★		☆		☆			☆				☆							
核心配套设备	动力装备及系统		★	★	★	★	☆	☆				☆		★		☆		☆		☆	☆	☆			☆	☆						
	甲板机械		☆	★	★	★		☆	☆							★	☆	☆							☆							
	舱室设备			★	★	☆		☆				☆		★		★	☆	☆							☆							
	通信与导航	★		☆		☆	★	★	☆		☆	☆						☆							☆							

图 19　高技术船舶产业分布图（资料来源：制造强国产业基础大数据平台）

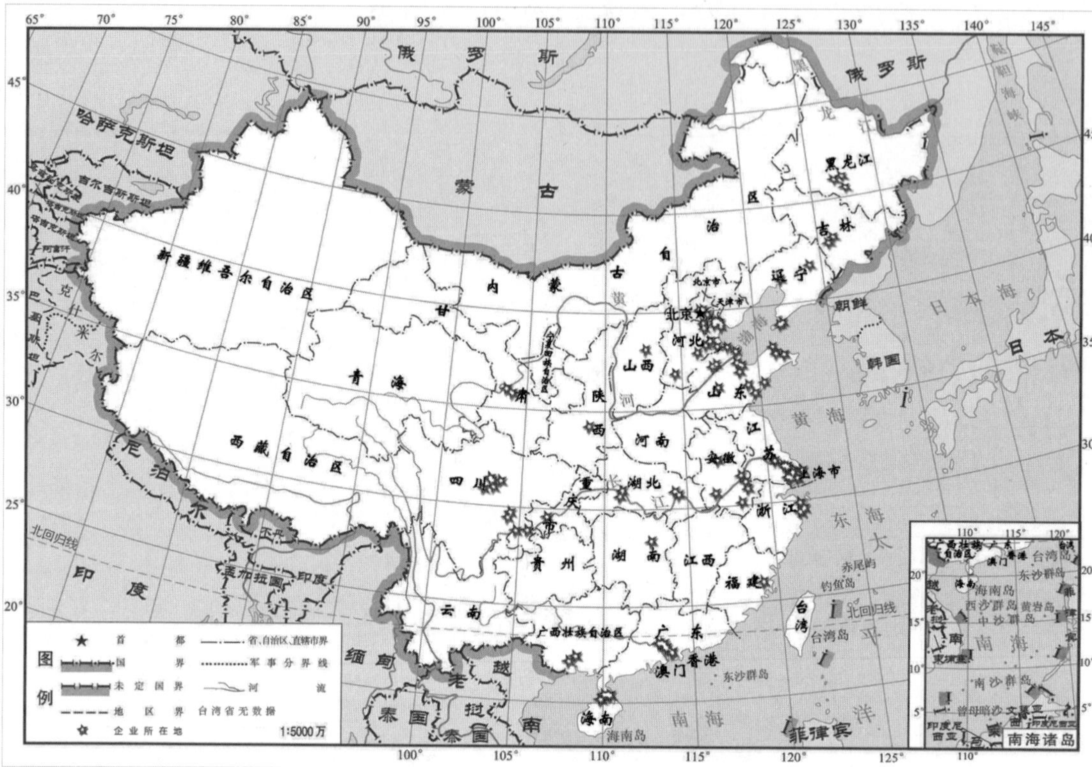

海洋工程装备	东部地区										东北地区			中部地区						西部地区											
	北京	广东	上海	江苏	浙江	山东	天津	福建	河北	海南	黑龙江	吉林	辽宁	河南	湖北	湖南	安徽	江西	山西	重庆	四川	贵州	云南	广西	陕西	甘肃	青海	宁夏	西藏	新疆	内蒙古
海洋油气资源开发装备		☆	★	★	★	★	☆		☆				★		☆	☆	☆			☆	☆			☆		☆					
其他海洋资源开发装备		☆	★	★		☆	☆	☆		☆	☆		★				☆														
海上作业保障和岛礁利用装备		☆	★	★	★	☆	☆		☆	☆	☆		★		★		☆	☆							☆	☆					

图 20 海洋工程装备产业分布图（资料来源：制造强国产业基础大数据平台）

5. 先进轨道交通装备

先进轨道交通装备主要集中在东部地区、东北地区和中部地区。北京、江苏、山东、河北、吉林、辽宁和湖南具备发展优势。在城市分布上，主要分布在长春、株洲、常州、青岛、南京、唐山、大连等地，其已形成较完整的产业链条，如图 21 所示。

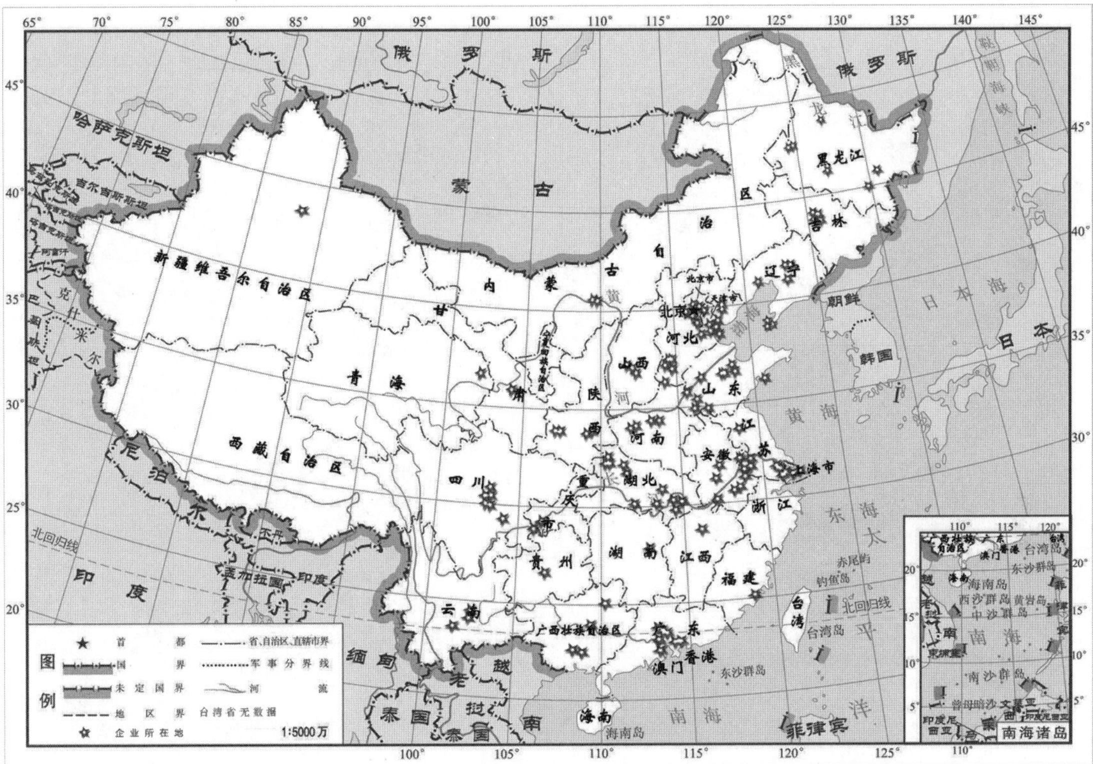

先进轨道交通装备	东部地区										东北地区			中部地区						西部地区											
	北京	广东	上海	江苏	浙江	山东	天津	福建	河北	海南	黑龙江	吉林	辽宁	河南	湖北	湖南	安徽	江西	山西	重庆	四川	贵州	云南	广西	陕西	甘肃	青海	宁夏	西藏	新疆	内蒙古
城市轨道交通装备				☆		★			★			★	★			★				☆											
铁路装备				☆		★			★			★	★			★							☆								
关键部件及系统	★	☆	★	★	☆	☆	☆		☆		☆		☆	☆	☆	★	☆		★												

图 21　先进轨道交通装备产业分布图（资料来源：制造强国产业基础大数据平台）

6. 节能与新能源汽车

节能与新能源汽车产业与传统汽车产业分布一致，主要集中在以上海为代表的长三角集群区、以长春为代表的东北老工业集群区、以武汉为代表的中部集群区、京津环渤海集群区、以广州为代表的珠三角集群区和以重庆为代表的西南部集群区。北京、广东、上海、浙江、吉林、湖南、重庆等地是主要的优势区域，如图 22 所示。

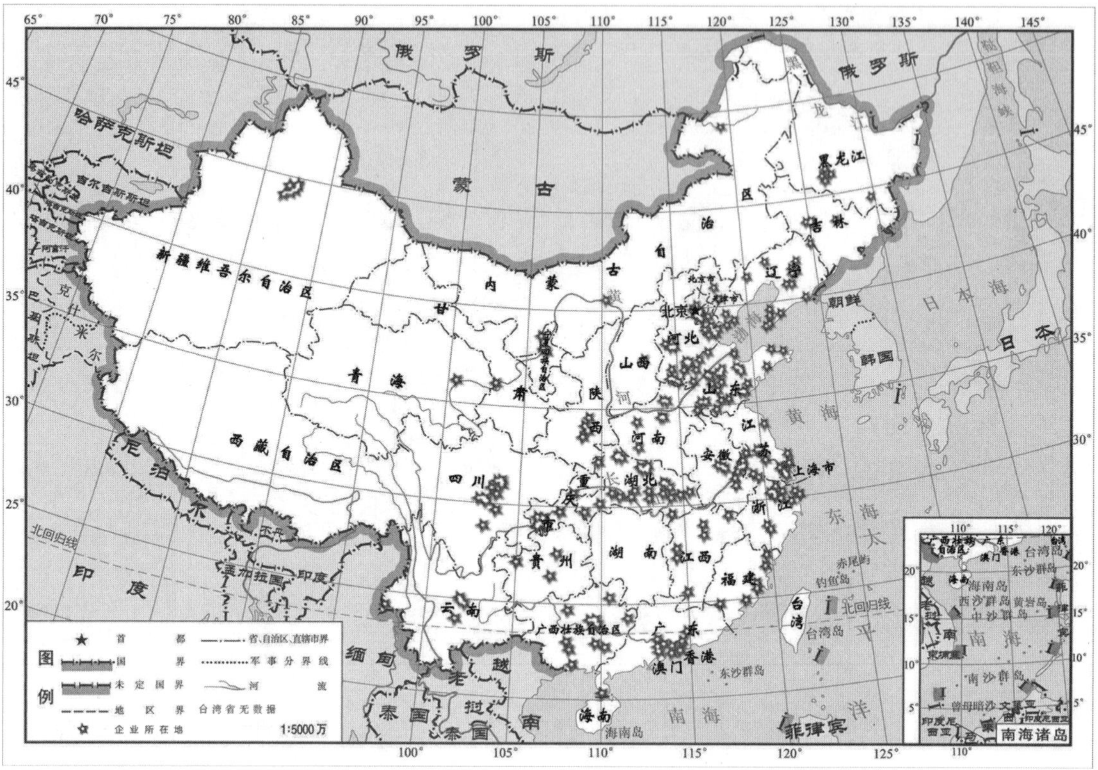

节能与新能源汽车		东部地区										东北地区			中部地区						西部地区											
		北京	广东	上海	江苏	浙江	山东	天津	福建	河北	海南	黑龙江	吉林	辽宁	河南	湖北	湖南	安徽	江西	山西	重庆	四川	贵州	云南	广西	陕西	甘肃	青海	宁夏	西藏	新疆	内蒙古
节能汽车							☆			★	☆		★	☆	☆		★		☆	☆	★	☆				★	☆				☆	
新能源汽车	整车总成（纯电动、插电混合动力、燃料电池车等）	★	☆	★	☆	☆		☆			☆		☆	☆	★	☆	☆	★			★											
	关键零部件（动力电池、驱动电机、电控系统等）	★	★	★	☆	★	☆	☆	☆	☆			☆				★	☆	☆									☆				
智能网联汽车		★		★		★	☆	☆		☆	☆		★	☆	☆	☆					★					☆						

图 22　节能与新能源汽车产业分布图（资料来源：制造强国产业基础大数据平台）

7. 电力装备

电力装备企业在东部地区比较集中，其中上海、江苏、浙江、天津等地发展具有优势。东北地区和西部地区的部分省份在细分领域也具有发展优势，如黑龙江、四川在发电设备，辽宁、陕西、新疆在智能电网和输变电设备方面具有优势，如图 23 所示。

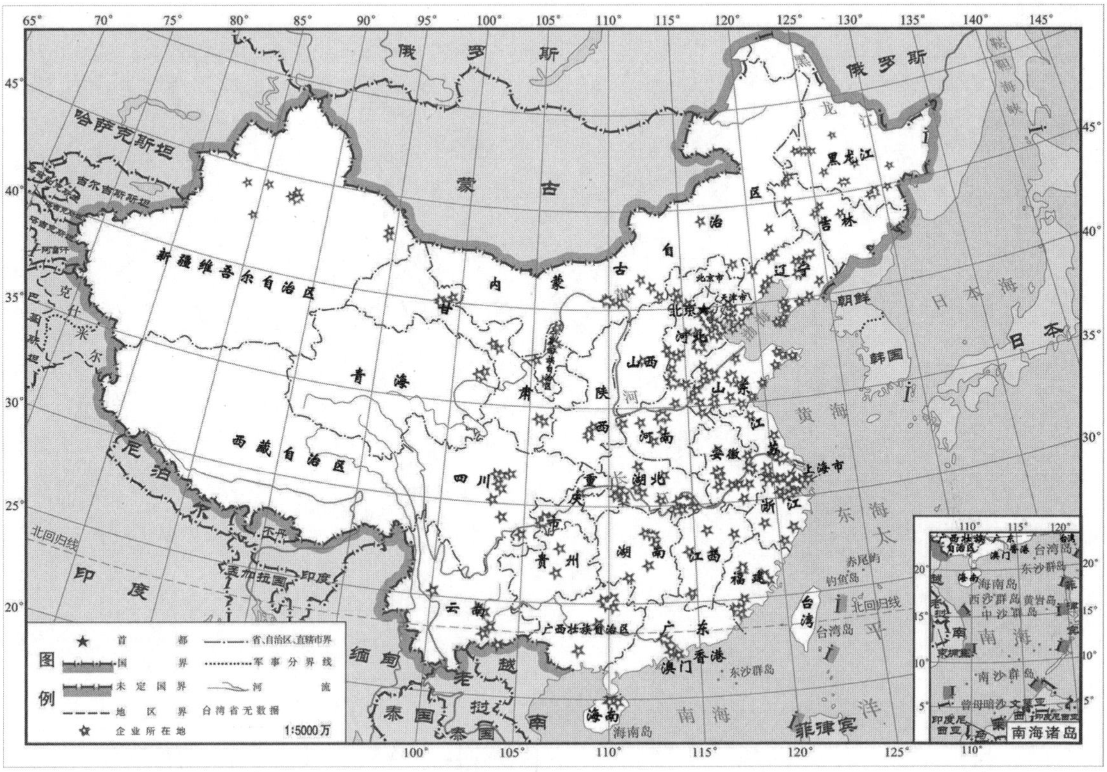

电力装备		东部地区										东北地区			中部地区						西部地区											
		北京	广东	上海	江苏	浙江	山东	天津	福建	河北	海南	黑龙江	吉林	辽宁	河南	湖北	湖南	安徽	江西	山西	重庆	四川	贵州	云南	广西	陕西	甘肃	青海	宁夏	西藏	新疆	内蒙古
发电设备	煤电			★	☆		☆			☆		★			☆	☆		☆	☆	☆		★										☆
	水电					☆	☆	☆				★		☆							☆	★		☆								
	核电			★	☆		☆					★		☆	☆			☆				★				☆	☆					
	风电		☆		★	☆	☆	★																	☆		☆	☆		☆	★	☆
智能电网			☆		☆	★	☆	☆	☆	☆				★	★	☆										★					★	
输变电设备					★	★	☆	☆						★	☆		☆				☆					★			☆		★	

图 23　电力装备产业分布图（资料来源：制造强国产业基础大数据平台）

8. 农机装备

农机装备主要集中在东中部地区，江苏、山东、黑龙江、河南、湖北、安徽的农机装备具有发展优势，如图 24 所示。

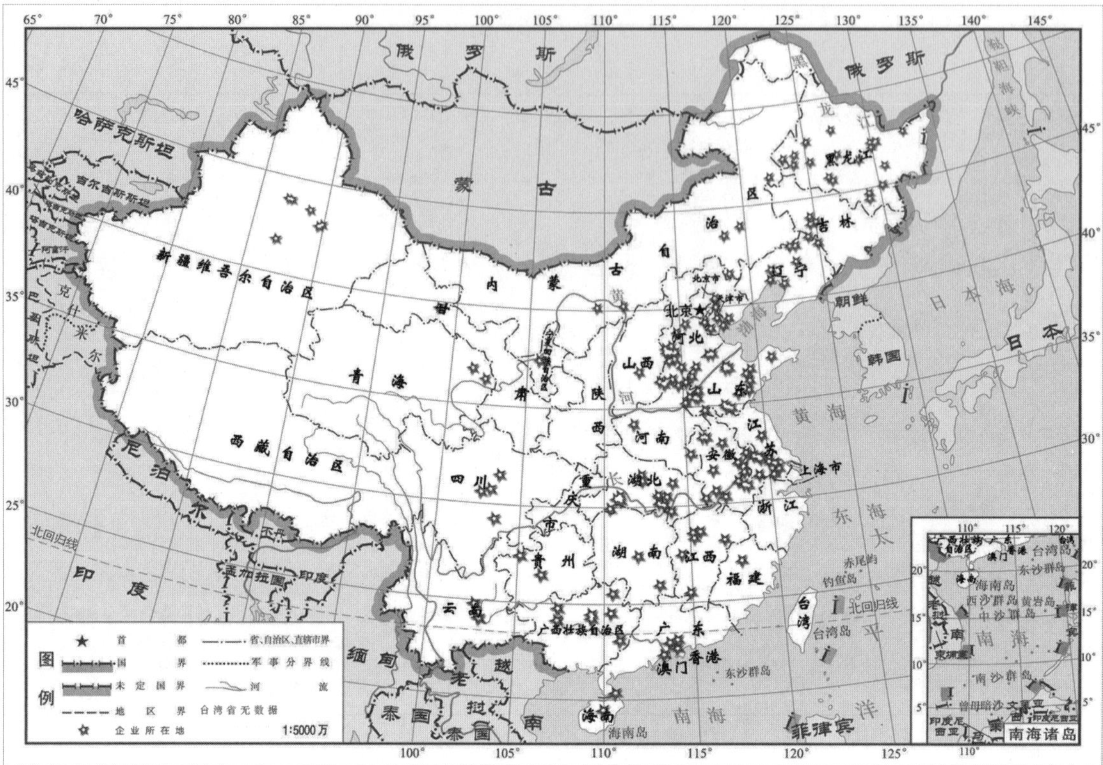

农机装备	东部地区										东北地区			中部地区						西部地区											
	北京	广东	上海	江苏	浙江	山东	天津	福建	河北	海南	黑龙江	吉林	辽宁	河南	湖北	湖南	安徽	江西	山西	重庆	四川	贵州	云南	广西	陕西	甘肃	青海	宁夏	西藏	新疆	内蒙古
先进农业机械		☆		★		★	☆		☆		★	☆		★	☆	☆	★	☆								☆		☆		☆	☆
农产品加工机械				★		★					☆	☆	☆	★	★		★				☆		☆	☆		☆				☆	☆

图 24　农机装备产业分布图（资料来源：制造强国产业基础大数据平台）

9. 新材料

新材料产业主要分布在长江三角洲、珠江三角洲、京津冀鲁地区、中部六省、东北三省和西部地区。京津冀鲁地区产业集聚的知识推动特征明显，区域的科技支撑较强。长江三角洲聚集了众多国家级新材料基地，区域集聚格局已基本形成，在全国地位突出。珠江三角洲产业集群大多是外资驱动形成，集群的外向型特征明显，同时市场化运作机制比较完善。东北地区以吉林长春为代表，集群在计划经济体制下形成，集聚的政府色彩明显。中部地区的湖南、湖北等省市，在以往资源丰富和国家重点建设的驱动下，产业集聚区的能源、原材料产业基础较雄厚。西部地区地域广阔，集群分散，资源依赖与能源依赖特征明显。优势省份集中在东中部地区，包括北京、广东、上海、江苏、浙江、山东和天津、安徽、江西等地，如图 25 所示。

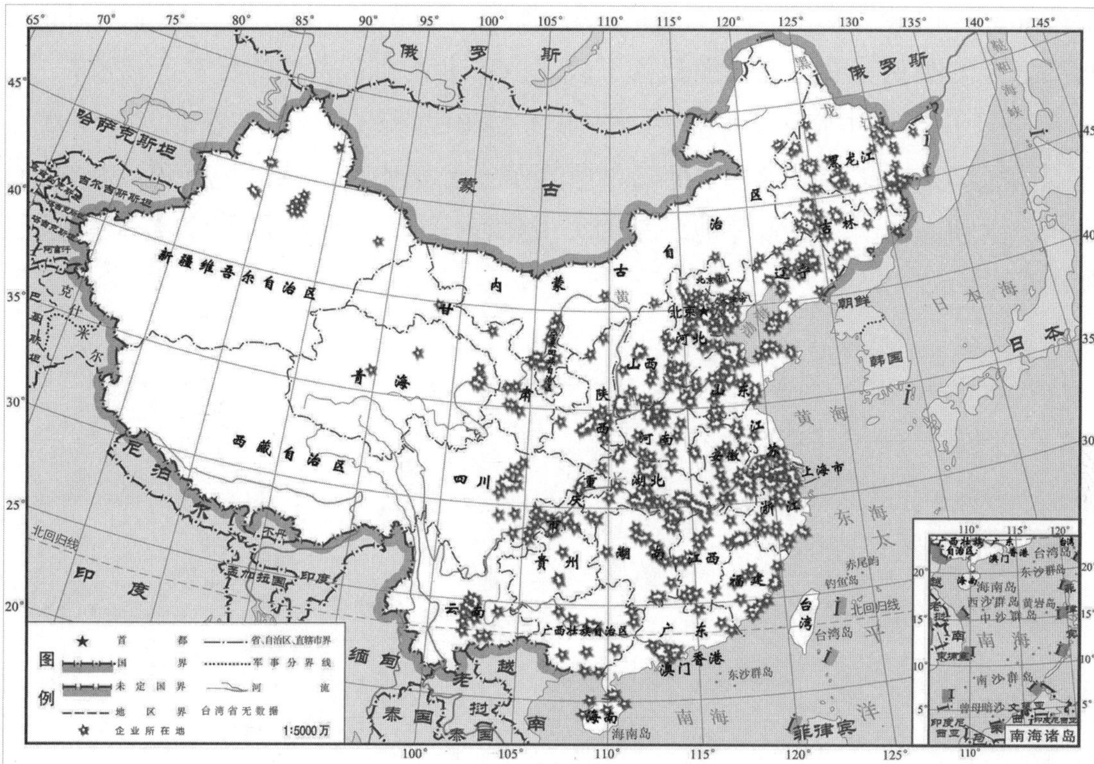

新材料		东部地区										东北地区			中部地区						西部地区											
		北京	广东	上海	江苏	浙江	山东	天津	福建	河北	海南	黑龙江	吉林	辽宁	河南	湖北	湖南	安徽	江西	山西	重庆	四川	贵州	云南	广西	陕西	甘肃	青海	宁夏	西藏	新疆	内蒙古
先进基础材料	先进钢铁材料			★	★	☆	☆	☆		☆				★	☆	☆	☆	★		★	☆	☆					☆					
	先进有色金属材料	★	☆	☆	☆	☆	★	☆							☆		★	☆	☆	☆	★	☆				★						
	先进石化材料		★	★	★	★	★	☆	☆	☆			☆		☆			☆	☆		☆											
	先进建筑材料		★		☆	☆	★		★	☆		★	☆			☆	☆	★	☆			☆				☆					☆	
	先进轻工材料		★			★						★	★																			
关键战略材料	高端装备用特种合金	★		☆	☆			★						☆			★		★										☆			
	高性能分离膜材料	★	☆	☆	★	★	★	★		☆	☆			☆	★	☆				☆			☆	☆			☆					
	高性能纤维及复合材料		☆	★	★	★	★	☆		☆		☆	★	☆		☆	☆	★		☆		☆					☆					
	新型能源材料		★	☆	★	☆	★	☆		☆			☆		★	☆		☆	☆			☆						★				
	太阳能电池材料，锂电池材料，燃料电池材料		★	☆	★	★	☆	☆	☆			☆			☆		★		☆			☆		☆				★				
	新一代生物医用材料	★	☆	★	★	☆	★	☆	☆					☆	☆				☆		☆	★				☆						☆
	电子陶瓷和人工晶体	★	☆	★	☆	☆	★		★					☆	☆	☆			★			☆				☆		☆	☆			
	稀土功能材料		★	☆	☆	☆	☆	☆	★				☆				☆		★			☆			★	☆						★
	先进半导体材料	★	★		★	☆	★	★		☆						☆										☆						
	显示材料	★	★		☆		☆	★								☆	☆	☆														
前沿新材料	3D打印用材料	★	☆											★			☆									★						
	超导材料	★																★								★						
	智能仿生与超材料	★	★		★																											
	石墨烯材料	★	★	☆	★	★	★	☆		☆		☆		☆				☆			☆	☆			☆	☆						
	生物法PDO及PTT纤维		☆	☆	★			☆	★					☆		☆						☆									☆	
	生物基纤维		☆		★	☆	★	☆	★					☆		☆	☆					★									☆	

图 25　新材料产业分布图（资料来源：制造强国产业基础大数据平台）

10. 生物医药及高性能医疗器械

我国的生物医药产业初步形成以长三角、环渤海为核心，珠三角、东北等中东部地区快速发展的产业空间格局。此外，中部地区的河南、湖南、湖北，西部地区的四川、重庆也已经具备了较好的产业基础。主要的优势区域有广东、江苏、山东、四川等地，其中生物技术药物和化学药主要集中在北京、上海、广东、江苏、浙江、山东，中药的种植养殖主要集中在中西部地区，以及湖南、四川、贵州、云南、甘肃等地，深加工主要在广东、天津、河北、吉林等地区，如图 26 所示。

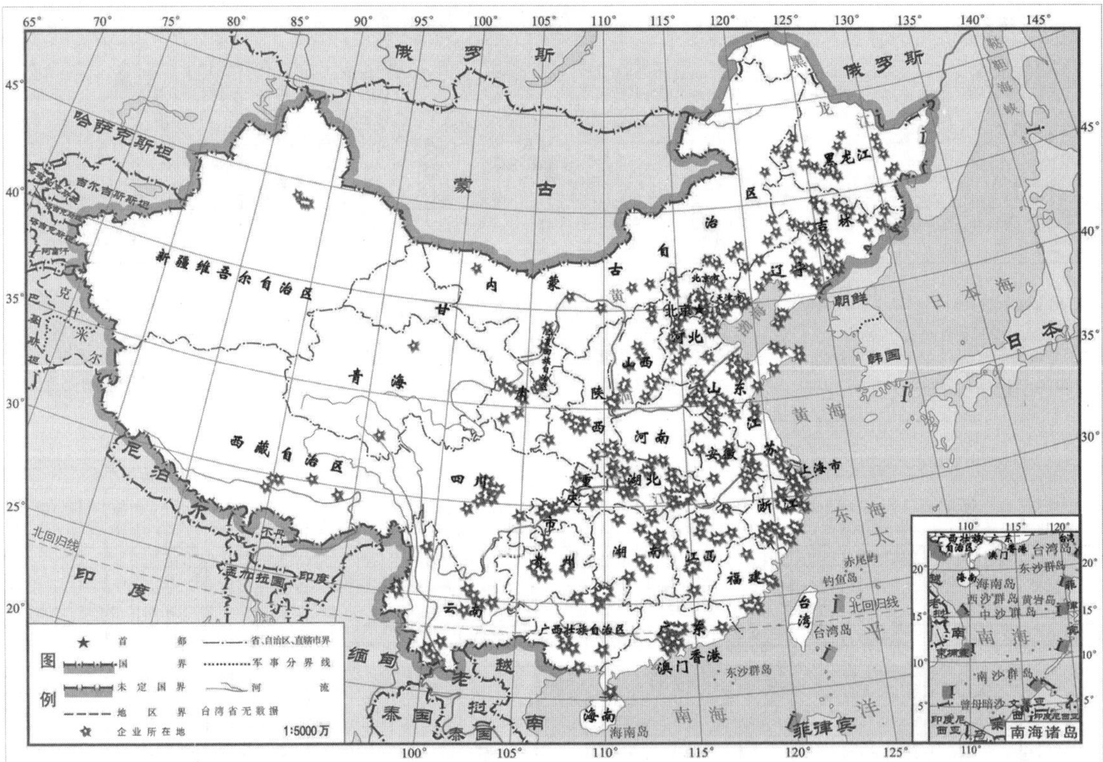

生物医药		东部地区										东北地区			中部地区						西部地区											
		北京	广东	上海	江苏	浙江	山东	天津	福建	河北	海南	黑龙江	吉林	辽宁	河南	湖北	湖南	安徽	江西	山西	重庆	四川	贵州	云南	广西	陕西	甘肃	青海	宁夏	西藏	新疆	内蒙古
生物技术药物		★	★	★	★	☆	★	☆		☆			☆	☆	☆						☆	☆		☆			☆					
化学药			★	☆	★	★	★	☆		★	☆	☆			☆	☆	☆				☆	☆										
中药	大宗或濒危道地药材种植养殖		☆			☆							☆		☆		★		☆			★	★	★	☆	☆	★	☆		☆	☆	
	中药深加工（含民族药）		★	☆	☆			★		★		☆	★		☆		☆		☆	☆		★	☆	☆				☆				

图 26 生物医药产业分布图（资料来源：制造强国产业基础大数据平台）

从区域分布来看，我国医疗器械企业主要集中在环渤海经济圈、长江三角洲地区和珠江三角洲地区，表现为东部沿海和西部地区两极分化的局面。东部地区的优势省市有北京、广东、上海、江苏、浙江、山东和天津、辽宁，西部地区的优势省市主要在重庆和四川，如图 27 所示。

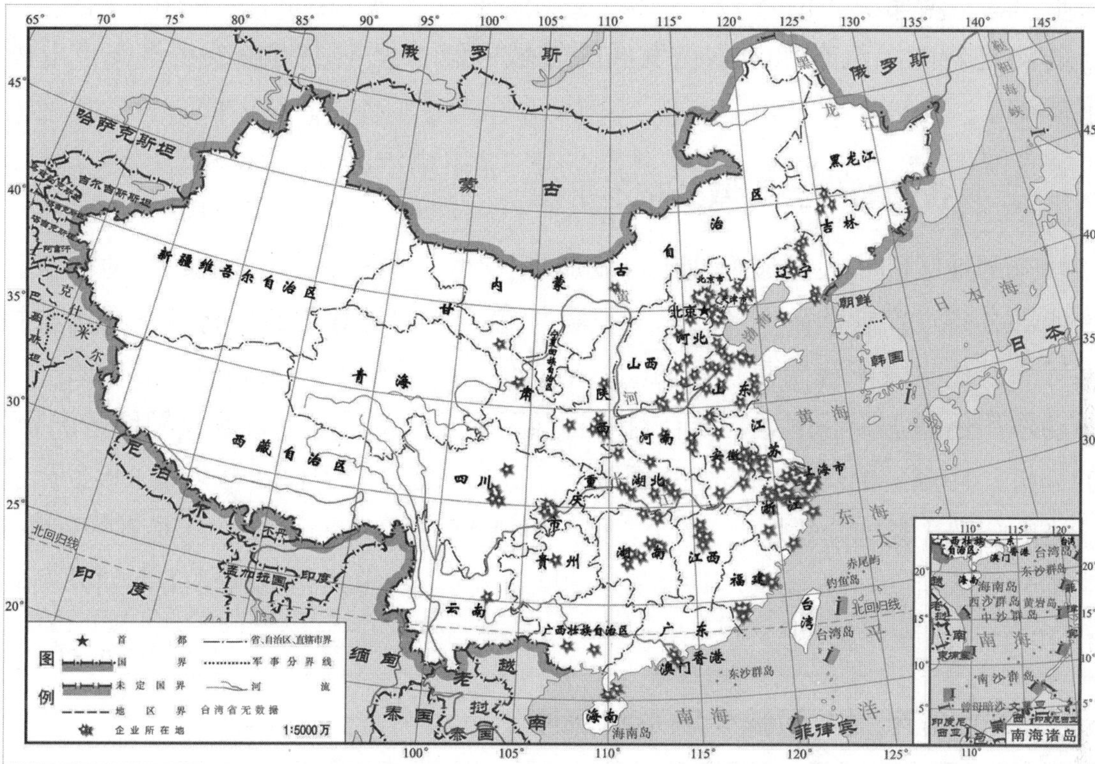

高性能医疗器械	东部地区										东北地区			中部地区						西部地区											
	北京	广东	上海	江苏	浙江	山东	天津	福建	河北	海南	黑龙江	吉林	辽宁	河南	湖北	湖南	安徽	江西	山西	重庆	四川	贵州	云南	广西	陕西	甘肃	青海	宁夏	西藏	新疆	内蒙古
医学影像设备	★	★	★	☆	☆	★	☆	☆					★			☆	☆	☆		☆	☆				☆						
体外诊断产品		★	★	★	★	★	☆	☆				☆		☆		☆	☆			☆	☆			☆							
治疗设备		★	★	★	☆	☆	★		☆	☆					☆					☆	☆	☆		☆							
植入介入产品和医用材料	★	☆	★	★	☆	★	☆	☆					☆	☆				☆		☆	★				☆						☆
移动医疗产品			★	☆	☆	★	★		☆	☆			☆	☆		☆		☆		★	★				☆						

图 27　高性能医疗器械产业分布图（资料来源：制造强国产业基础大数据平台）

二、存在的问题

（一）各地规划存在盲目性和趋同性

自《中国制造 2025》出台以来，各地纷纷推出实施计划，规划重点领域发展方向。但各地出于发展和占位的考虑，列入重点发展的领域偏多，普遍存在重点不突出、发展方向趋同和与当地产业优势及特色脱离等现象。例如，根据各省填报的《省（区、市）发展重点行业及领域情况表》，各地列入重点发展的细分领域偏多，在总共不到 140 个细分领域中，有 18 个省上报的重点发展细分领域超过 70 个，几乎涵盖了十大重点领域。再如，除新疆和西藏外，各省均把新能源汽车作为重点发展的领域方向，但不少省份缺少汽车产业发展基础。

（二）各领域优势区域分布不平衡

东部地区的十大领域产业不仅发展规模大，而且发展程度远超其他区域。中西部各省在产业基础、资源、要素条件等方面的劣势仍然明显，优势领域相对较少。这也表明我国重点领域的发展总体协调性较差，东部地区对中西部的带动作用仍需加强。例如，结合对《省（区、市）发展重点行业及领域情况表》的分析，广东省的优势 I 类细分领域有 55 个，优势 II 类细分领域有 30 个；辽宁省的优势 I 类细分领域有 27 个，优势 II 类细分领域有 36 个；湖北省的优势 I 类细分领域有 16 个，优势 II 类细分领域有 45 个；重庆市的优势 I 类细分领域有 10 个，优势 II 类细分领域有 41 个。

（三）各产业之间缺少联系和协同

《中国制造 2025》十大重点领域涵盖了制造业的上中下游，每个领域内部又有上中下游之分。各地在制定重点领域发展规划过程中缺少对产业体系的总体设计，目前形成的重点领域优势产业集群仅仅是领域内企业的集聚，上下游协作、产业链依存、跨领域融合创新的产业网络尚未形成。

三、相关建议

（一）落实国家战略，加强顶层设计

贯彻落实《中国制造 2025》，加快制造业转型升级是一项系统性工程，涉及生产力布局、产业结构调整、体制机制创新等多方面任务协同推进。要充分调动和发挥地方的积极性和主动性，加强顶层设计，与国家重大区域发展战略和

国家主体功能区规划保持一致，完善省际协调推进机制，集中各方资源，统筹形成工作合力。

（二）引导错位发展，注重区域协同

我国东、中、西部和东北地区工业基础和发展水平差异较大，要根据本地资源禀赋、产业基础、交通区位、发展水平等条件，突出本地特色和优势。在保持东部地区优势的同时，通过一定的政策倾斜大力推进中西部地区的发展。推动东部地区先进技术向中西部地区推移。也要发挥西部地区的优势资源，跨梯度引进先进技术，形成东中西部产业互动、协调发展的局面。

（三）依托平台支撑，引导要素集聚

通过“制造强国产业基础大数据平台”对各地重点产业、生产力布局、工业经济运行等方面进行深入分析，确定本地的优势基础和发展路径，绘制重点领域产业发展地图。依托平台支撑，实现科学决策，引导优势要素和资源向优势领域集中。积极创造条件建成工业园区、孵化园区等产业园区，使产业集群、集聚发展，充分发挥其规模经济效益。

（中国信息通信研究院　　巩天啸）

第五章　2016 年中国工业百强县（市）发展报告

工业强县（市）是推进供给侧结构性改革、落实《中国制造 2025》、实现全面建成小康社会的战略选择，有助于培育发展充满活力、特色化、专业化的县域经济，提升承接城市功能转移和辐射带动乡村发展的能力。在工业和信息化部运行监测协调局的指导下，中国信息通信研究院工业百强县（市）课题组牢固树立并切实贯彻“创新、协调、绿色、开放、共享”的五大发展理念，进一步优化县域工业竞争力评价指标体系，依托制造强国产业基础大数据平台，不断创新评价方法，对各县（市）工业经济发展水平进行实证分析和比较研究，形成如下研究报告，供决策参考。

一、总体框架

（一）突出五大理念

1. 更加注重创新发展

创新发展是“十三五”时期经济结构实现战略性调整的关键驱动因素，也是县域经济发展的重要驱动因素。更加注重创新发展，必须把县域工业发展基点放在创新上，深入实施创新驱动战略，破除体制机制障碍，引导劳动力、资本、土地、技术、管理等要素围绕创新发展优化配置，拓展县域发展新空间。

2. 更加注重协调发展

协调发展是“十三五”时期经济社会持续健康发展的内在要求，也是县域经济持续发展的内在要求。更加注重协调发展，必须把县域工业发展的内涵放在协调上，正确处理县域发展中的重大关系，包括城乡区域协调发展、县域经济速度和质量的协调发展以及新型工业化、信息化、城镇化、农业现代化的同步发展等。

3. 更加注重绿色发展

绿色发展是经济社会发展与自然相协调的必要条件，也是县域经济长期健康发展的必要条件。更加注重绿色发展，必须把县域工业发展的方式放在绿色上，紧紧抓住绿色转型机遇，纠正县域工业粗放型发展模式，推进传统制造业绿色改造，以生态约束倒逼发展转型，以转型发展保障生态改善，实现经济发展与生态改善的双赢。

4. 更加注重开放发展

开放发展是全球化趋势下深度融入世界经济的必然选择，也是县域经济融入区域经济的必经之路。更加注重开放发展，必须把县域工业发展的定位放在开放上，坚持“引进来”和“走出去”相结合，抢抓发达地区产业转移机遇，内引外联，扩大引资规模，紧抓长江经济带、“一带一路”等区域战略机遇，进一步加强与周边县（市）的交流合作。

5. 更加注重共享发展

共享发展是“十三五”期末全面建成小康社会的必然结果，也是县域人民共享发展成果的必然选择。更加注重共享发展，必须把县域工业发展的目标放在共享上，坚持民生导向，通过不断发展壮大县域工业改善民生，提高县域的人均 GDP、工业劳产率及城乡居民可支配收入，提升人民的幸福指数，保障县域人民能共享工业增长和经济繁荣的成果。

（二）壮大三大支柱

我国经济发展进入“新常态”，县域工业经济发展亦进入“新常态”。这就是要保持经济中高速增长并在此基础上实现工业经济规模与质量、速度与效益的新平衡，其关键在于转变工业经济发展方式、培育工业经济增长新动力。县域工业经济发展的新动力主要来源于三个方面：结构优化、效率提高、创新驱动，在此基础上形成了推动县域工业经济发展的三大支柱：基础条件、运行绩效和发展活力。立足结构优化，夯实基础条件；围绕方式转变，提高运行绩效；坚持创新驱动，提升发展活力，三位一体，共同推进县域工业和经济社会全面发展。县域工业竞争力评价体系的构建及评价指标的选取正是基于对三大支柱的定位，县域工业竞争力基本架构如图 28 所示。

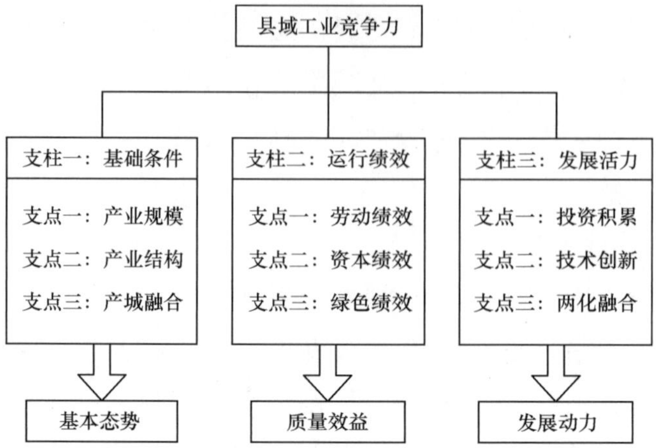

图 28　县域工业竞争力基本架构

1. 基础条件

当前我国经济持续增长的良好支撑基础和条件没有变，经济结构调整优化的态势没有变。基础条件正是反映县域工业经济发展的规模、结构和速度以及工业化与城镇化融合等情况，是工业经济发展的起点和最终结果。现阶段我国县域工业经济发展仍然要以一定的产业规模为基础，推进“四化”同步发展，逐步增强战略性新兴产业和服务业的支撑作用，着力推动传统产业向中高端迈进。推进以人为核心的城镇化，实现产城融合和城镇化健康发展。

2. 运行绩效

当前我国经济发展新常态的特征更加明显。运行绩效正反映了县域工业经济的运行质量和效率，是县域工业经济发展质量和效益的集中体现，也是对工业生产绩效和绿色发展水平的综合判断。转变经济发展方式，就是要坚持不懈地推动工业经济提质增效升级，努力做到调速不减势、量增质更优，进而才能实现工业强县（市）和经济转型发展。

3. 发展活力

供给侧结构化改革取得新的进展，但新旧发展动力的转换需要一个过程，新动力的成长势头正在加快。发展活力正是反映县域工业经济持续发展的能力，以投资、技术创新、两化融合来推动工业转型升级和可持续发展。新常态下，投资将继续对工业经济发展发挥关键作用，但要善于把握投资方向，将重点转向基础设施互联互通和新技术、新产品、新业态、新商业模式；要深入推进创新驱动发展，大力推进两化深度融合。

（三）创新评价方法

1. 大数据特色

借鉴国内外有益经验，最终形成了由3个一级指标、9个二级指标和28个具体指标构成的县域工业竞争力评价指标体系（见表3）。基于数据可获得性，依托制造强国产业基础大数据平台，收集2015年全国各省份统计年鉴、2015年各地市统计年鉴、各县（市）2014年国民经济和社会发展公报以及2015年政府工作报告相关统计数据，形成县域工业经济数据库。

表3　　县域工业竞争力评价指标体系

一级指标	二级指标	三级指标
基础条件	产业规模	工业增加值
		人均工业增加值
		工业增加值增速
		GDP
		人均GDP
	产业结构	工业增加值占地区GDP的比重
		工业企业从业人员占地区从业人员比重
		高新技术产业占比
		园区工业总产值所占比重
		工业出口交货值占销售收入的比重
	产城融合	城镇化率
运行绩效	劳动绩效	工业劳动生产率
		城镇居民可支配收入
	资本绩效	利润总额
		规模以上工业企业主营业务收入利润率
	绿色绩效	单位工业增加值能耗
		单位工业增加值用水量
		单位工业增加值二氧化硫排放量
		工业固体废物综合利用率
发展活力	投资积累	工业投资总额
		高技术产业投资占比
	技术创新	研究与试验发展经费投入强度
		大中型工业企业研发人员占比
		专利授权数

续表

一级指标	二级指标	三级指标
发展活力	技术创新	每万人发明专利拥有量
		每万人实用新型和外观设计专利拥有量
	两化融合	互联网宽带用户普及率
		大中型企业数字化设计工具普及率

2. 实践性特色

落实《中国制造2025》。为便于各县（市）落实、对接《中国制造2025》，提前开展评价工作，县域工业竞争力评价指标体系在原有体系的基础上，重点参考了《中国制造2025》战略目标中关于创新能力、质量效益、两化融合、绿色发展的指标设置。

突出区域差异性。为及时发现新形势下不同地区的分化发展态势，为工业和信息化部开展分类指导提供重要依据，县域工业竞争力评价系统突出了对东部、中部、西部、东北四大板块以及长江经济带等经济圈内县（市）的整体评价和特色挖掘。

3. 专业性特色

县域工业竞争力评价系统立足于长期研究基础，框架设计、指标选取、权重确定及评价重点均得到了工业行业主管部门和县域工业领域多位专家的指导，较好地反映了县域工业竞争力的大致状况。

二、纵向比较

依据县域工业竞争力评价指标体系，课题组通过数据收集及测算[28]，得出我国2016年工业百强县（市）竞争力指数及其排名的变化情况，见表4。同时课题组统计了百强县（市）所在省份的分布情况，见表5，并画出了百强县（市）的分布地图，如图29所示。除了4个直辖市，以及基础薄弱、功能区定位并非发展工业的海南和西藏外，另有黑龙江、吉林、四川、广西、云南、青海、甘肃7省尚未有县（市）入围。

[28] 截至2015年12月，全国30个省份（不含西藏）共有1862个县级市、县及自治县、旗和自治旗（不含市辖区，统称县（市））。经标准化处理和专家赋权，计算出各县（市）的综合指数及排名。

表 4　2016 年工业百强县（市）竞争力指数及排名变化情况

2016 年排名	地区	地级市	县市	竞争力指数	2014 年排名	排名变化
1	江苏	苏州	昆山市	90.5	1	0
2	江苏	无锡	江阴市	90.4	2	0
3	江苏	苏州	常熟市	87.2	4	1
4	江苏	苏州	张家港市	85.2	3	–1
5	福建	泉州	晋江市	80.9	5	0
6	内蒙古	鄂尔多斯	准格尔旗	79.8	8	2
7	山东	烟台	龙口市	75.6	10	3
8	江苏	苏州	太仓市	75.5	13	5
9	浙江	宁波	慈溪市	74.8	12	3
10	山东	东营	广饶县	73.4	16	6
11	江苏	无锡	宜兴市	72.6	11	0
12	河北	唐山	迁安市	72.3	14	2
13	湖南	长沙	宁乡县	71.9	20	7
14	陕西	榆林	神木县	71.7	7	–7
15	湖南	长沙	长沙县	71.1	17	2
16	湖南	长沙	浏阳市	70.4	15	–1
17	江苏	南通	海门市	69.3	32	15
18	江苏	镇江	丹阳市	69.1	28	10
19	浙江	绍兴	诸暨市	68.0	21	2
20	山东	青岛	即墨市	68.0	24	4
21	新疆	巴音郭楞	库尔勒市	67.1	36	15
22	辽宁	大连	瓦房店市	66.7	9	–13
23	山东	威海	荣成市	65.9	19	–4
24	山东	青岛	胶州市	64.5	25	1
25	浙江	宁波	余姚市	62.3	33	8
26	内蒙古	鄂尔多斯	伊金霍洛旗	61.7	48	22
27	福建	泉州	南安市	60.4	56	29
28	浙江	温州	乐清市	59.1	63	35
29	山东	青岛	平度市	57.4	34	5
30	河南	郑州	巩义市	57.4	30	0
31	江苏	常州	溧阳市	57.4	47	16
32	山东	济南	章丘市	57.2	51	19
33	江苏	泰州	泰兴市	57.2	59	26
34	河南	郑州	新密市	56.5	57	23

续表

2016 年排名	地区	地级市	县市	竞争力指数	2014 年排名	排名变化
35	山东	枣庄	滕州市	56.1	27	–8
36	山东	滨州	邹平县	55.9	29	–7
37	浙江	金华	义乌市	55.8	40	3
38	江苏	南通	启东市	55.6	55	17
39	江苏	南通	海安县	54.2	87	48
40	山东	烟台	莱州市	54.0	53	13
41	江苏	徐州	邳州市	54.0	42	1
42	山东	潍坊	诸城市	54.0	44	2
43	江苏	泰州	靖江市	53.4	50	7
44	江苏	南通	如皋市	52.2	54	10
45	浙江	嘉兴	海宁市	52.1	43	–2
46	福建	泉州	石狮市	51.4	85	39
47	河南	郑州	荥阳市	51.2	61	14
48	山东	济宁	邹城市	51.1	49	1
49	山东	东营	垦利县	51.1	98	49
50	陕西	榆林	府谷县	51.0	52	2
51	江苏	南通	如东县	50.9	69	18
52	福建	福州	福清市	50.7	45	–7
53	内蒙古	鄂尔多斯	乌审旗	50.5	新进	
54	山东	潍坊	寿光市	50.4	35	–19
55	福建	泉州	惠安县	50.2	62	7
56	河南	郑州	新郑市	50.1	75	19
57	福建	福州	长乐市	49.7	94	37
58	江苏	镇江	扬中市	49.7	新进	
59	贵州	遵义	仁怀市	49.6	新进	
60	河南	郑州	登封市	49.4	67	7
61	浙江	温州	瑞安市	49.4	99	38
62	辽宁	鞍山	海城市	49.2	22	–40
63	浙江	嘉兴	桐乡市	48.9	83	20
64	河南	三门峡	灵宝市	48.9	72	8
65	浙江	金华	永康市	48.8	新进	
66	内蒙古	鄂尔多斯	鄂托克旗	48.6	86	20
67	内蒙古	鄂尔多斯	达拉特旗	48.5	89	22
68	山东	烟台	蓬莱市	48.4	71	3

续表

2016 年排名	地区	地级市	县市	竞争力指数	2014 年排名	排名变化
69	安徽	合肥	肥西县	48.2	68	–1
70	河南	许昌	禹州市	48.0	73	3
71	山东	烟台	招远市	48.0	39	–32
72	河南	许昌	长葛市	48.0	88	16
73	山东	青岛	莱西市	47.9	66	–7
74	广东	揭阳	普宁市	47.4	80	6
75	山东	泰安	新泰市	47.1	23	–52
76	浙江	台州	温岭市	47.0	46	–30
77	湖北	宜昌	宜都市	46.9	90	13
78	山东	淄博	桓台县	46.1	81	3
79	江苏	宿迁	沭阳县	46.0	78	–1
80	江西	南昌	南昌县	46.0	92	12
81	宁夏	银川	灵武市	46.0	新进	
82	辽宁	大连	庄河市	45.9	18	–64
83	福建	漳州	龙海市	45.9	58	–25
84	浙江	湖州	长兴县	45.7	新进	
85	山东	潍坊	高密市	45.5	82	–3
86	河北	沧州	任丘市	45.4	76	–10
87	山东	潍坊	青州市	45.2	97	10
88	浙江	嘉兴	平湖市	44.9	新进	
89	河北	邯郸	武安市	44.9	38	–51
90	湖北	黄石	大冶市	44.7	84	–6
91	辽宁	沈阳	新民市	44.7	65	–26
92	江苏	盐城	东台市	44.3	95	3
93	湖南	株洲	醴陵市	44.2	93	0
94	山东	泰安	肥城市	43.9	37	–57
95	山西	吕梁	孝义市	43.7	60	–35
96	辽宁	营口	大石桥市	43.7	64	–32
97	浙江	湖州	德清县	43.5	新进	
98	江苏	泰州	兴化市	43.5	100	2
99	河南	濮阳	濮阳县	43.4	新进	
100	河北	唐山	遵化市	43.4	96	–4

表 5　　2016 年工业百强县（市）分省分布

地区	百强县（市）个数	地区	百强县（市）个数
山东	22	湖北	2
江苏	20	陕西	2
浙江	13	广东	1
河南	9	安徽	1
福建	7	山西	1
辽宁	5	江西	1
内蒙古	5	宁夏	1
河北	4	贵州	1
湖南	4	新疆	1

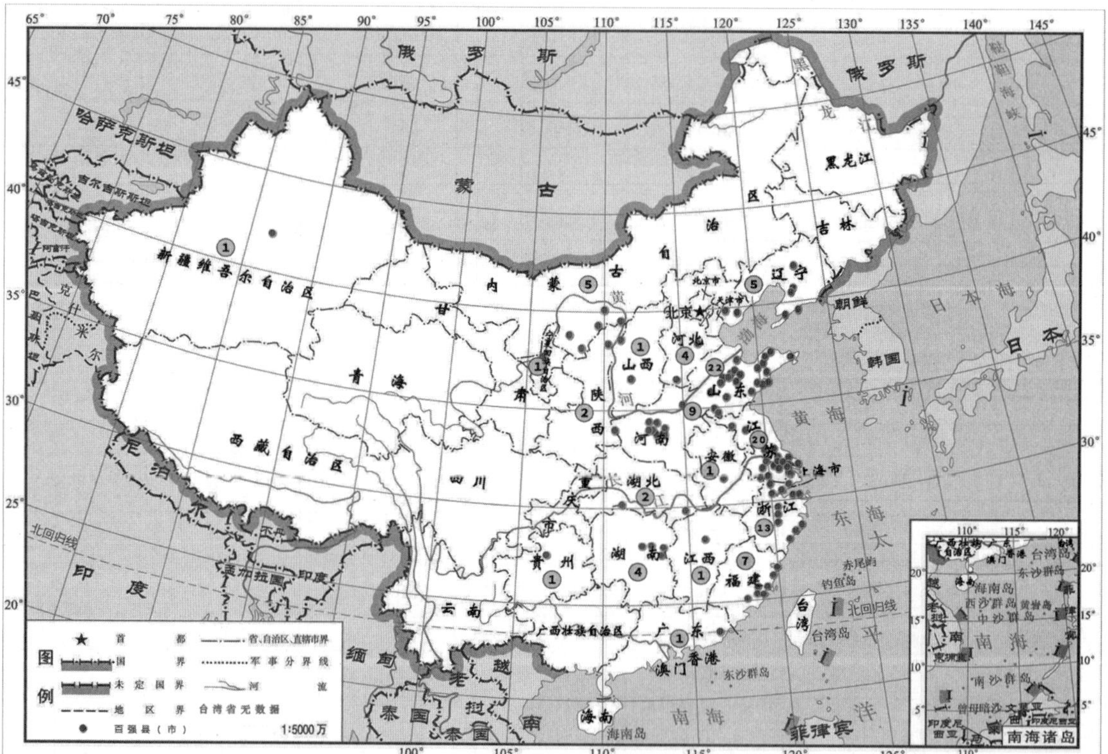

图 29　2016 年工业百强县（市）分布地图（资料来源：制造强国产业基础大数据平台）

（一）东部及资源型县域上升较快，辽宁下降幅度较大

基于指标体系的调整变化，2016 年排名上升的县（市）有 57 个，其中上升

位次超过 15 个的有 21 个（见表 6），主要为东部及中西部资源型县（市），江苏 6 个，山东 2 个，浙江、福建、河南、内蒙古各 3 个，新疆 1 个。从具体指标来看，东部县（市）上升较快的主因在于城镇居民可支配收入及创新指标较好，资源型县（市）上升较快的主因在于城镇化率、利润率及人均 GDP、人均工业增加值指标占优。2016 年排名下降的县（市）有 28 个，其中下降位次超过 15 个的有 12 个（见表 6），主要为东部及东北县（市），山东、辽宁各 4 个，福建、浙江、河北、山西各 1 个。从具体指标来看，下降较快的主因在于工业增速、利润率及创新指标较差，尤其是辽宁省的县（市）问题突出导致排名降幅较大。此外，昆山市、江阴市、晋江市、宜兴市、巩义市及醴陵市六县（市）的排名没有变化。

表 6　2016 年排名变化较快县（市）

上升较快县（市）				
排名	地区	地级市	县（市）	排名变化
17	江苏	南通	海门市	15
21	新疆	巴音郭楞	库尔勒市	15
26	内蒙古	鄂尔多斯	伊金霍洛旗	22
27	福建	泉州	南安市	29
28	浙江	温州	乐清市	35
31	江苏	常州	溧阳市	16
32	山东	济南	章丘市	19
33	江苏	泰州	泰兴市	26
34	河南	郑州	新密市	23
38	江苏	南通	启东市	17
39	江苏	南通	海安县	48
46	福建	泉州	石狮市	39
49	山东	东营	垦利县	49
51	江苏	南通	如东县	18
56	河南	郑州	新郑市	19
57	福建	福州	长乐市	37
61	浙江	温州	瑞安市	38

续表

上升较快县（市）				
排名	地区	地级市	县（市）	排名变化
63	浙江	嘉兴	桐乡市	20
66	内蒙古	鄂尔多斯	鄂托克旗	20
67	内蒙古	鄂尔多斯	达拉特旗	22
72	河南	许昌	长葛市	16
下降较快县（市）				
排名	地区	地级市	县（市）	排名变化
54	山东	潍坊	寿光市	–19
62	辽宁	鞍山市	海城市	–40
71	山东	烟台	招远市	–32
75	山东	泰安	新泰市	–52
76	浙江	台州	温岭市	–30
82	辽宁	大连市	庄河市	–64
83	福建	漳州	龙海市	–25
89	河北	邯郸	武安市	–51
91	辽宁	沈阳市	新民市	–26
94	山东	泰安	肥城市	–57
95	山西	吕梁	孝义市	–35
96	辽宁	营口市	大石桥市	–32

（二）东部撤县设区加快，东北县域工业发展形势严峻

相比 2014 年，2016 年共有 9 个县（市）退出百强县，见表 7，主要是因为撤县设区。此外，吉林前郭和辽宁开原因工业下行压力较大退出百强县，尤其是吉林前郭由 2014 年的 79 名直接退出，进一步凸显了当前东北地区工业形势的严峻。相比 2014 年，2016 年共有 9 个新进县（市），见表 8，以东部地区为主，共计 5 个县（市）进入百强，其中浙江包揽了 4 个，表明东部地区的发展优势仍然优于中西部；中部新进一个，西部新进 3 个，且主要以资源型城市为主。

表 7　　2016 年退出工业百强县（市）情况

2014 年排名	地区	地级市	县（市）	退出原因
6	浙江	绍兴	绍兴县	撤县设区
26	辽宁	大连	普兰店市	撤县设区
31	四川	成都	双流县	撤县设区
41	浙江	绍兴	上虞市	撤县设区
70	浙江	杭州	富阳市	撤县设区
74	吉林	松原	前郭县	工业下行
77	山东	济宁	兖州市	撤县设区
79	天津		静海县	撤县设区
91	辽宁	铁岭	开原市	工业下行

表 8　　2016 年新进工业百强县（市）情况

2016 年排名	地区	地级市	县（市）	区域
53	内蒙古	鄂尔多斯	乌审旗	中部
58	江苏	镇江	扬中市	东部
59	贵州	遵义	仁怀市	西部
65	浙江	金华	永康市	东部
81	宁夏	银川	灵武市	西部
84	浙江	湖州	长兴县	东部
88	浙江	嘉兴	平湖市	东部
97	浙江	湖州	德清县	东部
99	河南	濮阳	濮阳县	中部

（三）苏鲁浙三省县域贡献大，中西部追赶步伐正加快

从分省情况来看（如图 30 所示），2014 年和 2016 年，山东、江苏、浙江三省百强县（市）数量总和均保持在 50 个以上，占比保持在百强县的半数以上，表明苏鲁浙三省县域工业经济对我国整体县域工业继续保持较大贡献。从增减变化情况来看，内蒙古新增 2 个，江苏、浙江、河南、贵州、宁夏各新增 1 个百强县，这些新进县（市）以资源型为主，反映出资源型县（市）在百强中的占比正在逐步扩大；浙江撤县设区提速，但进入百强数量增加，反映出浙江省县域工业竞争力在增强；山东因撤县设区减少 1 个，只有辽宁因工业下行数量

减少。从区域分布情况来看（如图31所示），2014年和2016年，东部地区在撤县设区步伐加快的背景下，百强县（市）仍保持67个，始终处于主导地位，表明东部在我国县域经济的主体地位短期内难以撼动；中西部地区新增3个，反映中西部地区的追赶步伐正加快；长江经济带地区受益于区域发展战略，进入百强的县（市）大幅增加；东北地区大幅减少3个，反映东北正经历工业下滑，亟待解决工业发展面临的瓶颈。

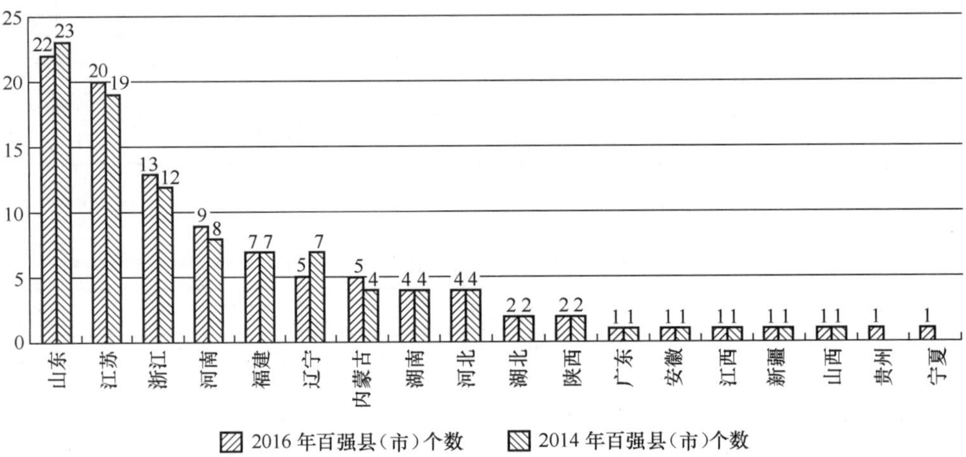

图30　2014年和2016年分省工业百强县（市）个数对比

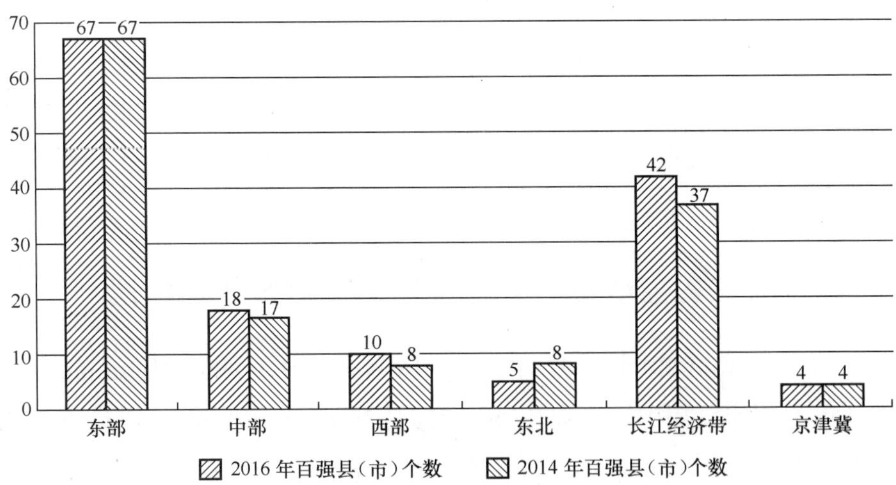

图31　2014年和2016年分区域工业百强县（市）个数对比

（四）规模指标继续扩大，工业及利润增速显著放缓

如表9所示，相比2014年工业百强县（市），2016年百强县（市）的产业、

利润、投资等规模指标继续扩大。GDP 达 76 071 亿元，占全国 GDP 的比重由 11.1%增长到 12%；规模以上工业企业利润总额达 11 399 亿元，占全国的比重由 17.1%增长到 17.6%；工业投资总额达 24 299 亿元，占全国的比重由 11.5%增长到 11.9%，表明新常态下，投资继续对县域工业经济的发展发挥着关键作用；人均 GDP 达 10.7 万元，远高于全国 4.7 万元的平均水平。相比规模扩大，百强县（市）的工业增速开始放缓，由 11.7%下降到 10.1%，降低了 1.6 个百分点，虽然仍高于全国 7%的增速，但下降速度快于全国 1 个百分点，说明县域工业经济持续较快发展压力显著增大；规模以上工业企业主营业务收入利润率均值由 8.7%下降到 7.9%，下降了 0.8 个百分点，虽然仍高于全国 5.9%的利润率，但下降幅度超过了全国 0.5 个百分点，反映县域工业企业抗风险能力相对较弱。

表 9　2014—2016 年工业百强县（市）部分指标对比

指标名称	2016 年百强县（市）	2014 年百强县（市）
GDP 合计（亿元）	76 071	70 934
工业增加值合计（亿元）	40 286	38 863
利润总额合计（亿元）	11 399	10 740
工业投资总额合计（亿元）	24 299	20 825
人均 GDP 均值（万元）	10.7	9.6
工业增加值增速均值	10.1%	11.7%
主营业务收入利润率均值	7.9%	8.7%

三、横向比较

（一）基础条件影响力最强，县域仍处于规模发展阶段

总体来看，百强县（市）基础发展水平对整体竞争力的影响最显著。2016 年，百强县（市）基础条件、运行绩效和发展活力指数与竞争力指数的相关系数分别为 0.93、0.64 和 0.73，反映当前我国县域工业发展仍处于壮大规模阶段，发展基础仍然是保障县域工业竞争力的最重要条件。其次是发展活力，在各地转型步伐加快的情况下，百强县（市）积极开展投资活动，提升科技研发能力，以提升竞争力。近年来，在经济下行压力加大的环境下，工业经济运行绩效有所下滑，百强县（市）的运行绩效与竞争力水平相关性相对较低。从各区域来

看，东部地区三大指数与竞争力水平相关性均较高，相关系数均高于百强县（市）整体水平。中部地区运行绩效与县域工业竞争力水平相关性较低，运行绩效水平有待提升。西部地区进入百强的县（市）发展活力不足，发展活力指数与竞争力指数相关系数为负。东北地区运行绩效与发展活力对竞争力的影响程度均较低，尤其是运行绩效水平较低，工业生产经营难度较大。

（二）分布以发达经济圈为主，长江经济带发展潜力大

从所属经济圈来看，2016 年工业百强县（市）中位于长三角经济区的共计 31 个，环渤海经济区的共计 31 个，海峡西岸经济区的共计 10 个，中原经济区的共计 10 个。经济圈的分项指标（见表 10）显示，各大经济圈的基础条件、运行绩效差距较小，但长三角经济区的发展活力远优于其他经济圈，占据了 50 强中的 25 个席位，发展活力的前十强均位于此区域，而中原经济区的县域工业发展活力显著滞后，亟待突破。背靠发达经济圈，为县域工业经济的发展提供了良好的政策环境、更为广阔的市场及丰富的人力资源，利于县域工业经济做大做强。从当前重大区域发展战略角度来看，长江经济带地区百强县（市）占比达 42%，进入 50 强的县（市）共计 22 个，占比超过了 52%。从分项指数来看（见表 10），长江经济带县域工业发展活力绝对占优，占据了发展活力 50 强中的 31 个席位，每万人发明专利数达到 5.7 个，远高于百强 3.4 的均值。这些都反映出此区域在创新力方面拥有绝对优势，未来县域工业经济的发展潜力较大。

表 10　2016 年各经济圈及经济带百强县（市）分项指数情况

区域	基础条件均值	运行绩效均值	发展活力均值
长三角经济区	59.8	55.9	63.4
环渤海经济区	58.2	53.7	44
海峡西岸经济区	58.7	54.7	46.3
中原经济区	52.3	58.9	35.7
长江经济带	59.6	54.6	59.7
全部百强县（市）	58.9	56	49.2

（三）工业强县（市）创新能力强，苏浙引领县域创新

从技术创新指标来看，随着创新驱动战略深入实施以及高新技术产业快

速发展，部分百强县（市）的创新能力突出，带动县域工业提质增效。如表11所示，江苏、福建、湖南等6省处于排名第一的百强县（市）专利申请授权量、每万人发明专利拥有量及研发经费投入强度均处于各省前列，昆山、晋江、龙口、慈溪的研发经费投入强度高于全国2.1%的平均水平，昆山、慈溪的每万人发明专利拥有量远高于全国6.3的平均水平，昆山已超过欧美发达国家14的平均水平。如表12和表13所示，分省来看，苏浙创新能力遥遥领先，各项指标均值均远高于其他省份，苏浙专利授权数是其他省份的几倍，每万人发明专利拥有量也超过了全国平均水平，技术创新十强县（市）全部来自于苏浙，江苏占据了6席，浙江占据了4席；技术创新二十强县（市）江苏占据9席，浙江占据10席；技术创新三十强县（市）江苏占据14席，浙江占据13席。

表11　　2016年部分县（市）专利情况

排名	地区	地级市	县（市）	专利授权数（个）	每万人发明专利拥有量（个）	研究和试验发展经费投入强度
1	江苏	苏州	昆山市	82 478	22.3	2.9%
5	福建	泉州	晋江市	19 393	2.1	2.5%
7	山东	烟台	龙口市	6172	3.6	2.3%
9	浙江	宁波	慈溪市	57 641	11.4	2.5%
13	湖南	长沙	宁乡县	4076	3.6	1.1%
30	河南	郑州	巩义市	2262	3.0	1.2%

表12　　2016年部分地区专利情况

地区	专利授权数均值（个）	每万人发明专利拥有量均值（个）	每万人实用新型和外观设计专利拥有量均值（个）
江苏	20 647	7.0	177.5
浙江	24 536	6.6	234.8
山东	3871	2.8	44.5
河南	2394	1.5	30.0
福建	6842	1.7	50.0
辽宁	1851	1.7	19.9
内蒙古	409	0.7	8.4
湖南	3386	2.0	28.5

表 13　　2016年技术创新十强县（市）

地区	地级市	县市	专利授权合计（个）	每万人发明专利数（个）	每万人实用新型和外观设计专利数
江苏	苏州	昆山市	82 478	22.3	477.5
江苏	苏州	张家港市	46 838	14.9	359.0
江苏	苏州	常熟市	49 538	14.7	313.4
江苏	苏州	太仓市	29 002	16.0	393.3
浙江	宁波	余姚市	51 262	11.7	500.9
浙江	宁波	慈溪市	57 641	11.4	375.7
江苏	无锡	江阴市	39 411	11.3	229.7
浙江	温州	乐清市	27 829	8.1	192.2
江苏	无锡	宜兴市	20 859	10.6	156.1
浙江	金华	永康市	27 900	4.5	371.5

（四）资源型地区发展活力不足，制约地区可持续发展

2016年工业百强县（市）中资源型县（市）仍然占比较高，经统计占比超过了35%。如表14所示，资源型县（市）综合指数排名分布较为均衡，各个层级都有入围县（市），但发展活力指数排名普遍集中在50位以后，发展活力后十位的县（市）中有9个是资源型城市，资源型地区最强的准格尔旗活力排名也仅为36位，竞争力指数排名14位的神木县发展活力指数甚至仅排在第97位，反映出资源型地区发展活力严重不足。部分县（市）发展活力较差的原因在于工业投资较低，比如大石桥市仅为66亿元，神木县仅为117亿元，伊金霍洛旗仅为183亿元，都远低于百强243亿元的均值。更关键的影响因素在于创新发展严重滞后，技术创新排名大部分集中在50位之后，技术创新指数远低于百强24.3的均值，19个县（市）的技术创新指数低于10，资源型地区的可持续发展受到严重制约。

表 14　　2016年百强县（市）中部分资源型县（市）的发展活力情况

排名	地区	地级市	县（市）	发展活力排名	技术创新指数	技术创新排名
6	内蒙古	鄂尔多斯	准格尔旗	36	1.6	95
12	河北	唐山	迁安市	56	4.7	80
14	陕西	榆林	神木县	97	2.7	91
21	新疆	巴音郭楞	库尔勒市	72	4.2	83
26	内蒙古	鄂尔多斯	伊金霍洛旗	76	1.1	97
34	河南	郑州	新密市	49	14.9	44
35	山东	枣庄	滕州市	71	11.7	57

续表

排名	地区	地级市	县（市）	发展活力排名	技术创新指数	技术创新排名
49	山东	东营	垦利县	86	12.9	51
50	陕西	榆林	府谷县	95	1.2	96
53	内蒙古	鄂尔多斯	乌审旗	44	1	98
55	福建	泉州	惠安县	98	6.8	73
59	贵州	遵义	仁怀市	82	2.3	93
64	河南	三门峡	灵宝市	91	5.1	79
66	内蒙古	鄂尔多斯	鄂托克旗	66	1.8	94
67	内蒙古	鄂尔多斯	达拉特旗	96	0.7	99
71	山东	烟台	招远市	92	16	42
75	山东	泰安	新泰市	83	9.7	63
81	宁夏	银川	灵武市	50	3.6	88
86	河北	沧州	任丘市	99	7.8	70
89	河北	邯郸	武安市	80	6.7	75
95	山西	吕梁	孝义市	73	4.3	82
96	辽宁	营口	大石桥市	100	8.1	66
100	河北	唐山	遵化市	94	4	85

（五）主导产业仍以传统产业为主，新兴产业发展滞后

如图 32 所示，通过梳理进入工业百强县（市）的主导产业[29]可以看出，我国工业百强县（市）工业的发展仍以传统产业为主，其中以机械行业、轻工业、纺织行业、石化行业和建材行业为主。机械行业涵盖面广，门类多，经统计县域主要以机械工业制造为主，产品大多处于产业链低端，终端产品少；轻工业主要以食品加工为主，经统计有 36 个县（市）以此为主导产业，食品以初级加工为主，形成大企业及品牌效应的较少；纺织行业以服装加工为主，满足县域发展密集型劳动力产业、提供就业的需求；石化行业和建材行业也是以初级加工为主。而发展技术含量较高的汽车行业及电子信息行业，仅有不到 20 个县（市）能作为主导产业，其中汽车行业以零配件制造为主。经统计，仅有 23 个县（市）的新兴产业为主导产业，以发展新能源、新材料为主，分布以苏浙鲁为主，而《中国制造 2025》十大领域中县（市）能涉足发展的领域更少，表明新兴产业在

[29] 梳理标准以我国十大行业协会对应的产业为主，煤炭、电力、天然气等产业单独归类。

县域层面发展相对滞后。

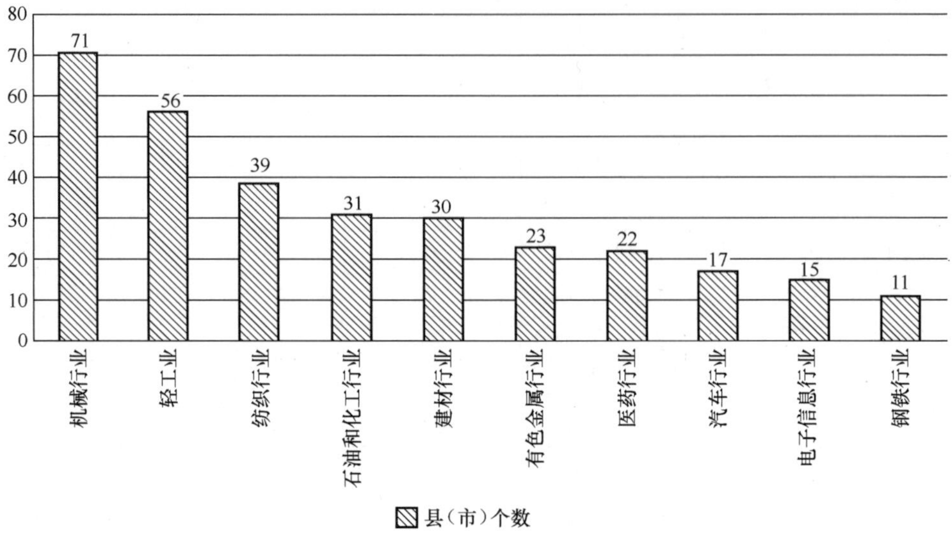

图 32　2016 年县（市）主导产业发展分布情况

四、板块分析

（一）东部继续领跑工业百强，苏鲁浙领先优势显著

东部县（市）继续保持领先优势，工业百强县（市）占比远高于中西部，达到了 67%，且分布相对密集。从分项指数来看（见表 15），东部百强县（市）的基础条件、运行绩效、发展活力指数均值分别为 59.1、55.9、53.2，各项工业指标发展相对均衡，运行绩效略低于均值，发展活力指数远优于其他区域，且发展活力前二十强均位于东部地区。从分省百强县（市）个数及占所在省市县域个数比重（如图 33 所示）情况来看，东部的山东、江苏和浙江领先优势显著，三省进入百强县（市）的个数占比达 55%，进入五十强的占比高达 68%。江苏省工业百强县（市）在全省的占比超过了 47%，16 个县（市）排名进入前五十，十强中有 5 个县（市）位于江苏，排名前四位的昆山市、江阴市、常熟市和张家港市均位于江苏。山东省工业百强县（市）占比均超过了 25%，拥有百强县（市）的数量最多，13 个县（市）排名进入前五十，龙口市、广饶市两个县（市）进入十强。浙江省工业百强县（市）占比均超过了 24%，6 个县（市）排名进

入前五十，慈溪市进入十强（见表16）。这些都表明东部地区仍是我国工业经济平稳运行和县域经济发展壮大的主要贡献力量，百强县（市）总体规模结构优、质量效益较好、可持续发展能力强。

表15　分区域2016年分项指标均值

区域	基础条件均值	运行绩效均值	发展活力均值
东部地区	59.1	55.9	53.2
中部地区	56.8	53.6	41.6
西部地区	62.6	68.1	37.2
东北地区	56.1	40.3	45.4
全部百强县（市）	58.9	56	49.2

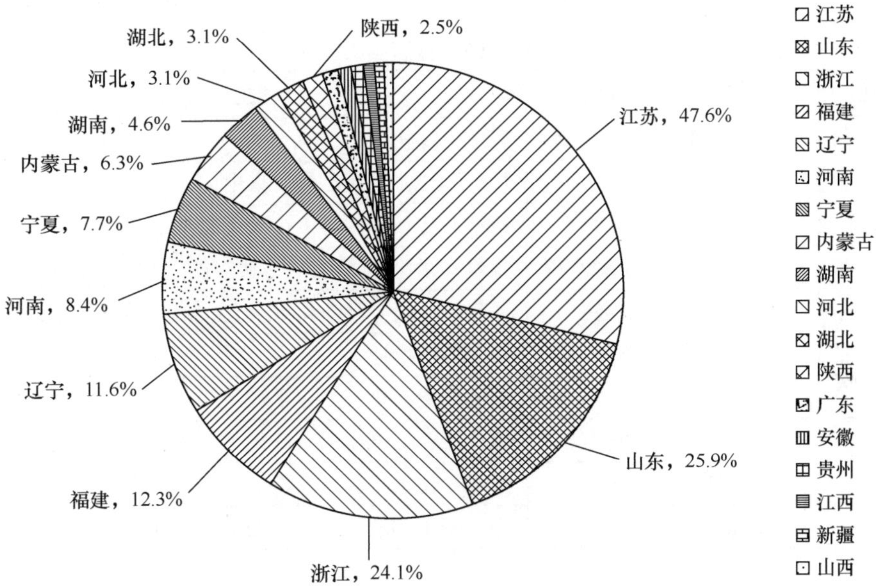

图33　2016年分省工业百强县（市）占全部县（市）的比重

表16　2016年江苏、山东、浙江三省百强分布情况

省份	百强个数（个）	十强个数（个）	三十强个数（个）	五十强个数（个）	五十强占比
江苏	20	5	8	16	30%
山东	22	2	6	13	26%
浙江	13	1	4	6	12%

（二）中西部增长快、活力弱，西部百强均为资源型城市

从分布地图可以看出，中部百强县（市）占比为18%，西部占比为10%，

分布较为分散。中部六省均有县（市）入围百强，其中河南、湖南表现突出，两省百强县（市）占比超过中部的 72%，湖南省有 3 个县（市）进入前二十强。西部入围百强县（市）数量较少，且进入百强的县（市）全部为资源型城市，说明西部地区县域工业经济的发展高度依赖资源型产业。从分项指标来看，中部地区基础条件及运行绩效指标相对均衡，西部受益于人均指标较好、资源能源产业利润占优的优势，基础条件及运行绩效指标均高于均值，但中西部县域的发展活力指数远低于 49.2 的均值。从具体指标来看，中西部的工业增速分别为 12%、10%，高于东部 9.9%的增速，追赶步伐加快。但中西部百强县（市）每万人发明专利数仅为 1.5 和 0.5 个，远低于东部的 4.5 个，创新已成为制约中西部县域工业转型升级和可持续发展的重要瓶颈。

表 17　2016 年西部工业百强县（市）

排名	地区	地级市	县（市）	主导产业
6	内蒙古	鄂尔多斯	准格尔旗	煤电、煤化工
14	陕西省	榆林	神木县	煤、兰炭、聚氯乙烯、火电
21	新疆	巴音郭楞	库尔勒市	石油石化、棉花加工、农产品加工、优势矿产、绿色能源
26	内蒙古	鄂尔多斯	伊金霍洛旗	煤炭开采、电力生产、新型化工、绿色农畜产品加工等
50	陕西省	榆林	府谷县	原煤（兰炭）、建材、电石、合金、能源化工
53	内蒙古	鄂尔多斯	乌审旗	资源能源产业
59	贵州省	遵义	仁怀市	白酒产业、煤炭产业
66	内蒙古	鄂尔多斯	鄂托克旗	煤化工、氯碱化工、硅化工、绿色电力、煤层气及天然气
67	内蒙古	鄂尔多斯	达拉特旗	煤电、化工、冶金、建材等
81	宁夏	银川	灵武市	煤炭开采和洗选业、石油加工、炼焦业

（三）东北地区百强入围较少，运行绩效问题凸显

东北地区作为传统老工业基地，入围工业百强县（市）仅占 5%，黑龙江、吉林均没有县（市）入围百强，辽宁入围的县（市）排名也集中在 50 名之后，见表 18，与 2014 年排名相比普遍下降幅度较大，反映出东北地区县域工业整体竞争力不足。从分项指标来看，东北地区基础条件和运行绩效均值均低于其他区域，尤其是运行绩效远低于全部百强县（市）56 的均值，表明东北地区当前运行绩效问题突出，工业发展的质量和效益堪忧，工业下行的压力加大。从具体指标来看，东北地区的问题表现在县域城镇化率偏低（52.8%）、工业占比下

降、工业增速放缓（5.7%）、主营业务收入利润率低位运行（4.7%），部分县域出现负增长，每万人发明专利均值低于中部地区，创新驱动力不足，这些问题都在制约东北地区的工业增长，影响工业的发展活力、内生动力和整体竞争力。

表 18　2016 年东北地区工业百强县（市）

2016 年排名	地区	地级市	县市	综合指数	运行绩效指数	2014 年排名
22	辽宁	大连	瓦房店市	66.7	47.6	9
62	辽宁	鞍山	海城市	49.2	23.0	22
82	辽宁	大连	庄河市	45.9	36.7	18
91	辽宁	沈阳	新民市	44.7	43.7	65
96	辽宁	营口	大石桥市	43.7	50.3	64

五、政策建议

（一）数据先行，推动县域工业经济分享大数据红利

支持建立国家产业基础大数据平台，推动县域经济单元积极融入大数据平台管理，推动县级政府数据资源开放，积极引导社会数据资源开放开发。综合利用政府和社会信息资源，支持民营企业进入大数据领域。统筹数据资源管理，制定政府数据资源管理办法，编制数据资源地方技术标准规范，加强数据资产的知识产权管理，统筹数据交换、交互和使用需求。科学管理相关政策的落地和实施效果，为开展政策模拟、评估奠定基础。

（二）创新驱动，加快补齐县域工业经济发展短板

围绕创新驱动发展战略，优化资源要素配置机制，构建有利于创新发展的市场环境、产权制度、投融资体制、分配制度、人才机制和社会诚信体系。建立县域经济分类创新体系，促进县域创新经济协调发展，打破行政力量垄断，推动创新资源向县域经济适当下移，沿长江经济带与长三角地区规划创新经济带和区域创新中心。各县（市）应鼓励设立研究机构，推动与高等院校、生产企业开展交流与合作，引进先进科技成果以及人才、设备、信息、管理等优势资源，重点解决县内经济发展中的技术难点和关键问题，增强县内技术创新能

力，发展信息经济和智慧经济，打造“人才生态示范区”和“人才特区”。积极搭建科技转化平台，建立企业技术创新“孵化”平台，整合县内科技资源，促进科技成果转化。

（三）平台部署，推动建立各具特色的县域商业生态系统

选择有条件的县（市），试点实施各具特色的平台化战略，将整个县域作为一个平台，借鉴义乌市发展模式，形成“县域平台服务系统—平台核心盈利能力—平台商业生态系统”关键要素。将政府、企业、商家以及消费者全部纳入平台，加强政策引导和支持，尊重企业家的创新精神，重视消费者的需求带动作用，不断提升平台的服务能力和竞争力，最大限度地调动企业的积极性，创造适合本地特征的盈利模式，不断开创新的经济增长点，不断提供新的有价值的服务和产品，淘汰不合乎平台发展的成员，不断完善整个产业的价值链，培养本地区的核心竞争力。

（四）联动发展，加快推进县域工业融入区域经济圈

把握国家推动重点城市群、都市圈和区域一体化发展等战略，积极探索县域承接产业转移新模式，融入区域性产业链和生产网络。明确自身在城市体系中的战略定位和角色分工，优化发展空间和产业功能布局，积极建设卫星城镇和次级增长中心；利用空间节点优势，多渠道、多形式地融入城市群和都市圈的协同格局，构建功能互补、分工合理的区域发展体系，在区域城镇体系中承接来自大中城市的技术、资本、人才、信息、管理等要素辐射溢出，促进研发、生产和服务的交流融合；推动建立省市帮扶机制，推进县（市）对接省市产业转移和建立产业链互补环节，促进其与周边交流合作，共同构建或融入经济圈。

（中国信息通信研究院　　朱敏　朱金周　王慧　李媛恒　张洁）

附录　2016年中国工业百强县（市）

排名	地区	地级市	县（市）	竞争力指数	基础条件排名	运行绩效排名	发展活力排名	主导产业[30]
1	江苏	苏州	昆山市	90.5	1	9	2	电子设备制造业、通用设备制造业、专用设备制造业、汽车制造业等
2	江苏	无锡	江阴市	90.4	5	5	4	冶金、纺织、化工等
3	江苏	苏州	常熟市	87.2	2	15	3	轻纺、汽车及零部件、装备制造、新能源
4	江苏	苏州	张家港市	85.2	3	32	1	冶金、纺织、机电、化工、食品
5	福建	泉州	晋江市	80.9	4	10	17	纺织服装、制鞋、陶瓷石材、食品、玩具
6	内蒙古	鄂尔多斯	准格尔旗	79.8	6	4	36	资源能源（煤电、煤化工）
7	山东	烟台	龙口市	75.6	12	8	23	能源、铝业、机械、纺织、食品、化工等
8	江苏	苏州	太仓市	75.5	15	34	5	纺织、石油化工、电力能源、高档造纸等
9	浙江	宁波	慈溪市	74.8	10	55	6	家电、化纤轻纺、机械轴承、汽车及零部件，以及新材料、新能源等新兴产业
10	山东	东营	广饶县	73.4	19	2	19	造纸、橡胶轮胎、化工、机电、纺织印染
11	江苏	无锡	宜兴市	72.6	14	51	7	电线电缆、节能环保、机械装备、陶瓷耐材
12	河北	唐山	迁安市	72.3	13	3	56	钢铁、装备制造、现代物流
13	湖南	长沙	宁乡县	71.9	16	12	22	食品、机电、新能源新材料
14	陕西	榆林	神木县	71.7	7	7	97	资源能源（煤、兰炭、聚氯乙烯、火电）
15	湖南	长沙	长沙县	71.1	8	67	27	工程机械、汽车及零部件和电子信息
16	湖南	长沙	浏阳市	70.4	9	60	25	鞭炮烟花、生物医药、纺织服装、建筑材料、机械制造、矿产冶炼、食品加工、化工塑料
17	江苏	南通	海门市	69.3	32	11	9	家纺、轻工（食品）、机械（船舶）、化工（医药）、冶金、建材、电子信息等
18	江苏	镇江	丹阳市	69.1	17	38	16	视光学、五金工具、新型包装、汽车零部件、机械加工
19	浙江	绍兴	诸暨市	68.0	22	19	10	袜业、珍珠业、铜加工及新兴材料业、机械装备制造业、纺织服装业、环保新能源
20	山东	青岛	即墨市	68.0	18	28	18	集装箱配件、五金机械、工艺品和纺织服装

[30] 主导产业分类依据各县（市）公开资料，以各县（市）公布的情况为主，未做统一分类处理。

续表

排名	地区	地级市	县（市）	竞争力指数	基础条件排名	运行绩效排名	发展活力排名	主导产业
21	新疆	巴音郭楞	库尔勒市	67.1	20	1	72	石油石化、棉花系列加工、特色农产品加工、优势矿产、绿色能源
22	辽宁	大连市	瓦房店市	66.7	11	74	24	轴承、机床、家纺
23	山东	威海	荣成市	65.9	21	40	12	海洋生物食品业、船舶及零部件业、汽车及机械制造
24	山东	青岛	胶州市	64.5	24	26	20	装备制造、节能环保、家电电子、生物医药
25	浙江	宁波	余姚市	62.3	33	72	8	塑料模具、家电电子、机械五金、纺织化纤
26	内蒙古	鄂尔多斯	伊金霍洛旗	61.7	29	6	76	煤炭开采、电力生产、新型化工、绿色农畜产品加工等
27	福建	泉州	南安市	60.4	27	33	47	石材陶瓷业、水暖厨卫业、鞋服轻纺业、机械装备业、光电信息业等
28	浙江	温州	乐清市	59.1	43	36	14	电工电气、电线电缆、电子信息、风电装备、船舶修造等
29	山东	青岛	平度市	57.4	34	52	31	电子家电、汽车配件、机械铸造、食品加工、精细化工
30	河南	郑州	巩义市	57.4	26	64	51	能源、建材、机械、化工、轻工、冶金等
31	江苏	常州	溧阳市	57.4	45	47	15	食品加工、输变电设备、冶金机械、建筑材料、纺织旅游用品、精细化工、电子等
32	山东	济南	章丘市	57.2	23	68	54	交通装备业、精细化工（生物化工、煤化工）、机械制造、食品饮料
33	江苏	泰州	泰兴市	57.2	54	18	32	精细化工、医药、机电等
34	河南	郑州	新密市	56.5	42	21	49	煤炭、造纸、耐火材料和服装制造
35	山东	枣庄	滕州市	56.1	25	71	62	能源（煤、发电）、煤化工、机械、食品及农副产品加工、建材、轻纺
36	山东	滨州	邹平县	55.9	28	43	74	纺织服装、印染、生物制药、机械精加工等
37	浙江	金华	义乌市	55.8	39	58	29	饰品、无缝织造、工艺品、服装、拉链、袜业、印刷包装、玩具、化妆品、纺织业等
38	江苏	南通	启东市	55.6	60	54	13	电子信息、海工船舶、精密机械、电力能源、电动工具、医药化工、纺织服装等
39	江苏	南通	海安县	54.2	87	44	11	丝绸纺织业、装备制造业、新光源、新材料、节能环保等
40	山东	烟台	莱州市	54.0	44	20	68	机电、石材、黄金及铁业、盐及盐化工
41	江苏	徐州	邳州市	54.0	71	35	26	机械制造、板材家具、环保化工

续表

排名	地区	地级市	县（市）	竞争力指数	基础条件排名	运行绩效排名	发展活力排名	主导产业
42	山东	潍坊	诸城市	54.0	48	48	38	汽车及零部件、装备制造、食品和服装纺织
43	江苏	泰州	靖江市	53.4	55	24	55	食品加工、船舶、金属材料、装备制造等
44	江苏	南通	如皋市	52.2	52	89	21	船舶及海工、汽车及零部件、机械装备及冶金、现代纺织服装和农产品深加工等
45	浙江	嘉兴	海宁市	52.1	62	66	33	皮革、家纺布等
46	福建	泉州	石狮市	51.4	35	49	81	纺织鞋服、食品饮料、电子、五金等
47	河南	郑州	荥阳市	51.2	41	42	79	装备制造和新材料等
48	山东	济宁	邹城市	51.1	30	79	83	煤化工、机械电子、新材料、生物工程、食品加工
49	山东	东营	垦利县	51.1	63	17	86	精细化工、机械制造、石油装备制造
50	陕西	榆林	府谷县	51.0	37	25	95	原煤（兰炭）、建材、电石、合金、能源化工
51	江苏	南通	如东县	50.9	89	41	34	纺织服装、机械电子、化工医药和轻工食品、绿色能源、钢铁等
52	福建	福州	福清市	50.7	61	88	30	电子、塑胶、食品、玻璃、医药、电力能源
53	内蒙古	鄂尔多斯	乌审旗	50.5	77	31	44	资源能源产业
54	山东	潍坊	寿光市	50.4	59	82	37	汽车制造、石油装备、海洋化工、生物医药、轻工纺织、新型材料、节能环保、新兴能源
55	福建	泉州	惠安县	50.2	31	50	98	石雕石材、食品饮料、鞋服包袋和机械五金
56	河南	郑州	新郑市	50.1	65	14	93	食品烟草、生物医药等
57	福建	福州	长乐市	49.7	57	39	78	纺织、冶金、电力、机械制造业、食品加工
58	江苏	镇江	扬中市	49.7	83	56	39	工程电气、光伏产业、船舶制造行业
59	贵州	遵义	仁怀市	49.6	67	27	82	白酒产业、煤炭产业
60	河南	郑州	登封市	49.4	64	22	89	装备及汽车零部件制造、生物医药、新材料、铝产品深加工
61	浙江	温州	瑞安市	49.4	74	76	41	汽摩配、机械电子和高分子材料及制品等
62	辽宁	鞍山市	海城市	49.2	36	100	28	钢铁、镁矿、农产品加工
63	浙江	嘉兴	桐乡市	48.9	84	65	42	毛衫针织、化纤、玻纤、皮革皮毛家纺等
64	河南	三门峡	灵宝市	48.9	75	16	91	有色金属冶炼和加工、果品生产和加工、生物医药装备制造、新型建材

续表

排名	地区	地级市	县（市）	竞争力指数	基础条件排名	运行绩效排名	发展活力排名	主导产业
65	浙江	金华	永康市	48.8	91	61	35	时尚五金及家居用品、汽车及零部件制造、先进装备制造和新材料应用
66	内蒙古	鄂尔多斯	鄂托克旗	48.6	40	93	66	煤化工、氯碱化工、硅化工、绿色电力、煤层气及天然气
67	内蒙古	鄂尔多斯	达拉特旗	48.5	79	13	96	煤电、化工、冶金、建材、光伏等
68	山东	烟台	蓬莱市	48.4	88	30	70	葡萄与葡萄酒、造船重工、汽车及零部件等
69	安徽	合肥	肥西县	48.2	50	90	60	汽车、家电、化工塑胶、输变电设备、生物制药等
70	河南	许昌	禹州市	48.0	90	37	65	中医药、食品、陶瓷和机械加工等
71	山东	烟台	招远市	48.0	46	45	92	黄金、食品加工、机械制造、电子材料生产
72	河南	许昌	长葛市	48.0	49	53	88	再生金属加工、人造金刚石及制品、装备制造和食品加工等
73	山东	青岛	莱西市	47.9	66	80	57	食品加工、纺织服装、机械制造、橡胶化工、矿产建材、电子信息等
74	广东	揭阳	普宁市	47.4	38	81	90	纺织服装和医药等
75	山东	泰安	新泰市	47.1	47	83	84	煤炭电力、精细化工、新型建材、机械电子
76	浙江	台州	温岭市	47.0	68	77	64	泵与电机、汽摩配、新能源、船舶修造等
77	湖北	宜昌	宜都市	46.9	73	57	75	化工、医药、建材、电子及电子材料和装备制造、食品加工
78	山东	淄博	桓台县	46.1	69	84	67	氟硅材料、石油化工、精细化工、造纸及包装印刷、机械加工及制造
79	江苏	宿迁	沭阳县	46.0	92	70	53	轻纺服装、装备制造、木材加工、新医药及生物技术、电子信息等
80	江西	南昌	南昌县	46.0	86	92	45	汽车及零部件、食品饮料、生物医药
81	宁夏	银川	灵武市	46.0	80	91	50	煤炭开采和洗选业、石油加工、炼焦业
82	辽宁	大连市	庄河市	45.9	58	98	61	食品加工、家具制造和机械制造
83	福建	漳州	龙海市	45.9	70	59	87	钢铁制品、食品工业、汽车汽配、造纸及纸制品、家电电子、电力工业
84	浙江	湖州	长兴县	45.7	98	62	43	新型电池、现代纺织、特色机电
85	山东	潍坊	高密市	45.5	81	69	71	木器加工、机械装备、纺织制鞋业等
86	河北	沧州	任丘市	45.4	53	46	99	石油化工业、金属制品业、建材、电线电缆业、摩托车及配件制造业、塑料制品业

续表

排名	地区	地级市	县（市）	竞争力指数	基础条件排名	运行绩效排名	发展活力排名	主导产业
87	山东	潍坊	青州市	45.2	95	87	46	食品加工、石化、造纸包装、机械装备、汽车制造、纺织服装
88	浙江	嘉兴	平湖市	44.9	94	75	58	光机电产业、服装业、生物医药
89	河北	邯郸	武安市	44.9	51	95	80	钢铁、建材、煤化工等
90	湖北	黄石	大冶市	44.7	72	94	63	采矿、冶炼、水泥、机械制造、保健食品、建材化工等
91	辽宁	沈阳市	新民市	44.7	97	85	40	包装印刷、医药食品、电光源、地板等
92	江苏	盐城	东台市	44.3	85	96	52	纺织业、非金属矿物制品业、通用设备制造业等
93	湖南	株洲	醴陵市	44.2	76	97	59	陶瓷、烟花礼炮等
94	山东	泰安	肥城市	43.9	82	86	77	煤炭、电力、冶金、建材、机械、化工、轻纺、电子、食品
95	山西	吕梁	孝义市	43.7	56	99	73	机焦、煤化工、冶炼铸造、高铝耐材、电力
96	辽宁	营口市	大石桥市	43.7	78	63	100	镁质材料、新型建材、有色金属等
97	浙江	湖州	德清县	43.5	99	73	48	生物医药、装备制造、装饰建材
98	江苏	泰州	兴化市	43.5	93	78	69	不锈钢、机械铸造、食品加工
99	河南	濮阳	濮阳县	43.4	100	23	85	电子电气装备制造、医疗器械制造、耐火材料、新型化工、食品加工
100	河北	唐山	遵化市	43.4	96	29	94	钢铁矿山、机械制造、建筑建材、食品加工、电力能源、医药化工等

专 题 篇

专题一 中国制造+互联网

专稿一 “互联网+”制造的态势、趋势及建议

经过多年发展，我国已具备全面推进互联网与工业融合创新的坚实基础，工业规模全球第一，正加快迈向制造强国；互联网用户数量和网络接入能力全球第一，多家互联网企业影响力突出。近年来，随着信息化和工业化深度融合步入“互联网+”时代，我国工业、互联网及相关服务企业积极探索实践，融合型新技术、新产品、新业态和新模式不断涌现，各领域基于自身优势走出不同的融合模式，“3+4+*N*”的区域格局初步形成，推动我国成为全球新一轮科技革命与产业变革的重要一极。当前，互联网与制造业融合正立于“风口”之上，发展前景可期，政府、企业需要以互联网思维创新工作思路和机制，加快推进“互联网+”制造发展。

一、我国“互联网+”制造的整体发展态势及特点

“互联网+”制造在我国已有丰富的实践，从下游到上游、从消费到生产、从外围到核心，互联网正深刻改变着制造业的发展方式，驱动制造业数字化、网络化、智能化和服务化发展，引发制造业研、产、供、销、服全环节、全方位变革，催生出多种新模式、新业态。

（一）新型研发组织方式集聚众智提升效率

协同设计、众包、虚拟仿真等新研发模式应用日益广泛，为传统企业高效、便捷、低成本的技术创新开辟了新渠道。基于云平台的设计集聚跨区域的专业设计资源，在云端实现协同和共享，有利于打破地域限制，提高研发效率，如潍柴动力在欧洲、北美等的研发中心基于云平台实现 24 小时协同工作。众包设计通过企业自建平台或第三方平台将分散但海量的群体创意集聚到众包平台，

以悬赏和速配等方式帮助企业实现不同的设计需求，如海尔依托其 HOPE 平台对接全球 100 多万个领域专家和上千家全球一流的研发资源，打造帝樽和天樽系列空调。此外，一些企业正在探索远程虚拟仿真，利用互联网对工艺参数进行异地模拟、分析、评估、验证，优化生产工艺，降低成本和能耗。

（二）创新制造模式助力网络化智能化生产

国内一些制造企业在生产过程中集成应用互联网等新一代信息技术，探索全新生产模式。一是应用智能制造模式实现生产过程信息深度自感知、智慧优化自决策、精准控制自执行，如海尔沈阳冰箱厂将用户需求与制造过程无缝连接，目前一条生产线可支持 500 多个型号的柔性大规模定制，生产节拍缩短到 10 秒一台。二是利用网络制造平台构建跨地区的动态企业联合体，实现组织结构扁平化，协同共享全球制造资源，如我国商飞利用网络组织 10 多个国家、100 余家供应商协同研制 ARJ21 飞机。三是建立共享制造资源的云制造平台，将巨大的制造资源池连接在一起，实现线下资源线上配置。如航天二院将全集团 600 余家单位全部接入云制造平台，促进企业生产能力最大化应用。

（三）协同式供应链促进各环节高效无缝对接

越来越多的工业企业通过互联网将上下游供应商、合作伙伴和客户直接连通，集聚供求信息并进行深度挖掘，提高供应链的反应速度、匹配精度和调运效率。一是借助 B2B 采购平台快速集聚优质供应商资源，以最短时间、最低成本实现原材料采购的高效匹配。如我国石化生产建设所需物资的 95%均实现了网络采购。二是借助生产线供应链对生产配比、物料配送、产品质量等进行协同管控，实现物料零库存。如桂中海迅利用联网 ERP 系统在半小时内为五菱柳机生产线物料进行精准配送。三是利用仓储物流平台整合异地物流资源，实现物流、信息流、资金流等多流合一。如河南众品打造集国内外贸易、流通加工、温控仓储、电子商务、干线运输、城市配送、终端连锁于一体的冷链物流平台。

（四）需求端泛在连接实现全流程用户参与

企业运用移动互联网、智能终端等实现用户泛在连接和全流程参与，精准预判市场，全面满足用户需求。规模化个性定制借助互联网与用户深度交互、广泛征集需求，依托柔性生产线提供规模化个性定制的产品，如鲁泰纺织通过微信和移动网站了解个性需求，制作领型、袖型、纽扣等不尽相同的定制衬衫。精准营销决策基于互联网平台的海量用户数据进行建模分析，实现市场精准开发、排产和营销。如智慧联合根据历年水泥“冬储”数据、需求数据，为华北地区水泥行业预测来年水泥生产数量。新型网络营销以二维码、APP、移动O2O、3D 体验等新型用户体验方式构建丰富的产品展示和营销渠道，增加用户黏性。

（五）融合型服务延伸企业价值创造链条

制造企业正探索利用云计算、大数据等开展多样化的融合服务，推动经营模式加快从“卖产品”向“卖服务”转变。远程主动运维借助智能传感、宽带网络、大数据分析等技术，实时掌握远程设备运行状况，有效节约成本，降低用户损失。如中兴通讯从“端—管—云”三个层面为水务行业提供供水管道运维服务。可视化追踪溯源依托二维码、RFID、移动互联网等技术，构建覆盖全流程的食品追溯体系，保障生产、经营、流通的可视化和透明化。如伊利消费者通过二维码即可在互联网平台追溯和查询奶牛、原奶及生产、流通等各类信息。车联网以车内网、车际网、车载移动互联网为基础，实现智能交通管理、动态信息服务和车辆控制。一些运营商、互联网企业正与汽车制造商积极合作，打造车联网平台。

二、我国“互联网+”制造的区域、行业、企业发展格局及走向

未来几年内，“互联网+”制造的区域格局将更加突出，重点领域也将呈现梯次发展趋势，“互联网+”制造时代将不再由互联网企业独领风骚，兼具互联网和工业基因的先行者更易脱颖而出，成长为新的龙头企业。

（一）“3+4+*N*”的区域格局将逐渐形成

目前来看，国内“互联网+”制造的区域格局呈现“三区—四省—多点”的特征，未来这种发展格局将更加突出。

“三大集聚区”主要指京津、长三角、珠三角三大融合发展集聚区。上述三地制造业基础雄厚，互联网产业实力居前，在“互联网+”制造方面有着天然优势，是目前融合创新最活跃的地区。如京津地区的互联网人才和良好的政策环境与成熟的制造业基地形成互动，催生了小米、京东等兼具互联网与工业基因的融合型企业；长三角地区生产性服务业发达，工业经济基础好，除阿里巴巴电商生态体系在向中小制造企业供应链服务体系延伸外，以上海煤炭交易网、找钢网等垂直互联网企业，以及徐工、宝钢、洋河等积极拥抱互联网的制造企业为依托，充满活力的融合型产业集群正加速形成；珠三角地区 3C 产品制造配套成熟、企业创新创业意识强烈，华为、平安、创捷、雷柏等企业在“互联网+”方面走在前列，探索出工业互联网、供应链金融、敏捷供应链、智能工厂解决方案等行之有效的融合创新服务模式。未来三大集聚区将继续发挥既有优势，成为在全国范围内引领“互联网+”制造发展的策源地。

“四个重点省”包括山东、河南、湖南、重庆，跨越东、中、西部地区，突出特点是传统制造企业主动拥抱互联网，其创新理念和转型实践令人瞩目。其中，一些先进企业在生产组织、运营管理等方面勇于探索和持续进步，已成功转型平台企业，如海尔的“互联工厂”实践及“三无企业[31]”“人单合一”战略已成为经典案例；潍柴、三一、中联重科等传统装备企业探索服务模式创新，利用互联网实现装备智能运维，提高产品附加值，引领制造业服务化；此外，红领、众品、猪八戒网等新兴特色企业致力于开放创新和差异竞争，在服装个性定制、冷链物流、众包设计等领域成为“互联网+”的典范。未来这些领先企业将继续发挥影响力，助力所在省份成为“互联网+”制造的热点地区，并带动周边地区和企业共同发展。

“多处辐射点”包括内蒙古、黑龙江、辽宁、宁夏、山西、湖北、贵州、福建、广西、海南等地区。目前来看，这些地区正结合本地特点进行探索，“互联网+”制造已在部分地区和领域形成若干有特色、有专长的融合创新突破点，代表企业如西安陕鼓、宁夏小巨人等。在国家“互联网+”行动计划的指导下，这些地方和企业结合本地优势产业探索“互联网+”制造将更加踊跃，未来有望以

[31] “三无企业”即企业无边界、管理无领导、供应链无尺度。

点带面，形成新的热点区域。

（二）多领域梯次渗透的融合态势将逐步显现

目前互联网已经广泛影响制造业的多个领域，但其渗透深度和拓展广度不尽相同，未来各领域的“互联网+”制造将进一步深化并呈现差异化发展趋势。

生活消费品加快个性化、智能化转变。依托“C2B+柔性化生产”，目前规模化个性定制已在服装、板式家具等个性化需求较强的产品中实现；智能手机、家电等技术含量较高的 3C 产品及高档烟酒等满足特定消费群体的产品目前已有企业进行尝试，将是下一步广泛开展定制的热点领域；摩托车、家庭轿车等结构更复杂的交通工具，将是基于模块细分的规模化个性定制的探索领域。同时，以 3C 为代表的生活用产品将更多地加载联网、交互、远程监控等功能，智能产品需求培育成效渐显，将面临广阔的蓝海市场。

生产用装备趋向智能化和服务化发展。通过加载“通信模块+智能模块+网络+APP”，越来越多类型的生产装备可以在线监控、远程运维，显现智能化、服务化特征。现阶段工程机械产品的这一趋势已很明显，三一、徐工、中联重科等企业的产品可普遍实现远程智能运维；未来这一趋势将加快向整车、发动机、发电设备、农机等通用及专用设备等领域延伸，越来越多的新出厂整机及核心部件将安装智能模块，同时许多在役设备也将通过加装集成功能模块等开展智能化改造与升级，智能化、服务化将逐渐成为生产用装备的共性特征。

原材料生产趋向绿色化和流程优化。依托“传感器+大数据”，即在生产装备中加装传感器和通信模块，一方面监控生产过程能耗、排放情况实现绿色生产，另一方面通过采集、挖掘和分析生产线的海量数据，优化工艺和生产流程。目前冶金、石化、化工等流程行业的能效管控已相当成熟，正探索基于大数据的流程优化，并取得了积极进展。未来这种发展趋势将在水泥、建材、涂料等行业逐步拓展。

物料材料趋向采购电商化和供应敏捷化。钢材、塑料、橡胶、煤炭等大宗原材料采购的电商化趋势愈发明显，企业倾向于自建或依托第三方 B2B 平台，在更广的范围内对接供应商，在更透明的环境下开展询价，以高效率、低成本满足企业所需。此外，在互联网与物流体系融合的支撑下，工业企业物料实时精准配送的需求从库房向生产线延伸，目前成都西门子工厂、柳州五菱的生产线物料配送反应时间可控制在半小时以内，未来的目标将是实现物料、部件等的零库存；随着规模化个性定制在服装、家具等行业的逐步普及，面料、板材、五金等主要物料、配件的供应也要适应“小批量、多批次、快配送”的需求，类似深圳共创供应链这样具备精准匹配和敏捷供应能力的服务平台将更多地出现，借助互联网实现线下资源线上配置，满足海量但零散的物料需求。

（三）跨界融合型企业主体加快成长

应对“互联网+”趋势下的竞争新环境，许多企业正基于自身优势积极探索，形成跨界进入、取长补短的发展态势。一些工业企业，如海尔、徐工、红领等，主动把握发展机遇，在战略、组织、业务、管理等方面实施由内而外的全面变革，积极转向无界、扁平、服务型平台企业。一些互联网企业，包括阿里巴巴、百度、腾讯等，或发挥用户入口的独特优势，逐步从采购、营销、管理等相对开放的环节向设计、服务等拓展，或借由智能硬件及服务融入制造基因。一些解决方案服务企业，包括传统的中软、用友、宝信等IT服务企业，以及中国电信、华为等新进入者，立足自身专业优势，加快平台化转型，为工业企业提供综合解决方案服务。

长远来看，致力于“互联网+”制造需要既深入了解制造业需求，又拥有互联网化的生产组织能力，能够依托融合型人才和充足的资本，通过“线上—线下”的快速安全切换，精准捕捉个性化需求并快速产品化，以此构筑优势明显、协同共赢的生态体系。未来这种兼具互联网和工业基因的融合型企业更有望成为“互联网+”制造时代新的“BAT”，前述三类企业均有可能性。

三、推进我国“互联网+”制造的相关建议

互联网与制造业融合正立于“风口”之上，发展前景可期。同时，两者深度融合面临现实障碍，各方对融合发展存在认识差异，需要产业界、政府及相关方通力合作、携手推进。

（一）政府指引：强化战略引导，营造制度环境

政府应主要致力于“互联网+”制造发展战略指引和制度环境的营造，建立国家层面的协同推进机制。一是完善相关法规制度。重点加快信息安全、数据保护、信息资源开放共享等法规的研究起草。针对融合发展所催生的法规制度问题，开展前瞻性储备研究。二是加快相关标准制定或修订。加快制定和推广适应融合发展的接口标准与数据通信标准，加强对标准执行过程的监管。三是加大财政资金扶持。引导社会资本加大对初创企业的支持。整合利用现有专项资金，加大对“互联网+”制造的倾斜力度。鼓励地方政府给予配套资金支持。四是完善融资服务支持。鼓励银行加大对融合创新的贷款投放力度，引导风险投资基金加快进入。引导和鼓励互联网金融广泛应用到融合领域。五是大力培育应用市场。积极开展“互联网+”等新观念的宣传和普及，培育一批工业互联网融合创新示范企业。加快载体建设，推动建设特色园区和示范基地。

（二）企业主导：把握融合态势，确定转型策略

企业作为“互联网+”制造的主体，需要及时、准确地把握融合态势和重点方向，制定既变革求新又量力而行的发展策略。同时树立开放、共享的新观念并付诸实践，积极学习典型企业好的经验和模式，开启平台化思维，实现新发展。企业可基于自身实际情况，从以下主要方向寻找切入点：一是实现资源共享协同的生产组织创新；二是满足个性需求的制造模式创新；三是支撑智能绿色的生产运营创新；四是提升用户体验的产品及营销模式创新；五是助力企业低成本运营的融资方式创新；六是支撑全业务全流程互联网转型的集成创新等。

（三）行业助推：打造跨界平台，促进协同发展

应充分发挥行业协会或联盟等中介组织的作用，集聚产业各方力量，搭建跨界融合创新平台，组织开展联合技术攻关和标准制定，促进交流、合作与共享，形成优势互补。一是推动融合创新公共平台建设。推动产业链内部企业间以及产业链内外实现更加公开透明、便捷高效的衔接。鼓励领先企业

联合打造创新生态体系。二是推动融合性技术群体突破。鼓励互联网、IT 企业与制造企业的深入合作交流，吸引软件架构编程、硬件设计、网络安全等 IT 界更多优秀的人才加入制造领域。三是推动协作、交流与共享。通过研讨会、交流会、观摩等活动弥合不同领域的认识差异，发挥示范带动效应，促进经验交流与扩散。组织开展相关新技术、标准、政策法规等方面的培训、人才培养等服务。

（中国信息通信研究院　杜娟　辛勇飞　肖荣美　秦业　王峰　张群　尹晓倩）

专稿二　探索融合路径，加快推进“中国制造+互联网”

2016年政府工作报告提出要深入推进“中国制造+互联网”，“+”的关键是探索融合发展的实现路径。当前，先行企业融合模式表现为“五结合”的特征，即“互联网思维与经营理念”“创始人团队与长期战略”“创业者心态与行业经验”“生态系统建设与研发掌控”“核心产品打造与梯度扩散”相结合。未来，应推广先行企业经验，以“产品融合为载体、理念融合为核心、团队融合为保障、组织融合为形式、品牌融合为形象”，系统促进互联网企业与制造企业的深度融合，加快推进“中国制造+互联网”。应加快探索“政企合作”新方式，依托新型“互联网+”平台企业与中小制造企业合作生态系统，全面加快决策思维创新，加快质量品牌培育、融合发展服务、政府资金使用等政策创新。

一、“五结合”是互联网与制造融合发展的突出特征

“中国制造+互联网”是大势所趋，意义重大，任务紧迫。企业是市场主体，要推进融合发展，关键是要制造企业和互联网企业在经营理念、发展战略、产品体系等方面找到切实可行的路径。从当前实践来看，先行企业模式主要表现为“五结合”特征。

（一）“互联网思维与经营理念”相结合

互联网思维推动传统企业重新理解和定位“企业、员工和客户”关系，传统企业以顾客为中心，融合型企业以用户为中心；传统企业以自我为中心，融合型企业成为生态系统的一个节点；传统企业封闭，融合型企业开放，这给传统企业带来了经营管理理念转型的灵感，带来了强大的转型动力。例如，海尔集团全面加快互联网转型，将互联网思维贯穿于企业经营管理的各方面，推进“企业平台化、员工创客化、用户个性化”经营战略，践行“企业无边界、员工

成为自主创业的创新者、创造用户全流程最佳体验”的理念。

（二）“创始人团队与长期战略”相结合

创始人团队是互联网企业快速成长的关键依托，优秀的工业企业则需要长期积累来打造“百年老店”。融合发展离不开卓越的复合型创始人团队，更要克服短期逐利冲动，把握住长期方向，只有这样，才可能形成独有的竞争优势。例如，小米公司有优秀的创始人团队组合，来自国内外一流企业，专业背景涵盖各个领域，其在前台开发多元产品，但背后始终聚焦“硬件+软件+互联网”的“铁人三项”。

（三）“创业者心态与行业经验”相结合

互联网创业者勇于进取，行业经验丰富的制造业从业者能够准确找到“痛点”，丰富的经验与勇于进取的精神相结合，造就了具有初创企业成长速度的大企业。例如，特斯拉汽车，最初的创业团队主要来自硅谷，用 IT 理念来制造汽车。在成为特斯拉董事长之前，马斯克已经成功创办了 PayPal，特斯拉的首席技术官是航空航天公司 Volacom 的首席技术官和联合创始人，都是拥有复合型行业经验的创业者；特斯拉的管理和工程师团队，主要来自通用、马自达、宝马等全球知名汽车公司，都具有丰富的设计、制造、管理和销售经验，同时又具备创业者心态，因而能使特斯拉在传统巨头统治的汽车领域快速成长。

（四）“生态系统建设与研发掌控”相结合

依托核心技术、打造生态系统，是先行企业实现跨界发展、扩大战略影响、确保持续领先的重要方式。华为每年将销售收入的 10%以上投入研发，超过 45%的员工从事创新、研究与开发。在掌握核心技术的基础上，华为致力于全方位打造生态圈，建立了终端开放和 ICT 能力开放平台，与汽车、能源、制造等各领域企业紧密合作，共建车联网、智能汽车、智能制造、智能能源等生态圈。

（五）“核心产品打造与梯度扩散”相结合

先行企业依托互联网，打造核心产品体系，布局外围产品生态，实现新型专业化与多元化，推动融合发展模式的梯度扩散。例如，小米围绕手机、电视和路由器三大核心产品，借助互联网布局空气净化器、手环、移动电源、插线板、电池、耳机、平衡车等外围产品生态，链上企业已有五六十家，未来将会扩大到上百家。小米为生态链企业提供全方位的服务，包括理念、创意、设计、资金、推广和销售等，帮助生态链企业实现快速成长。小米手环 2015 年全年销量突破了 1000 万枚，领跑国内智能可穿戴产品市场，位居全球前列。

二、系统推进产品、理念、团队、组织和品牌融合

先行企业的“五结合”模式，清晰展示了两化深度融合的关键要素和路径，具有普遍的示范意义。应推广这些经验，以产品融合为载体、理念融合为核心、团队融合为保障、组织融合为形式、品牌融合为形象，系统促进互联网企业与制造企业的深度融合，加快推进“中国制造+互联网”。

（一）以产品融合为载体，推动全面合作

先行企业的实践表明，产品融合是深度融合的载体和抓手，是重要突破口。新产品是新技术、新模式和新服务的载体，产品融合引导技术融合，引导生产线和供应链模式创新，支撑服务模式创新。应加快智能产品创新，以产品为中心，推动硬件、软件和制造技术融合，推动互联网企业和制造企业合作。要围绕智能化、网络化、服务化的新硬件产品，推动形成新型生产组织模式，建立数字化车间、智能工厂和“互联网+”产业生态系统，推动形成“互联网+制造”市场和用户服务体系。

（二）以理念融合为核心，推动思维转变

理念融合是深度融合发展的内核。发展理念决定了发展思路和举措，决定了企业的组织形式和运作方式。应推动互联网企业与制造企业相互学习、取长补短，以互联网思维为中心，全面加快技术创新、经营管理、市场服务以及产业合作理念融合。应借鉴先行企业对互联网思维的理论概括及其实践经验，加

快推动我国制造企业思维转变。深入推动制造企业全面认识互联网思维的本质，促使企业家形成系统的互联网思维框架，并全面深入地将互联网思维贯穿到企业运营的全过程，使互联网思维成为生态系统企业的共同价值观，成为“互联网+”生态系统最坚实的基础。

（三）以团队融合为保障，激发创新活力

融合团队是深度融合的根本保障。少数卓越人才的聚合构成企业组织的原子核。复合型创业团队，是技术融合、产品融合创新的保障，是融合初创企业产生与成长的保障。要加快完善人才政策与体制机制，促进人才流动和优化组合，激发融合创新的巨大活力。应鼓励传统企业和互联网企业的优秀人才，以灵活多样的方式，组建人才团队，加强技术交流，发挥人才和知识的聚合效应。应完善技术创新合作机制，组织来自不同行业和企业的人才，开展核心共性技术联合攻关。鼓励创业企业集聚不同领域的技术和管理专业人才团队，迅速发展壮大。

（四）以组织融合为形式，打造生态系统

产业组织形式或企业合作形式的变革，是融合发展创新的重要方面。新理念、新战略和新团队，需要有相应的新组织形式和合作方式。平台生态系统是融合发展的基本组织形式。要充分发挥新型“互联网+”平台企业的带动作用，促进平台企业与中小企业及创新创业团队相结合，打造“平台型企业+创新企业”生态系统，形成互联网企业与传统企业合作的新组织形式，形成新型产业生态治理结构，促进企业发展理念、发展战略、研发设计、经营管理和市场营销的深度融合。

（五）以品牌融合为形象，打造一流品牌

融合发展最终需要形成一批一流品牌。应将品牌融合作为创新质量品牌的重要方式和“中国制造+互联网”融合发展的重点任务，鼓励传统制造业与互联网行业知名品牌的强强联合，形成品牌价值叠加效应，赋予融合品牌更高的价值，既体现优秀传统企业的品牌历史底蕴，又包容新兴企业的时代品牌观念，加快提升“中国品牌”的整体形象。

三、加快探索推进深度融合的“政企合作”新方式

先行企业融合发展模式的探索发展，为政府正确发挥引导作用提供了新的思路和途径。政府应更加重视与企业合作，特别是与“互联网+制造”平台企业合作，加快形成合作新范式，创新政府服务，提升政策效率，弥补企业短板，突破核心技术，发挥企业优势，创新融合服务，高效推进融合发展。

（一）学习运用互联网思维，提升政策效率

一是全方位的企业参与。加快完善企业全方位参与政策制定的机制，全面加强战略决策、基础研究、应用开发、市场环境建设的政企合作。二是低成本、高效率的政策执行。用互联网方式，消除政策执行过程中不必要的环节，更准确地把握企业政策需求。三是专注的政策目标。专注在关键领域和关键环节，用有限的资源，产生最佳的效果。

（二）聚焦核心技术和精品研发，创新质量和品牌培育

一是支持企业加快核心基础技术创新突破。制造、信息、材料、生物等领域核心基础技术研发投资大、风险高，政府可以加强对具有丰富产品设计和市场经验的优秀企业的支持，帮助企业突破核心技术瓶颈。二是推行精品研发模式，帮助传统企业利用有限的研发资源，提升研发效率。三是提升知名品牌的辐射力。扶持优秀企业扩大生态系统规模，充分挖掘现有知名品牌的价值，创新品牌建设方式。

（三）发挥平台企业主体作用，创新融合服务平台建设运营

加强“互联网+”平台领域的政企合作，一是充分发挥新型“互联网+”平台企业的主体作用，创造适宜的市场环境，支持平台企业的生态系统建设，支持企业核心硬件平台、软件平台和市场服务平台的建设，构建融合服务平台体系。二是鼓励平台企业深入参与有关试点示范等工作，重点支持面向中小制造企业的研发设计、质量管理、计算服务等平台。

（四）创新公私合作（PPP）模式，优化政府资金使用

一是加大政府对平台型企业的投入。对客观上承担融合服务职能的平台企业，政府应探索从项目建设、运营、服务等方面提供资金支持。二是鼓励政府与平台企业合作，探索政府基金与企业股权投资合作机制，鼓励建立混合所有制的风险投资主体，改善对中小企业的资金投入。三是争取平台企业创始人参与改善政府基金治理结构，提升政府专项基金的运作效率。

（中国信息通信研究院　　辛勇飞　彭征波）

专题二　工业互联网

专稿三　美国工业互联网应用发展近况及启示

随着信息网络技术的发展和应用推广，工业互联网应用正从最初的点对点远程监控，向促进全生产要素互联、共享与构筑应用生态体系方向发展。以美国工业互联网联盟（IIC）为代表的产业联盟与行业协会正在加紧推动企业间跨界合作，开展技术产品研发、知识产权共享、市场推广等一系列活动。目前在ICT 制造、新能源、智能物流、安全生产、高端装备装配与运维等领域中已经出现了一系列的创新型技术、产品与模式，且具有一定的可复制性、可推广性，这对我国加速传统行业转型具有较强的借鉴意义。

一、工业互联网发展的新特征

早期的工业互联网应用是由 GE 公司发起并在少数几个领域中推广实施的，其中经典的案例是 GE 通过远程测试筛查 2 万台喷气发动机有效提升了航空公司对飞机的运维能力。随着互联网技术、传感技术和控制理论的发展，工业体系中全产业链、全价值链、产品全生命周期内各要素之间的联动更加紧密，远程运维、统筹优化、网络控制等传统工业理念开始被工业互联网技术与应用赋予了新的内涵。

目前工业互联网技术与应用主要呈现四个方面的特征。一是人机协作更加紧密。工业互联网产品并没有一味地致力于减少工业生产中的人力资源，而是通过智能化的软硬件系统强化生产过程中机器与人之间的智能交互，以此促进生产运营的提质增效。二是应用开发更加便捷。随着工业互联网标准化开发平台的发展，标准化的软件开发模块逐渐成熟，传统行业开发工业互联网应用软件的技术门槛显著降低。三是跨界综合集成更加强化。工业互联网架构下的工业系统涵盖云平台运维、工业数据分析、工业通信网络设备、虚拟现实等多个领域的技术服务与软硬件产品，同时还需与企业已有的 IT 系统实现无缝衔接，这往往需要企业间跨界合作、共同实施。四是信息安全保障更加全面。考虑到安全生产及企业隐私保护等原因，在生产线网络控制、智能设备远程运维等典型应用中，工业互联网项目实施方均采取了信息加密、物理隔离、语义分析等方式对系统信息安全进行保障。

二、工业互联网应用的新情况

近年来，随着信息网络技术在传统行业中的快速渗透，融合创新与跨界联动已经成为了行业发展的共识。GE、IBM 等公司高度重视这一趋势，一方面依托其在智能制造领域的既有优势着力打造工业互联网平台产品，试图抢占未来工业互联网产业发展的主导权，典型代表如 GE 公司的 Predix 平台、IBM 公司的 Bluemix 平台及相关软件应用；另一方面则大力推动工业互联网联盟中多方高新技术企业之间的紧密合作，构建优势互补的工业互联网生态体系。截至目前，美国工业互联网联盟已拥有超过 200 名成员，其中多数为软件及信息服务业、制造业等行业企业。应用案例覆盖先进制造与服务、智能物流、生产安全等多个领域，牵头单位既有 GE、Intel、IBM 这样的企业巨头，也有一些知名度不高的专业性企业。从应用案例的类型来看，总体上可以归纳为以下五种情况。

（一）智能工具：以人机互动提高生产过程的准确率

智能工具是工业互联网体系中的基本组成单元，也是目前工业互联网体系中形态最为丰富、技术集成度最高的产品之一。在生产过程中，智能工具可通过内部集成的软硬件系统对生产环境和状态进行实时判断，并且可随时与操作者进行人机交互，以此促进生产全过程的提质增效。例如，在美国空中客车公司的客机装配生产线上，每架飞机大约有 40 万个点位需要按照一定的规则要求进行旋紧加固。在传统模式下，操作者需要严格按照操作手册的规定，在不同的点位使用指定的工具和指定的力矩进行操作。这样的流程使操作者具有一定的犯错几率，而任何一个操作错误都有可能造成至少数十万美元的维修费用。

为此，美国国家仪器有限公司（National Instruments）为空客公司提供了智能工具箱的解决方案。该智能工具箱可以远程与企业 MES 系统实时连接，使装配工作人员可以准确了解飞机当前的装配进度及下一步应该操作的位置。工作人员只要按照工具箱系统提示将指定的工具放在相应位置上，该工具就可以智能识别出当前旋紧位置的正确力矩并进行自动旋紧，从而消除了装配工序中可能出现的人为错误。

（二）运营管理：确保资源高效管理和优化配置调度

在传统的企业运营过程中，由于生产要素分布广、信息流通不畅、不确定因素比重大等问题，致使企业资源不能被充分利用，调度效率较为低下。此问题也因此成为工业互联网技术应用最集中的领域之一，其典型应用场景大体可以分为两类。一是通过加强运营各环节的网络设施一体化建设，确保多方要素之间信息畅通，以此提升企业的运营效率。美国德克萨斯州的 Del Papa 公司是一家啤酒派送公司，其每年需要组织近 400 名员工分两个派送中心派送出来自 30 家供应商的超过 1000 万箱啤酒。由于人员调度过程复杂、信息在多个系统之间传递不畅等多种原因，配送延迟的情况时有发生。针对这种情况，思科公司为 Del Papa 公司量身定制了一套网络设施解决方案，对视频监控、货品管理、实时通信等系统进行了一体化的集成，并通过虚拟服务器的形式进行统一管理。应用到的技术产品除了部署思科的网络设施外还采用了 EMC 存储、VMware 虚拟机等。项目实施之后使 Del Papa 公司每小时的派送能力提升了 6.4%，而网络信息系统的能耗却比原来降低了 9%。二是通过部署网络信息系统优化对火车的调度能力，从而提升铁路运输的效率。诺福克南方铁路公司运营着大约 2 万英里的铁路，货运量占到了全美的 42%，考虑到经济发展速度，在未来的 25 年内货运量需求还会翻倍。在这样的发展压力下，GE 公司为其部署了铁路优化调度系统，该系统对铁路物流管理系统、铁路交通调度系统进行了整合，综合了列车时刻表、列车当前位置与列车之间的相对速度等相关因素，然后通过云端对这些数据进行实时仿真，得出当前情况下最优化的调度方案。通过部署这套系统，铁路公司在确保安全的前提下大幅提升了铁路轨道与火车的使用效率，铁路物流的运载能力也因此得以增强。项目实施之后，该范围内的铁路运载速度提升了 10%～20%。

（三）智能产品远程服务：以互联网技术支撑产品全生命周期增值服务

远程运维服务在工业互联网体系中往往以“端—管—云”的形式出现，随着工业互联网的快速发展，远程运维服务也正在向更多的领域渗透。在工业互联网应用案例中主要体现为两类：一是为智能产品提供应用软件开发及产品运维增值服务平台。IBM 公司的 Bluemix 平台是一个基于开源项目的平台即服务（PaaS）产品，它提供了丰富的功能模块及应用开发接口，使得企业和开发人员能够快速而又轻松地将智能产品中的数据整合到云平台上，并创建、部署和管理应用程序。美国汽艇生产公司 SilverHook Powerboats 就是 Bluemix 平台的一个典型用户，他们通过开发应用软件在云端分析来自船只和领航员的操作处理、生物特征、周围环境数据等信息，然后以三维图像的方式向参赛选手展示当前综合情况及操作决策建议，从而大幅提升了参赛者对于赛艇的操控能力，降低了比赛过程中的危险。值得一提的是，通过 Bluemix 云平台提供的丰富的功能模块，这个赛艇应用在三周内就基本开发完成了。二是远程安全读取工业机器人数据，分析生产现场的运行状态。考虑到生产安全和企业信息安全，生产现场的工业机器人运行过程中的各类信息往往是通过本地处理方式完成的，控制系统与其他信息系统几乎完全隔离，这使得企业无法实时掌握机器人内部的运行状态，在优化性能参数时也缺乏数据支撑。针对这种情况，思科和海柏网络合作开发了工业机器人远程接入方案，该方案一方面通过安全网关对远程访问者的身份进行严格认证，另一方面则对远程数据流内容进行详细的语义分析，对一些潜在的危险操作信息进行过滤。这样就为远程操作者和工业现场之间提供了一个非常安全的网络通道，使远程监控与运维工业机器人成为可能。

（四）生产线综合运维：通过数据分析与实时控制技术实现生产系统的统筹维护与优化

在工业生产现场，由于各类智能设备往往与周围的环境、其他智能设备工作状态、生产线实时数据等存在着较强的关联性，对这些数据的整体分析建模、决策控制和综合维护通常是工业界的难题。近年来工业互联网相关技术与产品一直在尝试通过信息技术统筹生产线全系统，并在部分领域实现应用。一是 ICT 制造企业挖掘生产线数据为生产线运维提供依据。Intel 公司是典型的芯片制造商，生产全过程对设备与环境的要求非常严格。为此，公司每年必须以停产的方式对全生产线进行整体维护保养，成本非常高昂。为了改善这种情况，Intel公司与Cloudera（大数据分析公司）、三菱、戴尔、Revolution Analytics（开源分析公司）进行了深度的合作，对不同厂家的设备在生产全过程中产生的海量数据进行了整合，然后通过大数据技术分析这些数据之间的关联性，精确地计算出需要进行生产线维护的时间点和位置点。该项目实施之后为企业每年减少了数百万美元的维护成本。二是风力发电场通过对风力涡轮机的阵列统筹控制使总体发电量最优化。考虑到风场能量分布不均衡、风机分布范围广、涡轮机造价昂贵等问题，西门子公司的风电部门与美国RTI公司开展了深度合作。该方案可以使风场中的500个风机之间相互通信，每台风机都将自身的运行状态参数、当前位置的风力参数共享到云端，然后由云平台上的应用软件对所有的参数进行全局建模并针对每一台风机提出促进全局最优的运行方案。例如，当强风在局部突袭的时候，系统可以快速对风力进行建模，然后适当降低风力最强点的风机运行速度，保证风机寿命不受损害，同时调动起周围的风机调整状态以最大限度地吸收风力能量，从而确保全风场发电量的最优化。

（五）安全生产保障系统：以智能感知与传输技术保障人身与财产安全

安全生产保障系统由于直接关系到生命财产的安全，在石油、化工、冶金、采矿等行业的企业运营中尤其受到重视。然而，传统的安全生产保障系统往往只能在局部位置发生危险时发出警报，提示操作者迅速撤离，并不能采取一系列的动作有效抑制危险事件的进一步发展。为此，埃森哲、英思科、思科、AeroScout等公司合作研发了更为全面的安全生产保障系统，并在马拉松原油公司（Marathon Petroleum Company）的生产现场成功部署。在该项目中，四家公司充分发挥自己的技术特长，在危险事件感知、软硬件集成、位置识别、信号传输、数据分析与事故处理流程设计等方面开展了深度合作，形成了生产过程中有序管理避免事故，事故萌芽期现场人员、管理人员与设备相互联动避免生命财产损失，事故发生时多方调度降低损失的全套解决方案。该项目顺利部署后，仅通过识别潜在故障、指导操作人员及时处理就使现场的安全警报次数降低了90%，成效显著。

三、推进我国工业互联网发展的建议

经过多年的发展，我国在工业互联网领域的技术研发、标准制定、产业培育和行业应用等方面已具备一定的基础，汽车、工程机械、家用电器等领域的工业互联网应用规模正在不断扩大。但整体来看，工业企业互联网应用水平参差不齐，持续推进还面临技术标准不统一、市场有效需求不足、应用能力不够等问题。为此，需要综合考虑我国产业发展、技术基础、市场需求等多方面因素，深入分析当前工业互联网融合创新技术的发展能力与行业应用具体诉求，借鉴美国在工业互联网应用发展方面的有益尝试，引导我国互联网与工业融合有序推进。

（一）以市场需求为牵引，由企业主导融合创新发展

目前美国工业互联网应用案例中，由于涉及多项关键技术的融合创新，项目往往由一家较为有实力的企业主推，多家企业参与、共同实施。在这样的合作模式下，这些项目和产品具有更强的系统性、灵活性和可延续性。我国工业体系更为庞大，企业的发展需求也更为多元化，尤其需要发挥行业领军企业在融合发展中的主导作用。应鼓励设备供应企业、网络与信息服务企业、软件开发企业及网络化转型先行的工业企业等多方主体发挥自身优势，通过优势互补共谋发展。特别是要大力支持系统解决方案提供商的发展，以切实推动工业互联网在传统制造业中的推广应用。

（二）以重点领域为突破口，带动工业互联网应用加速渗透

从发展的切入点与渗透路径来看，美国工业互联网项目主要是选择航空、ICT 制造等传统的优势领域为切入点，待项目发展成熟、相关技术与产品的可靠性得以实践验证后，再逐步向其他领域复制扩散。例如，GE 公司是首先在航空领域成功应用了工业互联网产品后再向医疗、能源等领域进行布局。由此作为参考，我国可选择制造领域的关键环节，且在有基础、带动性强的领域重点推进。在具体实施过程中，可选取不同行业、不同规模中具有代表性的企业，以及发展潜力大、可复制性强的工业互联网应用模式，在全国或

局部范围开展试点示范。在此基础上需要及时总结经验，引导各细分行业企业和不同规模企业选择合适的发展融合路径和模式，以降低应用创新风险。

（三）以环境打造为重点，培育健康有序的工业互联网发展生态

美国 IIC 通过联盟成员之间的合作研发与供需对接等活动，不仅形成了一定规模的产业协同发展的生态环境，同时随着领军企业产品应用的不断推广和其他企业的积极响应，相关技术标准规范在行业内的影响力也更加深远。我国应当充分借鉴美国 IIC 的做法，树立工业互联网的生态观、系统观、发展观，推动相关政府、企业与机构在产品研发、项目实施、应用推广方面的合作，整合关联产业资源为工业互联网发展构筑生态环境。重点包括：一是面向大型企业的转型需求与中小型企业的发展需求，以行业协会、产业联盟、工业云等线上和线下的各类平台为依托，构筑企业间经验共享、优势互补、知识共用、联动发展的协作生态。二是要积极发展工业互联网应用开发平台，鼓励电信企业、工业企业和 IT 服务企业等依托产业联盟的聚合力量加强合作，在软件开发、集成设备管理、商务服务、数据分析等方面逐步形成行业技术标准与规范，提升自主工业互联网品牌的产业主导能力。

（中国信息通信研究院　　秦业　肖荣美　王峰）

专稿四　制定工业互联网频率规划，服务《中国制造 2025》战略实施

《中国制造 2025》是我国全面推进实施制造强国的重要战略，工业互联网是支撑我国制造的关键综合信息基础设施。频率是发展工业互联网的重要资源。大规模工业应用对通信提出了新的要求，现有的工业用频主要集中在免许可的 900MHz、2.4GHz、5.8GHz 等频段（即工业、科学、医学频段），无法满足未来工业互联网高速率、密集接入、高可靠性等需求。欧盟已开始研究工业互联网的频率需求和候选频段。美国通用电气通过与运营商合作实现工业互联网全球范围的无线连接。我国需要研究制定工业互联网频率规划，结合 5G 发展，服务《中国制造 2025》战略实施。

一、工业互联网对通信网络提出了新要求

2015 年 5 月，我国正式发布了《中国制造 2025》，这是我国实施制造强国战略第一个十年行动纲领，是增强我国综合国力、提升国际竞争力、保障国家安全的重大战略部署。工业互联网是支撑我国制造的关键综合信息基础设施，而通信网络又是工业互联网的基础，是各类数据传输的通道。

工业互联网对通信网络提出了新要求，按照使用范围划分，通信网络可分为工厂内和工厂外两大类，工厂内网络主要承载控制类、采集类和交互类业务，各类业务对网络的性能要求也不相同，如承载控制类业务的网络需要具备低时延（端到端时延毫秒级，时延抖动微秒级）、高可靠（数据传输成功率 99.999%）、高同步精度（百纳秒级）的能力；承载采集类业务的网络需要具备高密度接入（百万连接/平方公里）、低功耗（使用超过 10 年以上）的能力；承载交互类业务的网络需要具备高传输速率（体验速率 Gbit/s 级）的能力。工厂外网络承载主要有控制类、采集类、交互类和单项传送类四类业务。与工厂内业务相似，工厂外的四类业务对通信网络也有同样的要求，特别是部分工厂外采集类业务还要求网络支持高移动接入能力（500km/h）。推动我国工业互联网发展，必须

构建高性能的通信网络。

二、频率是发展工业互联网的重要资源

无线网络是发展工业互联网的基础网络之一，离不开频率资源的保障。

（一）无线网络应用于工业互联网具有明显优势

无线网络作为工业互联网的通信网络具有明显优势。一是无线技术可以大幅降低网络建设和维护成本。无线网络能够快速部署，无需在现场、车间、厂房等环境铺设线缆及相关保护装置。以工业测控系统为例，传统有线系统的布线成本为 30～100 美元/米，在一些恶劣环境下可达到 2000 美元/米[32]。运行期间需要不断检测系统状态，发现错误后需立即更换电缆。使用无线技术将使测控系统的安装与维护成本降低 90%。二是无线网络可以显著提高生产效率。使用无线技术后，现场设备摆脱了线缆束缚，增加了现场仪表与被控设备的可移动性、网络结构的灵活性以及工程应用的多样性，用户可以根据工业应用需求的变化，快速、灵活、方便、低成本地重构系统。三是无线网络可以提高安全性。使用无线技术可以大大降低传统线缆在旋转或移动设备时危险环境发生事故的风险。利用无线手段可以快速部署大量监测设备，实现对工业全流程的“泛在感知”，提高系统运行安全。

（二）无线网络应用于工业领域还需要解决一些问题

尽管无线技术具有明显优势，但相比有线网络仍存在一些需要解决的问题。一是无线通信容易受到干扰。应用工业互联网的现场、车间、厂房等场景电磁环境较为复杂，各种大型器械、金属管道等对无线信号的反射、散射造成的多径效应严重，马达、器械运转时产生电磁噪声会对无线通信产生干扰。例如，在焊接车间，焊接机会辐射出强烈的电磁噪声，对 1.5GHz 以下频段产生一定的干扰[33]。二

[32] 自动化博览 2009.1《工业无线网络 WIA 标准体系与关键技术》。

[33] ETSI TR 102 889-2《Electromagnetic compatibility and Radio spectrum Matters (ERM); System Reference Document; Short Range Devices (SRD); Part 2: Technical characteristics for SRD equipment for wireless industrial applications using technologies different from Ultra-Wide Band (UWB)》.

是有限空间内传感、控制、作业等大量设备需要同时接入工业互联网，对无线网络的接入能力提出了较高要求。根据欧盟工业互联网频率需求材料测算，要求在100平方米的生产车间内，通信网络至少具备300个设备同时接入的能力。三是现有的无线技术在满足工业互联网高速率、高可靠性、广泛互联等方面需要进一步提升。目前国内外已有的工业领域无线技术标准主要解决低速率、短距离范围的设备接入问题。

（三）现有的频率资源无法满足工业互联网的多样化需求

目前全球没有为工业应用规划专用频率，而是以免许可方式与科学、医学等应用共享使用900MHz、2.4GHz、5.8GHz等频段（即工业、科学、医学频段，ISM频段），市场上的工业无线产品都是工作在ISM频段，其中2.4GHz频段是应用较多的频段。现有规划频率已无法满足工业互联网的发展需要。一方面，由于现有工业用频率都是以免许可方式与多种业务共享，由于WLAN、蓝牙等各类通信技术广泛应用，ISM频段电磁环境复杂，干扰问题日趋严重，影响了工业网络的运行安全。另一方面，由于工业应用的不断发展，对网络提出了高速率、密集接入、高可靠性等新需求，现有的频率资源已无法满足网络速率、接入密度、安全等方面的要求，需要规划专用频率支持工业互联网发展。

三、部分国家已考虑工业互联网频率使用问题

（一）业界已制定了工业无线技术的部分标准

传统的工业强国早在2004年就开始研究制定工业无线技术的标准，重点解决在恶劣工业现场环境下，设备间的短距离、低速率信息传输问题。目前国际电工委员会（IEC）、美国仪表系统与自动化协会（ISA）等组织已制定了WirelessHART、ISA 100.11a、WIA-PA等工业无线技术标准，这些标准都是基于IEEE 802.15的物理层技术规范，工作在2.4GHz等ISM频段。其中WIA-PA是我国工业无线技术标准，已被IEC采纳为欧洲标准之一。

（二）欧盟研究了工业无线技术的频率需求和候选频段

欧盟从2011年开始研究工业无线技术专用频率问题，分析测算了典型场景下工业无线应用的频率需求，初步提出了候选频段。欧洲电信标准化协会(ETSI)评估了工业无线技术的应用场景、技术性能，测算出覆盖生产车间、厂房和整个工厂三个层面的无线应用频率需求约为76MHz，提出了6段候选频段，包括2360～2400MHz、2483.5～2500MHz、5150～5250MHz、5725～5925MHz等频段。2014年IEC进一步制定了工业无线网络的技术规范，明确了工业专用频段应该在1.4～6GHz之间，至少需要76MHz的专用频谱。同时IEC还考虑调整工业领域使用ISM频率的功率限制，确保工业无线技术能够高效、可靠地使用ISM频段[34]。

（三）国外运营商利用移动通信频率服务工业互联网

国外运营商利用移动通信频率为工业互联网提供工厂外更广泛的网络服务。美国电信运营商AT&T与通用电气（GE）签署了一项全球联盟协议。根据协议，GE机器可通过AT&T网络连接到云端，实现在全球几乎任何地方远程跟踪、监控、记录和操作GE机器，实现对工业机器的主动维护和远程控制。GE还与软银、Verizon和沃达丰达成全球联盟，为工业互联网优化无线网络连接方案。

四、我国工业互联网频率规划和使用建议

（一）研究制定我国工业互联网频率规划

结合我国《智能制造标准体系建设指南》，研究我国工业互联网应用的典型场景和特点，从工厂内和工厂外两个层面测算工业无线应用的频率需求，明确工业互联网的频率规划原则和使用思路，统筹ISM频率和专用频率综合使用。考虑全球化推广、工业应用特点、设备产业化等因素，制定工业互联网频率规划。

[34] IEC TS 62657-1 《Industrial communication networks – Wireless communication networks – Part 1: Wireless communication requirements and spectrum considerations》.

（二）规范工厂内 ISM 频率使用

现有的工业无线技术和标准均工作在 ISM 频段，能够实现短距离范围内的低速数据传输，并具有较高的可靠性。围绕工业用频特点，规范工厂内网络使用 ISM 频率，研究制定工业互联网 ISM 频段设备发射功率和共享要求，利用已有技术标准承载工厂内非关键业务和短距离低速业务。

（三）利用 5G 解决工业互联网通信部分需求

目前全球 5G 愿景和需求已经明确，提出了高速率、密集接入、低时延等多个指标，能够满足工业互联网的各项要求。工业互联网将是未来 5G 的典型应用之一。充分利用 5G 重点解决工厂外网络需求，实现工业互联网更广泛的连接。

（中国信息通信研究院　　刘琪）

专稿五　加快工业数据平台布局，抢占智能制造生态制高点

全球工业制造业正处于重大变革阶段，传统工业逐步向智能化方向发展。工业大数据将成为未来智能制造的核心，对大数据的分析和使用将成为提升工业生产运营的关键，而传统的系统（如 ERP 等）已无法满足对未来海量设备数据的处理及分析需求，新型工业数据平台由此兴起。工业数据平台（Industrial IOT Platform）是智能制造新增的关键技术环节，也是当前产业巨头布局的主要方向，众多国际巨头已经纷纷加入平台产品建设。目前全球工业数据平台产业尚处于培育阶段，把握机遇，及早布局，发展强大的工业数据平台产品及产业生态，对于我国抢占全球智能制造产业竞争制高点，构建完善智能制造产业体系，巩固在制造业领域的优势地位具有尤为突出的意义。

一、工业数据平台的内涵和作用

（一）工业数据平台的本质是智能制造体系各层级数据的贯通聚合

工业数据平台是指具备底层设备数据采集集成和上层企业信息系统数据打通整合能力，并基于工业数据进行分析实现工业设备、流程、工艺优化的系统平台，其依托嵌入式传感、计算、控制技术，结合先进物联网、云和大数据技术实现工厂内环节及厂外云端数据的打通。当前业界中流行的工业 IOT 平台、智能化集成平台等均属此类平台。工业数据平台的本质内涵是将 IT 层与 OT 层进行聚合，实现上下数据通道的打通，一方面使 OT 层数据有效支撑 IT 层应用，另一方面通过数据分析对 OT 层设备实现优化。一个完整的工业数据平台产品需要同时具备三大要素功能。一是物联网要素，即设备的聚合能力。设备的聚合能力是工业数据平台最基础的能力，能够将不同类型、不同年代甚至不同生产商的机械设备进行连接打通，实现机器到机器和机器到云的信息数据流动，能够使不同标准接口的设备通过一定方式进行统一集成。二是大数据与云计算要素，即大数据管理能力。一方面应具备不同结构（结构化和非结构化）与类

型数据的集成能力，以及独立的存储、管理等数据库功能；另一方面要求平台必须能够对整合数据进行深入分析，产生全新的数据价值，进而实现对设备、资产、流程优化的支撑。三是互联网要素，即平台的开放能力，要求平台具备开放能力，能够提供完整的开发环境使第三方基于平台进行工业 APP 开发，实现行业应用的多方协同。

目前工业数据平台已开始应用于不同智能制造场景。在个性化定制方面，工业数据平台对用户需求信息进行存储及分析，并通过平台仿真应用制定产品参数，基于模块化设计组合形成个性化产品，以满足用户的个性需求。仿真设计软件巨头欧特克（Autodesk）推出了 Fusion 360 平台，集成了欧特克多个虚拟仿真应用软件，内置大量工业行业模型库，通过大量采集用户需求信息，为用户个性化定制服务。在精益生产/运维方面，工业数据平台能够通过数据分析及平台应用帮助企业在生产和运维方面的精益化提升，西门子 Sinalytic 平台已连接 30 万台设备并进行维护，其中西班牙的西门子 Velaro 高速列车通过 Sinalytic 平台进行设备运维及数据分析，使列车准点率提高至 99.9%。在产品服务化方面，工业数据平台主要应用在产品远程维护方面。GE Predix 应用于风机远程维护，在风机产品中内置嵌入式传感器，将生成的数据通过 Predix 软件平台进行实时分析，监测风机、风电场甚至整个行业编队的性能数据。这些数据提供可能影响性能的风机温度、振动、形变等信息，通过平台定制维护计划以实现预防性维护。

（二）工业数据平台在智能制造生产中将发挥承上启下的关键作用

信息通信技术与工业控制技术快速融合，并初步显现出以开放化平台为核心，向下整合硬件资源、向上承载软件应用的发展趋势。当前发达国家和地区均将工业数据平台作为战略布局的重要方向。通用电气公司（GE）于 2013 年推出以 PaaS 为核心的 Predix 工业软件平台产品，正式开启国际工业数据平台发展的序幕。随着 GE Predix 平台产品推出，其他国际产业巨头纷纷加入工业数据平台的竞争，西门子推出 Sinalytic 平台，将所有跨业务的远程分析和维护服务进行整合；IBM 推出了以 PaaS 为核心的数据分析及应用开发平台；SAP 基于大数据分析引擎推出 HANA 平台等。

二、工业数据平台在国外的发展形势

（一）领先企业已开始布局工业数据平台并应用于产业实践

工业数据平台及解决方案提供商不断涌现，目前全球工业数据平台提供商包含四类企业，即工业企业、软件企业、IT 硬件企业和系统集成企业。当前典型平台产品均聚焦多个行业领域，根据产品涉及领域和功能呈现为两横两纵的四类模式。一是以传统工业巨头企业为主体，兼具平台层和边缘层功能，发展领域聚焦于工业领域，代表产品是 GE Predix 平台，主要通过 Predix Machine 实现对 OT 层的数据打通及采集，并提供数据分析及应用开发等工业微服务。二是以 IT 软件企业为主体，聚焦 IT 层功能，提供多行业大数据解决方案。代表产品是 SAP HANA，其本质是一个基于内存计算的大数据引擎，结合大量实时数据分析，为企业提供商业应用及解决方案。三是以 IT 硬件企业为主，聚焦 OT 层功能，与 IT 企业合作提供多行业的行业解决方案，代表产品是 ARM Mbed 平台，通过基于 ARM® Cortex®-M 的 MCU 打造一种现代化全协议连接平台，并通过 mbed Device Server 软件实现大数据分析。四是以兼具 IT 软硬件实力的系统集成企业为主，兼具平台层和边缘层功能，应用领域不局限于单一领域，同时还聚焦于智慧城市及智能交通等数字化领域，代表产品是 IBM Bluemix 平台，Bluemix 是一个 PaaS 平台，通过服务（Services）和功能插件（Add-Ons）完成数据分析并提供开发环境。

当前出现的工业数据平台已应用于多个领域，根据工业数据平台的用户需求及应用环节的不同，可将当前工业数据平台的应用模式概括为三类。一是生产优化工具，通过工业数据平台对底层设备数据的实时分析、监控，实现对工厂内设备的优化管理，例如海尔利用 GE Predix 平台及相关工具，实现对生产车间的生产设备健康状态管理、可靠性管理以及运营维护优化；二是数据分析决策工具，平台应用企业凭借工业数据平台产品中的大数据分析引擎，替代或集成企业原有的 ERP 系统，实现顶层数据分析，例如国际知名农机企业约翰迪尔公司应用 SAP HANA 平台，将原有 ERP 集成入 HANA 平台，实现订单、维护等事务数据的分析处理。三是应用开发工具，ICT 企业通过应用工业数据平台开发功能，实现行业应用及解决方案的研发，并以此向工业领域延伸。例如日本移动服务提供商 NTT DoCoMo 公司与 PTC 合作，通过 PTC 公司的 Thing Worx® IoT 开发平台，开发 DoCoMo 的行业应用，提供面向工业制造领域的行业解决方案。

（二）基于工业数据平台的智能制造生态构建初见规模

工业数据平台作为贯通 IT 层与 OT 层的关键性产品，成为构建智能制造生态体系的核心要素。国际产业巨头凭借工业数据平台产品及行业应用，整合数据及经验，集聚 IT-OT 层上下游企业，逐步构建自主掌控的智能制造产业生态。

目前，国际产业巨头 GE 已率先围绕 Predix 平台构建了产业生态。具体实现模式包括：一是基于行业应用整合资源，GE Predix 通过核心应用产品 Predictivity 整合行业经验，推动关键领域合作，构建跨界平台型生态圈。二是通过企业战略合作，GE 与专业技术企业如大数据建模、云计算等建立战略合作，实现技术产品的共同研发。GE 通过与 Pivotal 公司建立战略协作，将 Pivotal 的云计算产品 Cloud Foundry 产品引入 Predix 平台并作为平台核心技术。三是通过开放平台聚集资源，GE 构建 Predix I.O 向第三方开发商提供开放资源，为应用开发者提供统一的开发环境及技术交流社区，在行业应用开发领域集合生态资源。四是通过收并购方式，GE 基于装备和自动化优势，通过并购合作，增强自身 IT 实力，GE 通过收购 Austin Digital 公司为 Predix 平台增加了航空数据分析引擎。五是通过建立产业联盟，GE 通过主导建立美国工业互联网联盟（IIC）实现 Predix 平台技术整合及产业推广。其他国际行业巨头如西门子、IBM 等均采用以上模式开始构建平台生态。

三、我国工业数据平台的发展基础与现状

我国工业数据平台发展已具备一定基础，产业界推出了类似产品，自动化企业、信息技术企业、工业企业等产业主体围绕数据平台各有侧重开展实践。

自动化与控制系统供应商围绕 SCADA 组态软件推出数据集成平台系统，实现现场设备的数据采集和工厂级数据集成。和利时的 SCADA 系统融合 MES 与 DSC 功能，积累了各行业大量的现场设备数据，并推出基于 SCADA 的数据分析云服务平台。福大自动化以组态原件为核心开发了工业自动化通用技术平

台 IAP，通过一套数据引擎进行不同组态软件之间的数据互通与互操作，完成对自动化过程和装备的数据采集与监测控制。

网络与数据应用技术供应商通过智能网关、大数据、开放 API 等技术加强传统底层设备、工控系统、工业软件的打通，推出工厂级的工业数据互联解决方案。华为建立集成行业应用的 IOT 联接管理平台，向下通过工业互联网敏捷网关连接设备与传感器采集数据，向上提供数据管理和开放 API 接口，并基于云计算提供灵活的行业应用。明匠将以太网、总线通信协议与数据接口集成在 MES 中，开发预分析和关键信息推送功能模块，与上层大数据平台共同构成工厂工业数据集成管理系统。中国电信、中国移动提出了基于工业互联网的平台产品雏形，星环科技、杰之能、华院数据等数据技术企业分别在石化、航空、家电等领域建设了行业应用型工业大数据平台。

传统工业企业愈发重视工业数据的收集与汇聚，结合自身智能化生产需要，在内部构建企业专用的工业数据平台与生产系统，通过对自身设备、产品和用户数据的分析提升生产效率与服务质量。三一重工基于 Hadoop 搭建工业大数据分析平台，实现挖掘机设备管理与远程维护，目前已联网 20 万台设备，可采集数据的设备占已售出设备的 30%。海尔以 iMES 系统为核心，进行了 PLM、ERP、工控等系统的整合，形成用户需求、产品设计、制造、物流、服务的数字化闭环，并试图构建从设备层面到企业层面的人机物互联系统平台。富士康开发了 TDK 产线制程异常监控与分析系统，结合机器人终端、DCS/PLC、MES、ERP 等系统进行数据采集与集成，依托 Hadoop 技术的 data hub 实现数据分析，用于手机制造产能、良率、人力等指标的自主诊断控制与实时可视化呈现。中兴自主研发 UTS 智能生产管理系统平台，能够进行 SMT 数据、检测数据、装配数据、设备维修数据、人员绩效数据的采集，并通过工厂内互联网络和系统数据协议，实现生产数据的全工序智能互联与管控。

四、我国工业数据平台发展面临的问题与挑战

（一）国内工业数据平台产品仍存在较多问题

国内现有工业数据平台架构偏重传统工业，系统架构理念过时，对云、大

数据、开源操作系统等新兴技术应用不足。大部分工业数据平台以工厂内本地软件形式出现，基本处于工业控制系统的底层环节，通过中间件、点对点集成等方式实现 FCS、DCS 等系统设备的互联，数据分析应用以可视化、指标监测等简单功能为主，不支持云计算和大数据能力。

国内工业数据平台系统集成能力有限，在工业细分领域的数据建模和分析能力不足。国内平台多围绕 SCADA 与组态软件实现系统与数据集成，需要面向现场的特定场景，平台产品多以孤立分散的多个系统互联形成，对外部异构系统集成与功能整合能力不足。同时，国内平台对工业细分领域的工艺流程理解不深刻、经验积累不足，仍处于大量工业数据采集与集成阶段，尚无法通过建立准确的工业模型实现价值化的分析与应用。

国内数据平台多为专用系统和单项应用，缺乏基于平台二次开发的支撑能力。与国外工业数据平台所具备的较强的第三方应用承载能力不同，国内平台主要定位于实现数据互通等简单功能，针对预测性维护、良率诊断等智能化生产的特定功能进行开发，不具备承载复杂工业应用的能力，可移植性、扩展性与兼容性不足，缺乏二次开发环境支持。

（二）我国产业界发展工业数据平台面临复杂挑战

新一轮工业革命中，我国如果不集中优势力量、准确把握工业数据平台这一关键环节，或将在全球智能制造发展浪潮中失去发展先机，处于受制于人的被动地位。当前我国发展工业数据平台主要面临两大方面的挑战。

国内工控系统产业基础较为薄弱，底层工业国产化水平较低，缺乏对平台的系统性支撑。和利时、浙大中控、北京机械自动化研究所等国内工控企业规模小、业务分散，主要基础硬件几乎全部由国外企业提供，工控软件在可靠性、市场信誉等方面不如国外产品，国内工业企业需破解多种国外把持的复杂接口协议以实现底层工业数据的打通。

国内缺乏类似 GE、西门子的产业龙头企业，基于工业数据平台构建生态的产业号召力不足。工业数据平台向下整合不同装备与控制系统数据，向上承载海量工业应用开发，必须由具有较强影响力的龙头企业主导才能成功。国内华为、和利时等企业虽也开始探索，但在产业资源整合上仍然面临较大困难。

五、对发展我国工业数据平台的建议

（一）引导工业企业关注工业数据平台，推动基于平台的智能化应用

引导工业企业关注并探索工业数据平台技术与应用，通过平台实现工厂内外数据采集与集成，加强工业数据建模分析与应用，培育基于工业数据平台的预测性维护、智能物流、个性化定制、协同研发制造行业应用试点，率先在航天航空、电力、石化、汽车、机械制造、信息电子等领域推广，初步形成国内工业数据平台的行业应用示范效应。

（二）加强工业数据平台关键技术突破，鼓励综合性解决方案产业化

鼓励传统工控企业与信息技术企业深度合作，突破面向传感器、生产装备、控制系统的嵌入式系统和中间件软件技术，提升工厂底层数据集成和计算分析能力。基于工业数据平台即服务（PaaS）技术、工业应用接口（API）以及软件开发工具包（SDK）工具开发技术，推动软件企业、数据服务企业依托平台数据开展智能应用开发服务，鼓励工业系统集成商面向重点领域的综合解决方案研发与产业化。

（三）以标准为牵引，推进工业数据平台标准统一

鼓励国内自动化系统的服务商在数据/应用转换协议方面，能够支持通用的协议标准如 OPC-UA 等；同时，开展工业数据平台功能架构和技术标准的制定，统一工业数据平台技术标准框架及工厂内数据交换标准，实现对国产平台的底层支持。加强与其他国际组织或联盟及国际领先工业数据平台提供企业的合作，确保我国工业数据平台技术标准发展符合国际主流趋势，争取参与国际标准制定，谋求国际行业地位。

（四）以联合体为主体，推动工业数据平台自主技术研发与产业化

加快实现核心技术突破，重点面向传感器、生产装备、控制系统的嵌入式系统和中间件软件，以及异构数据系统集成、存储、分析等方面进行技术突破。

鼓励企业、研究院所、高校以创新联合体为主体，采用政府资金投入与企业入股方式相结合的方式，针对发展水平滞后但意义重大的技术领域，集中力量加快攻克核心技术难题，尽快掌握核心技术。大力加强工业数据平台产业化布局，以工业数据平台为核心，通过联合体形式，整合更为广泛的产业技术、资源，加快新型工业数据平台的产品的研发和推广，实现工业数据平台模式的产业生态发展总体布局。

（中国信息通信研究院　　刘钊　蒋昕昊）

专稿六 推动工业互联网发展的法律政策建议

"随着工业互联网的崛起，世界正处在通向创新与变革时代的门口"，一幅以互联网融合创新引领未来工业发展的盛大图景正在全球展开。2016 年年初，世界经济论坛发布《工业互联网：释放互联产品和服务潜能》报告，着重指出工业互联网正处于其发展的初期，对网络安全、数据保护等带来诸多挑战，报告还对工业互联网技术提供者、使用企业、政策制定者等各利益相关方提出了政策建议。互联网与工业的融合，改变了传统工业的运行规则，新技术新业务的采用以及用户在生产过程中的参与，带来了新的法律政策挑战。建议加强网络安全领域立法，推进网络基础设施建设，制定数据管理规则，为工业互联网健康发展提供保障。

2015 年 1 月，世界经济论坛（World Economic Forum）发布了《工业互联网：释放互联产品和服务潜能》的报告（以下简称《报告》)，对全球工业互联网进行了深入调研，重点关注工业互联网带来的法律和政策挑战，并提出了政策建议。

一、工业互联网开启新一轮产业革命

世界经济论坛在《报告》中介绍了对工业互联网的调研成果，包括目前工业互联网发展的状况、工业互联网给人类社会带来的机遇，以及充分利用工业互联网所需要克服的挑战和风险等。《报告》同时号召各利益相关方立即采取措施以促进工业互联网的持续发展。

（一）工业互联网重构传统工业发展模式

工业互联网将带来工业及相关产业的变革，极大地推动技术创新和更强劲的经济增长。《报告》指出，过去十五年，互联网重新定义了媒体业、零售业和金融服务业等（B2C）产业的模式；未来十年，工业互联网将会带来制造业、能源、农业、交通运输业以及其他相关工业部门的巨大变革。工业互联网是工业系统与高级计算机、分析传感技术及互联网的高度融合体，它将人、数据、智能资产和设备连接起来，结合软件和大数据分析等技术，充分释放机器潜能，达到提高生产力和工作效率、降低成本、减少资源使用的目的。工业互联网将会改变市场竞争的基础，打破传统工业既有边界，重新划定工业门类，并崛起一批类似谷歌、亚马逊、奈飞这样的世界级巨头企业。可以说，工业互联网的崛起，正推动世界走向创新与变革时代的门口。

（二）工业互联网面临的挑战和风险

《报告》指出，当前工业互联网正处于其发展的初期阶段，很多重要的问题仍悬而未决，也面临着诸多的挑战和风险。若要充分发挥工业互联网的潜力，政府和产业界就必须解决一些重大障碍。首先，网络安全和数据保护是工业互联网发展面临的最主要问题。随着工业互联网的到来，现有安全保护措施已难以满足未来数字世界与机器世界大规模融合的需要。其次，现有系统互联互通不足是工业互联网发展的关键障碍。缺乏互联互通将显著增加工业互联网的部署成本和复杂度。此外，还有很多其他需要予以重视的突出问题，如对新技术投资回报的不确定性、不成熟技术可能带来的风险、跨境数据流动管理规则缺乏以及相关人才的短缺等，都直接影响到工业互联网的发展。

（三）世界经济论坛的政策建议

为促进工业互联网进一步发展，《报告》建议技术、商业和政府等各方利益相关者立即采取措施，克服挑战和障碍，抓住工业互联网发展的历史机遇。

首先，工业互联网技术提供者应该提供“技术兼容、安全可靠”的解决方案。一是通过测试验证提升跨系统的互联互通。重点是开发实际测试平台，加强不同主体之间的技术兼容协作，支持新的实用案例和产品理念。二是分享最佳安全实践，提升安全防护共识。目前，各工业领域内的安全实践措施千差万别，而且与信息通信产业的安全防护措施也相去甚远，亟须在全球范围内达成安全共识，向利益相关者推介最佳的安全防护实践。三是注重利用新技术提升老旧设备能力，特别是面向废弃的、闲置的或未得到充分利用的工业和商业设施，赋予其全新活力，实现“旧貌换新颜”。四是推介产品或解决方案时，要为技术采用者指明市场机遇，强调潜在风险。对于潜在技术接受者来说，在决定接受新技术之前，则需要看到一个明确的前景，从这个意义上来说，工业互联网仍然处于发展早期。

其次，企业即技术的采用者需要立足长远，评估对自身影响，并通过试点示范推进工业互联网部署。一是面向工业互联网时代重新制定其商业策略。包括评估工业互联网对其产业布局和发展战略的影响，并制定多种可供选择的策略和应对举措。二是打造自身的生态系统。企业需要明白生态系统在工业互联网部署中至关重要的作用。三是甄别企业目前可以推进的示范项目，采纳经过实践检验的案例，可在短期内给企业带来可见效益，如减少运营周期、节约成本、改进业务流程等。

最后，公共政策制定者需要健全管理规则，加快网络基础设施建设和部署。一是明确和简化数据保护政策规定。全球企业需要对工业数据的采集、所有、转移和使用有一个清晰的法律指南。二是更新传统工业领域的产业规则，部分传统产业领域的政府管理过于严苛，应该放松管制，激发企业投资和创新活力。三是加大投资支持网络基础设施建设。工业互联网的成功主要依赖于高速畅通的信息基础设施，例如无所不在的宽带网络连接和传感器等。

总的来说，工业互联网的发展需要各利益相关方携起手来，共同提高信息基础设施和工业系统的安全性、可靠性和互联性。特别是安全问题，企业、行业或者政府都不可能独自解决，需要多方共同努力。

二、推进工业互联网发展面临的四大挑战

工业互联网的发展在网络安全、数据保护、网络基础设施建设和政策环境等方面带来诸多挑战。

（一）工业互联网的网络安全问题亟待解决

一直以来，工业控制系统运行在相对封闭的专网上，各自的工业控制协议又相互独立，系统安全性较易得到保障。随着工业互联网的推广和应用，工业控制系统采用通用协议、通用软硬件后，传统计算机系统的安全威胁也被移植到工业控制系统中，带来了病毒扩散、黑客攻击等潜在安全风险。世界经济论坛《报告》显示，发展工业互联网面临的最大障碍和风险来自于安全隐患与数

据隐私。41%的受访者认为工业控制系统与互联网连接后，可能在安全方面变得更加脆弱。但目前尚缺乏统一的工业互联网安全框架。《报告》指出，不同工业互联网领域的信息系统架构及运行安全实践存在很大差异，目前安全信息如漏洞和案例未得到充分共享，未来亟须建成统一的工业互联网安全框架，共享不同工业互联网领域之间的安全威胁信息和跨行业的安全管理实践。

（二）工业互联网的数据安全亟需法律保障

工业互联网催生了工业大数据，《报告》指出亟须对工业数据的所有权、转移和使用制定清晰的法律指南。首先，需要对工业互联网数据进行确权，确定谁拥有这些智能设备或系统所产生数据的所有权。其次，应当明确数据的转移问题，即在什么情况下，哪些信息能够被共享或出售。最后，还要解决数据的跨境流动问题，例如当数据在一国管辖范围内产生而在另一国管辖范围内使用的话，各主体之间的责任如何划分。但正如《报告》所言，当前全球分工越发细化复杂，很难将工业互联网产生的数据以国界为标准进行分割，跨境流动是工业互联网发展的必然趋势，而这不可避免地带来数据安全和数据保护问题。为此，政府应该加强与企业的沟通协商，了解产业界的诉求，重新审视并更新其数据保护政策和企业责任制度。

（三）工业互联网对网络基础设施提出更高要求

互联网自诞生至今，一直是一张“尽力而为”的网络，大多数互联网业务和应用对传输时延和丢包率不敏感，如电子邮件、文件下载和在线媒体等。而在工业互联网中，网络制造涉及工业数据高频采集、数据高速实时传输以确保制造流程各环节紧密相扣；车联网要求实时掌控车辆状态、确保控制信令实时交互等，这都要求传输时延、丢包率和精度等指标比公用互联网更高，确保“实时反应速度”。为满足上述要求，基础设施建设需要进一步加强，如无处不在的宽带连接和传感器，以及存储海量数据所必需的数据中心等。

《报告》指出，政府需要继续增加数字基础设施的投资（如嵌入式传感器、宽带连接能力等），从而深度挖掘工业互联网带来的潜力，加速经济发展。在工业互联网发展初期，新兴市场国家可以一步到位，直接上马最先进的传感器设备，从而避免重走发达国家代价高昂的设备升级道路，有助于为智慧城市建设提供基础，实现人力资源的优化利用，更有力地保障公共安全和市民服务。但需避免一窝蜂上马导致能源耗费和设施空置等问题。根据美国通用电气2012年发布的《工业互联网：打破智慧与机器的边界》白皮书统计，全球数据中心每年约消耗1300亿度电，相当于纽约全市每年耗电量的2.6倍。到2025年，数据中心的耗电量将增加到相当于9～14个超级城市耗电量的水平。在基础设施建设中，新兴市场为满足经济和人口增长的需求，快速兴建大量新的数据中心，但往往忽略对自身数据处理需求的评估，容易造成基础设施的空置和浪费。建设高效、清洁和具有弹性的未来数据中心，对于工业互联网未来发展具有重要意义。

（四）工业互联网要求创新传统工业时代管理制度

工业与互联网的融合，改变了传统产业的边界，对其管理制度也带来挑战。《报告》指出，要更新工业领域的相关制度以适应工业互联网的发展。一是在市场准入方面，部分产业领域的管理过于严苛，不利于激发企业投资创新的积极性，如公共产品和健康产业，在很多国家都是被重手管制的。为了使这些产业从工业互联网发展中受益，《报告》建议政策制定者重新评估和放松现有的管制规定，为公司投资和创新提供便利，增强政策透明度，鼓励市场竞争，给消费者提供更好的服务。二是在行业准则方面，“数字劳动力”的使用，如智能传感器、机器人等在未来工厂中的大规模应用，可能带来全新的法律问题，甚至是伦理问题。如在汽车业、航空业以及医院等，需要调整其监管规则，以允许无人驾驶汽车在路上行驶，允许机器人在工厂和医院中工作。三是在配套保障方面，应鼓励创新金融工具和保险类型，以帮助企业适应工业互联网时代的风险管理，降低推广难度。

三、对我国的启示和建议

当前，新一代信息技术与制造业深度融合，正在引发影响深远的产业变革，形成新的生产方式、产业形态、商业模式和经济增长点。发达国家纷纷实施“再工业化”战略，重塑制造业竞争新优势。2015年5月，国务院发布《中国制造2025》，强调要坚持走新型工业化和信息化融合之路，打造我国制造新优势。其中，促进工业互联网、云计算、大数据在企业研发设计、生产制造、经营管理、销售服务等全流程和全产业链的综合集成应用是一项重要任务。在具体法律政策保障方面，还需要加大网络安全、数据保护等方面的立法力度，同时提升信息网络能力，夯实工业互联网发展基础。

（一）加强对工业互联网法律支持的总体考虑

传统工业与互联网的深度融合，改变或更新了传统工业领域的运行规则。就立法而言，传统分部门的工业立法有一些已经不适应工业互联网发展的要求，需要抓紧修订或增设新的规则，尤其是增加传统工业产业主体在工业互联网环境下的权责要求；个性化定制和按需制造等新模式新业态，使用户也参与到生产流程中，同时也给工业企业在用户信息保护等方面带来新的问题，未来立法应着重考虑工业控制系统的安全、更大规模的数据流和个性化用户定制带来的数据保护等新问题。在产业政策方面，需要破除传统产业中阻碍工业互联网发展的政策壁垒，制定适应工业互联网发展的更加开放的准入政策和监管政策。

（二）推动工业互联网安全立法，强化网络安全监管的制度保障

工业控制系统联网后，不仅给工业互联网带来传统 IT 系统的安全威胁，同时在工业互联网新兴业态下体现出新的特点，需要根据工业互联网特点进行立法，保障工业互联网产业的整体安全。一是出台专门的工业智能设备技术法规和技术标准。要求企业对工业智能设备收集的数据进行加密处理，防止未经授权的访问和滥用，细化相关设备的入网认证制度，明确滥用、非法使用此技术应承担的法律后果。二是将工业互联网的安全问题纳入《网络安全法》。统筹考虑涉及工业互联网基础设施的网络安全问题，提高对工业互联网基础设施的在线安全监测能力，建立部门间网络安全风险信息共享机制；开展对工业互联网基础设施产品与服务的安全性和可控性审查；加强对网络基础设施、工业控制系统的法律保护，建立工业互联网安全事件的应急预警处置机制，保护行业安全和国家安全。三是开展人机交互等新兴领域的立法研究。包括工业机器收集使用商业秘密和公民个人隐私的监管规则，工业机器在执行人类指令过程中保证人类安全的前提要求等。

（三）推进网络基础设施建设，提升对工业互联网发展的基础支撑能力

工业互联网的全球化制造、网络众包、协同设计等生产模式，均要以强有力的网络基础设施支撑为前提，要进一步加大建设力度，提升网络性能和承载能力。一是加快制定工业互联网整体架构和发展路线图，形成工业互联网发展建设的顶层架构。确保网络连接更加可靠、快捷和安全，做到低时延、多并发、高精度、大容量和自主可控。二是打通行业壁垒，制定通信业和工业统一接口标准。加快推进新型两化融合产品和设备的标准制定和修订工作，重点规范工业企业智能制造设备状态和控制数据传输的互联互通和安全保障技术要求。三是加快推进高速宽带网络建设，全面推进固定网络光纤化和4G网络部署进程，大幅提升上网速率，加快工业云等应用基础设施发展，支持推动第三方工业云服务平台建设，统筹规划和合理布局数据中心。四是加强资源的管理和分配，探索设计面向工业应用的码号和IP地址等资源分配体系，推进企业之间、智能设备和产品之间的互联互通。

（四）制定工业大数据管理规则，加强数据安全保护

工业数据呈现爆发式增长态势，尽快制定数据管理规则，加强数据安全保护成为发展工业互联网的前期主要任务之一。首先，要制定明确的数据安全管理规则。用户对生产过程的参与，使工业互联网面临比传统工业更复杂的数据保护问题，除大规模的工业数据，还包括大量交互的用户数据，明确数据的所有、使用、转移等规则，有利于数据安全保护和更好发挥数据对产业发展的潜能。其次，制定数据跨境流动的规则。涉及国家安全、公共安全的重要数据，禁止其跨境流动；政府和公共部门的一般数据和相关行业敏感数据，可有条件的限制跨境流动；普通的个人数据允许跨境流动，但要满足安全管理要求。最后，明确数据生命周期各环节和各主体的安全责任。在数据全生命周期中，包括技术研发、产品制造、用户使用、服务管理等各个环节，均要明确相应的安全责任；同时，要清晰地界定政府、工业企业、网络运营者、服务提供者以及数据分析处理者等主体的法律责任。

（中国信息通信研究院　　李海英　伦一　何波）

专题三　区域发展经验

专稿七　美国实施先进制造的新态势、新举措及启示

自奥巴马提出重振美国制造业以来，美国政府以创新网络建设为主要抓手，以关键基础共性技术为战略重心，通过加强系统性基础性前瞻性战略布局、持续推进战略规划更新和实施、建立高效的执行机制，使其在关键技术创新、产业发展和竞争力提升等方面取得了显著的成效，先进制造业整体呈现出良好的发展态势。我部可借鉴美国推进先进制造的新态势、新举措，尽快启动并建设好第一批国家制造业创新中心，以《中国制造 2025》五大工程为抓手，突出前瞻性、基础性、协同性、持续性和执行力，推动制造强国建设扎实稳步前进。

一、美国先进制造发展的新态势

美国正加紧依托信息、新材料、新能源、生物等先进技术的集成应用，促进具备智能、柔性、绿色等特征的制造新技术、新工艺、新方法和新产品加快形成。

（一）关键支撑技术持续快速系统创新，引领全球先进制造发展方向

一是先进制造前沿科技触角不断延伸。美国不断开辟科技新领域，拓展先进技术新边界。2015 年，IBM 突破量子芯片的技术瓶颈，构建了量子芯片原型电路，为真正的量子计算机奠定了重要基础。Intel、IBM 等正在加紧 10/7 纳米工艺的研究。2015 年 4 月，加州大学开发出一种基于高分子材料、能在动物体内移动且具有自毁功能的纳米机器人。当前，美国又开始重点关注超材料、量子信息、认知神经学、合成生物学等颠覆性基础研究领域。

二是关键领域技术水平保持群体性领先。信息领域，谷歌大数据、亚马逊云计算、微软桌面操作系统、Intel 处理器都代表了全球最先进水平。航空发动

机、精密轴承、先进传感器等核心部件，高档数控机床、机器人、微电子生产设备等高端制造装备，飞机、汽车、工程机械、军工等整机制造领域，美国都处于全球顶尖水平。

三是先进技术交叉融合特征突出。信息、材料、生物、能源、控制等各类技术不断交叉，共同催生了新的前沿技术和产品。通过交叉集成云计算、大数据、先进传感、移动通信、工控网络等技术，形成作为新型工业基础设施的工业互联网。通过石墨烯材料、芯片和传感技术交叉集成，特斯拉正在研制续航里程有望达到 800 公里以上的高性能电池。通过微电子、微机械、新型材料、生物等技术交叉融合，CombiMatrix 研制出可探测甲型流感病毒的 DNA 芯片。

四是智能化、柔性化、绿色化新产品不断涌现。2013 年，GE 推出带有储能功能的智能风机，效率提升 25%。2015 年，苹果公司获得一项柔性电子设备专利，通过整合柔性的机壳、电池、电路板、显示屏等配件，能够生产出可弯曲、可折叠的电子产品。新一代智能汽车产品渐行渐近，谷歌的无人驾驶汽车已经安全行驶 160 万公里，通用汽车计划 2017 年推出配有“汽车间通信”系统的轿车。

（二）先进制造产业发展快速、创新密集，领导力和竞争力优势突出

一是先进制造业产业蓬勃发展。高端装备、新能源、新材料等产业快速增长。2014 年，北美机器人市场新增订单 2.8 万台，增长 28%。电动汽车销售 12 万辆，2011—2014 年复合增长率高达 200%。特斯拉市值达到 338 亿美元，7 年间增长 67 倍。3D 打印技术正在走向成熟化、规模化。

二是创新驱动发展特征更加突出。先进制造业是美国研发强度最高的领域。生物制药、计算机软硬件、汽车、工业设备、电子电气、材料等都是研发投入排名靠前的部门。2013 年全球 2500 家研发投入最多的工业企业中[35]，美国占 804 家，研发投入总额为 1937 亿欧元，同比增长 5%。

三是企业展现出全面的强大领导力。2014 年，英特尔半导体销售额超过 500 亿美元，高出排名第二位的三星 36%。2014 年 11 月，苹果成为首家市值超过 7000 亿美元的公司。在各领域全球市值最大的 10 家上市公司中[36]，美国在计算

[35] 数据来源：欧盟公布的《全球产业研发投资记分牌》。

[36] 数据来源：Forbes Global 2000。

机软件领域占8家，医疗设备占8家，生物技术占7家，航空与国防占5家，展现出绝对的领先地位和统治力。

四是制造企业出现回流。美国着力营造低成本、有竞争力的制造业发展环境，制造业综合成本比较优势正在上升。制造业企业正在向本土回流，GE、卡特彼勒、福特、苹果等正在将部分工厂和生产线向本土转移。

（三）经济增长复苏、效益好转、就业和国际贸易状况改善，先进制造业的战略作用逐步显现

一是以制造业为中心的实体经济发展状况明显好转，经济增长步入平稳较快轨道。制造业是受金融危机影响最大的部门之一，但2010年以来，制造业实现了与经济总体大致同步的增长，效益明显改善。2013年、2014年，制造企业利润分别增长31%、13%，而金融企业利润分别下降55.4%、0.2%。2014年，GDP增长2.4%，近五年平均达到2%，超过前十年的增长率平均值。

二是制造业就业强势上升，并带动整体就业状况显著改善。2014年年底，制造业全职工作人员达到1193万（比2010年增加69.7万人），并由此创造近600万个服务业就业岗位。2015年7月，美国失业率下降到5.3%，延续2009年以来失业率持续下降的趋势，创2008年5月以来的最低水平。

三是贸易状况大幅改善，产业国际竞争力上升。在对外贸易稳步发展的基础上，实现贸易逆差的大幅下降。2014年，贸易逆差占GDP的比重下降到3.1%，为2000年以来的最低点（2009年除外）。2014年，美国出口汽车共计210万辆，比2010年多近100万辆。航空、电子和柔性制造等先进技术产品贸易顺差分别达到745亿、64亿和11亿美元。

二、美国政府推动先进制造的新举措

美国通过系统分析战略需求，精准把握以信息和材料等关键支撑技术为核心的战略重点，持续系统推进先进制造战略研判和政策更新，建立高效推进机制，达到确保国家安全、提升经济竞争力和领导力等国家战略目标。

（一）加强系统性、基础性、前瞻性布局

一是系统性。基于系统性分析，提出先进制造的战略布局。通过系统分析影响制造业发展的关键要素、国内战略需求、全球市场形势、美国先进制造进展状况，提出推进先进制造发展的战略任务、政策体系、优先领域、分工职责等。2014 年先进制造伙伴关系指导委员会向总统提出促进创新、保障人才渠道、改善商业环境三大类 12 点具体而关联的建议并开始实施。

二是基础性。深刻把握先进制造的本质，将决定和支撑先进制造发展的关键基础共性技术作为战略重心，选取信息和新材料技术作为当前核心。总体包括先进传感、先进材料设计与合成、数字化制造、可持续制造、纳米制造、柔性电子、生物制造与生物信息、增材制造、先进制造与检测设备、工业机器人、先进成形和焊接 11 项变革性制造技术。2014 年 10 月，进一步提出重点关注先进传感、控制与平台，可视化、信息化和数字化制造，以及先进材料制造三个方向[37]。

三是前瞻性。注重在信息、材料、能源、生物等新兴技术领域的前瞻布局，并具有全面领先优势，同时形成领先发展和战略前瞻的良性循环。近年来美国相继提出联邦云计算战略、材料基因组计划等，为信息、材料等前沿技术产业发展提供了总体方向。自 2012 年以来成立的各个创新研究所更成为前瞻性技术产业化的桥头堡，如 2015 年成立的集成光电子制造创新研究所就专注于新一代高性能信息处理系统、自由空间光纤通信、量子信息科学等前沿技术的开发部署。

（二）持续系统推进战略更新和实施

一是持续出台先进制造研究报告和战略规划。自奥巴马上任以来，密集发布了《先进制造伙伴计划》《美国制造计划》等一系列文件，宣示发展高端制造的战略意图和决心。作为总统重要的科技战略咨询机构，PCAST[38]几乎每年都向奥巴马提交先进制造预研、总结、规划等方面的重要分析报告，成为关键技术聚焦、创新网络建设等众多战略部署的发起点。

二是持续出台并有力执行先进制造发展的政策措施。综合运用创新、投资、

[37] PCAST《加速美国先进制造业》。

[38] 总统科学技术顾问委员会，成员由科技界、产业界、教育界专家组成。

财税、贸易等政策手段，优化制造业发展的技术、劳动、人才、市场等要素条件和环境。例如，出台税收减免法案、加强宽带网络和交通公共基础设施投资建设，实施出口倍增计划等。2014 年年底，美国通过《振兴美国制造业和创新法案》，以法规形式确定了制造业创新中心关注的技术重点，规定了 2014—2024 财年政府对创新中心的资助资金要求，给出吸纳中小企业参与创新网络建设的具体措施。

建立美国制造业创新网络是最核心的政策措施，美国的行动非常迅速。目前已成立了包括增材制造、下一代电力电子、数字化制造与设计、轻量化材料制造、先进复合材料制造（2015 年 6 月）、集成光电子制造（2015 年 7 月）在内的六家创新研究所，另有柔性混合电子制造、清洁能源智能制造、革命性纤维和纺织品三家研究所在建。

（三）建立高效的推进机制

一是创新政产学研合作机制。国家创新战略、国家制造业创新网络等均体现了对政产学研合作的新思想和新机制，更好地实现战略规划与具体行动的结合，实现综合性与针对性的结合，实现基础研究与技术转化的结合。2014 年 PCAST 向总统递交的《加速美国先进制造业》报告中，提出建立卓越制造业中心（MCEs）——由产业和大学资金支持和运营的研究型实验室，旨在加强技术早期研发，并建立渠道实现与国家制造创新网络的对接。

二是提高政府相关部门的协同效率。一方面，建立灵活的组织领导体系，美国总统科技政策办公室（OSTP）和国家经济委员会（NEC）是常设的总体协调机构。成立“国家先进制造项目办公室”（AMNPO），具体负责战略行动的实施和协调。另一方面，以明确具体的任务导向，加强相关部门间的合作。由于任务具体、措施明确，商务部、国防部、能源部、NSF[39]、NIST[40]等机构展现出了很高的协同效率。2015 年 4 月，NIST 和 NSF 合作发起建立“工业界—学术界”先进制造咨询联盟，进一步强化国家先进制造研究和产业发展战略咨询工作。

三是发挥大企业优势和产业联盟的平台作用。先进制造业发展具有突出的集成化、系统化特征，大企业在技术研发、技术系统集成应用、产业生态系统

[39] 美国国家科学基金。

[40] 美国国家标准与技术研究院。

组织能力方面都具有突出的优势。在已建立的制造创新研究所中，起主导作用的主要是大企业。大企业发起的产业发展联盟也是先进制造技术创新和标准建设的重要平台。GE 等巨头发起的工业互联网联盟目前成员已近 200 家，建立了 6 个测试床，专注能源管理、交通装备、机械制造等多个领域的智能解决方案研发验证。

三、对不断推进制造强国建设的相关建议

《中国制造 2025》确定了我国实施制造强国战略第一个十年的行动纲领，具体部署了有关战略任务和重点。可结合《中国制造 2025》的具体实施，借鉴美国好的经验，突出前瞻性、基础性、协同性、持续性和执行力，高效、稳步推进制造强国建设。

（一）突出前瞻性

注重前瞻布局是美国产业政策长期秉承的传统，也是美国制造业保持全球领先的关键。我国制造业仍将长期处于赶超地位，加强前瞻性布局是尽快实现局部超越的重要前提。一是完善前瞻性技术咨询体系。可依托国家制造强国建设战略咨询委员会专家资源，强化重大战略咨询、技术选择、产业布局等的前瞻性研究。二是完善前沿新兴技术和产业前瞻部署机制。参考美国 PCAST 等战略咨询机构运作机制，建立战略新兴技术和参与分析机制，加强对新兴技术的前瞻预判。三是加快制造业创新中心建设。借鉴美国先进制造创新网络模式，优先面向工业互联网等战略意义重大、技术产业具备比较优势的前沿领域，尽快启动第一批或首个国家制造业创新中心建设，抢占制高点，并积累经验。

（二）突出基础性

美国先进制造战略非常重视基础共性技术的研究与成果转化，在广泛征集科技界、产业界、联邦机构杰出专家意见的基础上确立了重点发展的基础性技术。工业和信息化部也应将关键基础共性技术领域作为支撑制造强国的关键任务，最大限度地聚焦基础技术。突出重点，抓住重心，定向精准施策是政策高效执行的前提。可借鉴美国经验，在技术发展方向、路径选择等方面充分吸纳学术一线、行业一线意见，以新一代信息技术和新材料等领域为重点，依托战

略咨询委员会，组织一流科学家、技术专家和企业家，建立集聚产学研用的专家小组，尽快研究确定具体基础研究领域和方向。

（三）突出协同性

高效协同是美国先进制造战略推进的显著特征，战略报告的研究制定充分体现了多领域专家的协同，创新网络建设充分体现了公私部门的协同，产业联盟充分体现了企业间的协同。推进制造强国建设，也应围绕共同目标和共同利益，努力达成行动一致，提高协同性。一是政策的协同性。可由相关司局统筹《中国制造2025》各项具体政策的协同推进，并对接国家相关政策。二是主体行动的协同性。加强政府、行业、企业、高校之间的协同，完善组织领导和工作机制，充分发挥联盟组织的作用，支持互联网与工业融合创新、工业互联网、智能制造等战略性领域相关产业联盟的发展壮大。

（四）突出持续性

美国注重国家战略尤其是技术产业方面战略的持续推进，主要以连续性政策为手段，以在长期的全球竞争中保证目标的实现。《中国制造2025》提出了跨度35年的“三步走”战略，同样需要强调政策的持续性。建议围绕中期评估工作，依托相关机构建立持续发展形势研判机制，定期、及时向领导小组提供战略研判报告，重点加强政策实施检验反馈，根据产业实际发展需要适时调整、制定相关推进政策。

（五）突出执行力

美国先进制造战略的执行坚实、高效，如创新研究所建设从提出至今两年时间里已推进了9家，调动了多个政府机构和数百家企业的力量。当前，工业和信息化部各司局在《中国制造2025》实施上已有很多具体部署，下一步还应加强地方和企业的推进落实。一是地方政府加强《中国制造2025》国家政策与本地实际情况有机结合，加强省部联动和政产学研联动，尽快启动一批落地的示范项目、样板工程。二是产业界积极参与国家相关工程建设，发挥产业龙头的示范带动作用，在寻求自身新增长点的过程中共建制造强国的良好产业生态。

（中国信息通信研究院　王峰　尹晓倩　徐西峰　秦业）

专稿八　日本产业布局调整特点、做法及启示

我国相继出台了京津冀协同发展、长江经济带等重大区域发展战略，然而在实践层面，战略规划如何落地，中央和地方的积极性如何发挥，仍是有待解决的难题。通过对日本经济产业省中部、九州、关东经济产业局和东京、三重、大分等地方产业主管部门和部分园区、企业进行实地调研，我们发现，与认为日本制造业停滞不前的传统观点不同，立足于产业结构优化的产业布局调整极大地提高了日本制造业竞争力，其主要做法对我国有很大的启发。

一、基本特点

1. 制造业发展总体“稳定或停滞”

日本早在 20 世纪 70 年代就逐步进入了“后工业化”时代，是全球处于第二方阵的制造强国（与德国并列，第一方阵只有美国），但是近年来其制造业整体上似乎处于稳定或停滞状态。2002—2013 年，日本制造业增加值下降 7.6%，只有青森、爱知等 5 县制造业增加值增长超过 10%；关东、中部和近畿地区增加值之和占全国的比重基本稳定在 75%左右，而位居前 5 位的主导行业增加值之和占全国的比重基本稳定在 50%左右。

2. 产业结构更有利于创新

日本制造业处于稳定或停滞状态显然是一种“错觉”。实际上，日本产业结构已经发生了根本性变化，更有利于创新发展。主导产业已从 2002 年的输送用机械器具制造业（14.6%）、化学工业（11.3%）、普通机器器具制造业（10.3%）、食品制造业（9.0%）和电气机器器具制造业（6.4%）转换为 2013 年的精密机器器具制造业（18.0%）、印刷业（11.2%）、食品制造业（9.6%）、电子元件器件制造业（5.8%）和情报通信机器制造业（4.9%）。除了食品制造业增加值占比基本稳定之外，其他已全部转换为高附加值产业。

3. 地区之间突出差异化竞争

与我国地区之间存在大量产业同构现象不同，日本各地区之间的分工合作

和差异化竞争态势比较明显。在24个工业行业门类中，除食品制造业被40个县作为主导产业之外，其他只有印刷业、有色金属制造业等6个工业行业被超过10个以上的县作为主导产业。近年来，通过工厂转移和重点产业培育等措施，日本钢铁和机械等传统产业逐渐由沿海转向内地、由城市转向郊外，也有利于形成地区之间的差异化竞争。

4. 新兴产业更趋向集群发展

日本工业已从劳动和资本密集型转向知识和技术密集型，电气、电子等高技术和新兴产业在日本经济中的地位和作用迅速提升。日本人口集聚和产业集聚相互促进，进一步加剧了新兴产业集群发展。近畿地区的生物产业集群和东京的高科技产业集群具有全球竞争优势，中部地区形成了全球屈指可数的汽车产业集群和飞机零部件"亚洲第一产业集群"。总体上看，电子元件器件制造业、精密机器器具制造业等新兴产业的集中度已分别从2002年的23.05%、40.72%，上升到2013年的45.16%、65.79%。

二、主要做法

1. 确立国际化、阶段性、倾斜性的产业发展战略

制定产业发展战略始终立足开放性和国际化视角，把日本问题放在世界中去解决，结合国内外环境适时调整产业政策，积极推进产业结构优化和产业布局调整。当产业尚处于弱小或不成熟发展阶段时，以赶超欧美为目标，以国际比较需求增长率为依据，结合国内实际有选择地重点扶持战略性新兴产业，成功培育具有强大国际竞争力的战略产业集群。在产业发展进入成熟阶段后，又以未来发展方向为目标，力争实现动态比较优势。

2. 以区域规划为抓手，引导市场形成产业集聚

通过编制区域规划阐述政府产业布局战略意图，引导产业集聚区形成和发展。近年来，地方政府经济发展自主权逐步扩大，可根据自身的优势培育新兴产业，推进产业布局调整。中央政府如果认可地方政府出台的产业布局规划和政策，则给予一定支持。九州地区通过制定半导体产业发展规划，明确提出大分、福冈等县要共同培育九州品牌和专业化人才，既推进形成了九州地区半导

体产业集聚区，也避免了各县之间的恶性竞争和大规模产业同构现象。

3. 以产业立法为保障，推动产业布局调整与技术创新

通过立法形式将产业布局规划固定下来，既能增强规划的权威性和可操作性，又能有效保障具有前瞻性的政府规划引导区域发展。日本拥有产业政策立法的传统，且呈现逐步加强态势，近年来，在高新技术发展和产业布局等领域也制订了专门的法律。各地方在法律框架内制定地方产业发展战略和规划，并根据条件变化及时修订完善。中部地区大约每十年修订一次规划，九州地区从2001年开始实施成长战略行动计划并适时修订完善。

4. 通过财政金融等政策加强对中小企业的扶持力度

日本政府相继出台了30多部有关中小企业的法律法规，形成了相对完备的政策体系。中央政府针对中小企业的财政、税收、投资支持等出台了多项补助金制度和技术支持制度，包括提供财政贷款或低息资金融资政策、税收优惠政策、特别折旧制度、职业培训等。地方政府积极引进国内外尖端技术产业及技术较高的外资中小企业。日本产业组织政策取得良好效果，在大企业走向国际市场的同时，中小企业也有了良好的发展空间，与大企业保持较好的分工协作关系，保证了国内市场竞争活力。

5. 充分发挥智库等利益攸关方的建设性作用

智库等各类利益攸关方的智力支持为调整产业布局和制度创新提供了强大的动力。日本在产业布局调整中特别注意广泛征求各方意见，在充分交换信息和协调各方利益的基础上，推进科学决策、民主决策，增强了政策的透明性和贯彻的自觉性。经济产业省开发的区域经济分析系统（RESAS），通过整合各方面数据资源，为制定和出台经济政策提供了可持续的数据支撑。日本很多地方都成立了产业竞争力协会，例如，东海产业竞争力协会制定的东海远景计划确立了中部地区未来发展的战略目标和重点产业。

三、几点启示

1. 对新兴产业与传统产业差别指导，加快形成宏观均衡和错位发展新布局

解决传统产业结构趋同和新兴产业同质化竞争现象并存问题的总体思路是

依托各地区产业基础、资源和要素条件，分类指导和差异化发展。通过综合统筹、政策扶持引导传统产业加快技术改造、品牌培育，不断提升产品附加值，更加突出对部分产能过剩行业的行政指导和布局调整。以落实《中国制造 2025》为契机，编制重点领域和新兴产业分省市实施指南，在摸清各地区、各产业发展瓶颈和薄弱环节的基础上，明确各省市和各产业的发展重点和方向。

2. 以示范基地为载体，加快产业集聚集群发展，提升产业集中度

强化新型工业化产业示范基地等各类产业集聚区在落实京津冀协同发展、长江经济带等重大区域战略和优化生产力布局中的战略作用。建立专项资金和统筹社会资源并举，多渠道筹措资金推进示范基地创新发展。基于行业技术经济特征，建立和完善分行业示范基地标准体系，通过打造卓越提升计划，提升示范基地国际影响力。进一步促进产业集群发展，强化集群大中小企业专业化协作和配套，推动中小企业“专精特新”发展。

3. 强化利益攸关方在产业布局调整中的支撑作用

充分发挥智库作用，推进利益攸关方在产业布局中的沟通协调和信息共享。做好中央与地方之间、部门之间和地区之间产业规划与政策的有效衔接，形成规划与政策合力。加快推进制造强国产业基础大数据平台建设，建立长效数据收集机制，摸清全国产业布局基本情况及调整方向，加强大数据在产业布局优化中的应用，引导产业合理布局。

（中国信息通信研究院　　朱金周）

专稿九　日本中部经济圈发展经验及启示

"一带一路"、京津冀协同发展、长江经济带三大战略已成为我国经济圈发展的典型示范，其运作实践将为我国后续推出更多经济圈发展战略提供决策依据，而发达国家和地区经济圈的发展经验亦值得借鉴。经过连续两次对日本中部经济圈多个政府部门、企业和园区等机构的实地调研，我们认为，日本中部经济圈发展经验及对我国的启示可归纳为四个坚持，即坚持制造业的主体地位、坚持国家战略与区域战略有机统一、坚持立足长远积极布局新兴产业集群、坚持构建创新共同体推进区域协同创新。

"十三五"期间，我国区域协调发展将进入新阶段，面临新形势。经济圈是区域经济协调发展的重要载体，国际比较研究有助于更好地推进我国经济圈典型示范和区域经济协调发展。2014 年 8 月和 2015 年 5 月，应日本帝京大学邀请，中国信息通信研究院《中日区域经济发展模式及政策比较研究》课题组为借鉴日本中部经济圈发展经验，相继对日本经济产业省中部经济产业局、滨松市政府、静冈县工业技术中心、大久保中小企业园区、丰田汽车公司等位于日本中部经济圈的数家机构进行了访谈和调研，形成如下调研报告。

一、基本特征

日本中部地区包括东海地区和北陆地区，大体位于日本列岛的中央区域。本文研究的中部经济圈是指以名古屋市为中心的 5 个县，包括爱知县及其北部的岐阜县、西部的三重县以及东部的静冈县、长野县，总面积 42 906 平方公里，占全国的 11.4%；总人口 1741 万人，占全国的 13.6%；地区生产总值 69.9 兆日元，占全国的 14.1%；制造品的出货额达到 71.6 兆日元，占全国的 25.1%（2012 年统计数据）。

1. 制造业为主导，汽车产业带动明显

制造业是日本中部经济发展的主要支撑。以名古屋为中心的中部经济圈是日本制造业集聚区，在产业总产值中制造业约占 40%，比全国平均水平高 18 个

百分点，形成了以制造业为主、第二产业与第三产业高度发达、各产业均衡发展的产业结构。日本中部经济圈的区域技术外溢效应突出，主导产业带动明显。交通设备制造业在2012年的总出货额占全国的52.81%，汽车配件占60%以上，形成了以丰田汽车为龙头的汽车产业集群，电子设备、电子零部件、信息通信设备等相关支持性产业高度发达，如图1所示。

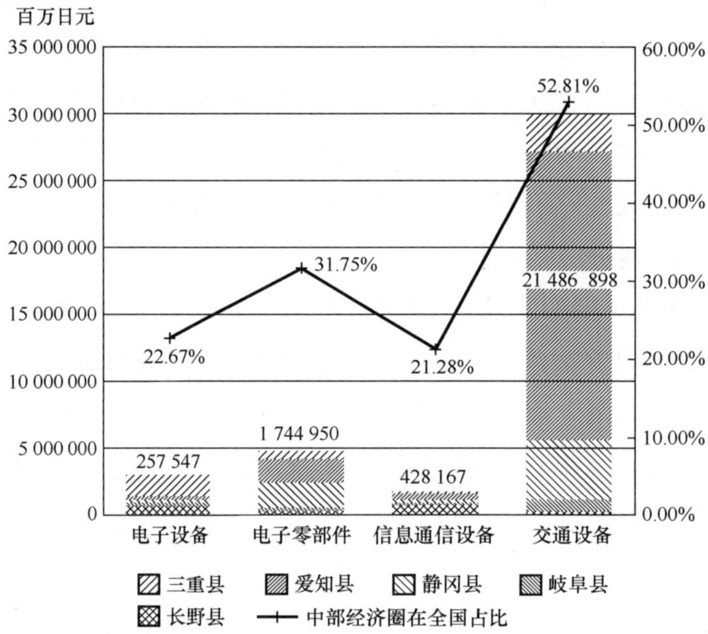

图1　2012年中部经济圈交通设备相关产业出货额（数据来源：日本经济产业省）

2. 高效的产业分工，区域错位发展

中部经济圈的产业布局带有明显的沿海区位特征，主要分布在太平洋沿海的爱知县、静冈县和三重县，呈现集群式发展，实现了高效的产业分工，不同区域错位发展，如图2所示。爱知县是日本中部经济圈的制造业中心，工业产值自1977年以来一直保持日本第一位，产业以交通设备和机械制造为主，是区域产业核心。静冈县90%的企业是中小企业，经济活跃度高，运输机械和电子业是骨干产业，家具和木材制造业是特色产业。三重县依托沿海优势，以纺织业为主的轻工业逐步转向精炼石油、塑料等重化工业，产业协同匹配度高。岐阜县依托资源，以服务区域生活的制造业为主，主要是陶瓷器制造、刀具、食品等轻工业。

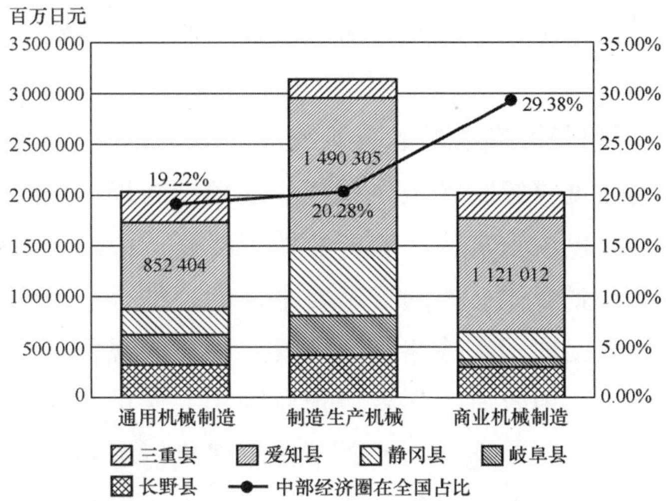

图 2 2012 年中部经济圈机械制造相关产业出货额（数据来源：日本经济产业省）

3. 多元化转型，新兴产业迅速崛起

日本中部经济圈拥有众多具有国际影响力的企业集团，总部经济和多元化战略助推新兴产业崛起。丰田实施的本土国际化战略、“即时化生产方式”使其成为世界知名的跨国大型集团性企业；电装公司从丰田集团独立后成为世界顶级的汽车零部件供应商，机器人累计出货量超过 8 万台，确立了在小型工业机器人行业的领导地位；东丽化学已发展成全球最大的碳纤维制造商，碳纤维总产能（约 8.4 万吨）占全球近四成，对汽车、航天军工形成有效支撑。同时，以生产超导性发动机新干线为主的东海旅客铁道、生产陶瓷为主的日本 NGK、生产工业用缝纫机为主的兄弟工业等发展迅速。

二、主要经验

1. 坚持制造业的主体地位，优化产业布局

日本在战后为快速实现工业化，战略性建设“环太平洋带状工业地区”，其中名古屋利用其港口区位优势，开发沿海工业园区吸引以钢铁、石油化学为中心的大型产业进驻，大力发展钢铁、石油化工等装备制造产业和重化学工业，奠定了其制造业发展基础。20 世纪 70 年代，制定了《农村地域工业引进促进法》《工业再配置促进法》等，注重工业发展的同时，确保环境的协调发展。80 年代，在日元快速升值的国际化狂热时期，日本中部经济圈在注重产业转移的同时注

重国外工厂的布局和全球产能分配，避免研发与制造的脱钩，有效避免了产业空洞化现象。

2. 坚持国家战略与区域战略的有机统一

日本经济腾飞的重要经验就是注重产业规划和布局。中部经济圈在贯彻国家统一战略的同时，也注重实施区域产业振兴战略。中部经济圈在制定区域规划时不仅考虑国际背景变化、国内战略要求，而且结合区域内各地具体情况与发展需求，所以不会出现国家战略与区域战略脱节的现象；同时，中部经济圈内地方在制定规划时，由政府、学者、企业等相关人员共同参与，政府和学者根据企业的意见来修改完善规划，所以不会出现执行不到位的情况，以及大规模的产业同构产生的恶性竞争现象。日本中部经济圈战略规划也不是一成不变的，而是随着形势的变化不断进行调整和修订。

3. 坚持立足长远，积极布局新兴产业集群

金融危机后，日本汽车产业受到巨大冲击，进一步暴露了中部经济圈对汽车产业过度依赖的弊端。2013年，由长野县、爱知县、三重县、岐阜县、静冈县以及名古屋市等构成的东海产业竞争力协会成立，制定了“TOKAI VISION”计划（东海远景计划），确立了成为“世界最强的制造先进地区”的目标和“汽车关联产业+飞机产业+健康护理产业+环境产业”四大未来战略产业，构建多元化的产业结构，实现传统产业与新兴产业的同步发展，提高了区域的整体竞争力。

4. 坚持创设“国家战略特区”，推进区域创新

2013年7月，日本出台了酝酿良久的经济增长新战略，其中“国家战略特区”被视为安倍政府新增长战略的主要亮点。作为日本国家战略特区之一，中部经济圈将中部各地方组合成一个虚拟特区和创新共同体。通过放松管制、税费减免等多种优惠手段，充分利用名古屋大学等当地大学及国家设立的产业技术综合研究所中部研究中心和地方设立的精细陶瓷中心、国际环境技术转让中心等高端机构以及设立“东海产业竞争力协会”等创新主体，共同营造国际性商业环境，聚焦全球高端技术、人才和资金，全面提升中部经济圈的国际竞争力。

三、几点启示

日本中部经济圈在日本经济中具有重要位置，其产业结构，尤其是制造业的主体地位与我国总体经济结构基本类似。其发展经验可为我国很多正处于向工业化中后期过渡的经济圈提供直接的借鉴和启示。

1. 必须大力发展工业经济

发展工业经济的认识不足，是非常有害的。服务业比重上升并不必然带来结构优化，再不能片面追求服务业比重上升，必须从观念和实践层面上更加重视发展工业经济，发挥工业的创新主体作用和投资的稳定作用。发展工业也不是仅指发展新兴产业，新兴产业无法支撑国民经济新常态的增速要求，传统产业也可以升级为新兴产业，传统产业升级和发展新兴产业一样重要，双轮驱动才是产业振兴和经济发展之路。

2. 统筹协调国家和区域战略规划及实施

坚持国家战略规划和区域战略规划有机统一，推进多规合一，形成规划合力。深刻把握国际、国内发展基本走势，立足区域优势，制定和实施京津冀等经济圈发展规划、落实《中国制造 2025》和“互联网+”行动计划，以创新为驱动力，着力解决制约经济圈持续健康发展的重大问题、难题。还要根据不断变化的形势需求，做好战略规划的后评估，并适时修订完善，确保规划的实效性。

3. 培育面向全球市场的产业集群

坚持利用地区优势和面向国际市场两手抓，扎实完善人才、技术、金融及产业基础等产业集群发展环境。积极布局节能环保、新能源、新材料等战略型新兴产业，实现产业集群发展。注重鼓励企业开拓国际市场，积极引导资本、技术、产品和服务的对外输出，促进企业发展壮大和产业链重构，实现全球布局。

4. 加快构建经济圈创新共同体

牢固树立“一盘棋”思想，打破区域壁垒和创新主体间的壁垒，促进创新资源合理整合和科技、产业、金融深度融合，构建多元、完善、高效的经济圈创新体系。在我国京津冀等区位优势明显、经济协同性强、科教资源丰富的地区打造若干个经济圈协同创新共同体。把握大众创业、万众创新两大时代主题，优化创新生态，创新合作模式，大力发展各类众创空间，夯实创新创业基础。强化战略支撑，形成推进合力，争取更多的政策资源，形成具有示范带动作用的区域性创新平台。

（中国信息通信研究院　　朱金周　焦优静　刘建强）

附录　2015 年工业领域大事记

序号	时　　间	事　　件
1	2015 年 3 月 9 日	2015 年智能制造试点示范专项行动实施方案
2	2015 年 4 月 30 日	中共中央政治局 2015 年 4 月 30 日召开会议，审议通过《京津冀协同发展规划纲要》。工业和信息化部牵头 12 个部门和京津冀三地政府共同编制《京津冀协同发展产业升级转移规划》，成功举办“2015 京津冀产业转移系列对接活动”，实现签约项目 151 个，协议投资额达 4500 亿元
3	2015 年 5 月 8 日	我国实施制造强国战略的第一个十年行动纲领——《中国制造 2025》正式发布
4	2015 年 6 月 15 日	中共中央政治局常委、国务院总理李克强到工业和信息化部考察并作重要讲话。李克强总理强调指出，要扎实推进《中国制造 2025》，努力形成我国经济发展新动能；要做大做强我国装备，打造我国制造新优势；要推动国际产能和装备制造合作，带动形成优进优出的新格局；要抓好“互联网+”行动计划的落实，打造产业发展新优势；要释放改革红利，推进简政放权、放管结合、优化服务
5	2015 年 8 月 25 日	国家制造强国领导小组和战略咨询委员会正式成立，马凯副总理任组长
6	2015 年 9 月 1 日	国务院常务会议决定，中央财政出资 150 亿元发挥杠杆作用，通过社会出资人优先分红、国家出资收益适当让利等市场化办法，吸引地方政府和企业共同参与，建立总规模 600 亿元的国家中小企业发展基金，缓解中小企业融资难、融资贵问题，激发企业创业创新活力。这是政府携手社会资本支持中小企业发展的重大创新举措，也是财政治理理念和资金管理方式的深刻变革。12 月 2 日，国家中小企业发展基金理事会正式成立。12 月 25 日，国家中小企业发展基金首支实体基金在广东深圳完成设立
7	2015 年 9 月 30 日	《中国制造 2025》重点领域技术路线图正式发布
8	2015 年 11 月 2 日	2015 年，工业和信息化部组织实施的大型飞机重大专项结出硕果，我国首款按照最新国际适航标准研制的干线民用飞机 C919 大型客机首架机总装下线，标志着大型客机研制取得重要阶段性成果；首架国产 ARJ21-700 客机交付商用，国内航线首次拥有了自己研制的喷气式支线客机。
9	2015 年 11 月 25 日	工业和信息化部印发“互联网+”三年行动计划，提出以加快新一代信息通信技术和工业深度融合为主线
10	2015 年	密集出台政策措施，打响工业稳增长调结构攻坚战
11	2015 年	工业和信息化部推动出台了加快新能源汽车推广应用的十多项利好政策，我国新能源汽车产业快速发展
12	2016 年 2 月 14 日	央行等八部委印发《关于金融支持工业稳增长调结构增效益的若干意见》

后　记

《2016 年中国工业发展报告》是我们编写的第五部年度系列发展报告。2016 年我们从统筹机制、质量把控、研究深度和研究方法等多方面不断完善改进，围绕《中国制造 2025》战略核心，抓住“中国制造+互联网”“工业互联网”等关键词，以期为读者提供更全面、更准确、更具前瞻性、更具参考价值的研究报告。

2015 年，中国信息通信研究院在持续开展工业规律、发展战略、区域布局等研究工作的基础上，承担了国家制造强国产业基础大数据平台（以下简称“平台”）的建设任务。结合长期的基础研究工作，同时立足“平台”开展工业大数据分析，中国信息通信研究院创新工业研究咨询方法，形成了一些初具价值的研究成果，希望抛砖引玉，引起社会各界对我国产业大数据和工业转型发展的深入思考和热烈讨论，共同推动建设“制造强国”。

本报告得到了工业和信息化部规划司的悉心指导和相关司局的大力支持。中国石油和化学工业联合会、中国钢铁工业协会、中国有色金属工业协会、中国建筑材料联合会、中国汽车工业协会、中国机械工业联合会、中国纺织工业联合会、中国轻工业联合会、中国医药企业管理协会、中国电子信息行业联合会等单位为本书提供了高质量的稿件，在此一并表示感谢。

由于编制能力有限，报告中存在诸多不足之处，欢迎读者批评指正。

编　者

2016 年 8 月